A. Smith

Theorie der sittlichen Gefühle

A. Smith

Theorie der sittlichen Gefühle

ISBN/EAN: 9783743364882

Hergestellt in Europa, USA, Kanada, Australien, Japan

Cover: Foto ©Thomas Meinert / pixelio.de

Manufactured and distributed by brebook publishing software (www.brebook.com)

A. Smith

Theorie der sittlichen Gefühle

Adam Smiths,

weiland Professors der Moral zu Glasgow,

Theorie

der

sittlichen Gefühle.

Uebersezt, vorgeredet, und hin und
wieder kommentirt

von

Ludwig Theobul Kosegarten,

der Vernunftweisheit Doktor, der Wolgastischen Stadtschule
Rektor.

Leipzig, 1791.

In der Gräffschen Buchhandlung.

An

Se. Durchlaucht,

Herrn

Friedrich Wilhelm,

des heiligen Römischen Reichs

Fürsten von Hessenstein,

Reichsrath, Feldmarschall, akademischer Kanzler,
Kommandeur der königlichen Orden, und
Generalstatthalter von Pommern
und Rügen.

Durchlauchtigster Fürst,

Gnädigster Herr,

Vor vierzehn Jahren bereits, als ich kaum die Grenzlinie zwischen dem Knaben = und Jünglingsalter überschritten hatte, wagte ichs, Ew. Durchl. eine kleine philosophische Schrift

a 3

zuzueignen, an welcher, außer dem Muth und dem Feuer, welche dem ersten Auflodern des jugendlichen Genius eigen zu seyn pflegen, natürlicherweise wenig empfehlungswürdiges sich finden konnte.

Aufgemuntert jedoch durch die schonende Nachsicht, mit welcher Ew. Durchl. diesen ersten unvollkommnen Versuch aufzunehmen geruhten, und mehr noch durch jenes mächtige Interesse, mit welchem die Wissenschaften einen jeden, der ihnen einmal huldigt, bis ans Grab zu fesseln pflegen, hab' ich in der langen seitdem verflossenen Reihe von Jahren, und in den mannichfaltigsten, bisweilen sehr beschränkenden Lagen, nie aufgehört, auf den einmal betretenen Bahnen, izt langsamer, izt

ſchneller fortzuwandern, mit den Weiſen der
Vor= und Mitzeit Vertraulichkeit zu pflegen, und nächſt den Fächern, in welchen
fortzuſtudiren mein Standort in der Geſellſchaft
mir zur Pflicht macht, vorzüglich die Philo=
ſophie, die Geſchichte, und die ſchö=
nen Redekünſte, als die Unterhalterinnen
meiner einſamern, und die Tröſterinnen meiner trübern Stunden, zu betrachten und
zu lieben.

Von Zeit zu Zeit hab' ich, bald in flüch-
tigen Blättern, welche nur dem engern Kreiſe,
in dem ich wirke, beſtimmt waren, bald in
beſtandvollern Schriften, die auch in das größere Publikum ausgingen, dem Vaterlande von
meinen etwanigen Fortſchritten oder eignen

a 4

Bemerkungen Rechenschaft abzulegen gesucht. Keine dieser spätern Arbeiten hat mir jedoch beträchtlich genug geschienen, um durch sie **Ew. Durchl.** ehrenvolles Andenken an mich zu erneuern.

Gegenwärtiges Werk ist zwar nur Uebersetzung. In so fern es aber einen der erheblichsten Gegenstände des menschlichen Wissens behandelt; in so fern es die sittliche Natur unsrer Gattung untersucht, den Werth unsrer freyen Handlungen würdigt, die heiligsten Gefühle des Herzens, und vornehmlich den wohlthätigen und süßen Trieb zergliedert, der das Ich der Brüder mit dem unsrigen innigst verschmelzt und verstößt: in so fern hab' ich es, in seinem deutschen Gewande, und hin und

wieder mit meinen Zuſätzen vermehrt und er=
gänzt, nicht unwürdig geachtet, ihm Ew.
Durchl. erhabenen Namen vorzuſetzen,

Unſern Tagen war es vorbehalten, durch
einen im Denken grau gewordenen Weiſen
das Gebiet des reinen Vernunftvermögens aus=
gemeſſen, die Grenzen möglicher Erfahrung
abgeſteckt, die ſchwärmeriſchen Anſprüche auf
Erweiterung unſrer Erkenntniß bis ins Feld des
Ueberſinnlichen abgewieſen, die unvermeidlichen
Selbſtwiderſprüche einer ins Ueberſchwängliche
ſich verſteigenden Vernunft ausgeglichen, die
Urprinzipe des Wahren, des Guten, und
des Schönen nach jahrtauſendlangem Tap=
pen aufgefunden, und Freyheit, Unſterb=
lichkeit und das Daſeyn eines ur=

a 5

sprünglichen höchsten Guts an ein Fak-
tum geknüpft zu sehn, das unwidersprechlich,
wie das Wesen der Vernunft, und zugleich
uns so nah und vertraut ist, wie unser Mensch=
seyn selber.

Auf die eben so unerwarteten, als herz=
erhebenden Entdeckungen dieses ächten Welt=
weisen hab' ich in meinen Anmerkungen zu ge=
genwärtigem Buche so viel Rücksicht genom=
men, als der Zweck des Werks und die Be=
schränktheit meines Raums und meiner Zeit
mir erlaubten.

Glücklicher könnte das Loos dieser gering=
fügigen Arbeit nicht fallen, als wenn es ihr
gelänge, die Aufmerksamkeit des .Durch-

lauchtigen Oberauffehers und Be-
fchühers der Wiffenfchaften in diefen
fchönen Provinzen auf Entdeckungen zu lenken,
die nicht nur für das Intereffe einer oder anderer abftrakten Disciplin, fondern für die ge-
meinnühigften und unentbehrlichften Fächer
des menfchlichen Wiffens, für Theologie,
Jurisprudenz und Pädagogik, für
Natur-Staaten- und Völkerrecht
gleich wichtig und unfchähbar find.

Von jener Macht, welche den Großen
und Mächtigen der Erde die Beglückung, das
ift, die Erleuchtung und Veredlung der
Nationen anvertrauet hat, erfleh' ich Ew.
Durchl. langes Leben, gediegene Gefundheit,
ungefchwächtes Kraftgefühl, und jene Wolluft,

die am Rande des Grabes für das Schicksal:
Fürst gewesen zu seyn, allein entschädigen kann — die Wolluſt, Myriaden ſitt-
lich glücklicher hinter ſich zurückzu-
laſſen, als man ſie vorfand!

Mit tiefſter Verehrung verharr' ich le-
benslang

Ew. Durchl.

unterthänigſter
Ludwig Theobul Koſegarten.

Vorrede des Uebersetzers.

Gegenwärtige neue Bearbeitung eines Werks, das an Ebenmaas des Ideengangs, Ruhe der Untersuchung, edler Einfalt des Tons, und gewinnender Schönheit der sittlichen Schilderungen, den besten ethischen Werken der Alten an die Seite gestellt zu werden verdient, ist nicht ursprünglich mein Gedanke, sondern Folge eines Auftrags von Seiten der verlegenden Handlung.

In unsern Tagen, wo die erneuerte Untersuchung der Urgründe aller Erkenntniß die Denker unsers Vaterlandes so einzig beschäftigt, daß ihnen zu Entdeckungen im Felde der Erfahrung weder Muße noch Neigung übrig zu seyn scheint; wo insonderheit auch

die uralten Streitigkeiten über das erste Prinzip der
Moral der endlichen Ausgleichung sich zu nähern
scheinen; wo jener, längst geübte und befolgte, aber
nie zuvor entwickelte, noch in einer bestimmten Formel
ausgedrückte formale Grundsatz, dem unbefan-
genen Forscher immer heller einleuchtet, und durch
ihn die hergebrachten, alles versprechenden aber wenig
leistenden Lehrgebäude, als der Erfahrung abgebet-
telt, eine fremde Gesetzgebung gründend, die Allein-
herrscherin Vernunft herabwürdigend, und die reine,
uneigennützige Sittlichkeit zerstörend, täglich mehr
verrufen werden — in solchen Tagen und Umständen
ein System wieder aufzufrischen, das mit jenen ab-
geurtheilten in gleicher Verdammniß steht, schien mir
weder der itzigen Stimmung des Publikums sonderlich
zusagend, noch für die Unternehmer sonderlich ver-
sprechend zu seyn. Ich ermangelte nicht, den letztern dieses vorzustellen. Da sie aber bemungeachtet
auf ihrem Entschlusse beharrten, und, im Fall ich
die Arbeit ablehnte, sie irgend einem andern zu übertragen geneigt schienen, so fürchtete ich, das schöne
Werk, dessen wiederholte Lesung mir manche genuß-
volle Stunde gewährt hatte, in Hände gerathen zu
sehen, die sich desselben, wenn auch mit mehrerer
Einsicht und Geschicklichkeit, doch vielleicht mit min-
derer Liebe, mithin auch mit wenigerm Erfolg entle-
digten. Ich unterzog mich dem Geschäft also lieber
selber, und schob meine, mit Arbeiten anderer Art
schon ziemlich überladenen Stunden dermaßen in ein-

ander, daß ich in einigen Monaten des vergangenen
Sommers auch noch für diese Muße gewann, und
in den gegenwärtigen Ferien die letzte Hand daran
habe legen können.

Merkwürdig scheint es mir, daß man bey den
itzigen Untersuchungen über die verschiednen Moralprinzipe von meines Verfassers seinem überall keine
Notiz genommen hat. Es gedenkt seiner weder der
Entdecker des kategorischen Impera-
tivs in der Grundlegung und in der Kritik der praktischen Vernunft, noch Herr Kiesewetter in seinem Werk über den ersten Grundsaß der Moralphilosophie, noch Herr Abicht in seiner vortreflichen
Abhandlung über die falschen Moralprinzipe, noch
Herr Snell in seinem lichtvollen Menon, noch
irgend sonst einer der Erläuterer des neuen Grund-
saßes. Ob es diesen Schriftstellern etwa überflüssig
schien, eines Systems zu erwähnen, daß mit mehrern ältern und gleichzeitigen, hauptsächlich aber mit
dem Hutchesonschen zusammenzufallen scheint? *)

*) Der Unterschied zwischen beiden Systemen ist gleich-
wohl auffallend genug, indem Hutcheson außer
den Urtrieben der Selbstliebe und der Sympathie,
auch noch den des moralischen Sinns annimmt, um
in Kollisionsfällen zwischen beiden entscheiden zu können; Smith aber den letzten gänzlich verwirft, und
das Mitgefühl für hinreichend hält, die Selbstliebe zu
beschränken und den Willen pflichtmäßig zu bestimmen.

Vorrede.

Da die Untersuchungsart meines Verfassers zwar vollkommen ordentlich, doch aber etwas diffus und versteckt ist, so dürfte dem Leser, der in seinem Buche sich orientiren will, folgender Abriß seines Ideengangs nicht unwillkommen seyn. Denjenigen, der sich an die äußerst bestimmte Sprache der kritischen Schule gewöhnt hat, muß ich jedoch bitten, das etwanige Schwankende und Schwebende, das ihm in dieser Darstellung auffallen sollte, nicht mir, sondern der Natur jedes auf materiale Prinzipe gebauten Sittensystems zuzuschreiben, das eben seiner Materialität halber kein sichres, haltbares Objekt zu fassen, mithin auch nicht auszudrücken vermag.

Umsonst sucht man bey unserm Verfasser nach einem Allgemeinbegriff der Tugend. Es ergibt sich jedoch, daß er nichts anders unter ihr verstanden haben wolle, als was auch Hume darunter verstand, nehmlich den allgemein gebilligten Karakter der Handlungen.

Alle Handlungen, die sich zu allgemeiner Billigung qualifiziren, ordnet er in zwey Klassen: Schickliche, oder solche, deren Triebfeder der unpartheyliche Dritte billigt; und Verdienstliche, oder solche, deren wohlthätige Tendenz dem Dritten Billigung abnöthigt.

Schicklich erscheinen die Handlungen dem unpartheylichen Zuschauer dann, wann er findet, daß der

Vorrede.

Affekt, der die Handlung erregte, der Veranlassung, die den Affekt erregte, vollkommen angemessen sey. Verdienstlich erscheinen sie ihm, wann er findet; daß die Tendenz der Handlung die Dankbarkeit dessen, der durch die Handlung affizirt wird, errege, und seine Bereitwilligkeit, sie zu erwiedern, in Anspruch nehme.

Ihrer Veranlassung angemessen scheinen die Affekten dem Zuschauer dann, wann er sich in die Lage des Handelnden hineindenkt, seinen Fall auf sich überträgt, und wahrnimmt, daß er an seiner Stelle gerade so affizirt worden wäre, wie jener affizirt wurde, das ist, wann er mit dem Affekt des Handelnden sympathisirt.

Des Dankes und der Belohnung würdig scheinen die Handlungen dem Zuschauer dann, wann er sich in die Stelle dessen, der die wohlthätige Tendenz der Handlung an seinem Ich empfindet, versetzt, und fühlt, daß er in seiner Lage Dankbarkeit gegen den Handelnden, und Verlangen, seine Wohlthat zu erwiedern, empfinden würde, das ist, wann er mit der Dankbarkeit des Behandelten sympathisirt.

Es ist also der Quell der Billigung und Mißbilligung, die der verschiedenartige Karakter der Handlungen uns abbringt, kein andrer, als die Sympathie, oder der allen Menschen eigne Hang,

b

ihren Plaß mit dem Plaß eines andern zu vertauschen, und so seine ganze Persönlichkeit, seine Gesinnungen, Affekten und Leidenschaften zu theilen und gleichsam sich selber zuzueignen.

Die Sympathie ist demnach das wahre Billigungsprinzip.

Bloß die Sympathie ist es, die den hehren, hohen und ehrfurchtswürdigen Tugenden, den Tugenden der Selbstverleugnung und Selbstbeherrschung, ihre Majestät gewährt, indem sie es ist, die den Affizirten in den Stand seßt, die Accente seines Affekts zu einer solchen Tiefe herabzustimmen, daß der kaltblütige und uneingenommene Dritte mit ihm sympathisiren könne; welcher sobann den Grad der Anstrengung berechnet, den eine solche Sammlung und Gefaßtheit des Geistes, der unter so unregiersamen Leidenschaften arbeitet, kosten müsse, und dem, der ihrer fähig ist, gerechte Bewunderung zollt.

Bloß die Sympathie ist es, die auch den holden, milden und liebenswürdigen Tugenden, den Tugenden der Menschlichkeit, Wohlthätigkeit und Leutseligkeit ihre ganze Schönheit und Lieblichkeit ertheilt, indem eben diese Tugenden in der Brust des unpartheylichen Dritten eine doppelte Sympathie erregen, die eine mit der wohlthätigen Tendenz der Handlung, die andre mit der Dankbarkeit deſſen, der ihre wohlthätigen Wirkungen an ſeinem Selbſt empfindet.

Die Sympathie iſt es, die die wilden, rau- hen und ungeſelligen Leidenſchaften, die uns Zorn, Rachgier, Bosheit, Grauſamkeit und Tyranney ſo abſcheulich macht, indem es uns theils unmöglich iſt, mit der Triebfeder ſo ſchädlicher Affekten zu ſympathiſiren, theils aber auch das Mitgefühl mit denen, die durch ſie gefährdet werden, uns wider ſie empört, und zu ähnlichen Empfindungen wider jene, die ſich ihnen überlaſſen, aufregt.

Die Sympathie der Menge iſt es, die uns hohe Würden oder große Reichthümer in ſo blenden- dem Lichte zeigt, indem mit dem Reichen und Mäch- tigen alle Welt ſympathiſirt, während der Arme und Niedrige in ſeinem einſamen Winkel unbemerkt und unbewundert verſchmachten kann.

Das Bewußtſeyn dieſer Sympathie der Menge mit ſeinen unbedeutendſten und gleichgültigſten Hand- lungen iſt es, das den Großen und Reichen ſo zuver- läßig und ſo ſicher, ſo freymüthig und ungezwungen, das es ihm ſo leicht macht, bey aller Gelegenheit mit einer Art von feinem Anſtande und gutem Ton zu verfahren, während der Arme und Niedrige, wohl wiſſend, wie wenig er auf das Mitgefühl der Menge rechnen könne, ſcheu, blöd' und ſchüchtern iſt, und

dadurch allen seinen Handlungen einen Anstrich von
linkem und plumpem Wesen gibt.

Aus einer Menge einzelner Beobachtungen über
die Natur der Handlungen, mit denen die Menschen
zu sympathisiren oder nicht zu sympathisiren pflegen,
abstrahiren wir uns am Ende gewisse allgemeine
Regeln des Betragens, und gelangen zu einer Fertigkeit, über den Werth oder Unwerth sowohl unsrer
eignen als fremder Handlungen zu richten, so, daß
jene Regeln und diese Fertigkeit, die das eigentliche Pflichtgefühl ist, nichts anders sind, als
Produkte unsrer sympathetischen Erfahrungen.

Bloß die Sympathie ist es, die eine ha-
bituell tugendhafte Seele so glücklich
macht, indem sie sichs bewußt ist, wie sehr die Menschen mit den Triebfedern sowohl als mit der Tendenz ihrer Handlungen sympathisiren, oder, falls sie
es auch nicht thäten, wie sehr sie dieser Sympathie
dennoch würdig sey, und wie gewiß sie sie erhalten
würde, wenn die Welt sie in ihrem rechten Lichte sähe.

Das Bewußtseyn im Gegentheil, wie sehr es
Gegenstand des Abscheues der Menschen sey, oder wenigstens zu seyn verdiene, wie ganz es der süßen
Sympathie ermangeln, und von der ganzen Gattung
gehaßt und verwünscht werden müsse, wenn es ihr
in seinem wahren Licht erschiene, ist die wahre

Strafe des Lasters, und die Quelle aller geheimen Schrecken und Foltern eines bösen Gewissens.

Jene Ruhe des Tugendhaften, und diese Angst des Bösewichts wächst, wenn sie sich erinnern, jener, wie sehr selbst das höchste Wesen mit seinen Gesinnungen und Handlungen sympathisire, dieser, wie sehr die seinigen von demselben gehaßt und verabscheut werden. Hieraus entspringt alle Erwartung von Belohnungen und Strafen in einem andern Leben, alles Büßen und Sühnen, alles Opfern und Wegweihen, alle Religion und Deisidämonie.

Die Sympathie ist also das große Triebrad der Geselligkeit, der lautre Quell der Tugend, der Grundpfeiler aller Sittlichkeit, und das ächte Prinzip aller Billigung.

Man sieht, daß unser Philosoph nicht auf dem halben Wege stehen geblieben, und daß Inkonsequenz, der herrschende Fehler der antikritischen Hälfte unsrer Moralisten, der seinige eben nicht sey.

Man sieht aber auch sogleich, daß seine Hypothese an eben der Dürftigkeit, Unzulänglichkeit, und, wenn ich so sagen darf, Erbetteltheit kränkle, an welcher jedes aus Gefühlen und Erfahrung abgeleitete Moralprinzip, eben seines Ursprungs halber, nothwendig kränkeln muß.

Vorrede.

Abstrahirt man aus des Verfassers Theorie die Formel, die er uns als praktisches Gesetz aufbringt, so wird es folgende seyn:

> Handle so, daß der unpartheyliche Dritte mit der Triebfeder und mit der Tendenz deiner Handlungen sympathisiren könne!

Offenbar setzt dieser Imperativ die Sympathie des Dritten als Objekt voraus, welches, auf das Begehrungsvermögen des Handelnden bezogen, in demselben ein Wohlgefallen an ihm, und somit auch ein Verlangen nach seiner Verwirklichung erregt. Er bringt also die Materie des Wollens, als Bedingung seiner Möglichkeit, in das vermeintliche praktische Gesetz hinein, appellirt von der allgemein gesetzgebenden Form der reinen praktischen Vernunft an den niedern Gerichtshof des pathologischen Begehrungsvermögens, unterwirft den Willen der Sinnlichkeit, (gleichviel, sey sie die gröbere, die feinere!) gründet eine fremde Gesetzgebung, fesselt die Freyheit, und zerstört die Sittlichkeit unwiederbringlich.

Das Prinzip der Sympathie mag also immerhin ein hypothetischer Imperativ seyn! Auf den Namen des einzig kategorischen kann es keinen Anspruch machen.

Vorrede.

Es mag immerhin eine Rathgebung der Klugheit seyn. Ein praktisches Gesetz wird es nicht heissen können.

Das wahre praktische Gesetz wird nur nach gänzlicher Abstraktion von aller Materie des Wollens durch die Form der Vernunft gegeben seyn, und die richtenden Merkmale, an denen man es erkennen wird, sind: Erstheit, objektive Allgemeingültigkeit, und absolute Nothwendigkeit.

Das Prinzip der Sympathie ist nicht das erste. Denn die rastlos nach Einheit und Totalität trachtende Vernunft sieht sich nothgedrungen, weiter zu fragen: Wozu, woher, warum diese Verbindlichkeit, die Sympathie des Dritten zu gewinnen? —

Es ist nicht allgemeingültig. Denn es paßt nur für Wesen, die wie wir organisirt, und wie wir mit einem Begehrungsvermögen ausgestattet sind, das durch Lust und Unlust pathologisch bestimmbar ist.

Eben so wenig ist es absolut nothwendig. Denn es liefert nichts, als eine subjektive Maxime, eine höchstens im Durchschnitt zutreffende Regel, die aus Daten der Erfahrung abgezogen ward.

Es qualifizirt sich also keinesweges zum obersten Moralprinzip.

Unerachtet dieser unausweichlichen Erbmängel nun, die jeder Theorie, welche das lebendige Bewußtseyn der rein praktischen Vernunft als Natur-

b 4

nothwendigkeit und ein Glied in der Kette der Erscheinungen behandelt, eigenthümlich sind, bin ich dennoch überzeugt, daß gegenwärtiges Werk einem jeden, auch dem kritischen Philosophen, als ein sehr wesentlicher Beytrag zur empyrischen Psychologie höchst schätzbar seyn müsse. In keinem andern Werke ist die Triebfeder der Sympathie so scharfsinnig analysirt, ihr Umfang so richtig gezeichnet, ihr gewaltiger Einfluß auf die Geschäfte und Schicksale der Gesellschaft in so helles Licht gesetzt worden. In keinem findet man in Hinsicht auf diesen Trieb so brauchbare praktische Winke, so anwendbare Rathgebungen der Lebensklugheit. Rechnet man hiezu noch die ausführliche, wiewohl! nicht vollständige Aufzählung der ältern und neuern praktischen Systeme, den Reichthum an beredten Schilderungen, die Schönheit der Einkleidung, und jenen Odem warmer Menschenfreundschaft und ungeheuchelter Tugendliebe, der aus des Verfassers ruhiger Untersuchung sowohl, als aus seinen beseeltern Gemälden uns entgegenweht; so muß man bekennen, und ich habe es bey Uebertragung dieses schönen Werks empfunden, daß dasselbe allen achtungswürdigern Klassen von Lesern eine sehr solide Nahrung, und zugleich einen sehr angenehmen Genuß gewähren müsse.

Meine Uebersetzung anlangend, kann ich versichern, daß ich mir Mühe gegeben habe, die höchstmögliche Treue mit der höchstmöglichen Korrektheit zu vereinbaren. Gar zu gern hätt' ich auch meiner

Ueberſetzung im Vaterlande jenen klaſſiſchen Rang
verſchafft, den das Original in dem ſeinigen mit ſo
vielem Recht behauptet. Wie weit ich indeſſen hinter dieſer Idee zurückgeblieben, fühl' ich ſelbſt am beſten. Smiths Stil iſt ſo flißend und klar, ſeine
Diktion ſo edel und ſimpel, ſeine Perioden ſind ſo
voll, tönend, harmoniſch, und bey aller bisweiligen
Länge ſo unverfitzt und gefüglich, daß vielleicht nur
der vortreffliche Ueberſetzer und Erläuterer des
Ferguſon und Cicero ihn hätte ganz erreichen
können. *)

b

*) Es gibt bereits eine ältere deutſche Ueberſetzung dieſes
Werks. Sie iſt mir aber nicht zu Geſichte gekommen.
Eine franzöſiſche hab' ich hie und da verglichen, die im
Ganzen fließend und richtig genug iſt. Nur hat der
Verfaſſer ſich die ſeltſame Freyheit genommen, das
Werk eine *Metaphyſique de l' Ame* zu betiteln. Und
in dem ganz kurzen Vorbericht ſagt er: „On sera sa-
„tisfait de la maniere, dont cet Auteur explique
„nos affections et nos jugemens, et on sera peut-être
„surpris de voir les *matieres metaphyſiques les plus
„abſtraites* miſes à la portée du commun des
„Lecteurs.“ Was das Wort *Metaphyſique* in dieſem
Franzoſenkopfe wohl für einen Sinn gehabt haben mag!
Uebrigens hat er das Ganze in zween Tomen
vertheilt, und irgendwo mit einer einzigen Anmerkung
bereichert, worin er dem Leſer entdeckt: „daß die Könige ihre Allgewalt nicht von der Vernunft, auch nicht
von der Natur, ſondern von dem lieben Gott haben.“
Paſſender iſt das Motto aus dem Xenophon, das

Vorrede.

Auf meine wenigen Anmerkungen und Zusätze leg' ich gar keinen sonderlichen Werth. Ich habe sie hingeworfen, wie sie während des Uebersetzens mir beyfielen, und nach vollendeter Arbeit diejenigen, die mir etwa die erheblichsten schienen, herausgelesen. Einige sind erläuternd, andre ergänzend, die meisten Hinweisungen auf das Kantische Prinzip. Die litterärische Notiz der natürlichen Jurisprudenz zu Ende des letzten Abschnitts ist nicht von mir, sondern von meinem Freunde, dem Herrn Doktor Hugemeister, Adjunkten der Juristenfakultät zu Greifswalde, welchen, von Seiten der Einsicht und des Herzens gleich hochachtungswürdigen Mann, ich um diesen kleinen Zusatz ersuchte.

Der Darstellung des Kantischen Moralprinzips, die man zu Ende des dritten Abschnitts des sechsten Theils finden wird, hatt' ich Anfangs eine ganz andre Gestalt zugedacht, als gegenwärtige, aphoristische. Ich wollte sie nehmlich in der nehmlichen diffusen und raisonnirenden Manier vortragen, in welcher der Verfasser die übrigen Theorien abgehandelt hat. Da meine Arbeit aber schon zu mehrern Bogen angewach-

er auf den Titel gesetzt hat: Αὐτὸς δὲ περὶ τῶν ἀνθρωπίνων ἀεὶ διελέγετο, σκοπῶν τί δίκαιον, τί ἄδικον, τί εὐσεβὲς, τί ἀσεβὲς, τί καλὸν, τί αἰσχρὸν, τί σωφροσύνη, τί μανία, τί ἀνδρεία, τί δειλία, τί πόλις, τί πολιτικὸς, τί ἀρχὴ ἀνθρώπων, τί ἀρχικὸς ἀνθρώπων, καὶ περὶ τῶν ἄλλων, ἃ τοὺς μὲν εἰδότας ἡγεῖτο καλοὺς κἀγαθοὺς εἶναι, τοὺς δὲ ἀγνοοῦντας ἀνδραποδώδεις ἂν δικαίως κεκλῆσθαι.

sen war, bevor ich noch den kategorischen Imperativ
selbst erreicht hatte, sah ich ein, daß dieser Zusatz
eine Länge erreichen würde, die alle Symmetrie beleidigte, und begnügte mich mit dieser leichten Skizze,
die freylich, da ich mich weder auf die Triebfeder
der praktischen Vernunft, noch auf das The-
ma des höchsten Guts einlassen durfte, dies System nicht in seiner ganzen Rundung und befriedigend-
sten Vollständigkeit darstellt, doch aber zur Uebersicht
seiner Hauptmomente dienen dürfte.

Um übrigens denen Männern, die in einer
und der andern meiner vorigen Schriften einen vor-
wiegenden und ihnen bedenklich scheinen wollenden
Hang zum neuen transscendentalen Idealismus entdeckt und angekündigt haben, die Mühe des fernern
Entdeckens und Ankündigens zu ersparen, erklär' ich
hiemit sonder Hehl: daß jener angebliche Hang kein
blößes verworrnes Wahrheitsgefühl, oder unbestimmtes Hinneigen, sondern lautre, feste, auf deutliche
Einsicht, das Resultat eines mehrjährigen Studiums,
gegründete Ueberzeugung von der Richtigkeit eines
Lehrgebäudes sey, in dem ich mehr Haltung, Sicherheit und Evidenz gefunden habe, als die ältern Theorien aus Mangel allgemeingültiger, auf
vollständige Analyse des Erkenntnißver-
mögens gegründeter Prinzipien, mir gewähren konnten; daß ich gleichwohl weit entfernt bin,
weder jenen Theorien, als unausweichlichen
Vorübungen zur Selbstprüfung der Ver-

nunft, ihre Verdienste um die Wahrheit) noch denen zum Theil sehr verehrungswürdigen Männern, deren ganzer Denk-, Empfind- und Redart, intellektueller, pathologischer, und gewissermaßen selbst physischer Lebensweise, die frühern Vorstellungsarten unentwirrbar eingewoben sind, ihr Theil von Wahrheitssinn und Wahrheitsliebe abzusprechen; daß ich dagegen aber auch ihre Achtung und Gerechtigkeit in Anspruch nehme, und sie ersuche, nicht ferner, wie bisher, die Radikalveränderung meiner philosophischen Denkart einer jugendlichen Liebe zu Neuerungen, vielweniger die Wärme, die ich hie und da für den großen Weltweisen und seine Schriften geäußert habe, einem lyrischen Auflodern zuzuschreiben, sondern bloß meiner gänzlichen Unfähigkeit, gegen Entdeckungen kalt zu bleiben, die wahrlich weder die Fantasie, noch das Dichtungsvermögen, wohl aber die edelste und erste Kraft des Menschen auf die süßeste, befriedigendste und seelenhebendste Weise üben und stärken.

Geschrieben zu Wolgast an meinem drey und dreyßigsten Geburtstage, 1791.

Ludwig Theobul Kosegarten.

Inhalt.

Erster Theil.
Vom Schicklichen im Handeln.

Erster Abschnitt.
Vom Gefühl des Schicklichen.

Zweyter Abschnitt.
Von den Stufen der verschiednen Leidenschaften, die sich mit der Schicklichkeit vertragen.

Dritter Abschnitt.
Was Wohlfahrt und Widerwärtigkeit auf der Menschen Urtheil über die Schicklichkeit der Handlungen für Einfluß haben, und warum es leichter in jenem als in diesem Falle sey, ihren Beyfall zu gewinnen.

Inhalt.

Zweyter Theil.

Vom Verdienſt und Misverdienſt, oder von den Ge-genſtänden der Belohnung und der Strafe.

Erſter Abſchnitt.

Vom Gefühl des Verdienſtes und Misverdienſtes.

Zweyter Abſchnitt.

Von Gerechtigkeit und Wohlthätigkeit.

Dritter Abſchnitt.

Was das Glück auf die Empfindungen der Menſchen über Verdienſtlichkeit oder Misverdienſtlichkeit der Handlungen für Einfluß habe.

Inhalt.

Dritter Theil.

Vom Grunde unsrer Urtheile über eigne Gesinnungen und eignes Betragen, und vom Pflichtgefühl.

Vierter Theil.

Vom Einfluß der Nutzbarkeit auf das Billigungsgefühl.

Fünfter Theil.

Vom Einfluß der Mode und Gewohnheit auf die Gefühle der sittlichen Billigung und Mißbilligung.

Inhalt.

Sechster Theil.
Von Systemen der Moralphilosophie.

Erster Abschnitt.

Erster Theil.

Vom Schicklichen im Handeln.

Erster Abschnitt.
Vom Gefühl des Schicklichen.

Erstes Kapitel.
Von der Sympathie.

So eigensüchtig wir uns den Menschen auch denken mögen, so müssen wir doch zugeben, daß eine gewisse natürliche Stimmung seines Herzens ihn nöthige, an dem Schicksal seiner Brüder Theil zu nehmen, und ihr Glück als ein unumgängliches Erforderniß zu seinem eigenen Glück zu betrachten, sollt' er auch nichts anders davon haben, als das Vergnügen, es mit anzusehn. Von dieser Art ist das Mitleid, eine Empfänglichkeit der Seele, fremdes Elend mitzufühlen, es sey nun, daß wir es mit Augen sehen, oder daß es uns in lebhaften Zügen geschildert werde. Daß fremder Schmerz ein Schmerzgefühl in uns erregen könne, ist eine zu alltägliche Thatsache, als daß wir sie erst durch einzelne Erfahrungen erweisen dürften. Denn, wie alle ursprünglichen Leidenschaften der menschlichen Natur, ist auch diese nicht bloß auf den Tugendhaften und Leutseligen eingeschränkt, obgleich dieser sie in ihrer erlesensten Feinheit fühlen mag; auch der verruchteste Bösewicht, auch der verstockteste Uebertreter der gesellschaftlichen Gesetze ist ihrer nicht durchaus unempfänglich.

Nun haben wir von dem, was andere fühlen, aber keine unmittelbare Erfahrung. Wir können uns von der Art, wie ihnen zu Muthe seyn mag, also auch keinen Begriff machen, ohne vermittelst der Vorstellung, was wir an ihrem Platze fühlen würden. Mag unser Bruder auf der Folter liegen — so lang uns wohl ist, so werden unsere Sinne uns von seinen Qualen nicht unterrichten. Unsre Sinne können uns nie über unsre Persönlichkeit hinausführen, und sollen wir von unsres Nächsten Martern einen Begriff bekommen, so muß es vermittelst der Einbildungskraft geschehn. Aber auch die Einbildungskraft vermag das nicht anders zu leisten, als vermittelst der Vorstellung, was wir selbst empfinden würden, wenn wir an seiner Stelle wären. Nur die Eindrücke unserer eigenen Sinne kann sie hervorrufen, nicht die Eindrücke fremder. Vermöge der Einbildungskraft versetzen wir uns in unsers Bruders Lage; wir stellen uns vor, als ob wir seine Qualen empfinden. Wir denken uns in seinen Leib hinüber, wir werden gewißermaßen Er selbst, und bilden uns daraus einen Begriff seiner Gefühle, ja wir fühlen sogar etwas seinen Gefühlen ähnliches, wenn gleich in viel schwächerm Grade. So uns nahe gebracht, so auf uns übertragen und in unser Eigenthum verwandelt, beginnet seine Todesangst zuletzt uns zu erschüttern, und der Gedanke an das, was er empfinden mag, verursacht uns ein Grausen. Denn so wie Schmerz und Pein die Quellen der übermäßigsten Betrübniß sind, so erreicht die Vorstellung, daß wir die Gepeinigten seyn möchten, nach Maasgabe ihrer größern oder geringern Lebhaftig-

selt, einen mehr oder weniger lebhaften Grad einer ähnlichen
Betrübniß.

Daß dies die Quelle unsers Mitgefühls mit fremdem
Elend sey, daß nur die eingebildete Vertauschung unsers
Platzes mit dem Platze des Leidenden uns eine Vorstellung
und Empfindung seiner Qualen verschaffe, läßt sich aus
mancherley alltäglichen Beobachtungen erweisen, wofern es
durch sich selbst noch nicht genug einleuchten sollte. Wenn
wir sehn, daß irgend jemandes Arm oder Bein ein gewaltsamer Schlag drohe, so fahren wir zusammen, und ziehn
unser eignes Bein oder unsern eignen Arm zurück, und wenn
der Schlag wirklich erfolgt, so fühlen wir uns gewissermaßen
eben so von ihm getroffen, wie der Leidende! Leute, die
einem Seiltänzer zusehn, drehen und winden und wiegen
ihren Körper grade so, wie sie es den Gaukler machen sehn,
oder wie sie es in seiner Lage machen zu müssen glauben.
Personen von zarten Fibern und weichlichem Körperbau klagen, daß der Anblick der Wunden und Schwären, die die
Bettler auf den Straßen dem Auge der Vorübergehenden
bloß stellen, ihnen eine stechende oder peinliche Empfindung
in dem korrespondirenden Theil ihres eignen Körpers errege.
Das Grausen, das sie beym Anblick dieser Elenden über-
fäll't, äußert sich vorzüglich in jenem besondern Theil ihres
Körpers, weil es aus der Vorstellung entspringt, was sie
selbst leiden würden, wenn sie wirklich die Elenden wären,
die sie vor sich sehn, und wenn jener besondere Theil ihres
eigenen Leibes grade mit eben dem Uebel behaftet wäre, und
schon diese Vorstellung ist stark genug, um in ihrem schwachen Körper jene peinliche Empfindung zu erregen. Eben
das haben Leute vom festesten Bau bemerkt, wenn sie wun-

de Augen sehn. Ein Gefühl von Wundheit äußert sich den
Augenblick in ihren eigenen Augen, und das aus dem nehm=
lichen Grunde, indem dieses Organ auch bey dem stärksten
Menschen zarter ist, als jedes andere Glied im Bau des
Schwächlichsten.

Auch sind Schauspiele der Pein und des Schmerzes
nicht die einzigen, die unser Mitgefühl erregen. Welcherley
Leidenschaft auch durch irgend einen Gegenstand in, einem
andern erregt werden möge, so wird die Vorstellung seiner
Lage doch immer eine ähnliche Bewegung in der Brust eines
aufmerksamen Zuschauers hervorbringen. Wir freuen uns
über die Errettung jener Helden eines interessanten Schau=
spiels oder Romans eben so aufrichtig, als wir über ihre
Drangsale uns bekümmerten, und unsere Theilnehmung an
ihrem Elende ist um nichts wahrer, als unser Mitgefühl
mit ihrer Glückseligkeit. Wir theilen ihre Dankbarkeit ge=
gen die getreuen Freunde, die sie in ihren mißlichen Lagen
nicht verließen, so wie wir ihren Zorn gegen die Treulosen
theilen, die sie vernachläßigten, betrogen oder stürzten. Aller
wege denken wir uns in des Leidenden Lage hinein, verbil=
den uns, was er empfinden möge, und spüren eine der
seinigen ähnliche Gemüthsbewegung.

Mitleid und Mitfreude sind die Worte, durch welche
unsre Sprache die Theilnehmung an fremdem Wohl und
Weh ausdrückt. Das Wort Sympathie hat einen weiten
Umfang. Obgleich ursprünglich vielleicht nur gebildet, um
die erstere Art von Empfindungen auszudrücken, berechtigt
uns der Sprachgebrauch doch itzo, jede Gattung des Mitge=
fühls in demselben zusammen zu fassen.

In einigen Fällen möcht' es scheinen, als wenn die
Sympathie blos aus dem Anblick einer gewissen Gemüthsbewegung an einem andern entstünde. Es möchte scheinen,
als wenn die Leidenschaft augenblicklich, und ohne vorläufige
Kenntniß ihrer Veranlassung, aus dem, der sie ursprünglich
empfindet, in den andern verpflanzt würde. Gram und
Freude, zum Beyspiel, lebhaft in Blicken oder Geberden
ausgedrückt, ermangeln nie, einen Grad von gleich angenehmer oder gleich peinlicher Empfindung in dem Zuschauer
hervorzubringen. Ein lächelndes Antlitz erheitert jeden, der
es sieht, so wie im Gegentheil ein trauervolles jeden, der
es wahrnimmt, bewölket.

Dies trifft jedoch nicht allgemein, noch in Hinsicht auf
alle Leidenschaften zu. Es gibt Leidenschaften, deren Ausdruck durchaus keine Sympathie erregt, sondern uns vielmehr, ehe wir von ihrer Veranlassung unterrichtet werden,
uns mit Unmuth und Widerwillen erfüllt. Das wüthende
Betragen eines Zornigen ist fähiger uns wider ihn aufzu-
bringen, als wider seine Feinde. Der Reizungen, die er
etwa gehabt haben mag, unkundig, können wir uns weder
in seine Stelle versetzen, noch den Aufruhr seiner Lebensgeister begreifen. Dagegen sehen wir deutlich, was diejenigen, wider die er zürnt, von seiner Wuth zu befürchten haben würden, wenn es ihm gelänge, sie in seine Gewalt zu
bekommen. Wir sympathisiren folglich mit ihrer Gefahr,
und fühlen uns geneigt, mit ihnen wider den Mann, von
dem sie so viel zu befürchten haben, Parthey zu machen.

Wenn schon die blose Wahrnehmung von Kummer und
von Freude uns ähnliche Gemüthsempfindungen einflößt, so

A 4

rührt dies daher, daß diese den allgemeinen Gedanken an
irgend ein Gutes oder irgend ein Uebel, was den Fröhlichen
oder Traurigen wiederfahren seyn müsse, in uns weckt, und
dies reicht zu, um für jene Leidenschaften unser Mitgefühl
zu erregen. Die Wirkungen der Freude und des Kummers
schränken sich auf denjenigen ein, der sie empfindet. Der
sie begleitende Ausdruck thut also das nicht, was der Ausdruck des Zorns thut. Er erinnert uns nicht an einen Dritten, der unsre Theilnehmung auffodert, und das Interesse
des andern mit dem seinigen durchkreuzt — Der allgemeine
Begriff eines Gutes oder Uebels bewirkt daher einiges Mitgefühl mit dem, der es erfahren hat. Aber der allgemeine
Begriff einer Beleidigung erregt keine Sympathie mit dem
Zorn des Beleidigten; die Natur warnt uns gleichsam, uns
für diese Leidenschaft nicht zu interessiren. Sie gebeut uns,
sie zu verabscheuen, bis wir von ihrer etwanigen Veranlassung sattsam unterrichtet seyn.

Selbst mit dem Kummer und der Freude des andern können wir nur schwach sympathisiren, so lange wir
nicht um die Ursache derselben wissen. Allgemeines Wehklagen, das blos die Angst des Leidenden ausdrückt, erregt
eher eine Neugierde, seine Lage zu erforschen, nebst einiger
Neigung, mit ihm zu sympathisiren, als einiges wirklich
empfindbares Mitgefühl. Was fehlet dir? und: was
ist dir begegnet? sind die ersten Fragen, die wir an
ihn erlassen. Und bis diese beantwortet sind, kann unser Mitgefühl nicht sehr merklich seyn, so unbehaglich
uns auch der schwankende Gedanke seines Misgeschicks
und die Folter unserer eigenen Ungewißheit seyn mag.

Sympathie entsteht also nicht so sehr aus dem Anblick der Leidenschaft, als aus der Verbildung der Lage des Leidenden. Wir fühlen zuweilen für den andern mit einer Stärke, deren er selbst durchaus unfähig scheint. Wir denken uns in seinem Falle, und die Einbildungskraft erregt uns größere Pein, als ihm die Wirklichkeit verursacht. Wir erröthen für die Unverschämtheit und Grobheit eines andern, für die er selbst keinen Sinn zu haben scheint, weil wir uns nicht erwehren können, die Verwirrung, in die wir selbst gerathen wären, wenn wir uns seines unschicklichen Betragens schuldig gemacht hätten, lebhaft zu empfinden.

Von allen Unglücksfällen, denen das Loos der Sterblichkeit den Menschen bloß stellt, scheint gewiß jedem, in dem noch ein Funken Menschlichkeit glimmet, der Verlust der Vernunft der allertrauervollste, und wir betrachten diese letzte Stufe des menschlichen Elends mit tieferm Jammergefühl, als jede andre. Aber der arme Elende, der bis zu ihr herunter gesunken ist, lacht und singt vielleicht, und ist gegen sein äußerstes Elend ganz fühllos. Die Beklemmung, die die Menschlichkeit beym Anblick eines solchen Gegenstandes fühlt, kann also kein auf uns fortgepflanztes Gefühl des Leidenden seyn. Das Mitleid des Zuschauers kann lediglich aus der Betrachtung entspringen, was er selbst empfinden würde, wenn er zu dieser jammervollsten aller Lagen herabgewürdigt, und, welches vielleicht unmöglich ist, zugleich im Stande wäre, sie mit seiner itzigen Vernunft und Urtheilskraft zu betrachten.

Mit welcher Todesangst hört eine Mutter das Wimmern ihres Säuglings, der während der Zuckungen seiner

Krankheit nicht sagen kann, was ihm fehlet! Des armen
Unmündigen wirkliche Hülflosigkeit, ihr eignes Bewußtseyn
dieser Hülflosigkeit, ihr banges Erwarten der unbekannten
Folgen dieser Krankheit, alles vereinigt sich in ihrer Vorstellung von des Kindes Leiden, und bildet zu ihrer eigenen
Qual das vollendetste Bild des Jammers und des Elendes.
Der Säugling selbst fühlt indessen nur die Unbehaglichkeit
des gegenwärtigen Augenblicks, die nie groß seyn kann. In
Ansehung der Zukunft ist er völlig ruhig, und sein Mangel
an Vorhersehung und Nachdenken sichert ihn hinlänglich vor
Furcht und Angst, diesen großen Folterern des Menschen-
herzens, wider welche, wenn sie erst zu Männern erwachsen
sind, die Vernunft und die Weltweisheit umsonst zum
Kampf auftreten.

Wir sympathisiren sogar mit den Todten, und ohne
auf das zu achten, was ihre Lage wahrhaftig bedenklich
macht, auf jene schauervolle Zukunft, die ihrer harret, fühlen wir uns hauptsächlich durch Umstände getroffen, die unsre Sinnen rühren, die aber auf ihre Glückseligkeit keinen
Einfluß haben. Es ist erbärmlich, wähnen wir, beraubt
zu werden des süßen Sonnenlichtes, ausgeschlossen zu werden vom Umgang der Lebendigen, vernagelt zu werden ins
kalte Grab, ein Raub der Verwesung und der Erdgewür-
me, vertilgt zu werden aus dem Andenken dieser Welt, und
ausgestrichen binnen wenig Monden aus dem Herzen und
selbst aus dem Gedächtniß unsrer liebsten Freunde und An-
verwandten. Grauenvoller, dünkt uns, kann kein Schicksal seyn, und für die Unglücklichen, die es erlitten, glauben wir nicht genug fühlen zu können. Wir glauben den
Zoll unsres Mitgefühls ihnen itzt doppelt schuldig zu seyn,

tzt, da sie in Gefahr sind, von aller Welt vergessen zu werden. Sinnreich, uns selbst zu peinigen, suchen wir durch die eitlen Ehren, die wir ihrem Andenken erweisen, die finstre Erinnerung ihres Misgeschicks in uns lebendig zu erhalten. Daß unser Mitgefühl ihnen nichts helfen kann, scheint ihre trauervolle Lage nur noch trauervoller zu machen; daß alles, was wir für sie thun mögen, sie nicht trösten kann; daß das, was allen andern Schmerz erleichtert, daß das Bedauern, die Liebe und die Wehklage der Ihrigen ihr Schicksal nicht lindern kann, dient nur, unser Mitleid mit ihrem Zustande zu erhöhen. Die Glückseligkeit der Todten wird indessen zuverläßig durch keinen dieser Umstände beeinträchtigt, keine von allen diesen Vorstellungen vermag die tiefe Sicherheit ihrer Ruhe zu stören; das Bild jener grauenvollen endlosen Melancholie, das die Fantasie sich von ihrem Zustande schaft, entspringt lediglich daraus, daß wir mit der Veränderung, die mit ihnen vorgegangen, unser Bewußtseyn dieser Veränderung verknüpfen, daß wir uns in ihre Stelle versetzen, daß wir mit unsern eignen lebendigen Seelen, so zu sagen, in ihre entseelten Körper einkehren, und uns es dann vorstellen, wie uns in diesem Falle zu Muthe seyn müsse. Eben diese Täuschung der Fantasie ist die Ursache, daß der Gedanke unsrer eignen bevorstehenden Auflösung uns so fürchterlich ist, und daß die Vorstellung von Umständen, die den Todten auf keinerley Weise beunruhigen können, uns elend macht, dieweil wir leben. Und eben hieraus entspringt einer der mächtigsten Prinzipe der menschlichen Natur, die Furcht des Todes, die zwar das Leben vergiftet, aber die Bosheit im Zaum hält, die die Individuen zwar schreckt und ängstigt, aber den Frieden der Gesellschaft sichert.

Anm. Mich dünkt, daß der Verfasser die Sympathie zu viel raisonniren lassen: Die Sympathie ist ursprünglich Instinkt, und der raisonnirt nicht. Bey Kindern, wo die Macht des Instinkts durch den Einfluß der noch schlummernden Vernunft nicht gebrochen ist, und bey Thieren, die zeitlebens unter ihm gefangen bleiben, ist der Trieb der Sympathie am stärksten. Mein einjähriges Töchterchen, das durch eigne Empfindungen zur Zeit noch weder physischen noch intellektuellen Schmerz kennt, das nie krank war, nie scheel angesehn, nie rauh angefahren, am wenigsten mit körperlicher Züchtigung belegt wurde, sympathisirt gleichwohl aufs lebhafteste mit jedem Ausdruck des Schmerzes, wie der Freude. Es weint, wenn es jemand weinen sieht, und bricht in das fröhlichste Gekreische aus, wenn die Umsitzenden lachen und schäkern. Es wimmert, wenn es mich den schmerzenden Kopf trübe in die Hand stützen sieht, oder wenn die Mutter unter der Folter des Zahnwehs erliegend auf den Sofa sinkt. Es ruft: Nein, nein! und arbeitet mit Händen und Füßen, wenn es Thiere oder Menschen auch nur im Scherz mit einander balgen, sich beißen oder schlagen sieht. Es sympathisirt gewissermaßen schon mit dem Todten. Wenn es Thiere, die es lieb hatte, starr und bewegungslos auf dem Boden liegen sieht, wenn die Enten oder Hühnchen, an denen es seine Freude hatte, entfiedert und erschlappet da hängen, und ich ihm sage: Das sind die schönen Park-Enten, nun werden sie nicht mehr gakkern. Das sind die schönen Pipi's, nun werden sie nicht mehr pipen, nun sollen sie an jenen Spieß gesteckt und gebraten werden, und dann soll Minchen sie essen; so macht sie ein höchstkläglichts Gesicht, und nicht lange, so fängt sie an die bittersten Thränen zu vergießen, und verbirgt vor dem traurigen Anblick ihr kleines Antlitz in des Vaters Busen. Seit dies dunkle Gefühl des Aufhörens sich zu bewegen in ihr rege geworden ist, ist auch der Anblick schlafender Menschen oder Thiere ihr höchst traurig, und es ist hinreichend, sie zum Weinen zu bringen, wenn sie die Kanarienvögel Abends auf ihren Stäben still und lautlos sitzen sieht, und ich ihr sage: Das Pipvögelchen ist in Eya.

Wie stark die Sympathie der Thiere sey, lehrt die Erfahrung aller Tage. Wenn ein Vieh unter dem Messer des Schlächters brüllt, so gerathen alle Thiere der nehmlichen Gattung in einen Aufruhr, der an Tobsucht grenzt. Von dem Rindvieh ist es bekannt, daß, wenn es von ohngefähr auf einen Platz trifft, wo Rinderblut vergossen ward, es still steht, die Stäte beschnuppert, bald aber sich eins wider das andre wendet, und unter gräßlichem Gebrüll auf Tod und Leben zusammenkämpfet. Vater Labat erzählt in seinen Reisen, daß in den Antillen, wo die Hunde gegessen werden, alle Thiere dieser Art aus einer ganzen Ortschaft sich vor dem Hause versammeln, wo gerade einer ihrer Kameraden gebraten wird, und ein entsetzliches Geheul verführen, ingleichen, daß sie jeden, der von einem Hunde gegessen, den ganzen Tag verfolgen.

Das Thier lernt von der Kette des Instinkts sich nimmer los reißen. So wie aber alle Triebe des Menschen der Bildung fähig sind, so ist es auch der Trieb der Sympathie. Sie wird schwächer nach dem Maaße, daß die Leidenschaften erwachen, und zugleich mit ihnen die Vernunft sich entfaltet; schwächer in dem verständigen Menschen, wenn dieser sein pathologisches Begehrungsvermögen dem obern unterordnet; schwächer in dem Sinnlichen, dessen verweichlichtes und verwöhntes Selbst zuletzt alles Mitgefühl verschlingt. Woher kömmt es, daß Wollüstlinge gewöhnlich kalt und untheilnehmend sind? Woher jene Ungeheuer auf Thronen, die eben so sinnlich als grausam, eben so weibisch als unmenschlich waren, die Nerone, Heliogabale, Schach Sefi's, Muley Ismaels? Wollen wir annehmen, daß ihre ursprüngliche Anlage verwahrloßt, daß ein Fehler in ihrer Organisation vorgefallen, und die gütige Natur den Trieb der Sympathie in selbige hineinzuflechten vergessen habe? Oder erklärt jene gänzliche Versteinerung für fremdes Wohl und Weh sich nicht etwa hinlänglich aus der unseligen Verwöhnung, den Weltkreis auf ihr armes Selbst zu berechnen; jenes gänzliche Austrocknen der Quellen des süßen Mitgefühls aus dem Brande der Sinnlichkeit; und jener Hang zu positiver Grausamkeit aus der Feigheit, die die gewöhnliche Folge der Erschlaffung, und dem Argwohn, der von gewaltsamer Zertretung der Menschheit unzertrenn-lich ist?

Zweytes Kapitel.

Von der Wonne des Mitgefühls.

Was aber auch die Ursache des Mitgefühls seyn, oder auf welcherley Weise es erregt werden möge, so ist doch nichts angenehmer, als in der Brust unsers Bruders ein Mitge-fühl mit allen Aufwallungen unsers eignen Herzens zu be-merken, und nichts ist uns anstößiger, als die Entdeckung des Gegentheils. Diejenigen, die gern alle unsre Empfin-dungen aus gewissen Verfeinerungen der Eigenliebe ablei-ten, finden keine Schwierigkeit, sich auch dies Vergnügen und diesen Unmuth ihren Grundsätzen gemäß zu erklären. Der Mensch, sagen sie, seiner eigenen Schwäche und Hülfs-bedürftigkeit sich bewußt, freuet sich, wenn er andre seine Leidenschaften theilen sieht, indem er so ihres Beystandes versichert seyn kann, betrübt sich hingegen, wenn er das Gegentheil wahrnimmt, weil er in diesem Fall ihre Wider-setzung besorgen muß. Aber beides, jenes angenehme und dieses peinliche Gefühl äußert sich zuweilen so in Einem Au-genblick und bey so unerheblichen Gelegenheiten, daß es offenbar aus jenen eigensüchtigen Rücksichten nicht erklärt werden kann. Ein Mann, der eine Gesellschaft zu belusti-gen gesucht hat, ärgert sich, wenn er um sich sieht, und kei-nen als sich selbst über seine Einfälle lachen findet. Dahin-

gegen ist das freudige Gelächter der Gesellschaft ihm äußerst
angenehm, und er betrachtet die Einstimmigkeit ihrer Empfindungen mit seinen eignen als den größten Beyfall.

Es scheint auch sein Vergnügen nicht lediglich aus dem
Zuwachs von Lebhaftigkeit zu entstehn, den seine Munterkeit etwa aus der Sympathie mit der gesellschaftlichen Freude empfangen, noch sein Unmuth aus dem Verdrusse, den
er etwa über die Entbehrung dieses Vergnügens empfinden
möchte; obgleich beides ohne Zweifel gewissermaßen dazu
mitwirkt. Wenn wir ein Buch oder ein Gedicht so oft ge-
lesen haben, daß es uns kein Vergnügen mehr machen kann,
es für uns selbst zu lesen, so finden wir doch noch immer ein
Vergnügen daran, es einem Dritten vorzulesen. Für ihn
hat es alle Reize der Neuheit; wir theilen die Ueberraschung und Bewunderung, die es ihm ablockt; wir betrachten die Vorstellungen, die es weckt, mehr in dem Lichte,
darin sie ihm, als in dem, darin sie uns erscheinen, und so
belustigt uns sympathetischer Weise seine Belustigung aufs
neue. Im Gegentheil würden wir uns ärgern, wenn er
keinen Geschmack an dem Buche finden sollte, und wir würden kein Vergnügen weiter daran finden können, es ihm
vorzulesen. Der nehmliche Fall ist hier. Die Aufmunterung der Gesellschaft erhöht ohne Zweifel unsere eigene Munterkeit, und ihr Stillschweigen verdreußt uns. Aber obgleich
beides zu dem Vergnügen, was wir in dem einen, und zu
dem Unmuth, den wir in dem andern Fall empfinden, mitwirken mag, so ist es doch keinesweges die einzige Ursache
von beiden, und diese Einstimmigkeit fremder Gefühle mit
unsern eignen ist ein Quell des Vergnügens, und der Mangel derselben ein Quell des Verdrusses, der offenbar einer

andern Erklärung bedarf. Die Theilnehmung, die meine
Freunde an meiner Freude äußern, könnte mich freylich durch
Belebung dieser Freude ergötzen, aber ihre Theilnehmung
an meinem Gram könnte das nicht, wenn sie blos zu Be=
lebung dieses Kummers diente. Die Sympathie aber be=
lebt die Freude, und lindert den Gram. Sie belebt die
Freude, indem sie uns einen frischen Quell der Zufriedenheit
öffnet, und sie lindert den Gram, indem sie dem leidenden
Herzen das einzige Wonnegefühl, dessen es in seiner Lage
fähig ist, einflößt.

Hieher gehört die Bemerkung, daß wir weit ungedul=
diger sind, unsern Freunden unsre freudigen als unsre wi=
drigen Empfindungen mitzutheilen, daß ihr Mitgefühl mit
jenen uns weit mehr Zufriedenheit verschaft, als ihr Theil=
nehmen an diesen, und daß der Mangel des Mitleids uns
weit empfindlicher ist, als der Mangel der Mitfreude.

Wie sehr fühlen sich die Unglücklichen getröstet, wenn
sie jemanden gefunden haben, dem sie die Ursache ihres Kum=
mers mittheilen können. Sein Mitgefühl scheint sie eines
Theils ihrer Angst zu entbürden. Er fühlt nicht nur einen
Schmerz, der dem ihrigen verwandt ist, sondern gleich als
wenn er wirklich einen Theil desselben auf sich abgeleitet
hätte, scheint sein Gefühl das Gewicht des ihrigen zu min=
dern. Dennoch erneuern sie durch Erzählung ihrer Unglücks=
fälle gewissermaßen ihren Schmerz. Sie wecken in ihrem
Gedächtnisse die Erinnerung jener Begebenheiten, die ihnen
so wehe thaten. Ihre Thränen fließen reichlicher denn vor=
her, und Gram und Wehmuth scheinen sie gänzlich zu über=
mannen. Allein es ist augenscheinlich, daß alle diese Er=

gieſſungen des Kummers ihnen ſüß ſind, und daß ſie ſie ſo⸗
gar erleichtern. Der Reiz der Sympathie erſetzt alle Bit⸗
terkeit ſolcher Erinnerung. Um das ſüße Mitgefühl zu we⸗
cken, erneuerten und verlebendigten ſie ihren Schmerz, und
der Genuß deſſelben hielt ſie mehr denn ſchadlos — Dagegen
kann man den Unglücklichen nicht grauſamer kränken, als
wenn man ſein Unglück als Kleinigkeit behandelt. Für die
Freude unſers Bruders kein Gefühl bezeugen, iſt nur Man⸗
gel an Feinheit; aber nicht einmal ernſthaft bleiben können,
wenn er uns ſeine Leiden ſchildert, iſt wahre und grobe
Unmenſchlichkeit.

Die Liebe iſt eine angenehme, der Haß eine wider⸗
wärtige Leidenſchaft. Dem zu Folge iſt uns nicht halb ſo ſehr
darum zu thun, daß unſre Freunde unſre Freundſchaften
billigen, als daß ſie unſre Empfindlichkeit theilen. Mögen
ſie gegen Wohlthaten, die uns erzeigt werden, noch ſo gleich⸗
gültig ſeyn, wir verzeihen es ihnen; aber unerträglich iſt es
uns, ſie gegen Kränkungen, die wir erlitten, unempfindlich
zu ſehn. Unſere Dankbarkeit mögen ſie ungetheilt laſſen;
aber unſern Unwillen ſollen ſie theilen. Unſere Freunde mö⸗
gen ihnen gleichgültig bleiben; aber unſre Feinde ſollen auch
die ihrigen ſeyn. Wir können's leiden, daß ſie mit den er⸗
ſtern in Feindſchaft ſtehn, obgleich wir dann und wann
vielleicht eine Art von ſcherzhaftem Krieg darüber mit ihnen
führen; allein wir zanken in ganzem Ernſt mit ihnen, wenn
ſie mit den letztern in Freundſchaft leben. Liebe und Freude
befriedigen und ſättigen das Herz, ohne das irgend ein an⸗
dres Vergnügen ihnen zu Hülfe kommen dürfe. Aber die
bittern, peinlichen Empfindungen des Zorns und Haſſes ver⸗
langen den heilenden Troſt der Sympathie in ſtärkerm Maaße.

B

So wie derjenige, auf welchen ein Vorfall zunächst
Bezug hat, über unser Mitgefühl sich freuet, und über den
Mangel desselben empfindlich wird, so scheinen auch wir uns
zu freuen, wenn wir mit ihm sympathisiren können, und
verdrieslich zu werden, wenn wirs nicht können. Wir
eilen, nicht nur, ihn zu beglückwünschen, sondern auch ihn
zu bemitleiden, und das Vergnügen, das wir am Umgange eines Menschen finden, mit dem wir in jeder Stimmung
seines Herzens durchaus sympathisiren können, scheint für
den Kummer, den der Anblick seiner Lage uns verursachen
mag, uns mehr denn schadlos zu halten. Dahingegen ist
es uns unangenehm, zu fühlen, daß wir nicht mit ihm sympathisiren können, und statt uns über diese Ausnahme von
den Leiden der Sympathie zu freuen, verdrießt es uns vielmehr, daß wir seine Unruhe nicht theilen können. Wir hören ihn wehklagen. Wir beziehen seine Lage auf uns, und
finden, daß sie uns nicht in dem Grade angreifen würde.
Izt verdrießt uns sein Schmerz. Wir können ihn nicht begreifen. Wir nennen ihn Feigheit und Kleinmuth — Eben
so ärgerlich ist es uns auf der andern Seite, wenn jemand
sich eines kleinen Glückes zu sehr überhebt. Seine Freude
verdrießt uns, und weil wir sie nicht begreifen können, nennen wir sie Leichtfertigkeit und Thorheit. Wir werden sogar ungeduldig, wenn jemand über einen Spaß anhalten-
der und lauter lacht, als er es uns zu verdienen scheint,
das ist, als wir fühlen, daß wir darüber lachen könnten.

Anm. Die Wonne des Mitgefühls gehört zu den erlesensten unsers Menschseyns. Allein nicht jede Art des Mitgefühls
weckt diese Wonne. Mit physischem Schmerze sympathisiren ist
nicht süß. Vielleicht würden wir denjenigen, der am Schaft des
Steins, der Gicht, des Magenkrampfes zappelte, gern meiden,

wenn die Pflicht der Menſchlichkeit, und das Intereſſe, das an den Leidenden uns etwa feſſelt, es uns erlaubten. Auch mit intellectuellem Schmerz kann man nicht eher mit Vergnügen ſympathiſiren, als bis die erſten ſchneidenden Accente deſſelben erſtun mt ſind, und der Traurende in ſtille Wehmuth und thränenreiche Melankolie ermattet. Dann ſich neben ihm hinzuſetzen, in das Heiligthum ſeines Grames ſich hineinzuſtehlen, und, während wir ſeinen Kummer billigen und theilen, eine Hälfte deſſelben gleichſam auf uns herüberzuleiten — dies iſt einer der feinſten, köſtlichſten und bitterſüßeſten Genüſſe der Menſchheit.

Dem Leidenden ſelbſt wird es, ſobald der erſte Sturm ſeiner Leidenſchaft verbrauſt, oder die ſtumme Inſichſelbſtverſchloſſenheit der Verzweiflung aufgelöſt iſt, wahres Bedürfniß ſich mitzutheilen, und dieſe Mittheilung erleichtert ihn. Er ſehnt ſich daher nach irgend einem gefühlvollen Menſchen, in deſſen ſympathetiſche Bruſt er ſeinen Gram ausreden könnte, und dieſes Ausreden wird ihn halb geneſen machen, geſetzt auch, daß jener zu Wendung ſeines Schickſals nicht das geringſte beytragen könne.

Drittes Kapitel.

Wie wir über die Schicklichkeit fremder Gemüthsbewegungen nach Maasgabe ihres Einklangs oder Misklangs mit den unſrigen urtheilen.

Wenn die urſprünglichen Gefühle des eigentlich Leidenden mit den ſympathetiſchen Gefühlen des Zuſchauers genau zuſammen ſtimmen, ſo müſſen ſie dieſem natürlicherweiſe gerecht, billig, und ihrem Gegenſtände angemeſſen erſcheinen; findet er im Gegentheil bey Uebertragung des Falls auf ſein

Ich, daß sie mit seiner Empfindung nicht zusammentreffen,
so müssen sie ihm nothwendig unschicklich, ungerecht und
ihren Ursachen unangemessen vorkommen. Eines andern
Leidenschaft genehm halten, sie ihrem Gegenstande angemessen finden, heißt also nichts anders, als bemerken, daß wir
durchaus mit ihr sympathisiren; sie nicht genehm halten, sie
als unangemessen misbilligen, nichts anders, als bemerken, daß
wir nicht durchaus mit ihr sympathisiren. Wer das Unrecht,
was mir widerfahren ist, erwägt, und bemerkt, daß ich
es gerade so empfinde, wie er es empfinden würde, muß meine Empfindlichkeit nothwendig billigen. Wer mit meinem
Gram innigst sympathisirt, muß die Billigkeit desselben zugeben. Wer einerley Gedichte, einerley Gemälde, und in
einerley Grade mit mir bewundert, muß die Richtigkeit meiner Bewunderung eingestehn. Wer mit mir über einerley
Spaß lacht, und gleich lange und stark darüber lacht, kann
die Schicklichkeit meines Gelächters nicht wohl läugnen.
Derjenige im Gegentheil, der bey diesen verschiedenen Veranlassungen nicht die nehmliche Gemüthsbewegung fühlt,
die ich fühle, oder sie nicht in gleicher Stärke fühlt, kann
nicht umhin, meine Gefühle, eben wegen dieses Misverhältnisses zu den seinigen, zu misbilligen. Wenn mein Unwille alles hinter sich läßt, was mein Freund in gleicher Lage
empfinden würde; wenn mein Gram alle Grenzen seines
zärtlichsten Mitleidens überschreitet; wenn meine Bewunderung zu kalt oder zu feurig ist, um mit der seinigen zusammenzutreffen; wenn ich laut und herzlich lache, wann er
nur lächelt, oder wenn ich nur lächle, wann er laut und
herzlich lacht — in allen diesen Fällen wird mein Freund,
sobald er sich von Betrachtungen des Gegenstandes zur Beobachtung seines Einflusses auf mich wendet, meine Gefühle,

nach Maasgabe ihres größern oder geringern Misverhält=
nisses zu den seinigen, mehr oder weniger misbilligen; und
in allen diesen Fällen werden seine eignen Empfindungen
der Maasstab und die Richtschnur seyn, nachdem er die mei=
nigen aburtheilt.

Eines andern Meinungen billigen, ist — sie anneh=
men, und sie annehmen, ist — sie billigen. Wenn die
nehmlichen Gründe, durch welche du überzeugt wurdest,
auch mich überzeugen, so muß ich nothwendig deine Ueber=
zeugung billigen; und misbilligen muß ich sie, wenn sie es
nicht thaten. Es ist unbegreiflich, wie das eine ohne das
andre statt haben könne. Andrer Meinungen billigen oder
misbilligen heißt also, wie jedermann anerkennt, nichts
anders, als ihre Uebereinstimmung oder Nichtübereinstim=
mung mit den unsrigen wahrnehmen. Eben so verhält es
sich auch mit dem Beyfall oder Tadel, welchen fremde Em=
pfindungen und Gemüthsbewegungen bey uns finden.

Es gibt freylich Fälle, in welchen wir ohne einige
Sympathie oder Aehnlichkeit der Empfindung zu billigen
scheinen, und in welchen folglich das Gefühl der Billigung
von der Wahrnehmung jener Uebereinstimmung verschieden
zu seyn scheinen möchte. Ein wenig Aufmerksamkeit wird
uns jedoch überzeugen, daß auch in diesen Fällen unser Bey=
fall sich ursprünglich auf jene Sympathie oder geheime Zu=
sammenstimmung gründet — Da das Urtheil des Men=
schen in geringfügigen Fällen am wenigsten durch falsche Sy=
steme irre geführt wird, so will ich ein Beyspiel dieser Art
geben. Wir können oft einem gesellschaftlichen Scherz un=
sern Beyfall geben, und das Gelächter der Gesellschaft ganz
schicklich finden, ohne selbst mitzulachen, weil wir entweder

grade ernsthaft gestimmt, oder mit andern Gedanken beschäftigt sind. Allein die Erfahrung hat uns gelehrt, welche
Art von Scherz uns sonsten gewöhnlich lachen macht, und
wir bemerken, daß der gegenwärtige von dieser Art sey. Wir
billigen daher das Gelächter der Gesellschaft, und fühlen,
daß es schicklich und seinem Gegenstande angemessen sey,
weil wir, obgleich unsre gegenwärtige Stimmung uns daran
theilzunehmen hindert, uns bewußt sind, daß wir in den meisten Fällen aus Herzensgrunde mitlachen würden,

   Das nehmliche ereignet sich nicht selten in Ansehung
aller andern Leidenschaften. Ein Fremder geht mit Merk-
malen des tiefsten Kummers auf der Straße vor uns vorüber, und man sagt uns zugleich, daß er so eben die Nachricht von seines Vaters Tode erhalten habe. Es ist unmöglich, daß wir in diesem Fall nicht seinen Kummer billigen
sollten. Gleichwol kann es ohne einigen Mangel an Menschlichkeit unsrerseits oft geschehn, daß wir, weit entfernt,
die Heftigkeit seines Schmerzes zu theilen, nicht einmal
eine Aufwallung von Mitleid für ihn spüren. Beide, er
und sein Vater, sind uns vielleicht gänzlich unbekannt, oder
wir sind grade mit andern Dingen beschäftigt, und lassen
uns nicht Zeit, das Bild des Jammers, das ihn befangen
hält, in unsrer Einbildungskraft ganz auszumalen. Aus
der Erfahrung wissen wir jedoch, daß ein solcher Unfall natürlicherweise einen solchen Grad des Kummers erregt, und
wir fühlen, daß, wenn wir uns Zeit ließen, seine Lage
durchaus und von allen Seiten zu betrachten, wir ohne Zweifel aufs aufrichtigste mit ihm sympathisiren würden. Auf
das Bewußtseyn dieser bedingten Sympathie gründet sich
unsre Billigung seines Kummers auch in denen Fällen, wor-

in die Sympathie sich nicht wirklich äußert, und die allge=
meinen, aus unsrer vorigen Erfahrung über die Natur der
Gefühle, mit denen wir gewöhnlich sympathisiren können,
abgezognen Regeln, berichtigen in diesen, wie in vielen an=
dern Fällen, die Unschicklichkeit unsrer gegenwärtigen Ge=
müthsbewegung.

Die Empfindung oder Stimmung des Herzens, aus
welcher irgend eine Handlung entspringt, und auf welcher
deren Werth oder Unwerth endlich beruht, läßt sich unter
zweyerley Gesichtspunkten, oder zweyerley verschiednen Be=
ziehungen betrachten, erstlich in Beziehung auf die Ursache,
welche sie weckt, oder den Bewegungsgrund, welcher sie ver=
anlaßt; zweytens in Beziehung auf den Zweck, welchen sie
beabsichtigt, oder die Wirkung, die sie zu beschaffen strebet.

In der Angemessenheit oder Unangemessenheit, in dem
Verhältniß oder Misverhältniß der Gemüthsbewegung zu
ihrem veranlassenden Gegenstande oder Grunde besteht die
Schicklichkeit oder Unschicklichkeit, der Wohl= oder Uebel=
stand der aus ihr entspringenden Handlung.

In der wohlthätigen oder schädlichen Natur der Wir=
kungen, die der Affekt hervorbringt, oder hervorzubringen
sucht, besteht das Verdienst oder Misverdienst der Hand=
lung; und von diesem hängt es ab, ob sie Belohnung ver=
diene, oder ob sie sträflich sey.

Die neuern Weltweisen haben hauptsächlich nur die
Tendenz der Affekte in Erwägung gezogen, und auf ihre
Beziehung zu der erregenden Ursache wenig Rücksicht genom=

men. Im gemeinen Leben machen wir uns dieser Nach=
läßigkeit weniger schuldig. Wir betrachten die Handlungen
und die Triebfedern der Handlung, die wir beurtheilen wol=
len, gewöhnlich aus beyderley Gesichtspuncten. Wenn wir
das Uebermaas der Liebe, des Grams, des Zorns an einem
andern tadeln, so erwägen wir nicht nur die verderblichen
Wirkungen, die diese Leidenschaften beabsichtigen, sondern
auch die geringen Veranlassungen, davon sie herrühren.
Das Verdienst seines Lieblings, sagen wir, ist nicht groß ge=
nug, sein Unfall nicht schrecklich genug, die ihm widerfahr=
ne Reizung nicht blutig genug, um einen solchen Aufruhr
seiner Lebensgeister zu rechtfertigen. Wir würden Nachsicht
mit ihm haben, sagen wir, wir würden die Heftigkeit seiner
Empfindungen vielleicht billigen, wenn sie mit ihrer Veran=
lassung in einigem Verhältniß stünde.

Diese Beurtheilung der Angemessenheit oder Nichtan=
gemessenheit eines Affektes zu seiner veranlassenden Ursache
kann schwerlich nach einer andern Richtschnur geschehn, als
nach dem korrespondirenden Affekt in uns selber. Wenn wir
bey Uebertragung des Falles auf uns selber wahrnehmen,
daß die Empfindungen, die ihn veranlaßten, mit den unsri=
gen zusammentreffen und Takt halten, so müssen wir sie noth=
wendig als schicklich und ihren Gegenständen angemessen
billigen; wenn nicht, so müssen wir sie nothwendig aus=
schweifend und übertrieben finden, und sie nothwendig
misbilligen.

Jedes Vermögen des andern beurtheilt der Mensch
nach Maasgabe des nehmlichen Vermögens in ihm sel=
ber. Ich beurtheile dein Gesicht nach meinem, dein Ge=

für nach meinem, deine Vernunft nach meiner, deinen
Zorn nach meinem, deine Liebe nach meiner. Ich habe
keine andre Richtschnur, sie zu beurtheilen, und kann keine
andre haben.

Viertes Kapitel.

Fortsetzung des nehmlichen Stoffs.

Wenn wir die Schicklichkeit oder Unschicklichkeit andrer
Gefühle nach dem Maas ihrer Uebereinstimmung oder Nichtübereinstimmung mit unsern eigenen beurtheilen, so kann
das bey zweyerley Gelegenheiten geschehn; entweder einmal,
wenn die Gegenstände, die diese Gefühle erregen, ohne einige Beziehung weder auf uns selber, noch auf denjenigen,
dessen Gefühl wir beurtheilen, betrachtet werden; oder zweytens, wenn wir sie in einer wahrhaftig interessanten Beziehung auf einen von uns beiden betrachten.

I. Stimmt das Urtheil des andern über Gegenstände,
die keine besondre Beziehung weder auf ihn noch auf uns zu
haben scheinen, mit dem unsrigen durchaus zusammen, so
legen wir ihm die Eigenschaften des Geschmacks und einer
gesunden Urtheilskraft bey. Die Schönheit einer Ebne, die
Größe eines Berges, die Verzierungen eines Gebäudes, der
Ausdruck eines Gemäldes, die Zusammensetzung einer Rede, die Aufführung eines Dritten, die Verhältnisse verschie-
dener Größen und Zahlen, die mannichfaltigen Schauspiele,

die die große Maschine des Weltalls uns unaufhörlich darstellt, nebst den geheimen Räderwerken und Springfedern,
die sie hervorbringen; die allgemeinen Gegenstände des Geschmacks und der Wissenschaften sind lauter Dinge, die wir
in keiner besondern Beziehung weder auf uns noch unsern
Gefährten betrachten. Wir sehn sie beide aus einerley Gesichtspunkt an, und bedürfen jener eingebildeten Verwech-
selungen unserer Lage nicht, um über sie vollkommen einerley
Gefühls und einerley Meinung zu seyn. Werden wir dem-
ohngeachtet nicht selten auf verschiedene Art von ihnen affizirt, so entspringt das entweder aus den verschiedenen Stufen der Aufmerksamkeit, mit denen wir vermöge unsrer
verschiednen Lebensweise die mancherley Theile dieser viel-
fachen Gegenstände betrachten, oder aus den verschiednen
Stufen der natürlichen Schärfe jener Seelenkraft, die sie zunächst in Anspruch nehmen.

Trifft die Meinung unsers Gefährten mit der unsrigen
über Dinge dieser Art zusammen, die von alltäglicher, leicht
zu überschauender Beschaffenheit sind, und darüber wir
schwerlich jemalen einen mit uns uneins fanden, so müssen
wir seine Meinung freylich genehm halten, allein ein besondres Lob scheint er uns darum noch nicht zu verdienen. Trifft
sein Urtheil aber nicht blos mit dem unsern zusammen, sondern giebt ihm seine Richtung; finden wir, daß er in Fällung
desselben auf Umstände gemerkt habe, die wir übersehen,
und daß es diesen verschiedenen Umständen des Gegenstandes
innigst angemessen sey, so billigen wir sein Urtheil nicht blos,
sondern die ungewöhnliche Schärfe, der weite Umfang und
das genaue Zutreffen desselben überrascht und befremdet uns
auch, und zeigt uns seinen Urheber, als unsers Beyfalls

und unsrer Bewundrung in hohem Grade würdig. Denn
Billigung, durch Befremdung und Ueberraschung erhöht,
erzeugt jene Empfindung, die wir eigentlich Bewunderung
nennen, und deren natürlicher Ausdruck lauter Beyfall ist.
Das Urtheil, daß zweymal zwey vier sey, und daß erlesene
Schönheit zurückschreckender Scheußlichkeit vorzuziehen sey,
muß alle Welt genehm halten, wird dem, der es fällt, aber
keine sonderliche Bewunderung verschaffen: Nur die Schärfe
und Feinheit, womit der Mann von Geschmack die zartesten und beynahe unmerklichen Schattirungen des Schönen und Häßlichen zu unterscheiden weiß; nur die umfassen-
de Genauigkeit des erfahrnen Meßkünstlers, welcher die ver-
flochtensten Verhältnisse mit Leichtigkeit auseinander wirret,
nur der Heerführer in Disziplinen des Geschmacks und der
Wissenschaft, der Mann, der unsrer eignen Denkungsart
Stoff und Richtung gibt, dessen ausgebreitete und überlegne
Geisteskraft uns Befremden und Erstaunen einflößt, nur
der erregt unsre Bewundrung und scheint unsern Beyfall zu verdienen, und aus diesem Quell fleußt der größte
Theil des Lobes, welchen man den so genannten intellektuellen Tugenden zu geben pflegt.

Man möchte denken, daß die Nützlichkeit dieser Eigenschaften sie uns zuerst empföhle, und freylich gibt die Erwägung derer, wenn wir sie bey näherer Untersuchung wahrnehmen, ihnen einen neuen Werth. Allein ursprünglich
billigen wir des andern Urtheil nicht als etwas ersprießliches,
sondern als gerecht, genau, der Wahrheit und Wirklichkeit
angemessen, und es ist augenscheinlich, daß wir ihm diese
Eigenschaften aus keiner andern Ursache beylegen, als weil
wir finden, daß es mit unserm eignen übereinstimmt. Auch

Der Geschmack wird gut geheißen, nicht als nützlich, sondern als fein, richtig, und seinem Gegenstande genau angemessen. Der Gedanke des Nutzens aller Eigenschaften dieser Art ist offenbar ein späterer, und nicht derjenige, der sie zuerst unsrer Billigung empfiehlt.

II. In Ansehung der Gegenstände, die entweder uns selbst, oder denjenigen, über dessen Gefühl wir urtheilen, auf irgend eine besondre Weise affiziren, ist es nicht nur schwerer, diese Harmonie zu erreichen, sondern auch uns gleich wichtiger. Mein Gesellschafter sieht das Unglück, das mich betroffen hat, oder die Beleidigung, die ich erlitten habe, natürlicherweise nicht aus dem Gesichtspunkt an, aus dem ich es ansehe. Beides affizirt mich ungleich näher. Wir betrachten es nicht aus einerley Standort, wie etwa ein Gemälde, oder ein Gedicht, oder ein philosophisches System, und können daher sehr verschiedentlich dadurch affizirt werden; gleichwohl ist mirs ungleich erträglicher, wenn mein Gesellschafter über jene gleichgültigen Dinge, die weder ihn noch mich angehn, andrer Meinung ist, als wenn er über Vorfälle, die mich so nah angehn, als etwa ein Unglück, das mich betroffen hat, oder ein Unrecht, das ich erlitten habe, mit meinen Gefühlen nicht zusammenstimmt. Ein Gemälde, ein Gedicht, ein Philosophem, das ich bewundre, mögt ihr immerhin verachten; wir werden schwerlich in den Fall kommen, uns darüber zu entzweyen. Keiner von uns kann vernünftigerweise sonderlich dabei interessirt seyn. Es kann uns sehr gleichgültig seyn, welches unserer beiden Urtheile das bessere sey, so daß, ohngeachtet der Verschiedenheit unserer Meinungen, unsere Neigungen noch immer harmoniren können. Ganz anders aber verhält es sich mit den

nen Gegenständen, die euch oder mich besonders affiziren. In Sachen der Spekulazion mag euer Urtheil, in
Sachen des Geschmacks euer Gefühl dem meinigen grade
entgegenstehn, ich kann es dulden; und wenn ich nur einige Mäßigung besitze, kann ich noch immer ein Vergnügen
daran finden, mich über diese nehmlichen Gegenstände mit
euch zu unterhalten. Habt ihr aber mit den Unfällen, die
mich betroffen haben, entweder gar kein Mitgefühl, oder
habt es nicht in dem Grade, der mit dem Schmerz, der
mich zerrüttet, im Verhältniß steht, empfindet ihr über das
Unrecht, das mir widerfährt, entweder gar keinen Unwillen, oder empfindet ihn nicht in der Stärke, zu welcher das
Gefühl desselben meine Lebensgeister empört, so können wir
uns über diese Gegenstände nicht länger mit einander unterhalten. Wir werden einander unerträglich. Ich kann eure
Gesellschaft nicht aufhalten, und ihr nicht die meinige. Euch
empört meine Heftigkeit, und mich eure Fühllosigkeit und
kalte Unempfindlichkeit.

Soll in Fällen dieser Art zwischen dem Zuschauer und
dem Leidenden einige Einstimmigkeit der Gefühle statt haben, so muß der Zuschauer sich vor allen Dingen bemühen,
sich, so viel ihm möglich ist, in des andern Lage zu versetzen,
und jeden kleinsten Umstand, der ihn affiziren mag, auf
sich zu übertragen. Er muß den ganzen Fall des Leidenden
mit seinen geringsten Zwischenfällen zu dem seinigen machen,
und jene eingebildete Verwechselung der Situazionen, die
die Sympathie erzeugt, so vollständig zu machen suchen,
als möglich.

Bey allem dem werden die Gemüthsbewegungen des
Zuschauers noch immer weniger heftig seyn, als das, was

der Leidende empfindet. Obwohl von Natur zur Sympathie gestimmt, sind wir für fremdes Unglück doch nie jedes Grades von Leidenschaft empfänglich, der den eigentlich Leidenden natürlicherweise beseelt. Jene eingebildete Verwechslung der Situazionen, die die Quelle der Sympathie ist, ist nur eine vorübergehende. Der Gedanke unserer eignen Sicherheit, der Gedanke, daß wir selbst nicht die eigentlich Leidenden sind, drängt sich uns unaufhörlich auf, und obwohl er uns nicht hindert, etwas dem Affekt der Leidenden ähnliches zu fühlen, so hindert er uns doch, unser Gefühl zur Heftigkeit des seinigen emporzuschwellen. Der eigentlich Leidende merkt dies, und wünscht doch leidenschaftlich, daß wir vollkommen mit ihm sympathisiren mögen. Er schmachtet nach jenem Trost, den ihm nichts gewähren kann, als die gänzliche Zusammenstimmung der Gefühle des Zuschauers mit seinen eignen. Dessen gleich gestimmtes Herz dem seinigen sympathetisch entgegenwallen zu sehn, gewährt in heftigen und widerwärtigen Leidenschaften ihm seinen einzigen Trost. Ihn zu erhalten, darf er aber nur dadurch hoffen, daß er seine Leidenschaft zu der Tiefe herunterstimmt, in welcher der Zuschauer sie zu theilen fähig ist. Er muß, so zu sagen, das Schreyende ihrer natürlichen Accente dämpfen, um es mit den Gemüthsbewegungen der Anwesenden in Harmonie und Zusammenklang zu stimmen. Was sie fühlen, wird freylich immer noch von dem, was er fühlt, verschieden bleiben, und Mitleid kann mit ursprünglichem Schmerz nie einerley seyn; weil das geheime Bewußtseyn, daß die Verwechselung der Situazionen, die Quelle der Sympathie, nur eingebildet ist, es nicht nur im Grade mindert, sondern auch gewissermaßen in der Art abändert, und ganz verschieden modifizirt. Dennoch können beiderley

Empfindungen offenbar so weit zusammenstimmen, als die
Harmonie der Gesellschaft verlangt. Obgleich nie im Ein-
klang, so können sie doch im Zusammenklang seyn, und das
ist alles, was wir brauchen und verlangen.

So wie nun zu Bewirkung dieses Zusammenklangs die
Natur die Zuschauer lehrt, sich in die Umstände des eigentlich Leidenden hineinzudenken, so lehrt sie diesen gewissermaßen das nehmliche in Ansehung der Zuschauer thun. So
wie diese sich unaufhörlich in seine Lage versetzen, um dadurch
Gemüthsbewegungen, die den seinigen ähnlich sind, zu über-
kommen, so versetzt er sich eben so anhaltend in die ihrige,
und gelangt dadurch zu einigem Grade jener Kühle, mit
welcher er andre seinen Unfall betrachten sieht. So wie diese
beständig erwägen, was sie an des Leidenden Stelle empfinden
würden, so stellt er sich seinerseits vor, wie er an der Stelle der
Zuschauer affizirt seyn würde. So wie ihre Sympathie sie
bewegt, seine Lage gewissermaßen mit seinen Augen zu betrachten, so bewegt ihn die seinige, sie gewisserm.sßen mit den
ihrigen zu betrachten, zumal wenn er in ihrer Gegenwart und
im Kreise ihrer Beobachtung handelt; und da diese reflektirte
Leidenschaft, zu der er auf diese Weise gelangt, viel schwächer
als die ursprüngliche ist, so muß sie natürlicherweise die Heftigkeit dessen mildern, was er fühlte, ehe er in ihre Gegenwart kam, ehe er sich besann, wie sie dadurch affizirt
werden würden, und so seine Lage in milderm und unpartheii-
licherm Licht betrachtete.

Selten ist daher die Seele so verstört, daß die Gesellschaft eines Freundes ihr nicht einen Grad von Ruhe oder
Gesetztheit wieder geben könne. Das empörte Herz schlägt
den Augenblick sanfter, wenn unser Freund in unsre Gegen-

wärt. tritt. Wir erinnern uns sogleich, in welchem Lichte unsre Lage ihm erscheinen müsse, und fangen an, sie selbst in ähnlichem Lichte zu betrachten. Denn die Wirkung der Sympathie ist augenblicklich. Wir erwarten weniger Mitgefühl von einem gewöhnlichen Bekannten, als von einem Freunde; wir können jenem nicht alle die kleinen Umstände eröffnen, die wir diesem enthüllen können; wir sammeln uns daher vor seinen Augen, und suchen unsre Gedanken auf die allgemeinen Außenlinien unserer Lage, die er etwa fassen mag, zu heften. Wir erwarten noch weniger Mitgefühl von einer Gesellschaft Fremder; vor ihnen befleißigen wir uns daher noch mehrerer Ruhe, und suchen allewege unsre Leidenschaft so herabzustimmen, daß die Gesellschaft mit ihr sympathisiren könne. Auch ist diese Ruhe nicht blos erborgter Schein. Sind wir wirklich Meister unser selbst, so werden wir in Gegenwart eines bloßen Bekannten in der That gesetzter seyn, als in Gegenwart eines Freundes, und in einer Gesellschaft von Fremden noch mehr, als in Gesellschaft eines bloßen Bekannten.

Umgang und Gesellschaft sind folglich die kräftigsten Mittel, nicht nur der Seele die verlorne Ruhe wieder zu geben, sondern auch jene glückliche Gleichmüthigkeit zu erhalten, die zur Selbstzufriedenheit so unentbehrlich ist. Leute von einsamer, betrachtender Lebensart, die gern zu Hause sitzen; und dort über ihrem Gram und ihrem Unmuth brüten, mögen wohl zuweilen mehr Menschlichkeit, mehr Edelmuth, und ein zarteres Ehrgefühl besitzen, als die, so in der großen Welt leben; ihre Gleichmüthigkeit besitzen sie selten.

Fünftes Kapitel.

Von den holden und hehren Tugenden.

Auf diese zwo verschiednen Anstrengungen, auf jene des Zuschauers, die Empfindung des eigentlich Leidenden nachzu-
empfinden, und auf jene des eigentlich Leidenden, seine Empfindung so herabzustimmen, daß der Zuschauer sie theilen
könne, gründen sich zwey verschiedne Klassen von Tugenden. Die sanften, milden, liebenswürdigen Tugenden, die
Tugenden freundlicher Herablassung und schonender Leutseligkeit gründen sich auf die eine, die großen, erhabnen, ehrwürdigen, die Tugenden der Selbstverleugnung, Selbstbe-
zwingung, und jene Beherrschung der Leidenschaften, die
die Aufwallungen der Natur einer gewissen Würde und
Schicklichkeit des Betragens unterordnet, entspringen aus
der andern.

Wie liebenswürdig ist uns derjenige, dessen sympathetisches Herz jede Empfindung seines Freundes zu wiederhallen
scheint, der um sein Elend trauert, um seine Kränkung zürnt,
und über seine erfreulichen Begebenheiten sich freuet. Wenn
wir uns an des Leidenden Stelle gedenken, so begreifen wir
seine Dankbarkeit, und fühlen, welchen Trost die zärtliche
Theilnehmung eines so gefühlvollen Freundes ihm gewähren
müsse. Wie widersteht uns im Gegentheil der Unempfind-
liche, dessen hartes, enges Herz nur für sich selbst fühlt, und
für seines Nächsten Wohl und Weh keinen Sinn hat. Wir
fühlen, wie peinlich seine Gegenwart einem jeden, der mit
ihm umgeht, hauptsächlich aber dem seyn müsse, mit dem

C

es uns so natürlich ist, zu sympathisiren, dem Gekränkten und dem Unglücklichen.

Und wiederum — welcher Adel, welche Hoheit in dem Benehmen eines Mannes, der in seinem eignen Falle jene Gefaßtheit und Selbstbeherrschung übet, die jeder Leidenschaft Würde gibt, und den Zuschauer nöthigt, mit ihr zu sympathisiren. Uns verdreußt des lärmenden Schmerzes, der ohne einige Feinheit, durch Geschrey, Geheul, und lästiges Wehklagen auf unser Mitleid Sturm läuft. Dagegen ehren wir jenen stummen, feyerlichen, majestätischen Schmerz, der sich bloß im Schwellen der Augen, im Zucken der Lippen und Wangen, und einer gewissen rührenden Kühle des ganzen Betragens äußert. Er schweigt, und beschwichtigt zugleich alles um sich her. In ehrerbietiger Stille schauen wir ihn an, und wachen mit ängstlicher Sorgfalt über unser ganzes Betragen, um nicht durch einige Unschicklichkeit eine Ruhe zu stören, die uns so mühsam zu sammeln und mit so viel Anstrengung zu behaupten scheint.

Zügellose Wuth und ungebändigter Grimm sind uns von allen verhaßten Gegenständen die verhaßtesten. Um so mehr bewundern wir jene edle und großmüthige Fassung, die das erlittne Unrecht nicht nach dem Maasstabe eigner Reizbarkeit, sondern nach dem Unwillen, den es in der Seele eines unpartheylichen Zuschauers natürlicherweise hervorrufen muß, zu empfinden scheint, der kein Wort, keine Geberde entschlüpft, die über diese billige Empfindlichkeit hinauszuschweifen scheinen möchte, die nie auf größere Rache sinnt, nie auf strengere Züchtigung dringt, als mit dem Beyfall auch des unpartheylichsten Zuschauers bestehen kann.

Und daher kömmt es, daß, Viel für andre, und wenig für uns selbst empfinden, daß, Unsre selbstsüchtigen Neigungen zähmen, und unsern wohlthätigen nachhängen, die Vollkommenheit der menschlichen Natur ausmacht, und allein unter den Menschenkindern jene Harmonie der Gesinnungen und Reizungen hervorbringt, die diesen ihre ganze Anmuth und Schicklichkeit gewährt. Unsern Nächsten lieben, wie uns selbst, ist das große Gesetz des Christenthums; uns selbst nicht mehr lieben, als wir unsern Nächsten lieben, oder, welches auf Eins hinausläuft, als unser Nächster zu lieben fähig ist, ist die große Vorschrift der Natur.

So wie Geschmack und gesundes Urtheil uns nur dann unsers Preises und unsrer Bewundrung würdig scheinen, wenn sie eine seltne Feinheit der Empfindung, und eine ungemeine Schärfe des Verstandes verrathen, so werden Fühlbarkeit und Selbstbeherrschung auch dann nur für Tugenden gerechnet, wenn sie sich in mehr denn gewöhnlicher Stärke äußern. Die holde Tugend, Menschlichkeit, erfodert uns streitig eine Fühlbarkeit, die diejenige des rohen Haufens des Menschengeschlechts weit hinter sich zurückläßt. Seelengröße und Adel der Gesinnung verlangt gewiß einen weit höhern Grad von Selbstbeherrschung, als auch der schwächste Sterbliche zu äußern fähig ist. So wie der gemeine Grad intellektueller Stärke kein Genie gibt, so gibt der alltägliche Grad von Sittlichkeit keine Tugend. Tugend ist Vortrefflichkeit, etwas ungewöhnlich Großes und Schönes, was das Alltägliche und Gemeine weit hinter sich zurückläßt. Die liebenswürdigen Tugenden bestehn in jenem Grade von Fühlbarkeit, der durch seltne Feinheit und unerwartete Zartheit überrascht. Die großen, ehrfurchtswürdigen, in jenem Gra=

C 2

he von Selbstbeherrschung, der durch seine bewundernswür=
dige Ueberlegenheit über die unregiersamsten Leidenschaften
der menschlichen Natur in Erstaunen setzt.

Beträchtlich ist der Unterschied in dieser Hinsicht zwi=
schen Tugend und bloßer Schicklichkeit, zwischen Eigenschaf=
ten und Handlungen, die unsre Bewundrung, und zwischen
denen, die lediglich unsre Billigung verdienen. Es gibt
Fälle, in denen man mit der äußersten Schicklichkeit han=
deln kann, ohne mehr als jenen ganz alltäglichen Grad von
Fühlbarkeit oder Selbstbeherrschung zu äußern, den auch der
unwürdigste Sterbliche besitzen mag, und zuweilen ist selbst
dieser Grad nicht einmal nöthig! Zu essen, wenn einen
hungert, ist (um ein sehr niedriges Beispiel zu geben) un=
streitig vollkommen recht und schicklich, und niemand wird
umhin können, es zu billigen; gleichwohl würde es die äußer=
ste Abgeschmacktheit seyn, zu sagen, es sey Tugend!

Im Gegentheil kann es Handlungen geben, die die
Vollendungslinie des Schicklichen nicht erreichen, und doch
einen beträchtlichen Grad von Tugend voraussetzen, weil sie
jener Linie vielleicht näher kommen, als man in Fällen, wo
die Erreichung derselben so äußerst schwer ist, erwarten
dürfte. Wir finden das sehr häufig in solchen Fällen, wo
der allerhöchste Grad von Selbstbeherrschung erfodert wird.
Es gibt Lagen, die die Menschheit so gewaltig erschüttern,
daß auch der höchste Grad von Selbstbeherrschung, der einem
so gebrechlichen Geschöpfe, als der Mensch ist, nur zu Loose
fallen kann, nicht hinreicht, um jeden Laut von Schwäche
zu ersticken, oder die Heftigkeit der Leidenschaft so herabzu=
stimmen, daß der unpartheyische Zuschauer mit ihr sympa=

thisiren könne. Ob nun gleich in diesen Fällen das Betra=
gen des Leidenden diesseits der vollendersten Schicklichkeit zu=
rückbleibt, so kann es doch immer einigen Beyfall verdie=
nen, und in gewissem Sinn sogar tugendhaft genannt wer=
den. Es kann immer eine Anstrengung von Großmuth und
Edelsinn offenbaren, deren der größere Theil der Menschen
nicht fähig ist, und obwohl es die höchste Vollendung nicht
erreicht, so kann es doch jene Annäherung zur Vollkom=
menheit seyn, die man in so prüfenden Lagen selten findet
und erwartet.

In Fällen dieser Art bedienen wir uns zur Bestimmung
des Grades von Lob oder Tadel, welches einer Handlung
zuzukommen scheint, gewöhnlich zweyer Maasstäbe. Der
erste ist die Idee einer vollendeten Schicklichkeit und Voll=
kommenheit, die kein menschliches Betragen in diesen schwie=
rigen Lagen je erreicht hat, noch erreichen kann, und mit
welcher verglichen, die Handlungen aller Menschen auf im=
mer als tadelnswürdig und unvollkommen erscheinen müssen;
der zweyte ist die Vorstellung des Grades von Annäherung
zu, oder des Abstandes v o n dieser äußersten Vollkommen=
heit, welchen der größere Haufe des Menschengeschlechts
gewöhnlich zu erreichen pflegt. Alles, was jenseits dieses
Grades liegt, es mag von der vollendenden Linie der Voll=
kommenheit so fern bleiben, als es wolle, scheint unsern
Beyfall, was diesseits desselben zurückbleibt, unsern Tadel
zu verdienen.

Grade auf eben die Art urtheilen wir über die Pro=
dukte aller der Künste, die die Einbildungskraft in Arbeit
setzen. Ein Kunstrichter, der das Werk irgend eines großen

C 3

Dichters oder Malers zergliedert, kann das nach zweyerley Prinzipen thun. Er kann es nach dem Ideal der Vollkommenheit richten, das seinem Verstande vorschwebt, das
aber nie weder dieses noch ein anderes Menschenwerk erreicht hat, noch erreichen wird, und so lange er es mit dem
zusammenhält, kann er unmöglich etwas anders als Mängel und Unvollkommenheiten darin finden. Erwägt er aber
den Rang, den es unter andern Werken von ähnlicher Art
behauptet, so muß er es natürlicherweise nach einem ganz
verschiednen Maasstabe, nämlich nach der gewöhnlichen
Stufe von Vortrefflichkeit, die in dieser bestimmten Kunst
erreicht zu werden pflegt, beurtheilen, und mit dieser verglichen, und nach ihr beurtheilt, muß es oft des höchsten
Beyfalls würdig scheinen, weil es sich der Vollkommenheit
weit mehr nähert, als beyweitem die meisten Werke, die
mit ihm um den Preis buhlen mögen.

Anm. Alle Erscheinungen des sympathetischen Triebes, die
der Verfasser in den drey letzten Kapiteln aufzählt, sind vollkommen zutreffend, und in der Erfahrung gegründet. Es ist gewiß,
und eigentlich identisch, daß wir nur dann die Meinung des andern billigen, wenn wir selbst dieser Meinung sind; daß wir seinen
Gesinnungen nur dann unsern Beyfall geben, wenn wir mit ihnen
sympathisiren können, und daß wir seine Affekte nur dann genehm
halten, wenn wir fühlen, daß wir in seiner Lage auf gleiche Art
affizirt werden würden. Es ist eben so fein als richtig bemerkt,
daß wir, um mit dem andern sympathisiren zu können, unsern Platz
mit dem seinigen vertauschen, und unser eignes Selbst, wie Herz
der sagt, in das seinige hineinfühlen müssen. Es ist demjenigen, der die Sympathie des andern erregen will, allerdings zu
rathen, daß er die Accorde seines Affekts zu derjenigen Tiefe her-
abstimme, in welcher sie von den schlaffer gespannten Saiten eines
fremden Herzens zurückbeben können. Wenn der Verfasser aber

aus diesen Thatsachen allen den Schluß herleitet, daß dies Verlangen, Sympathie zu erregen und Sympathie zu gewähren, die
letzte Triebfeder sowohl der hehren als der holden Tugenden sey,
so verwechselt er den Erkenntnißgrund mit dem Entstehungsgrun-
de, und setzt die zu erklärende Sittlichkeit eigentlich schon voraus;
so raubt er beiden, den hehren und holden Tugenden, ihren Werth
und ihre Schönheit, verwandelt die reinsten Aeußerungen des
Pflichtgefühls in Produkte des Instinkts oder der Eitelkeit, und
Timoleons Tyrannenhaß, Winkelriebs Tod fürs Vater-
land, Vincent de Pauls Selbstverleugnung, Kesselrings
felsenfeste Standhaftigkeit, Regulus unerschütterliche Worttreue,
Woltemabens und Leopolds von Braunschweig Selbst-
aufopferungen sind entweder bloße thierische Handlungen, die aller
Freyheit, oder Raffinemens des Eigennutzes, die aller Verdienstlichkeit ermangeln.

Zweyter Abschnitt.

Von den Stufen der verschiednen Leidenschaften, die sich mit der Schicklichkeit vertragen.

Einleitung.

Die Schicklichkeit jeder Leidenschaft, die durch Gegenstände von besondrer Beziehung auf uns geweckt wird, der Ton, den sie gleichsam angeben muß, um das Mitgefühl des Zuschauers zu wecken, liegt augenscheinlich in einer gewissen Mitte. Ist die Leidenschaft zu hoch oder zu niedrig gestimmt, so kann jener nicht in sie einstimmen. Schmerz und Unmuth über erlittnes Unglück oder Unrecht können, zum Beyspiel, leicht überspannt werden, werden auch in der That von den meisten Menschen überspannt. Sie können aber auch zu niedrig stehen, obwohl dies seltner geschieht. Jene zu hohe Stimmung nennen wir Wuth und Schwäche, diese zu niedrige, Fühllosigkeit und Unempfindlichkeit. Keine von beiden können wir begreifen. Ihr Anblick befremdet und erstaunt uns.

Dieser Mittelton indessen, der der Leidenschaft ihre eigentliche Schicklichkeit gewährt, ist in verschiednen Leidenschaften verschieden. Er steht höher in einigen, und niedriger in andern. Es gibt Leidenschaften, deren starker Ausdruck durchaus unschicklich ist; selbst wenn die Unmöglichkeit, sie nicht im höchsten Grade zu empfinden, allgemein eingestanden wird. Und wiederum gibt es andre, deren

stärkster Ausdruck in mancherley Fällen äußerst wohlanstän=
dig.ist, auch dann, wenn die Entstehung der Leidenschaft eben
nicht unumgänglich nothwendig ist. Erstere sind die Leiden=
schaften, mit denen wir aus gewissen Gründen wenig oder
gar nicht, letztere die, mit denen wir aus andern Gründen
am stärksten sympathisiren. Ueberall aber werden wir bey
näherer Zergliederung finden, daß sie uns nur grade nach
dem Maaß als anständig oder unanständig erscheinen, in
dem wir mehr oder weniger geneigt sind, mit ihnen zu
sympathisiren.

Erstes Kapitel.
Von Leidenschaften, die aus dem Kör=
per entspringen.

I. Es ist unanständig, einen starken Grad von jenen Leiden=
schaften zu äußern, die aus einer gewissen körperlichen Be=
schaffenheit und Lage entspringen, sintemalen die Gesellschaft,
die sich nicht in gleicher Lage befindet, unmöglich mit ihnen sym=
pathisiren kann. Heißhunger, zum Beyspiel, obwohl in man=
chen Fällen nicht nur natürlich, sondern auch unvermeidlich,
ist allewege unanständig, und gefräßig essen wird allgemein
als ein Verstoß wider die guten Sitten angesehn; dennoch
gibt es einen Grad von Sympathie selbst mit dem Hunger.
Es ist angenehm, unsern Gesellschafter mit gutem Appetit
essen zu sehn, und alle Ausdrücke des Ekels sind dagegen
widrig. Die Leibesbeschaffenheit eines gesunden Magens

stimmet, seine Magennerven, wenn ich mich so ausdrücken
darf, vibriren gleichsam harmonisch mit des andern seinen.
Wir können mit den Qualen eines schrecklichen Hungers
sympathisiren, wenn wir sie in der Geschichte einer Belage-
rung oder Seereise geschildert finden. Wir denken uns in
die Lage der Leidenden hinüber, und begreifen ohne Mühe
die Entsetzlichkeit ihres Zustandes. Wir fühlen gewissermaßen etwas ähnliches mit der Angst, die sie gefoltert hat,
und sympathisiren folglich mit ihnen. Da wir durch das Lesen der Beschreibung aber doch nicht hungrig werden, so kann
man selbst in diesem Falle doch nicht eigentlich sagen, daß wir
mit ihrem Hunger sympathisiren.

Es ist dies der nehmliche Fall mit dem Geschlechtstrie-
be. Obgleich von Natur der wüthigste von allen, so sind
alle starke Ausdrücke desselben doch allewege unschicklich, selbst
zwischen Personen, die durch göttliche und menschliche Gesetze zur gänzlichen Befriedigung desselben berechtigt sind.
Gleichwohl scheint doch auch ein Grad von Sympathie selbst
mit dieser Leidenschaft statt zu finden. Mit einem Frauenzimmer reden, wie man mit einem Manne reden würde,
ist unschicklich. Frauenzimmergesellschaften, meint man,
müssen uns erheitern, ermuntern, beleben. Und eine gänzliche Unempfindlichkeit gegen das andre Geschlecht macht einen
Mann verächtlich, selbst vor Männern.

Widrig sind alle Begierden, die einen bloß körperlichen
Ursprung haben, widrig und ekelhaft alle starke Ausdrücke
derselben. Einigen alten Weltweisen zufolge, sind dies die
Leidenschaften, die wir mit den Thieren gemein haben, und
die außer allem Zusammenhange mit den untergeordneten

Eigenſchaften der menſchlichen Natur, in dieſer Rückſicht un⸗
ter ihrer Würde ſind. Allein es gibt mancherley andre Lei⸗
denſchaften, die wir mit den Thieren theilen, zum Beyſpiel
Zorn, perſönliche Zuneigung, ſogar Dankbarkeit, die uns
aus dieſem Grunde keinesweges thieriſch dünken. Die
wahre Urſache jenes beſondern Widerwillens, den uns der
Anblick körperlicher Begierden an einem andern einflößt, iſt
die, daß wir ſie nicht theilen können. Selbſt demjenigen,
der ſie empfindet, hört der ſie erregende Gegenſtand den Au⸗
genblick auf, angenehm zu ſeyn, wenn er ſie befriedigt hat.
Selbſt die Gegenwart des Gegenſtandes wird ihm zuwider;
er forſcht umſonſt nach dem Zauber, der ihn den Augenblick
vorher berauſchte, und kann ſeine eigne Leidenſchaft ſo we⸗
nig begreifen, als ein andrer. Wenn wir abgeſpeiſt ha⸗
ben, ſo befehlen wir die Schüſſeln wegzunehmen. Eben ſo
würden wir es mit den Gegenſtänden der feurigſten und lei⸗
denſchaftlichſten Begierden machen, wenn die Leidenſchaft,
die ſie uns einflößen, lediglich körperlichen Urſprungs wäre.

In der Beherrſchung dieſer körperlichen Begierden be⸗
ſteht die Tugend, die wir Mäßigkeit nennen. Sie in die
Grenzen verweiſen, die die Achtung für unſre Geſundheit
und Wohlfahrt vorſchreibt, iſt das Geſchäft der Klugheit.
Sie aber in denen Schranken halten, die der Anſtand, die
Schicklichkeit, die Feinheit, die Beſcheidenheit verlangen,
iſt das Amt der Mäßigkeit.

II. Eben daher finden wir es immer unſchicklich und
unmännlich, aus körperlichem Schmerz, und wär er noch ſo
unerträglich, laut aufzuſchreyen. Es gibt jedoch auch mit
körperlichem Schmerz keinen geringen Grad von Sympathie.

Wenn wir jemandes Arm oder Bein von einem gewaltsamen Schlage bedroht, und den Schlag im Begriff zu fallen sehn, so fahren wir zusammen, wie schon bemerkt worden ist, und ziehen unser eignes Bein und unsern eignen Arm zurück, und fällt der Schlag in der That, so fühlen wir uns gleichsam mitgetroffen. Dies Gefühl kann jedoch nicht anders denn äußerst schwach seyn, es langt nicht an das wirkliche Schmerz- gefühl des andern, und darum ermangeln wir nicht, ihn zu verachten, wenn ihm etwa ein heftiger Schrey entfährt. Und eben dies ist der Fall mit allen Leidenschaften, die vom Körper entspringen. Sie erregen entweder überall keine Sympathie, oder doch nur eine so geringe, daß sie mit dem heftigen Schmerz des Leidenden überall in keinem Ver- hältnisse steht.

Ganz anders verhält es sich mit denen Leidenschaften, die aus der Einbildungskraft entstehn. Mein Körper kann von den Veränderungen, die in meines Gesellschafters sei- nem vorgehn, nur schwach affizirt werden. Aber meine Einbildungskraft ist bildsamer, und formt und configurirt sich, so zu sagen, mit größerer Leichtigkeit nach der Einbildungs- kraft meiner Vertrauten. Fehlgeschlagne Liebe und gekränk- ter Ehrgeiz werden daher eine viel lebhaftre Sympathie er- regen, als das heftigste körperliche Leiden. Diese Leiden- schaften sind ursprünglich Produkte der Einbildungskraft. Wer sein ganzes Vermögen verloren hat, fühlt nichts körperliches, wofern er gesund ist. Was er leidet, sind Leiden der Ein- bildungskraft. Diese geschäftige Peinigerin stellt ihm ein Heer auf ihn eindringender Uebel vor; Verlust seiner Würs de, Verachtung von seinen Feinden, Vernachläßigung von seinen Freunden, Abhängigkeit, Mangel und Elend, und wir sympathisiren mit ihm sehr lebhaft, weil unsre Einbildungskraft sich fertiger nach eines andern Einbildungskraft modelt, als unsre Körper sich nach des andern seinem modeln können.

Der Verlust eines Beins mag im Grunde wohl ein wirklicheres Uebel seyn, als der Verlust einer Geliebten. Gleichwohl würd' es ein sehr lächerliches Trauerspiel seyn, dessen Katastrophe der Verlust eines Beins wäre. Ein Unfall jener Art hingegen hat zu manchem schönen Drama den Stoff gegeben.

Nichts wird so bald vergessen, als körperlicher Schmerz. Den Augenblick, wo er vorüber ist, ist auch alle Todesangst vorüber, die ihn begleitete, und auch der Gedanke an ihn kann uns nicht weiter beunruhigen. Wir selbst haben nun für die Pein keinen Sinn mehr, die wir den Augenblick vorher empfanden. Ein zu rasches Wort eines Freundes veranlaßt eine viel daurendere Unbehaglichkeit. Die Pein, die es hervorbringt, ist keinesweges mit dem Wort vorüber. Sie ist kein Gegenstand der Sinne, sie ist eine Vorstellung der Fantasie. Und eben in so fern sie dies ist, wird die Einbildungskraft nicht ermangeln, darüber zu brüten, bis die Zeit oder andre Zufälle ihr Andenken gewissermaßen aus unserm Gedächtniß verwischt haben.

Körperlicher Schmerz erregt nie ein sonderlich lebhaftes Mitgefühl, wofern er nicht mit Gefahr begleitet ist. Mit der Furcht des Leidenden sympathisiren wir, wenn auch nicht mit seinem wirklichen Schmerz. Die Furcht aber ist lediglich ein Geschöpf der Einbildungskraft, die uns mit einer

Ungewißheit und einem Schwanken, das unsre Angst ver=
mehrt, nicht das verbildet, was wir wirklich fühlen, son=
dern das, was wir in der Folge noch zu leiden haben mö=
gen. Gicht und Zahnweh, so ausgesucht peinlich sie auch
sind, erregen nur ein schwaches Mitgefühl; gefährliche, wenn
gleich weniger schmerzhafte Krankheiten ein sehr lebhaftes.

Es gibt Leute, denen beym Anblick einer chirurgischen
Operazion Uebelkeit und Ohnmacht anwandeln, und die Art
körperlicher Pein, die durch Zerreißung des Fleisches veran=
laßt wird, scheint die übermäßigste Sympathie zu erzeugen.
Pein, die von äußerlichen Ursachen herrührt, begreifen wir
deutlicher und lebhafter, als jene, die aus einer innern Zer=
rüttung entspringt. Ich kann mir kaum einen Begriff von
meines Nächsten Qualen machen, wenn Stein und Gicht
ihn foltern; aber von dem, was ein Schnitt, ein Bruch,
eine Wunde ihm zu leiden geben mag, hab' ich sehr klare
Vorstellung. Eine Hauptbedingung unsers Mitgefühls mit
solchen Schauspielen ist jedoch ihre Neuheit. Wer ein Du=
tzend Schnitte und eben so viel Amputazionen mit angesehn
hat, sieht am Ende die Operazionen dieser Art mit großer
Gleichgültigkeit und oft mit gänzlicher Unempfindlichkeit an.
Dagegen können wir hundert und aber hundert Trauerspiele
lesen, ohne eine so völlige Abstumpfung unsrer Fühlbarkeit
gegen den dargestellten Gegenstand zu spüren.

Einige griechische Tragiker haben den Versuch gemacht,
durch Darstellung körperlicher Qualen zu rühren. Phi=
loktetes schreyt laut, und sinkt unter dem Gewicht seiner
Folter endlich ohnmächtig nieder. Hippolytus und Her=
kules hauchen unter fürchterlichen Qualen ihren Geist aus,

Qualen, denen ſelbſt die Tapferkeit eines Herkules zuletzt
zu erliegen ſcheint. In allen dieſen Fällen iſt es jedoch nicht
die Pein der Helden, die unſre Theilnehmung weckt, ſondern es ſind andre Umſtände. Nicht Philoktetes wunder
Fuß, ſondern ſeine Einſamkeit iſt es, die uns rührt, und
über dies reizende Trauerſpiel jene romantiſche Wildheit,
die der Fantaſie ſo angenehm iſt, verbreitet. Herkules und
Hippolytus Qualen intereſſiren bloß, weil wir voraus ſehn,
daß ihre Folge der Tod ſeyn würde. Wüßten wir, daß dieſe
Helden wieder geneſen würden, ſo würde die Darſtellung
ihrer Leiden uns ſehr lächerlich dünken. Welch ein Trauerſpiel wäre das, deſſen Verwicklung in einer Kolik beſtünde?
Und dennoch iſt keine Pein erleſener. Dieſe Verſuche, durch
Vorſtellung körperlicher Schmerzen zu rühren, gehören zu
jenen mächtigen Verſtoſſen wider das dramatiſche Dekorum,
zu denen die griechiſche Bühne das Beyſpiel gegeben hat.

Unſer ſchwaches Mitgefühl mit Körperleiden iſt der
Grund der Schicklichkeit, die wir in deren ſtandhafter Erduldung finden. Derjenige, der ſich auch unter den heftig-
ſten Qualen keiner Schwäche ſchuldig macht, keinen Klag-
laut fahren läßt, keiner Leidenſchaft Raum gibt, die wir
mit unſerm Mitgefühl nicht erreichen können, erzwingt unſre
höchſte Bewundrung. Seine Standhaftigkeit macht es ihm
möglich, unſrer Gleichgültigkeit und Unempfindlichkeit zu-
zuſagen. Wir bewundern und theilen in ihrer ganzen Stärke
die großmüthige Anſtrengung, die ſeine Standhaftigkeit ihm
koſtet. Wir billigen ſein Betragen, und durch die Erfahrung über die gewöhnliche Schwäche unſrer Natur belehrt,
erſtaunen wir, wie es ihm möglich ſey, dieſe Billigung zu
verdienen. Billigung, durch Erſtaunen erhöht, iſt, wie

schon oben bemerkt worden, jenes Gefühl, das wir eigent=
lich Bewundrung nennen, und dessen Ausdruck lauter Bey=
fall ist.

Anm. Scheint es nicht, als ob der Verfasser sich hier selbst
aufhebe? — Wenn wir mit körperlichem Schmerz so wenig sym=
pathisiren, woher denn jener hohe Werth, den wir, seinem eignen
Geständnisse nach, auf dessen muthige Erduldung setzen? Woher die
Bewundrung, die wir z. B. einem Posidonius, einem Ana=
xarch, oder auch nur dem Irokesen zollen, der unter unnenn=
baren Martern singend und spottend seinen Geist aufgibt?

Allerdings sympathisiren wir mit körperlichem Schmerz, und
zwar aufs allerlebhafteste. Wer kann sich erwehren, mit Blauds
Thgerhunger, mit jenem verrückenden Durst in der schwarzen
Höle, mit Trenks Schlaflosigkeit, mit Patkuls langsamer
Zermalmung das innigste Mitgefühl zu empfinden? Aber dieses
Mitgefühl ist nicht süß. Es ist vielmehr wahrer physischer Schmerz,
den wir unter keinerley Erscheinung lieben, und eben daher auch
dem Dichter nicht erlauben auf die Bühne zu bringen. Philok=
tetes Fußwunde erregt Ekel. Herkules auf dem Oeta em=
pört, und Ugolino, so unübertrefflich meisterhaft er dargestellt
wird, ist dennoch kaum erträglich.

Eben weil dieses Mitgefühl mit körperlichen Leiden so scharf
und so peinlich ist, empfinden wir so viel Ehrfurcht für den, der
sie mit Großmuth erträgt. Theils berechnen wir den hohen Grad
von Anstrengung, den diese Selbstverläugnung ihm kosten müsse;
theils wissen wir ihm wahren Dank, daß er durch Verhüllung sei=
nes eignen Qualgefühls uns einen Theil jener schneidenden Art
von Sympathie erspart!

Zweytes Kapitel.

Von Leidenschaften, die ihren Ursprung einer besondern Richtung oder Fertigkeit der Einbildungskraft verdanken.

Selbst unter den Leidenschaften, die aus der Einbildungskraft entspringen, erregen jene, die ihren Ursprung einer besondern, von derselben gewonnenen Richtung oder Fertigkeit verdanken, nur den geringern Grad von Sympathie, sollte man auch zugestehn, daß sie vollkommen natürlich wären. Leute, deren Fantasie diese Richtung nicht genommen hat, haben keinen Sinn für sie, und so müssen diese Leidenschaften, so unvermeidlich sie auch in gewissen Lebensperioden seyn mögen, ihnen doch immer in einem gewissermaßen lächerlichen Lichte erscheinen. Dies ist der Fall mit jener heftigen Zuneigung, die zwo Personen verschiednen Geschlechts, die lange ihre Gedanken eins auf das andre hefteten, natürlicherweise an einander fesselt. Unsre Fantasie, die den Flug der Liebenden nicht fliegt, kann die Stärke ihrer Gemüthsbewegungen nicht fassen. Wenn unser Freund beleidigt ist, so theilen wir seine Empfindlichkeit, und zürnen über den, über welchen er zürnt. Wenn ihm eine Wohlthat erwiesen ist, so begreifen wir seine Dankbarkeit, und gewinnen einen hohen Begriff von dem Werth seines Wohlthäters. Wenn er aber verliebt ist, so mag seine Leidenschaft uns immerhin so vernünftig vorkommen, wie jede andre dieser Art, nie werden wir uns verpflichtet halten, sie zu theilen, zu fühlen,

D

was er fühlt, und für eben die Person zu fühlen, die der
Gegenstand seiner Gefühle ist. Die Liebe ist eine Leiden=
schaft, deren Stärke jedem andern, als dem, der sie em=
pfindet, ihrem Gegenstande durchaus unangemessen scheint,
und ob wir sie gleich einem gewissen Alter verzeihen, weil
sie ihm natürlich ist, so können wir doch nie umhin, über
sie zu lachen, weil wir sie nicht theilen können. Alle ernst=
hafte und starke Ausdrücke von ihr scheinen dem Dritten lä=
cherlich, und obgleich der Liebhaber seinem Mädchen ein
sehr guter Gesellschafter seyn mag, so ist ers doch schwerlich
einem andern. Er fühlt dies selbst, und sucht daher, so
lange seine Sinne noch einigermaßen nüchtern sind, sich mit
seiner eignen Leidenschaft aufzuziehn. Es ist dies der ein=
zige Ton, in welchem wir davon hören mögen, indem es
der einzige ist, in dem wir selbst davon zu schwatzen Lust ha=
ben. Cowleys und Properzens ernsthafte gedan=
ken= und spruchreiche Liebe macht uns Langeweile; aber
Ovids Munterkeit und Horazens Galanterie sind uns
immer angenehm.

Allein, wiewohl wir mit einer Anhänglichkeit dieser Art
keine eigentliche Sympathie empfinden, wiewohl nicht einmal
unsre Einbildungskraft etwas Leidenschaft ähnliches für des
Liebenden Idol empfindet, so können wir doch vielleicht eh=
malen etwas ähnliches empfunden, oder Anlage, es dereinst
zu empfinden, haben, und so begreifen wir ohne Mühe jene
hohen Erwartungen von Glückseligkeit, die der Liebende mit
der Befriedigung seiner Leidenschaft verknüpft, und jene
äußerste Verzweiflung, die er von der Vereitlung seiner Wün=
sche fürchtet. Seine Liebe interessirt uns nicht als Leiden=
schaft, sondern als ein Gemüthszustand, der andre uns in=

tereſſante Leidenſchaften veranlaßt, Furcht, Hoffnung, Leiden jeglicher Art; grade ſo, wie in der Beſchreibung einer
Seereiſe nicht der Hunger es iſt, der uns intereſſirt, ſondern die Drangſale, die den Hunger begleiten. Obgleich
wir die Anhänglichkeit des Liebenden nicht eigentlich theilen,
ſo theilen wir doch jene Erwartungen romantiſcher Glückſeligkeit, die er aus ihr herleitet. Wir fühlen, wie natürlich
es einer von Leidenſchaft zerrütteten, und von den Qualen
der Sehnſucht abgemüdeten Seele ſeyn müſſe, nach Ruhe
und Heiterkeit zu ſchmachten, Ruhe und Heiterkeit von der
Befriedigung ihrer Wünſche zu gewärtigen, und in den Idea-
len jenes ruhigen, einſamen Schäferlebens zu ſchwelgen,
das der zärtliche und gefühlvolle Tibull uns in ſo reizen-
den Bildern ſchildert; eines Lebens, gleich jenem, das man,
dem Dichter zufolge, in den glückſeligen Eilanden lebt; eines
Lebens der Freundſchaft, der Freyheit und der Ruhe, frey von
Arbeit und von Sorgen, und von allen den ſtürmiſchen Leidenſchaften, die ſie begleiten. Selbſt Szenen dieſer Art intereſſiren
ſtärker, wenn man ſie uns als ſolche malt, die man hofft, denn
als ſolche, die man ſchon genießt. Das Grobe, was ſich in dieſe
Leidenſchaft miſcht, und ihr vielleicht urſprünglich zum Grunde liegt, verſchwindet, wenn ihre Befriedigung uns in der Ferne erſcheint; macht aber das Ganze anſtößig, wenn man es
als beſeſſen und genoſſen ſchildert. Der glückliche Liebhaber
intereſſirt uns daher weit weniger, als der trübſinnige und
bedrängte. Wir zittern vor allem, was ſo angenehme und
natürliche Erwartungen vereiteln kann, und theilen auf dieſe
Weiſe alle Angſt, alle Beſorgniß, und alle Qual des Liebenden.

Daher kömmt es, daß in einigen neuern Trauerſpielen
und Romanen dieſe Leidenſchaft ein ſo wunderbares Intereſſe

weckt. — Nicht so sehr Castalians und Marianens
Liebe ist es, die uns in der Waise fesselt, als die Gefahren, die diese Liebe veranlaßt. Der Schriftsteller, der zwey
Liebende im Zustande der vollkommensten Sicherheit auf die
Bühne bringen, und sie von ihrer gegenseitigen Zärtlichkeit
wollte schwatzen lassen, würde Gelächter und nicht Sympathie erregen. Szenen dieser Art sind im Schauspiel immer gewissermaßen unschicklich; und duldet man sie, so geschieht es nicht aus einer Art von Sympathie mit der geschil-
derten Leidenschaft, sondern aus dem Vorgefühl der Gefahren und Schwierigkeiten, die die Zuschauer für das liebende
Paar ahnden.

Die Zurückhaltung, die die Gesetze der Gesellschaft
dem schönen Geschlecht in Ansehung dieser Schwäche auf-
legen, machen selbige bey diesem vorzüglich qualenreich,
und eben darum vorzüglich interessant. Phädrens
Liebe, so wie sie in dem griechischen Trauerspiel dieses Na-
mens dargestellt wird, entzückt uns, ungeachtet aller Ausschweifung und Strafbarkeit, die sie begleitet. Eben diese
Ausschweifung und Strafbarkeit macht sie uns gewissermaßen
so wichtig. Ihre Furcht, ihre Schaam, ihre Gewissensbisse,
ihr Abscheu, ihre Verzweiflung wird dadurch natürlicher und
interessanter. Alle jene untergeordneten Leidenschaften, die
aus der Lage des Liebenden entspringen, werden natürlicherweise wütender und gewaltsamer, und nur diese untergeordneten Leidenschaften sind es eigentlich, mit denen wir sympathisiren.

Von allen Leidenschaften, die dem Werth ihrer Gegenstände so äußerst unangemessen sind, ist die Liebe gleichwohl
die einzige, die auch in den schwächsten Seelen etwas an-

ständiges und angenehmes an sich zu haben scheint. So
läppisch sie uns vorkommen mag, so ist sie uns von Natur
doch nicht verhaßt, und wiewohl ihre Folgen oft schädlich und
verderblich werden, so sind ihre Absichten doch selten übel=
thätig. Ungeachtet der geringen Schicklichkeit, die wir in
der Leidenschaft selbst finden, finden wir deren doch nicht we=
nig in einigen von denen, die sie begleiten. Es ist in der
Liebe eine starke Mischung von Leutseligkeit, Edelmuth, Güte,
Freundschaft, Achtung; Leidenschaften, mit denen wir, aus
bald zu erklärenden Ursachen, unter allen am meisten zu
sympathisiren geneigen, selbst dann, wenn sie uns übertrie=
ben und ausschweifend erscheinen müssen. Das Mitgefühl
mit ihnen macht die Leidenschaft, der sie ihren Ursprung ver=
danken, weniger unangenehm, und unsrer Einbildungs=
kraft erträglich, ungeachtet der Fehler, die sie gewöhnlich
veranlaßt; ungeachtet sie das eine Geschlecht gewöhnlich in
Schande und Elend stürzt; und ungeachtet sie das andre,
dem sie weniger verderblich wird, allewege zur Arbeit un=
fähig, träge zur Beobachtung seiner Pflichten, und gleich=
gültig gegen Ruhm und guten Namen macht. Nichts desto
weniger pflegt man mit dem Begriff dieser Leidenschaft einen
Begriff von Fühlbarkeit und Edelmuth zu verbinden, der
dieselbe bey manchem zu einem Gegenstande der Eitelkeit
macht, der manche verleitet, Empfänglichkeit für etwas zu
affektiren, das wirklich empfunden, ihnen wenig Ehre ma=
chen würde.

Ursachen eben der Art ist es zuzuschreiben, daß alle=
zeit eine gewisse Mäßigung nothwendig ist, wenn wir von
unsern Freunden, unsern Studien, unsern Lieblingsbe=
schäftigungen reden — lauter Gegenstände, welche unsre Ge=

sellschafter gemeiniglich nie in dem Grade interessiren können, darin sie uns interessiren. Und eben der Mangel dieser Mäßigung ist Schuld daran, daß die eine Hälfte des Menschengeschlechts der andern eine so üble Gesellschaft ist. Ein Philosoph taugt nur zum Gesellschafter eines Philosophen, und das Mitglied eines Klubs nur für den kleinen Zirkel seiner Kameraden.

Anm. Die Liebe ist unter allen Leidenschaften, deren die menschliche Natur empfänglich ist, die einzige, die jeden wohlorganisirten Menschen, wenigstens einmal in seinem Leben, antritt. Ist sie nicht lediglich thierisches Bedürfniß, sondern wird durch wirkliche oder idealische Vollkommenheit geweckt und gehoben, so ist sie ein sehr kräftiges Hülfsmittel zur Veredlung und Verfeinerung der Gesinnung, auf alle Fälle aber ein Quell der interessantesten unter allen übrigen Affekten, des Fürchtens, Hoffens, Sehnens, der Eifersucht, der entzückendsten Freude, und der unheilbarsten Melankolie. Kein Wunder, wenn diese Leidenschaft Leben von der Natur nicht völlig verwahrloßten, oder durch überspannte Aszetik durchaus verschrobnen Menschen innigst interessirt; und wenn sie in den Werken der erzählenden, malenden und dramatischen Dichtkunst, die nichts anders, als Gemälde menschlicher Leidenschaften, oder wie Herr Heidenreich (in seinem neuen System der Aesthetik) es ausdrückt, Darstellungen bestimmter Zustände der Empfindsamkeit sind, so sehr die erste Rolle spielt.

Daß wir nicht mit der Leidenschaft der Liebe selber, sondern nur mit den Affekten, die diese Leidenschaft erregt — nicht mit dem Hunger, sondern nur mit den Phänomenen des Hungers sympathisiren — diese Distinktion ist mir zu fein.

Drittes Kapitel.

Von den ungeselligen Leidenschaften.

Es gibt eine Art von Leidenschaften, die, obgleich aus der Einbildungskraft entsprungen, dennoch von uns nicht nachempfunden, noch als anständig oder schicklich betrachtet werden kann, bevor sie weit unter den ursprünglichen Ton einer noch ungebändigten Natur herabgestimmt worden. Diese sind Haß und Zorn mit ihren mannichfaltigen Modifikazionen. In Ansehung aller solcher Leidenschaften theilt unsre Sympathie sich zwischen dem, der sie fühlt, und dem, der der Vorwurf derselben ist. Das Interesse dieser Arten ist einander grade entgegengesetzt. Was unsre Sympathie mit jenem uns wünschen macht, macht unser Mitgefühl mit dem andern uns geneigt zu fürchten. Da beide Menschen sind, so interessiren wir uns für beide, und unsre Furcht für das, was der eine leiden mag, dämpft unsern Unwillen über das, was der andre gelitten hat. Unsre Sympathie mit dieser kann daher nie so stark seyn, als die Leidenschaft, die ihn selbst beseelt, nicht nur wegen jenen allgemeinen Ursachen, aus denen alle Sympathie schwächer als die ursprüngliche Leidenschaft ist, sondern auch wegen dieser besondern, ihr allein eignen Ursache, unserm entgegengesetzten Mitgefühl mit einem Dritten. Sollen Unwille und Empfindlichkeit uns also schicklich und angenehm vorkommen, so müssen sie unter ihren natürlichen Ton viel tiefer herunter gestimmt werden, als beynahe jede andre Leidenschaft.

Gleichwohl haben wir ein sehr lebhaftes Gefühl für das Unrecht, was einem andern widerfährt. Der Böse

D 4

wicht in einem Roman oder Trauerspiel ist eben so sehr ein
Vorwu f unsers Unwillens, als der Held desselben ein Vor=
wurf unsrer Sympathie und Zuneigung ist.   Wir verab=
scheuen jenen eben so sehr, als wir diesen schätzen; und wir
freuen uns über des Einen Züchtigung eben so sehr, als des
Andern Unglück uns bekümmert.   Aber ungeachtet des leb=
haften Mitgefühls, das die Menschen für das ihrem Bru=
der zugefügte Unrecht haben, empfinden sie dasselbe doch nicht
immer eben in dem Maaße, in dem der Leidende es empfin=
det.   Je größer vielmehr seine Geduld, seine Sanftmuth,
seine Gutmüthigkeit ist, und je weniger diese Tugenden aus
Feigheit oder Fühllosigkeit zu entspringen scheinen, je hefti=
ger grollen wir wider den Beleidiger.   Der liebenswürdige
Karakter des Bedrängten erschwert in unsern Augen die Bos=
heit des Drängers.

Diese Leidenschaften werden dennoch als nothwendige
Bestandtheile der menschlichen Natur angesehn.   Verächtlich
wird der Mann, der zahm und geduldig sitzen bleibt, und
sich necken und höhnen läßt, ohne einigen Versuch, sich zu
wehren oder zu rächen.   Seine Gleichgültigkeit ist uns un=
begreiflich.   Sie scheint uns Fühllosigkeit, und ist uns eben
so ärgerlich, als der Uebermuth seines Gegners.   Selbst
den Pöbel verdreußt es, einen Menschen Schmach und Mis=
handlung geduldig ertragen zu sehn.   Er wünscht diesen
Uebermüthigen gezüchtigt — und gezüchtigt von dem, den
er mishandelt.   Mit Ungestüm ruft er diesem zu, sich zu
wehren oder zu rächen.   Gelingt es ihm, seinen Unwillen
zu wecken, so bezeugt er ihm den lautsten Beyfall.   Sein
eigner Unwille wider den Unterdrücker wird noch mehr ent=
flammt.   Er freut sich, ihn seinerseits angegriffen zu sehn,

und frohlockt über seine Züchtigung, wofern sie nicht allzu
strenge ist, lebhaft, als wenn das Unrecht ihm selbst wie
derfahren wäre.

Allein ungeachtet des anerkannten Nutzens dieser Leis
denschaften sowohl für die Individuen, die sie vor Belei
digungen schützen, als auch für die Gesellschaft, der sie Ruhe
und Gerechtigkeit sichern, wie wir in der Folge zeigen wer
den — ist doch immer in den Leidenschaften selber etwas Uns
angenehmes, das uns den Anblick derselben an einem Drit
ten zuwider macht. Tritt jemand uns in einer Gesellschaft
zu nahe, und wir lassen es nicht bey einer bloßen Aeußerung
unsrer Empfindlichkeit bewenden, sondern toben und wüten
wider ihn, so beleidigen wir nicht bloß diesen Einen, sondern
die ganze Gesellschaft. Die Ehrerbietung für diese hätte uns
hindern sollen, unsre Gemüthsbewegung so stürmisch und
so ungestüm zu äußern. Nur die entfernte Wirkung dieser
Leidenschaften ist angenehm; ihre unmittelbare Wirkung
gefährdet die Sicherheit der bedrohten Person zu stark. Nun
sind es aber die unmittelbaren, nicht die entfernten Wirkun
gen der Gegenstände, die sie der Einbildungskraft ange
nehm oder unangenehm machen. Ein Gefängniß ist dem
Publikum unstreitig nützlicher, als ein Palast, und wer jenes
baut, äußert unläugbar mehrern Gemeingeist, als der, der
einen Palast baut. Allein der unmittelbare Eindruck eines
Gefängnisses, die Freudenlosigkeit der Eingesperrten ist uns
angenehm, und die Einbildungskraft läßt sich entweder nicht
Zeit, sich die entfernten wohlthätigen Wirkungen desselben
vorzuzeichnen, oder sieht sie in einer zu großen Entlegen
heit, um von ihnen sonderlich gerührt zu werden. Ein Ge
fängniß wird daher immer ein unangenehmer Gegenstand

D 5

seyn, und grade um so unangenehmer, je angemessener
es seinem Zweck ist. Ein Palast hingegen wird immer angenehmer seyn, und doch sind seine entfernten
Wirkungen der Gesellschaft zuweilen nachtheilig. Er
kann den Luxus befördern. Er kann das Sittenverderbniß steigern. Da aber seine unmittelbare Wirkung, die Bequemlichkeit, das Vergnügen, die Fröhlichkeit
der Leute, die in ihm leben, durchaus angenehm ist, und
der Einbildungskraft lauter angenehme Bilder darbeut, so
verweilt diese Geisteskraft bey ihnen, und vernachläßigt die
Vorstellung der entlegnen Folgen. Trophäen aus musikalischen Instrumenten, oder aus Ackergeräthschaften zusammengesetzt, gemalt oder in Stukkatur gearbeitet, sind ein
sehr gewöhnlicher und angenehmer Zierrath unserer Säle
und Speisezimmer. Eine ähnliche Trophäe aus chirurgischen Instrumenten, aus Werkzeugen des Sezirens, Ampu-
tirens, Trepanirens zusammengesetzt, würde abgeschmackt
und anstößig seyn. Dennoch sind dieserley Instrumente gewöhnlich nicht nur feiner geschliffen, sondern auch ihren Zwecken gewöhnlich genauer angemessen, als Werkzeuge des
Ackerbaues. Auch ihre entfernte Wirkung, die Rettung
des Patienten, ist angenehm. Da ihre unmittelbare Wirkung aber Schmerz und Leiden ist, so ist ihr Anblick uns
beständig zuwider. Kriegsgeräthe sind angenehm, obgleich
ihre Wirkung Tod und Gefahr zu seyn scheint. Aber das
ist Schmerz und Gefahr der Feinde, mit denen wir nicht
sympathisiren. In Rücksicht unsrer erwecken sie uns nichts
als die angenehmen Ideen von Sieg, Tapferkeit und Ehre.
Man hält sie daher auch für den edelsten Theil des Putzes,
und ihre Nachbildung für die schönsten architektonischen Zierrathen. Eben so verhält es sich mit den Eigenschaften des

Geistes. Die alten Stoiker waren der Meinung, daß, da
die Welt durch die alleslenkende Vorsehung eines weisen,
mächtigen und guten Gottes regiert würde, auch jedes ein=
zelne Ereigniß als ein nothwendiges Stück des Plans des
Ganzen, und als ein Beförderungsmittel der allgemeinen Ord=
nung und Glückseligkeit betrachtet werden müsse; daß folg=
lich auch die Laster und Thorheiten der Menschen eben so
in diesem Plan berechnet wären, als ihre Weisheit und ihre
Tugenden, und daß sie durch jene ewige Kunst, die dem
Bösen Gutes entlockt, ebenfalls zu Bewerkstelligung der
Glückseligkeit und Vollkommenheit des großen Alls geleitet
werden. Allein keine Spekulazion dieser Art, sie sey so tief
in den Geist verwurzelt, wie sie wolle, wird unsern natür=
lichen Abscheu vor dem Laster mindern können, dessen un=
mittelbare Wirkungen so zerstörend, und dessen entlegne zu
fern sind, als daß die Einbildungskraft sie sich verbit=
ten könne.

Es ist dieß der nehmliche Fall mit denen Leidenschaf=
ten, die wir so eben erwogen haben. Ihre unmittelbaren
Wirkungen sind so unangenehm, daß ihr Anblick uns an=
fangs immer empört, ihre Veranlassung mag so gerecht seyn,
wie sie wolle. Dies sind folglich die einzigen Leidenschaften,
deren Ausdruck, wie oben bemerkt worden, uns nicht eher
zu Sympathie stimmt, bis wir von den Ursachen, die sie er=
regen, unterrichtet worden. Ein fernes Angstgeschrey er=
schüttert uns den Augenblick. Wir können nicht gleichgültig
gegen den bleiben, der es ausstößt. Wir interessiren uns
auf der Stelle für ihn, und eilen, wenn die Stimme fort=
dauert, beynahe unwillkürlich zu seinem Beystande. Eben
so stimmt der Anblick eines lächelnden Angesichts auch den

Gedankenvollen in jenen fröhlichen und lustigen Ton, der ihn fähig macht, damit zu sympathisiren, und die Freude, die es ausdrückt, zu theilen; und sein vor Tiefsinn vorhin zusammengeschrumpftes, von Sorgen niedergequetschtes Herz fühlt sich den Augenblick erweitert und gehoben. Ganz anders verhält es sich mit den Leidenschaften des Hasses und des Zorns. Die heisre, polternde, mistönende Stimme des Zorns flößt uns, auch wenn wir sie in der Ferne hören, entweder Furcht oder Abscheu ein. Wir eilen ihr keineswegs nach, wie wir der Stimme des Jammers und der Angst nacheilen. Weiber und Leute von schwachen Nerven zittern und erblassen vor Furcht, obgleich wohl wissend, daß sie selbst nicht die Gegenstände dieser wilden Leidenschaft sind. Sie fürchten sich, indem sie sich in die Stelle dessen versetzen, der es ist. Selbst feste Gemüther fühlen sich beunruhigt, freylich nicht genug, um bange zu werden, aber genug, um aufgebracht zu werden. — Aufgebracht, fühlen sie, würden sie werden, wenn sie in des andern Lage wären. Eben so ists mit dem Hasse. Bloße Ausdrücke von Hohn und Groll werden ähnliche Empfindungen gegen keinen, als den, der sie äußert, einflößen. Haß und Zorn sind von Natur Gegenstände unsers Abscheues. Ihr lärmendes, widriges Wesen erregt kein Mitgefühl, stimmt zu keinem Mitgefühl, stört und dämpft es vielmehr. Gram und Schmerz ziehn uns nicht mächtiger zu dem, der sie empfindet, hin, als jene Leidenschaften uns von ihm entfremden und wegschrecken. Es scheint die Absicht der Natur gewesen zu seyn, daß diese rauhern und abholdern Gemüthsbewegungen sich weniger leicht und weniger häufig von einem auf den andern fortpflanzen sollten.

Wenn die Musik die Modulazionen des Kummers oder
der Freude nachahmt, so flößt sie uns diese Leidenschaften
entweder wirklich ein, oder sie versetzt unser Gemüth in die
Stimmung, worin wir ihrer vorzüglich empfänglich sind.
Ahmt sie aber die Accente des Zorns nach, so flößt sie uns
Furcht ein. Schmerz, Freude, Liebe, Bewundrung, Ans
dacht sind ihrer Natur nach lauter musikalische Leidenschaf=
ten. Ihre natürlichen Accente sind alle sanft, klar und me=
lodisch. Sie äußern sich von Natur in regelmäßigen Tak=
ten, die durch regelmäßige Pausen unterschieden sind, und
sich um so besser zu den regelmäßigen Reprisen einer anpas=
senden Tonart schicken. Die Laute des Zorns dagegen und
aller ihm verwandten Leidenschaften sind rauh und mistö=
nig. Seine Perioden sind durchgehends unregelmäßig, dann
zu lang, dann zu kurz, und durch keine regelmäßigen Pau=
sen getrennt. Nur mit Mühe kann die Musik daher diese
Leidenschaften nachahmen, und diejenige, die sie nachahmt, ist
eben nicht die angenehmste. Ein ganzes Konzert kann, ohne
einige Unschicklichkeit, aus Nachahmung lauter geselliger
und angenehmer Leidenschaften bestehn, aber ein seltsames
Konzert müßte das seyn, das durchaus aus Nachahmungen
des Hasses und Zorns bestünde.

Wenn diese Leidenschaften dem Zuschauer unangenehm
sind, so sind sie es dem, der sie empfindet, nicht minder.
Haß und Zorn sind der Glückseligkeit gutgearteter Seelen
das tödlichste Gift. Es ist selbst in dem Gefühl dieser Lei=
denschaften etwas barsches, kneifendes und krampfhaftes,
etwas, das die Brust zerreißt und zerrüttet, und jene Fassung
und Ruhe des Geistes gänzlich zerstört, die zur Glückselig=
keit so nothwendig ist, und durch die entgegengesetzten Em=

pfindungen der Liebe und der Dankbarkeit so schön befördert
wird. Nicht der Werth dessen, was sie durch die Untreue
und Undankbarkeit ihrer Mitgesellen etwa verlieren mögen,
ist es, was edelmüthige und menschliche Gemüther am mei=
sten bedauren. Mögen sie verlieren, was sie wollen, sie
können gewöhnlich ohne das glücklich seyn. Was sie am
meisten betrübt, ist die Treulosigkeit und Undankbarkeit,
womit sie sich behandelt sehn, und eben die mißhelligen und
unangenehmen Leidenschaften, die jene unwürdige Behand=
lung weckt, sind, ihrer eignen Meinung nach, die bitterste
Kränkung, die ihnen widerfährt.

Wie mancherley gehört dazu, daß die Befriedigung unsers
Unwillens durchaus angenehm wird, und daß die Zuschauer
mit unsrer Rache durchaus sympathisiren! Die Reizung
muß vor allen Dingen so beschaffen seyn, daß wir verächt=
lich werden, und uns immerwährenden Mishandlungen
bloßstellen würden, wenn wir sie nicht gewissermaßen ahn=
deten. Geringe Beleidigungen werden am ersten verhach=
läßigt; nichts ist verächtlicher, als jene grämliche, zänkische
Gemüthsart, die bey der kleinsten Veranlassung Feuer fängt.
Wir dürfen empfindlich werden, aber mehr aus einem Ge=
fühle, wie schicklich unsre Empfindlichkeit sey, mehr aus dem
Gefühl, daß die Menschen es erwarten und verlangen, als
aus einer natürlichen Empfänglichkeit gegen diese empörende
Leidenschaft. Unter allen Leidenschaften, deren die mensch=
liche Seele fähig ist, ist keine, über deren Gerechtig=
keit wir so uneins mit uns selber seyn müssen, keine, über
deren Raumgebung wir unser eignes Gefühl des Schickli=
chen so sorgsam befragen, oder die Empfindungen eines küh=
len und unpartheyischen Zuhörers so fleißig in Erwägung

ziehn müſſen. Hochherzigkeit, ein Verlangen, unſre Würde
in der Geſellſchaft zu behaupten, iſt der einzige Bewegungsgrund, der die Ausdrücke dieſer unangenehmen Leidenſchaft adeln kann. Daß er unſer Beweggrund ſey,
muß der Styl unſers Betragens zeigen. Grade, offen,
freymüthig müſſen wir ſeyn, entſchloſſen ohne Entſchieden-
heit, erhaben ohne Uebermuth, nicht nur frey von Muthwillen oder niedriger Poſſenreiſſerey, ſondern edelmüthig,
einfach, gutmüthig, voll ſchicklicher Rückſichten, ſelbſt auf
den, der uns beleidigt hat. Kurz, unſer ganzes Betragen
muß ohne mühſamen, erkünſtelten Ausdruck zeigen, daß die
Leidenſchaft unſre Menſchlichkeit nicht aufgelöſt habe, und
daß, wenn wir dem Zuflüſtern des Zorns nachgeben, wir
es nur gezwungen, und in der Folge großer und wiederhol-
ter Reizungen thun. So gemäßigt und gemildert mag unſer Zorngefühl ſogar auf die Namen von Edelmuth und Seelengröße Anſpruch machen können.

Viertes Kapitel.

Von den geselligen Leidenschaften.

So wie die getheilte Sympathie es war, die die ganze Klasse der eben abgehandelten Leidenschaften uns in den meisten Fällen so unhold und widerwärtig machten, so gibt es, im Gegentheil eine andre Klasse diesen entgegenstehender Leidenschaften, die die Verdopplung der Sympathie fast immer vorzüglich angenehm und schicklich macht. Edelmuth, Menschlichkeit, Freymüthigkeit, Mitleid, gegenseitige Freundschaft und Achtung, alle gesellige und wohlwollende Neigungen, in Stimme oder Handlungen ausgedrückt, auch nur, gegen diejenigen ausgedrückt, die uns besonders nah angehn, gefallen dem unpartheylichen Zuschauer bey den meisten Veranlassungen. Sein Mitgefühl mit demjenigen, der diese Neigungen empfindet, trifft genau mit seiner Theilnehmung an dem, der ihr Gegenstand ist, zusammen. Das Interesse, das er als Mensch an der Glückseligkeit des leztern nimmt, erhöht sein Mitgefühl mit den Empfindungen des andern, die sich mit dem nehmlichen Gegenstande beschäftigen. Mächtig ist daher unser Hang, mit allen wohlwollenden Affekten zu sympathisiren. Sie scheinen uns in jeder Rücksicht angenehm. Wir begreifen die Zufriedenheit beides dessen, der sie empfindet, als dessen, für den sie empfunden werden. Denn so wie der Gedanke, gehaßt und angefeindet zu werden, einem braven Manne schmerzlicher ist, als alles Uebel, das seine Feinde ihm zufügen können, so ist das Bewußtseyn, geliebt zu werden, einer zarten und gefühlvollen Seele zu ihrer Glückseligkeit ungleich wichs tiger, als alle Vortheile, die sie von ihren Freunden etwa erwarten könnte. Was ist abscheulicher, als der Karakter eines Menschen, der ein Vergnügen daran findet, Zwiespalt zwischen Freunden zu stiften, und ihre zärtliche Liebe in tödlichen Haß zu verwandeln. Was ists aber, das seine Bosheit so scheuslich macht? Ists das, daß er sie jener unbedeutenden kleinen Gefälligkeiten beraubt, die sie bey Fortdauer ihrer Freundschaft von einander hätten erwarten können? — Das ists, daß er ihre Freundschaft selbst ermordet, daß er jeden des andern Zuneigung, die ihnen so süßen Genuß gewährte, stielt, daß er die Harmonie ihrer Herzen stört, und jenem glücklichen Einverständniß, das vorher unter ihnen statt fand, ein Ende macht. Diese Zuneigung, diese Harmonie, dieses Einverständniß ist zur Glückseligkeit viel wichtiger, als die kleinen Dienstleistungen, die daraus etwa fließen mögen, und daß dem also sey, fühlt nicht bloß die weiche gefühlvolle Seele, es fühlts auch der ganz alltägliche und ganz rohe Mensch.

Angenehm ist das Gefühl der Liebe einem jeden, der es empfindet. Es stillt und beruhigt die Brust, scheint den Umlauf der Lebensgeister zu begünstigen, und befördert den gesunden Zustand des menschlichen Baues. Noch angenehmer wird sie durch das Bewußtseyn der Dankbarkeit und Zufriedenheit, die sie in des Geliebten Seele nothwendig erwecken muß. Ihre wechselseitige Rücksicht auf einander macht sie eins in dem andern glücklich, und die Sympathie mit dieser wechselseitigen Rücksicht macht sie einander angenehm. Was ist erfreulicher, als eine Familie zu sehen, in welcher wechselseitige Liebe und Achtung das Ganze regieren, in welcher Eltern mit den Kindern, und Kinder mit den

Eltern, wie Gleiche mit Gleichen, umgehn, den einzigen
Unterschied abgerechnet, den die ehrerbietige Zuneigung
einer=, und die nachsichtsvolle Milde andrerseits
macht; wo Freymüthigkeit und Zärtlichkeit, gegenseitiger
Scherz und gegenseitige Gefälligkeit zeigen, daß kein entge=
gengesetztes Interesse die Brüder trennt, noch einige Ne=
benbuhlerey oder Eifersucht die Schwestern spaltet, wo alles
Friede, Ruhe, Eintracht und Zufriedenheit athmet und ein=
flößt. Wie unbehaglich hingegen ists, in einem Hause zu
leben, das in Partheyen gespalten ist, dessen Eine Hälfte
wider die andre unaufhörlich zu Felde liegt, wo mitten in
erkünstelter Freundlichkeit und Gefälligkeit argwöhnische
Blicke und plötzliche Aufwallungen der Leidenschaft die wech=
selseitige Eifersucht verrathen, die in ihrem Innern lodert,
und jeden Augenblick durch allen Zwang, den die Gegenwart
von Fremden auflegt, hindurchzubrechen droht.

Jene holdern Leidenschaften können uns nie zuwider
werden, auch dann nicht, wenn sie bis zur Ausschweifung
gehn. Es ist etwas gewinnendes, auch in der Schwäche
der Menschlichkeit und Freundschaft; die zu zärtliche Mut=
ter, der zu nachsichtige Vater, der zu edelmüthige und ge=
fühlvolle Freund mag wohl zuweilen wegen der Weichheit
seiner Natur mit einer Art wohlwollenden Mitleidens be=
trachtet werden; ihn mit Haß und Abscheu zu betrachten,
ist unmöglich. Selbst verachten wird ihn keiner können, er
gehöre dann zu den rohesten und ruchlosesten Menschen.
Immer geschieht es mit Bedauern, mit Schonung und mit
Sympathie, daß wir das Uebermaas seiner Neigung ta=
deln. Es ist etwas Hülfloses in dem Karakter ausnehmen=
der Menschengüte, die uns mehr denn alles rührt und hin=

nimmt. Es ist nichts in ihr selber, daß sie unschicklich oder unangenehm machen könne. Wir bedauren nur, daß sie sich für die Welt nicht schicke, weil die Welt ihrer unwürdig ist, und weil sie den, dem sie zum Loose fiel, der Treulosigkeit und Undankbarkeit, den Betrügereyen einschmeichelnder Falschheit, und tausend Unannehmlichkeiten bloßstelle, die grade er am wenigsten zu empfinden verdient, und gemeiniglich auch am wenigsten zu ertragen weiß. Ganz anders verhält es sich mit Haß und Zorn. Zu heftiger Hang zu diesen empörenden Leidenschaften macht jemanden zum Gegenstande allgemeinen Schreckens und Abscheues, und man würde froh seyn, ihn, gleich einem wilden Thiere, aus aller menschlichen Gesellschaft hinausgehetzt zu sehn.

Anm. Erörterungen dieser Art sind es, in denen man den Verfasser immer am liebsten list. Er weiß die äußern Erscheinungen der Leidenschaften so treffend zu zeichnen, er weiß ihre Schicklichkeit oder Unschicklichkeit in so helles Licht zu setzen, seine Schilderungen der liebenswürdigern Leidenschaften sind so voll Wahrheit und Wärme, daß unser Herz befriedigt wird, wenn gleich die analysirende Vernunft die Reinheit und Beßheit der obersten Prinzipe vermißt.

E 2

Fünftes Kapitel.

Von selbstsüchtigen Leidenschaften.

Außer diesen beiden entgegengesetzten Klassen von Leidenschaften gibt es noch eine dritte, die zwischen jenen beiden
gleichsam in der Mitte liegt, die nie weder so gefallend, wie
zuweilen die Eine, noch so widrig, wie zuweilen die Andre,
ist, und diese Mittelgattung entsteht aus dem Schmerz und
aus der Freude, die wir über uns selbst betreffende Glücks-
oder Unglücksfälle empfinden. Auch dann, wenn diese Empfindungen bis zur Ausschweifung gehn, sind sie doch nie so
beleidigend, wie ausschweifende Rachgier, sintemalen uns
keine entgegengesetzte Sympathie wider sie einnimmt; und
wenn sie ihren Gegenständen auch noch so angemessen sind,
sind sie doch nie so angenehm, als unpartheyliche Menschlichkeit und gerechtes Wohlwollen, indem keine doppelte Sympathie uns für sie gewinnt. Einen Unterschied gibt es jedoch
in Ansehung ihrer, diesen nehmlich, daß wir gemeiniglich
geneigter sind, mit geringen Freuden und großen Sorgen zu sympathisiren. Ein Mensch, der durch irgend eine
plötzliche Glücksumwälzung mit einmal zu einem Zustand
erhöht wird, der seine vorigen Bekannten weit unter ihm zurückläßt, kann versichert seyn, daß die Glückwünsche auch seiner
besten Freunde nicht durchaus aufrichtig sind. Ein Glücks-
pilz, er habe so viel Verdienst er wolle, ist gewöhnlich ein
unangenehmer Gegenstand, und eine Anwandlung von
Neid hindert uns gemeiniglich, von ganzem Herzen mit ihm
zu sympathisiren. Hat er einige Urtheilungskraft, so fühlt
er das selbst, und statt sich seines Glücks zu überheben, sucht

er möglichst seine Freude zu dämpfen, und den Schwung, den seine neue Lage ihm natürlicherweise einflößt, möglichst niederzudrücken. Er befleißigt sich der nehmlichen schlichten Kleidung, der nehmlichen Bescheidenheit im Betragen, die seinem vorigen Stande zukam. Er verdoppelt seine Aufmerksamkeit gegen seine alten Freunde, und beeifert sich mehr denn jemalen, demüthig, emsig und gefällig zu seyn. Und dies ist das Betragen, das wir in seiner Lage einzig billigen, indem wir zu verlangen scheinen, daß er mehr mit unserm Neide und unserm Unmuth, als wir mit seinem Glücke sympathisiren sollen. Mit allem dem wird es ihm jedoch nur selten gelingen. Die Aufrichtigkeit seiner Demuth ist uns verdächtig, und er wird des Zwanges müde. Binnen kurzem läßt er daher gewöhnlich alle seine alten Freunde hinter sich, einige der niedrigsten etwa ausgenommen, die sichs gefallen lassen, von ihm abzuhängen; auch neue Freunde zu gewinnen, wird ihm gar nicht leicht. Denn diese neuen Bekanntschaften finden sich eben so sehr dadurch beleidigt, daß er bis zu ihnen empor, als seine vorigen sich darüber beleidigt fanden, daß er so weit über sie hinweg gekommen ist, und nur die hartnäckigste und beharrlichste Bescheidenheit ist vermögend, sie mit seinem Glücke auszusöhnen. Gewöhnlich wird er dieser zu bald müde; der mürrische und argwöhnische Stolz der Einen, und die höhnische Verachtung der Andern reizt ihn, jene mit Vernachläßigung und diese mit Muthwillen zu behandeln, bis er endlich entschieden übermüthig wird, und die Achtung aller verwirkt. Wenn des Menschen Glückseligkeit hauptsächlich in dem Bewußtseyn geliebt zu werden besteht, wie ich denn glaube, daß dem also sey, so sind diese plötzlichen Glückswechsel selten Beförderungsmittel unserer Glückselig-

E 3

keit. Glücklicher ist derjenige, der mehr allmählig groß wird, den das Publikum zu jeder neuen Stufe von Erhöhung lange vorher bestimmte, als er sie erreichte, dem die Erstei=gung derselben folglich keine übermäßige Freude einflößen kann, und der in dieser Hinsicht weder von der Eifersucht derer, die er einholt, noch von dem Neide derer, die er hin=ter sich zurückläßt, etwas zu besorgen hat.

Bereitwilliger gleichwohl sympathisiren wir mit jenen geringern Freuden, die aus weniger erheblichen Ursachen entspringen. Es ist anständig, in großer Glückseligkeit de= müthig zu seyn. Aber für die geringen Ereignisse des ge= meinen Lebens, für die Gesellschaft, in welcher wir den Abend zubrachten, für die Unterhaltung, die man uns dar= bot, für das, was gesprochen und gethan ward, für all die kleinen Zwischenfälle unserer itzigen Unterhaltung, und für das mancherley unbedeutende Nichts, das das Leere des menschlichen Lebens ausfüllt, können wir schwerlich zu viel Zufriedenheit ausdrücken. Nichts ist gefallender, als ha= bituelle Munterkeit, die immer aus einem besondern Sinne für die kleinen Ergötzlichkeiten, die im gemeinen Le= ben vorkommen, entspringt. Wir sympathisiren mit ihr ohne Mühe; sie steckt uns selbst an, und zeigt uns jede Kleinigkeit in dem angenehmen Licht, in dem sie demjeni= gen, der mit dieser glücklichen Stimmung begabt ist, von selbst erscheint. Daher kömmt es, daß der Jugend die Jahrszeit der Fröhlichkeit so einnehmend ist. Jener Hang zur Freude, der aus ihren Augen blitzt, und ihre Blüte belebt, stimmt auch den Bejahrten in eine mehr denn ge= wöhnlich fröhliche Laune. Seine Gebrechen auf eine Weile vergessend, überläßt er sich jenen angenehmern Gedanken und Gefühlen, die ihm lange fremd gewesen sind, die aber, durch den Anblick so vieler Glückseligkeit erweckt, gleich alten Bekannten, wieder in seine Brust einkehren, von wannen er sie so ungern Abschied nehmen sah, und wo er sie allein schon ihrer langen Trennung halber nun um so herzlicher bewillkommt.

Ganz anders verhält es sich mit der Traurigkeit. Geringe Verdrießlichkeiten erregen keine tiefe Betrübniß, größere dagegen ein desto lebhafteres Mitgefühl. Ein Mensch, der über jeden nichtswürdigen Zufall verdrießlich wird, der sich über Koch und Kellermeister ärgert, wenn sie nur das geringste in ihrer Pflicht versehn, dem jeder Verstoß wider die pünktlichste Etikette, es sey nun gegen ihn oder jemand anders, schmerzlich weh thut, der es übel nimmt, wenn sein bester Freund ihm des Vormittags begegnet, ohne ihm guten Morgen zu bieten, oder wenn sein Bruder, während er ein langweiliges Histörchen abhaspelt, sich ein Stückchen vorpfiff; der auf dem Lande über das Wetter, auf der Reise über die schlechten Wege, in der Stadt über den Mangel an Gesellschaft und über die Abgeschmacktheit der öffentlichen Lustbarkeiten den Spleen bekommt; ein solcher Mensch wird nie viel Mitgefühl erregen, sollte seine Uebellaunigkeit auch einigermaßen gegründet seyn. Die Freude dagegen ist eine angenehme Empfindung. Wir überlassen uns ihr gern bey den unbedeutendsten Veranlassungen. Wir sympathisiren daher auch gern mit des andern Freude, wofern kein Neid unser Mitgefühl durchkreuzt. Die Traurigkeit ist etwas peinliches, und auch in eignen Unfällen kämpft und arbeitet die Seele gegen sie an. Wir bleiben ihrer gern durchaus überhoben, und wenn wir ihrer nicht durchaus überhoben

E 4

bleiben können, so schütteln wir sie gern, sobald als wir nur
können, wieder ab. Unser Widerwille gegen alle Traurigkeit wird uns zwar nicht immer hindern, bey sehr unbedeutenden Vorfällen in eignen Angelegenheiten Verdruß zu
empfinden, aber er wird uns beständig hindern, mit der
Traurigkeit andrer bey gleichen unbedeutenden Veranlassungen zu sympathisiren; denn unsre sympathetischen Leidenschaften sind immer weniger unwiderstehlich, als unsre ursprünglichen. Ueberdies gibt es eine Art von Schalksfinn
im Menschen, der ihn nicht nur mit geringen Verdrieslich-
keiten zu sympathisiren hindert, sondern sie ihm sogar be-
lustigend macht. Daher das Ergötzen, das wir an Spöt-
teleyen und an der Aergerniß unsers Freundes finden, wenn
er auf allen Seiten geneckt, gezwackt und ins Enge getrieben wird. Leute von einiger Lebensart verbergen das Miß-
vergnügen, das irgend ein geringer Vorfall ihnen verursachen mag, und diejenigen, die durchaus durch Umgang und
Gesellschaften gebildet sind, machen freywillig aus allen solchen Ereignissen den Spaß, den, wie sie wissen, die Gesellschaft daraus machen wird. Die Fertigkeit, die ein
Mann von Welt erworben hat, alles, was ihm begegnet,
in dem Lichte zu betrachten, darin es andern erscheinen mag,
zeigt ihm jeden unbedeutenden Unfall in eben dem lächerlichen Lichte, in dem er, wie er fest überzeugt ist, der
Gesellschaft erscheinen wird.

Mit tiefem Elend im Gegentheil sympathisiren wir
sehr stark und sehr aufrichtig. Es ist unnöthig, Beweise
davon zu geben. Wir weinen sogar über die erdichteten Leiden in einem Trauerspiel. — Zappelst du daher unter uns
gewöhnlichem Misgeschicke, bist du, durch außerordentliche

Unglücksfälle in Armuth, Slechthun, Schände und Schwer=
muth gefallen, ſo magſt du immer an deinem Elende zum
Theil ſelber ſchuld ſeyn, im allgemeinen wirſt du doch im=
mer auf deiner Freunde aufrichtigſtes Mitgefühl, und ſo
viel ihr Intereſſe und ihre Ehre es erlaubt, auch auf ihren
thätigſten Beyſtand zählen können. Iſt dein Unglück aber
nicht von dieſer fürchterlichen Art, biſt du nur in deinem
Ehrgeiz ein wenig gezwickt, von deinem Mädchen geneckt,
oder deinem Weibe gehudelt worden, ſo rechne ſicher auf
den Spott deiner Bekannten.

Anm. Auf den Scharfblick, mit welchem der Verfaſſer im
vorliegenden Kapitel ſo manche oft weniger bekannte Falte des
menſchlichen Herzens durchſpäht, den Leſer erſt aufmerkſam zu
machen, wäre Beleidigung für jenen und für dieſen.

Dritter Abschnitt.

Was Wohlfahrt und Widerwärtig-
keit auf der Menschen Urtheil über
die Schicklichkeit der Handlungen für
Einfluß haben, und warum es leichter in jenem als in diesem Falle sey,
ihren Beyfall zu gewinnen.

Erstes Kapitel.

Daß unser Mitgefühl mit fremdem Unglück zwar im Ganzen lebhafter sey, als
unser Mitgefühl mit fremdem Glücke;
dennoch aber der Lebhaftigkeit dessen,
was der eigentlich Leidende empfindet,
gemeiniglich bey weitem nicht
— beykomme.

Unsre Sympathie mit fremdem Schmerz ist zwar um nichts
wirklicher, als unsre Sympathie mit fremden Freuden,
dennoch aber von jeher mehr in Anschlag gebracht worden, als
diese. Das Wort Sympathie bezeichnet eigentlich und
ursprünglich nur unser Mitgefühl mit den Leiden, nicht mit
den Ergötzungen des andern. Ein jüngst verstorbener sinn-
reicher und scharfsinniger Weltweiser hat nöthig gefunden,
durch förmliche Beweise zu zeigen, daß wir wirklich auch

mit den Freuden des Nächsten sympathisiren, und daß diese
Mitfreude ein Grundzug der menschlichen Natur sey *).
Daß auch das Mitleid ein solcher sey, hat meines Wissens
niemand nöthig gefunden, zu erweisen.

*) Anm. Wer dieser feine und sinnreiche Philosoph sey, weiß
ich nicht. So viel weiß ich, daß, wer er auch gewesen, die Mühe,
die er sich nahm, eine sehr überflüßige war.

Unsre Sympathie mit des Bruders Unglücksfällen ist
fürs erste gewissermaßen allgemeiner, als jene mit seinen Freuden. Gram kann ausschweifend seyn, ohne daß wir aufhören, mit ihm zu sympathisiren. Unsre Sympathie ist freylich in diesem Falle nicht ganz vollständig, sie steigt nicht bis
zu jener vollkommnen Harmonie und Uebereinstimmung der
Gefühle, die in Billigung übergeht. Wir weinen, schreyen,
wehklagen nicht, wie der Leidende. Wir empfinden sogar
seine Schwäche und das Uebermaas seines Kummers, und
können uns nicht erwehren, ihn oft sehr lebhaft zu bedauern.
Mit seinen Freuden ist das nicht der Fall. Wenn wir diese
nicht durchaus fassen und nachempfinden können, so haben
wir gar keine Achtung und kein Mitgefühl für sie. Derjenige, der mit unmäßiger und sinnloser Freude, für die wir
keinen Sinn haben, herumhüpft und tanzt, wird uns verächtlich und zuwider.

Schmerz, er sey körperlich oder geistig, ist überdies eine
viel stechendere Empfindung, als Freude, und unser Mitgefühl mit jenem, wiewohl nie so stark als des Leidenden ur-
sprüngliches Gefühl, ist gemeiniglich eine viel lebhaftere
und bestimmtere Empfindung, als unsre Sympathie mit
dieser, obgleich letztere, wie ich bald zeigen werde, der na-

türlichen Lebhaftigkeit der ursprünglichen Leidenschaft sich oft
viel stärker nähert.

Ueber dies alles beeifern wir uns oft, unsre Sympathie mit des andern Leiden zu dämpfen. Wenn wir uns
außer seinem Beobachtungskreise befinden, bemühen wir uns,
sie so viel möglich zu unterdrücken, und es gelingt uns nicht
immer. Der Widerstand, den wir ihr leisten, und der
Widerwille, mit dem wir ihr nachhängen, nöthigt uns, genauere Rücksicht auf sie zu nehmen. Nicht so verhält es
sich mit unsrer Mitfreude. Dieser brauchen wir nie zu widerstehn. Mische sich einiger Neid in den Fall, so fühlen
wir überall keinen Hang zu ihr, und ist dies nicht, so überlassen wir uns ihr ohne Sträuben. Wir schämen uns vielmehr immer unsers Neides. Wir geben vor, und wir wünschen zuweilen wirklich, mit des andern Freude sympathisiren zu können; wenn jenes unangenehme Gefühl uns daran hindert. Es freut uns, sagen wir, unsern Nächsten so
glücklich zu sehn, wenn es uns im Grunde vielleicht weh thut.
Mit seinen Unfällen sympathisiren wir nicht selten, wenn wir
wünschen, dieses lästigen Gefühls los zu seyn. Mit seinen
freudigen Begebenheiten möchten wir oft gern sympathisiren,
und können nicht. Was folgt daraus? Dem Scheine nach
dies, daß unser Hang, mit des Nächsten Leiden zu sympathisiren, sehr stark, unsre Neigung, mit seinen Freuden zu
sympathisiren, hingegen nur sehr schwach sey.

Allein dieses Scheins ungeachtet, wag' ich's dennoch zu
behaupten, daß, wenn kein Neid dazwischen tritt, unser
Hang, mit dem Fröhlichen zu sympathisiren, viel stärker ist,
als jener, mit dem Traurigen zu trauren; und daß unser

Mitgefühl mit den angenehmen Gemüthsbewegungen der Lebhaftigkeit des ursprünglichen Gefühls des Fröhlichen viel näher kömmt, als jenes, das wir mit den peinlichen empfinden.

Mit jenem übermäßigen Gram, den wir nicht durchaus nachempfinden können, haben wir einige Nachsicht. Wir wissen, welche gewaltige Anstrengung es koste, ehe der Leidende seine Gemüthsbewegungen zur völligen Harmonie mit des Zuschauers seinen herabstimmen könne. Fehlt er daher, so verzeihen wir ihm ohne Mühe. Für die Unmäßigkeit der Freude haben wir keine solche Nachsicht. Wir wissen, daß es keiner so großen Anstrengung bedürfe, um sie dergestalt zu dämpfen, daß wir in sie einstimmen können. Würdig unser äußersten Bewunderung scheint uns der Mann, der im tiefsten Elende seinem Kummer zu gebieten weiß; wer in der Fülle des Glücks seiner Freuden Meister ist, scheint uns kaum einiges Lobes werth. Wir fühlen, daß zwischen dem, was der ursprünglich Leidende fühlt, und dem, was der Zuschauer durchaus nachempfinden kann, in dem einen Falle ein viel stärkerer Abstand sey, als in dem andern.

Welcher sonderlichen Verbesserung ist der Zustand eines Menschen, der gesund ist, keine Schulden und ein reines Gewissen hat, fähig? Man kann wohl sagen, daß er keines Zuwachses von Glück bedürfe, und wenn er sich dessen überhebt, so äußert er dadurch eine ziemlich kleine Seele. Es ist aber dies im Grunde der natürliche und gewöhnliche Zustand der Menschen; ungeachtet des wachsenden Elends und der überhand nehmenden Sittenverderbniß, worüber man mit so vielem Rechte klagt, befinden bey weitem die meisten Menschen sich in dieser Lage. Dem größern Theile der Menschen kann es also nicht sonderlich schwer werden, sich zu jeder Freude emporzuschwingen, die irgend eine Verbesserung dieser Lage einem seiner Mitgesellen einflößt.

Allein, so wenig diesem Zustande auch hinzugefügt werden kann, so viel kann demselben doch genommen werden. Wiewohl zwischen dieser und der höchsten Stufe menschlicher Glückseligkeit der Zwischenraum nur eine Kleinigkeit ist, so ist zwischen ihr und der tiefsten Tiefe des menschlichen Elends der Abstand doch ungeheuer und unermeßlich. Widerwärtigkeiten müssen daher den Geist des Leidenden nothwendig unter seinen natürlichen Zustand viel tiefer hinunterdrücken, als glückliche Ereignisse ihn über denselben hinaus heben können. Der Zuschauer muß es freylich weit schwerer finden, mit seinem Schmerz durchaus zu sympathisiren, als mit seiner Freude, und muß in jenem Fall aus seiner natürlichen und gewöhnlichen Gemüthslage viel weiter hinaus rücken, als in dieser. Daher kömmts, daß ungeachtet unser Mitleid oft ein viel stechenderes Gefühl ist, als unsre Mitfreude, jenes doch die Lebhaftigkeit des ursprünglichen Gefühls des Leidenden weit weniger erreicht, als diese.

Mitfreude ist angenehm, und wenn kein Neid sie hindert, so überläßt unser Herz sich mit Vergnügen den lebhaftesten Entzückungen dieser süßen Empfindung. Mitleid ist allemal peinlich, und wir überlassen uns ihm nur mit Widerwillen. Wir sträuben uns wider den sympathetischen Schmerz, den uns ein gutgespieltes Trauerspiel einflößt, und überlassen uns ihm erst dann, wenn wirs nicht länger hindern können, ja auch dann bemühen wir uns, unsern Kummer vor dem Zuschauer zu verbergen. Wir verstecken unsre Thrä= nen, und fürchten, daß der Zuschauer, unfähig, unsre über= mäßige Rührung zu begreifen, sie Feigheit und Weichlichkeit nennen möge. Der Elende, dessen Unfälle unser Mitleid auffodern, fühlt, mit welchem Widerwillen wir vermuthlich seinen Schmerz theilen werden, und enthüllt uns ihn daher nur schüchtern und zaudernd. Er mildert die eine Hälfte desselben, und schämt sich, wegen der Hartherzigkeit der Menschen, der ganzen Fülle seines Kummers Luft zu machen. Nicht so der glückliche Frohlockende. Wenn kein Neid uns wider ihn einnimmt, so erwartet er unser vollkommenstes Mitgefühl, und kündigt sich uns mit lautem Freudengeschrey an, voll Zuversicht, daß wir seine Freude von ganzem Her= zen theilen werden.

Warum schämen wir uns mehr, vor den Leuten zu wei= nen, als vor ihnen zu lachen. Wir können zu jenem oft eben so gerechte Ursache haben, als zu diesem; aber wir füh= len immer, daß der Zuschauer viel lieber unsre angenehmen als unsre peinlichen Gefühle theilen mag. Wehklagen ist immer lästig, auch wenn wir von dem fürchterlichsten Elend niedergequetscht werden. Aber das Frohlocken des Siegs ist nicht immer unanständig. Die Klugheit gebeut uns frey= lich, unser Glück mit mehrerer Mäßigung zu ertragen, um jenem Neide auszuweichen, der durch Frohlocken mehr als durch irgend sonst etwas aufgerührt wird.

Wie herzlich sind die Zurufungen der neidlosen Menge bey einem Siegsgepränge oder öffentlichen Einzuge! Und wie gesetzt oder gemäßigt ist gewöhnlich ihr Mitgefühl bey einer Hinrichtung! Unser Schmerz bey einem Leichenbegängniß versteigt sich selten höher, als bis zu einer angenommenen Ernsthaftigkeit. Aber unsre Freude an einer Kindtaufe oder Hochzeit ist immer herzlich und ungezwungen. Bey diesen und allen ähnlichen fröhlichen Ereignissen ist unsre Zufriedenheit, wenn gleich nicht so dauerhaft, doch oft eben so lebhaft, als es diejenigen, die es hauptsächlich angeht, fühlen. So oft wir unsern Freunden von Herzen Glück wünschen, welches zur Schande der menschlichen Natur nur selten geschieht, wird ihre Freude buchstäblich die unsrige, wir sind in diesem Augenblick so glücklich, als sie selber. Unser Herz schwillt über von Vergnügen; Freude funkelt aus unsern Augen, und beseelt jeden Zug unsers Angesichts und jede Geberde unsers Körpers.

Wie wenig fühlen wir hingegen in Vergleichung dessen, was unser Freund fühlt, wenn wir in seinen Widerwärtigkeiten ihm unser Beyleid bezeugen. Wir setzen uns neben ihm, wir sehn ihn an, wir hören der Erzählung seiner Umfälle mit ernster Aufmerksamkeit zu. Seufzer, Thränen, Schluchzen unterbrechen und hemmen jeden Augenblick den Strom seiner Erzählung, während das matte Aufwallen unsers Herzens hinter den Stürmen, die das seinige zerrütten, unendlich weit zurückbleibt. Vielleicht empfinden wir, daß seine Leidenschaft natürlich sey, daß sie nicht größer sey, als wir selbst sie in ähnlicher Lage empfinden würden. Vielleicht verweisen wir uns innerlich selbst unsern Mangel an Fühlbarkeit, und zwingen uns so in eine Art erkünstelter Sympathie hinein, die jedoch äußerst schwach und vorübergehend ist, und in dem Augenblick, wo wir unsers Freundes Zimmer verlassen, auf immer verstattet. Die Natur scheint geglaubt zu haben, wir hätten an unsern eignen Leiden genug. Sie wollte daher nicht, daß wir die Leiden des andern stärker empfänden, als eben nöthig wäre, um uns zu seiner Erleichterung aufzufodern.

Aus dieser Stumpfheit des Gefühls für fremde Leiden erklärt es sich, warum Seelengröße in Mitte der tiefsten Leiden uns etwas so großes dünkt. Wer in unerheblichen Unfällen seine Heiterkeit behauptet, handelt schicklich und gefällig. Wer aber auch in den fürchterlichsten Drangsalen sich selber gleich bleibt, scheint uns mehr denn Mensch zu seyn. Wir fühlen, welcher unermeßlichen Anstrengung es bedürfe, um jene heftigen Gemüthsbewegungen, die aus so zerrüttender Situazion gewöhnlich entspringen, zu beschwichtigen. Wir erstaunen, jemanden zu finden, der dieser gewaltigen Anstrengung fähig ist. Seine Standhaftigkeit befremdet uns, und trifft zugleich mit unsrer Unempfindlichkeit aufs genaueste zusammen. Er verlangt nicht jenen hohen Grad von Fühlbarkeit von uns, den wir ihm nicht gewähren können, und zu unsrer Kränkung finden, daß wirs nicht können. Zwischen seinen und unsern Empfindungen herrscht durchgängige Uebereinstimmung, und eben daher finden wir in seinem Betragen die vollkommenste Schicklichkeit. Diese Schicklichkeit durften wir nicht erwarten. Die gewöhnlichen Schwächen der Menschheit, die wir aus der Erfahrung kannten, erlaubten uns nicht, sie zu erwarten. Ehrfurcht und Erstaunen flößt uns also eine Geistesstärke ein, die so edler und erhabner Anstrengungen fähig ist. Vollkommne Sympathie mit Befremdung gemischt, und durchgängige Billigung durch Ueberraschung erhöht, erzeugt, wie schon mehr denn einmal bemerkt ist, diejenige Empfindung,

F

die wir Bewunderung nennen. Cato, auf allen Sei=
ten von Feinden umringt, unfähig zu widerstehn, verach=
tend, sich zu beugen, durch die stolzen Grundsätze seines
Zeitalters zu dem finstern Schritte, sich selbst zu zerstören,
genöthigt; und dennoch stark und unerschüttert, ungebrochen
von seinem Unglücksfalle, mit keinem Ach, keinem Laut des
Jammers um jene elenden sympathetischen Thränen, die
wir immer so ungern hergeben, flehend; sondern mit männ=
lichem Muth sich wapnend, und noch den Augenblick vor
der Ausführung seines traurigen Entschlusses alles zur Ret=
tung seiner Freunde veranstaltend — Cato scheint Se=
neka'n, dem großen Prediger der Unempfindlichkeit, ein
Schauspiel, das die Götter selber mit Wonne und Bewun=
drung anschaun möchten.

So oft wir im gemeinen Leben auf Beyspiele eines so
erhabnen Heroismus treffen, fühlen wir uns durch und durch
erschüttert. Wir weinen und heulen weit leichter und reich=
licher für Leute, die nichts für sich zu fühlen scheinen, als
für die, die sich aller Feigheit des Schmerzes überlassen;
und in diesem einzigen Falle scheint des Zuschauers sympathe=
tischer Schmerz das ursprüngliche Gefühl des eigentlich Lei=
denden hinter sich zurück zu lassen. Sokrates Freunde
weinten allzumal, als er den Giftbecher austrank, wäh=
rend er selbst die stralendste Heiterkeit äußerte. In Fällen
dieser Art bemüht der Zuschauer sich nicht, und braucht sich
nicht zu bemühen, um seines sympathetischen Schmerzes
Herr zu werden. Er darf nicht fürchten, daß ihn selbiger
zu etwas Ausschweifendem und Unschicklichem verleiten wer=
de. Er gefällt sich vielmehr in seiner Fühlbarkeit, und über=
läßt sich ihr mit Billigung und Beyfall. Er hängt mit süßer

Wehmuth den melankolischen Ideen nach, die seines Freundes Unglück in ihm weckt, und nie fühlte er vormals für diesen die zarte und besorgte Leidenschaft der Liebe in einem so hohen Grade. Ganz anders verhält es sich mit dem Unglücklichen selber. Er muß, so viel möglich, sein Auge von demjenigen wegwenden, was seine Lage schreckliches und fürchterliches hat. Zu ernstes Aufmerken auf diese finstern Umstände, fürchtet er, möge es ihm unmöglich machen, seine Fassung länger beyzubehalten, und des vollkommensten Mitgefühls und der Billigung der Zuschauer länger würdig zu bleiben. Er heftet seine Gedanken daher nur auf das Angenehme seiner Lage, auf den Beyfall und die Bewunderung, die der Heroismus seines Betragens einflößt. Zu fühlen, daß er so edler Anstrengungen fähig sey, zu fühlen, daß er in seiner fürchterlichen Lage handeln könne, wie er zu handeln wünscht, begeistert ihn mit erhabner Freude, und stärkt ihn, jene triumphirende Heiterkeit zu behaupten, die seinen Sieg über sein Unglück ankündigt und feyert.

Klein und verächtlich im Gegentheil erscheint uns fast immer derjenige, der, ohne Kraft und Muth sich aufzuraffen, seinem Unglück feigerweise erliegt. Es ist uns nicht möglich, das für ihn zu fühlen, was er für sich selber fühlt; und was wir in seiner Lage vielleicht selbst fühlen würden; wir verachten ihn daher vielleicht mit Unrecht, wofern ein Gefühl, wozu die Natur uns unwiderstehlich bestimmt, jemalen Unrecht heißen kann. Weichlichkeit in Leiden ist uns niemalen angenehm, es sey denn, daß sie mehr aus der Sympathie mit andern, als aus dem Gefühl eignen Unglücks entspringe. Ein Sohn, der den Tod eines gütigen und ehrfurchtswerthen Vaters bejammert, wird keine

Vorwürfe zu besorgen haben. Sein Gram entspringt haupt=
sächlich aus einer Art von Sympathie mit seinem abgeschiede=
nen Vater, und wir theilen diese menschliche Empfindung ohne
Mühe. Würde er aber gegen ein Unglück, das ihm selbst
unmittelbar widerfahren ist, gleiche Weichlichkeit äußern, so
würden wir keine Nachsicht länger mit ihm haben. Und
soll' er an den Bettelstab gerathen, sollten die fürchterlich=
sten Gefahren ihm drohen, soll' er ein Blutgerüst besteigen
müssen, und er vergösse nur eine einzige Thräne, so würde
sie in der Meinung aller muthigen und edlen Menschen ihn
auf immer schänden. Ihr Mitleid mit ihm würde jedoch
sehr stark und sehr aufrichtig seyn; allein es würde bey wei=
tem nicht an seine übertriebne Weichheit reichen, sie würden
dem Manne nicht verzeihen, der sich so den Augen der Welt
bloßstellen könnte. Sein Betragen würde ihnen mehr
Schaam als Kummer einflößen, und die Feigheit, durch die
er sich so sehr entehrte, würde unter allen Finsternissen sei=
nes Mißgeschicks ihnen die finsterste scheinen. Wie sehr ent=
ehrte der kühne Herzog von Biron sein Gedächtniß durch
die Thräne, die er, der dem Tode so oft auf dem Schlacht=
felde getrotzt hatte, auf dem Blutgerüste weinte, als er auf
dieser letzten Stufe des menschlichen Elends an seine vergang=
ne Herrlichkeit dachte, und auf den erhabnen Standort,
von dem seine eigne Raschheit ihn niedergeschleudert hatte,
noch einen letzten sehnsuchtsvollen Blick warf.

Anm. Sobald der Mensch seine Existenz gesichert, und mit
den Thieren des Waldes, mit den Elementen und mit seines Glei=
chen nicht mehr um Unterhalt und Wohnung zu kämpfen hat, so
tritt er aus dem engen Kreise seiner physischen Bedürfnisse her=
aus, die Sympathie seines Herzens erwacht, und eröffnet ihm in
den Freuden und Leiden seiner Mitgeschöpfe eine neue nie versie=

gende Quelle von Genüssen. Ob dieser wohlthätige Instinkt ihn
aber mehr für die glücklichen oder für die widrigen Ereignisse des
Bruders, interessire, scheint keine Frage zu seyn. Mitleid und
Mitfreude sind Aeste eines einzigen Stammes, und man sieht
nicht ab, warum der eine minder hoch und stark treiben solle, als
der andre. — Jener Neid, dessen der Verfasser erwähnt, und
dem man seinen Einfluß auf die Modifikation unsrer Mitgefühle
nicht absprechen kann, erklärt einen solchen Unterschied nicht.
Denn der nehmliche Neid, der mich hindert, über eines andern
Glück mich zu freuen, muß mich auch hindern, über seine Unfälle mich sonderlich zu betrüben — Wahr ists jedoch, daß große
Unglücksfälle den Neid versöhnen, und daß den Unglücklichen
zu hassen nur einem Unmenschen möglich sey.

Wenn der Verfasser übrigens auch hier wieder die Achtung,
die wir einer Seele zollen, die im Unglück ihre Größe zu behaupten
weiß, wenn er die Bewunderung, die dem Heroismus eines Sokrates, eines Cato, und warum nicht auch des großen Retters der
Menschheit? gebührt, aus einem niedern Grade von Empfänglichkeit für die selben unsrer Brüder erklärt; so ist das ein Postu-
lat, das er seiner Lieblingshypothese zu Liebe annimmt, und das
die Würde seiner eignen Vernunft ihm verzeihen möge!

Zweytes Kapitel.

Vom Ursprung des Ehrgeizes, und vom Unterschied der Stände.

Aus dem Hange des Menschen, stärker mit unsrer Freude als mit unserm Kummer zu sympathisiren, erklärt sich, warum wir mit unsern Reichthümern so gern prunken, und uns ihre Armuth so gern verstecken. Nichts ist so kränkend, als seine Noth dem Blicke des Publikums bloßstellen zu müssen, und zu fühlen, daß ungeachtet dieser Bloßstellung doch kein Mensch die Hälfte unsrer Trübsale begreifen werde. Ja, dieser Rücksicht auf des Menschen Empfindungen ist es auch hauptsächlich zuzuschreiben, daß wir nach Reichthümern streben, und vor Dürftigkeit uns scheuen. Denn wozu alles Getreibe und Gedränge dieser Welt? Was wollen Habsucht und Ehrgeiz? Was will dies Haschen nach Reichthum; nach Macht, nach Vorrang? — Soll es die Bedürfnisse der Natur befriedigen? Der Tagelohn des niedrigsten Arbeitsmannes vermag das eben so gut. Wir sehn, daß er ihm Kleidung, Nahrung, Obdach, und sogar den Unterhalt einer Familie gewährt. Untersuchen wir seine Wirthschaft nach der Strenge, so werden wir sogar finden, daß er einen großen Theil seines Verdienstes an Bequemlichkeiten, die im Grunde überflüßig sind, verschwendet, und gelegentlich sogar für die Foderungen der Eitelkeit und eine Art von Wohlstande ein Uebriges behält. Woher kömmt es denn, daß seine Lage uns so bedauernswürdig scheint, und daß diejenigen, die in den höhern Klassen der Gesellschaft erzogen sind, lie

ber ſterben, als mit dem Tagelöhner, auch ohne ſeine Ar=
beit zu theilen, auf einerley einfache Weiſe leben, unter
eben dem niedrigen Dache wohnen, in gleichem ſchlechten
Aufzuge einhergehn möchten? Wähnen ſie, daß in ihren
Paläſten ſich beſſer verdauen und geſunder ſchlafen laſſe, als
in des Armen Hütte? Das Gegentheil iſt ſo oft bemerkt
worden, und würde, auch ohne je bemerkt worden zu ſeyn,
ſo klar in die Augen fallen, daß es keinem Menſchen ver=
borgen bleiben könnte. Woher denn jene Nacheiferung, die
durch alle Stände der Menſchen läuft? und was für Vor=
theile denken wir durch jenes große Ziel des menſchlichen Be=
ſtrebens, das wir Verbeſſerung unſrer Lage nennen, zu
gewinnen? Bemerkt zu werden, unterſchieden zu werden,
mit Sympathie, mit Billigung, mit Beyfall umfangen zu
werden, das iſt alles, was wir dadurch gewinnen! Die
Eitelkeit iſts, die uns treibt, nicht Bequemlichkeit, nicht
Vergnügen. Eitelkeit gründet ſich aber allezeit auf den
Glauben, daß wir Gegenſtände der Aufmerkſamkeit und der
Billigung ſeyen. Der Reiche rühmt ſich ſeines Reichthums,
weil er fühlt, daß dieſer die Aufmerkſamkeit der Leute auf
ihn lenkt, und daß die Menſchen gern und willig in die an=
genehmen Empfindungen, die ſeine vortheilhafte Lage ihm
einflößen muß, zuſammenſtimmen. Der Gedanke an dieſe
ſchmeichelhaften Umſtände ſchwellt und erweitert ſein Herz,
und macht ſeine Schätze ihm theurer, als die Vortheile,
die ſie ihm verſchaffen mögen. Der Arme hingegen ſchämt
ſich ſeiner Armuth. Er fühlt, daß ſie ihn aus dem Ge=
ſichte der Menſchen wegrückt, und daß ſie, wenn ſie auch
Rückſicht auf ihn nehmen, kaum einiges Mitgefühl mit
ſeiner Noth und ſeinem Elende hegen. Er kränkt ſich um
beides. Denn obgleich überſehn und getadelt zu werden

zweyerley ist, so deckt die Dunkelheit unsrer Lage uns doch
vor dem Tageslicht der Ehre und der Billigung, und das
Gefühl, nicht bemerkt zu werden, dämpft die süßesten Hoffnungen, und vereitelt die feurigsten Wünsche der menschlichen Natur. Der Arme kömmt und geht unbemerkt, und
ist mitten im Gedränge so verloren, wie in seiner einsamen
und verriegelten Hütte. Seine demüthigen Sorgen und
mühseligen Beschäftigungen gewähren den müßigen, fröhlichen Menschen keine Unterhaltung. Sie wenden ihre Augen von ihm, und wenn sein äußerstes Elend ihren Blick
auf ihn hinlenkt, so geschieht es nur, um sich einen so unangenehmen Gegenstand aus dem Gesichte zu schaffen. Der
stolze Glückliche wundert sich über die Unverschämtheit des
menschlichen Elendes. Es verdreust ihn, daß es sich unter-
steht, sich ihm darzustellen, und die Heiterkeit seiner Lage zu
trüben. Der Mann von Stand und Ansehn hingegen
wird von aller Welt bemerkt. Jedermann beeifert sich, ihn
zu beobachten, und wenigstens durch Sympathie die Freude
und die Heiterkeit, die seine Umstände ihm natürlicherweise
einflößen, zu theilen. Seine Handlungen sind der Vorwurf allgemeiner Aufmerksamkeit. Kaum ein Wort, kaum
eine Geberde kann ihm entschlüpfen, die durchaus vernachläßigt würde. In großen Gesellschaften ist er derjenige, auf
welchen aller Augen sich hinlenken, ihn scheinen alle Leidenschaften zu belauschen, von ihm scheinen sie ihren Stoff und
ihre Richtung zu erwarten, und wenn sein Betragen nicht
durchaus abgeschmackt ist, so hat er jeden Augenblick Gelegenheit, zu interessiren, und sich zum Gegenstande von jedermanns Beobachtung und Mitgefühl zu machen. Dies ist,
was trotz dem Zwang, den sie auflegt, und trotz der Freyheit, die man durch sie verscherzt, die Größe und Hoheit⸗

beneidenswürdig macht; und eben dies iſts, was alle Arbeit,
alle Angſt, alle Kränkungen, unter denen man zu ihr em-
porklimmt, und was noch erheblicher iſt, alle Muße, alle
Ruhe, alle Sicherheit, die man durch ihren Beſitz auf immer verwirkt, in den Augen der Menge hinlänglich aufwiegt.

Wenn wir den Stand der Großen in denen täuſchenden
Farben, die die Einbildungskraft ihnen aufträgt, betrachten, ſo ſcheint er uns beynahe der abgezogne Begriff des mög-
lichſthöchſten Glücks zu ſeyn. Er iſt es, den wir in allen unſern wachen Träumen und holden Fantaſien uns immer als
das letzte Ziel aller unſrer Wünſche gedachten. Kein Wunder, wenn wir mit denen, die ſich in dieſem Stande befinden, die vollkommenſte Sympathie verſpüren. Wir begünſtigen alle ihre Neigungen. Wir befördern alle ihre
Wünſche. Wie Schade, denken wir, daß irgend etwas
eine ſo angenehme Lage ſtören und zerrütten ſollte. Wir
möchten wünſchen, daß ſie unſterblich wären, und es ſcheint
uns hart, daß der Tod ſo vollendet Glücklicher nicht
ſchone. Es iſt grauſam, deucht uns, daß die Natur ſie nöthigt, von ihrem erhabnen Standort herabzuſteigen, und in
jene demüthige aber gaſtfreye Heimath einzukehren, die ſie
allen ihren Kindern bereitet. Großer König, lebe
ewig! würden wir im Tone morgenländiſcher Schmeicheley
ihm zurufen, wenn die Erfahrung uns nicht die Ungereimt-
heit unſers Wunſches lehrte. Jeder Unfall, der ſie trifft,
jede Beleidigung, die ihnen widerfährt, erregt in der Bruſt
des Zuſchauers zehnmal mehr Mitleid und Zorn, als er
für jeden andern empfunden haben würde. Nur die Unglücksfälle der Könige geben ſchicklichen Stoff zum Trauerſpiel. Sie gleichen in dieſer Hinſicht den Unfällen der Lie-

F 5

benden. Diese beiden Situazionen sind es, die uns auf der
Bühne am meisten interessiren, weil ungeachtet alles dessen,
was Vernunft und Erfahrung dagegen einwenden mögen,
unsre einmal eingenommene Einbildungskraft mit diesen
beiden Lagen, den Begriff einer jeder andern überlegnen
Glückseligkeit verbindet. Diese vollkommne Genussesfülle
zu stören oder zu endigen, scheint uns die schwärzeste aller
Bosheiten. Der Verräther, der sich wider seines Monar-
chen Leben verschwört, scheint uns ein größeres Ungeheuer,
als jeder andre Mörder. Alles unschuldige Blut, was in
unsern Bürgerkriegen vergossen ward, erregte nicht so vielen
Unwillen, als der Tod Karls des Ersten. Wer des Menschen Herz nicht kennt, und sähe, wie gleichgültig wir gegen das Elend unsrer geringern Brüder sind, und welchen
Unmuth und welches Bedauern uns die Leiden der Höhern
ablocken, sollte glauben, daß diesen jede Pein empfindlicher,
und die Qualen des Todes selber bitterer seyen, als Leuten
aus den niedern Ständen.

Auf diese Neigung des Menschen, alle Leidenschaften
des Reichen und Mächtigen zu theilen, gründet sich der Unterschied der Stände, und die Ordnung der Gesellschaft.
Unsre Folgsamkeit gegen unsre Obern entspringt häufiger aus
unsrer Bewunrung der Vortheile ihrer Lage; als aus Erwartung einiges besondern Nutzens aus ihrem Wohlwollen.
Ihre Wohlthaten können sich nur über wenige erstrecken,
aber ihr Schicksal interessirt jedermann. Wir beeifern uns,
ihnen zu Verwirklichung jenes Ideals von Glückseligkeit behülflich zu seyn, und wir begnügen uns, ihnen um ihrer
selbst willen zu dienen, ohn' einigen andern Lohn, als die Eitelkeit oder die Ehre, sie uns zu verpflichten. Auch ent-

springt diese unsre Achtung für ihre Wünsche keineswegs durchaus oder hauptsächlich aus einiger Rücksicht auf den Nutzen dieser Unterwürfigkeit, und auf den Vortheil, den sie der gesellschaftlichen Ordnung bringt. Auch dann, wenn das Beste der Gesellschaft zu fodern scheint, daß wir uns ihnen widersetzen, können wirs kaum übers Herz bringen, es zu thun. Daß die Könige die Diener der Völker sind, daß man ihnen gehorchen, sich ihnen widersetzen, sie absetzen und züchtigen müsse, je nachdem das gemeine Beste es erfodert, ist die Lehre der Vernunft und Philosophie, aber es ist nicht die Lehre der Natur. Die Natur lehrt uns, ihnen um ihrer selbst willen unterworfen seyn, vor ihrer Hoheit uns bücken und beugen, ihr Lächeln als hinreichenden Lohn für alle unsre Dienstleistungen betrachten, und ihr Misfallen, gesetzt auch, daß kein ander Uebel für uns daraus entstünde, als die strengste aller Züchtigungen fürchten. Sie in einiger Rücksicht als Menschen zu behandeln, sich ihnen gelegentlich zu widersetzen, und ihnen zu widersprechen, erfodert eine Standhaftigkeit, deren die wenigsten Menschen fähig sind, es sey denn, daß genauere Bekanntschaft und Vertraulichkeit ihnen zu Hülfe komme. Die mächtigsten Triebfedern, die wütendsten Leidenschaften, als Furcht, Haß, Rachgier, vermögen kaum diesen natürlichen Hang, sie zu ehren, zu überwiegen, und ihr Betragen muß, es sey nun mit Recht oder mit Unrecht, den höchsten Grad dieser Leidenschaften aufgeregt haben, eh die Menge es übers Herz bringen kann, ihnen Gewalt entgegenzusetzen, und ihre Züchtigung oder Absetzung zu verlangen. Auch dann, wann das Volk hierzu gebracht worden, ist es jeden Augenblick im Stande, wieder weich zu werden, und in sein langgewohntes Ehrfurchtsgefühl für Menschen, die es

als seine natürlichen Obern zu betrachten gelernt hat, zum
rückzufallen.   Es kanns nicht aushalten, seinen Monar-
chen gedemüthigt zu sehn.   Mitleid tritt an die Stelle des
Unwillens, vergißt aller vergangnen Reizung, sein altes
Pflichtgefühl erwacht wieder; und es eilt, das zertrümmerte
Ansehn seiner Tyrannen mit eben der Heftigkeit, mit der es
es zu Boden geworfen, wiederherzustellen. _ Karls des
Ersten Tod bewerkstelligte die Wiedereinsetzung der königlichen Familie.   Mitleid mit Jakob dem Zweyten,
als er während seiner Flucht ans Ufer vom Pöbel ergriffen
wurde, hätte die Revoluzion beynahe gehemmt, und verspä-
tete wirklich ihre Vollendung.

Anm.   Nicht die Natur, sondern die unnatürlichste aller Ver-
schraubungen des Menschenverstandes und Naturgefühls ist es, welche Völker, die in Sklaverey geboren, und durch bürgerliche
und kirchliche Verziehung sorgfältig in ihrem Sklavensinne groß
gezogen wurden, ihre Herrscher als Wesen einer höhern Gattung
betrachten lehrt.   Unbefangne Vernunft und unersticktes Natur-
gefühl würden sie ganz andre Dinge lehren.   Sie würden sie lehren, daß jedes einzelne Individuum auf möglichste, durch Sittlichkeit bestimmte und begrenzte Vervollkommnung seines eignen
Selbst, mithin auch auf die Güter, ohne welche jene Vervollkommnung nicht zu erhalten ist, auf Freyheit, Sicherheit, Eigenthum und Wahrheit durchaus gleiche und unveräußerliche Rechte
habe.   Sie würden sie lehren, daß die Individuen nur darum in
Gesellschaft treten, nur darum der eignen Ausübung ihrer eignen
Rechte sich begeben können, um diese besser gehandhabet, nicht um
sich um sie betrogen zu sehn; daß jeder Fürst folglich nur Voll-
machtsträger des Staats sey, nicht sein Gesetzgeber; daß er
das Geschöpf des Volks sey, mithin nicht dessen Gott seyn könne; daß Verprassung der Volksschätze, Verhandlung der Volks-
seelen, Abschlachtung der Volksleben um jenes Nebelgebildes
willen, daß man die Ehre und das Interesse der Kro-

nen nennt, die ärgste aller Felonien, und wahrer Hochverrath
an der Majestät des Volks sey; daß also diese beleidigte Volksmaje-
stät auch ihre Usurpatoren vor ihren einzig obersten Richterstuhl for-
dern, sie abhören, aburtheilen, und, erforderlichen Falles, die
übergebne Vollmacht wieder zurücknehmen könne. Natur und
Menschenverstand würden sie lehren, daß unumschränkte Alleingewalt nie eine rechtmäßige seyn könne, daß es die abgeschmackteste
aller Abgeschmacktheiten sey, wenn ein Geschöpf, das weder der
Allweisheit noch Allgüte des Einzigen sich rühmen kann, auf
seine Alleingewalt Anspruch macht; daß ein Nero und Domitian
weder von Gottes, noch von des Volkes Gnaden seyn könne, und
daß die Dummheit und die Kraftlosigkeit der Völker die einzigen
Säulen seyen, die den Thron des Despotismus tragen; daß aber
auch nur die Binde jener Dummheit gelüftet werden, jene Kraft-
festigkeit nur zu einem Einmaligen Aufraffen sich ermannen dürfe,
um mit den fürchterlichsten Explosionen den Despoten mit samt
seinem Throne in die Luft zu sprengen.

Fühlen die Großen nicht, wie wohlfeilen Preises sie
die Bewunderung der Menge erkaufen können? Wähnen
sie, dieselbe gleich andern Menschen durch Schweis und Blut
erringen zu müssen? Was ists, das den hochgebornen
Jüngling die Würde seines Rangs behaupten lehrt, und ihn
der Ueberlegenheit über seine Mitbürger, zu welcher die Tugend seiner Ahnen ihn erhoben hat, würdig zeigt? Ists
Einsicht? Erfindsamkeit? Geduld? Selbstverleugnung?
Ists irgend eine andre Tugend? Nichts von dem allen,
sondern, weil alle seine Worte, alle seine Bewegungen beobachtet werden, so wird es ihm zur Fertigkeit, auch auf
den alltäglichsten seiner Schritte Acht zu geben, und grade
die unerheblichsten Pflichten mit äußerster Schicklichkeit zu
vollziehn. Da er weiß, wie sehr er bemerkt wird, und wie
geneigt die Menschen sind, seine Neigungen zu begünstigen,
so handelt er bey den gleichgültigsten Veranlassungen mit

jener Freyheit und Würde, die ein solches Bewußtseyn ihm
natürlicherweise einflößen muß. Seine Miene, sein Gang,
sein Betragen, bezeichnen alle jenes schmückende, anstands;
volle Gefühl seiner Ueberlegenheit, das Leute, die in den
niedern Ständen geboren wurden, schwerlich je erreichen
können. Diese Künste sind es, durch die er den Menschen
anzubändigen, und dessen Neigungen nach Wohlgefallen zu
beherrschen hofft, und seine Hoffnung mißlingt ihm selten.
Diese Künste, durch Rang und Hoheit unterstützt, sind ge;
wöhnlich hinreichend, die Welt zu regieren. Ludwig der
Vierzehnte ward den größern Theil seiner Regierung
hindurch nicht nur in Frankreich, sondern auch durch ganz
Europa als das vollendetste Muster eines Fürsten betrach;
tet. Und welches waren die Tugenden und Talente, die
ihm diesen Ruhm erwarben? Wars die gewissenhafte, un;
biegsame Gerechtigkeit seiner Unternehmungen? Warens
die unermeßlichen Gefahren und Schwierigkeiten, die sie
begleiteten? Wars die unermüdsame und nachgiebige Em;
sigkeit, mit der er sie durchsetzte? Wars seine ausgebreitete
Einsicht, seine treffende Beurtheilung, seine heroische Tap;
ferkeit? Es war nichts von dem allen. Sondern er war
einmal der mächtigste Fürst in Europa, und folglich auch
der erste dem Range nach. Und dann, sagt sein Geschicht;
schreiber, übertraf er alle seine Hofleute an Adel der Bil;
dung und majestätischer Schönheit des Baues. Der Schall
seiner Stimme, edel und einnehmend, gewann aller Her;
zen, die seine Gegenwart einschreckte. Sein Schritt und
Gang hatten etwas Stolzes, das nur ihm und seinem Range
kleidete, und an jedem andern lächerlich gewesen wäre.
Die Verlegenheit, die er denen, so mit ihm redeten, ein;
flößte, schmeichelte jener heimlichen Zufriedenheit, die er

über seine eigne Ueberlegenheit fühlte. Jener alte Offizier,
der eine Gnade von ihm erbitten wollte, in Verwirrung ge=
rieth, stotterte, und, unfähig seinen Vortrag zu vollenden,
sagte: Ich hoffe, Sire, Ew. Majestät werden mir
zutrauen, daß ich vor Ihren Feinden nicht so
gezittert habe, fand keine Schwierigkeit, sein Gesuch
zu erhalten. Diese unbedeutenden Vorzüge, durch seinen
Rang ins Licht gestellt, und ohne Zweifel durch einige an=
dre Talente und Tugenden, die sich doch nicht übers Mit=
telmäßige erhoben zu haben scheinen, unterstützt, erwarben
diesem Fürsten die Bewunderung seiner Zeitgenossen, und
haben selbst der Nachwelt keinen geringen Zoll von Bewun=
derung abgepreßt. Mit diesen verglichen, schien zu seiner
Zeit und in seiner Gegenwart jede andre Tugend ihr Ver=
dienst zu verlieren. Einsicht, Fleis, Tapferkeit, Wohl=
thätigkeit zitterten, bückten sich und schrumpften vor ihm
in Nichts zusammen.

Anm. Ludwig der Vierzehnte ist itzt gerichtet. Die Nach=
welt hat ihn gewogen und zu leicht befunden. Und nur Blödsin=
nige oder Niederträchtige werden einen Tyrannen künftig den
Großen nennen können, der selbst sein ganzes Leben hindurch von
Pfaffen und Metzen tyrannisirt wurde, der eben so feig als ehr=
süchtig, eben so kleingeistig als stolz, eben so wollüstig als grau=
sam wär, dem das widerrufne Edikt von Nantes, die Reunions=
kammern zu Breisach, Metz und Bisanz, dem die Dragonaden,
und die eiserne Maske, und das goldne Versailles, und die damp=
fenden Brandstätten so mancher pour l'interêt de Sa Majesté ein=
geäscherten deutschen Stadt auf der Rolle der großen Verbrecher
einen der ersten Plätze einräumen — einen Fürsten, um alles zu
sagen, der von seinem wahrhaftig großen Ahnherrn vierundzwan=
zig Millionen freyer, glücklicher und satter Unterthanen erbte, und
nachdem er sein Volk fünfundsiebenzig Jahre mit eisernem Zep=

ter geweidet hatte, seinem Urenkel neunzehn Millionen ausgemergelter und des Brodes ermangelnder Sklaven hinterließ.

Allein nicht Vorzüge dieser Art sind es, durch die der Mann von niederm Stande sich auszuzeichnen hoffen darf. Seine Sitten sind so sehr die Tugend des Großen, daß sie keinem, außer ihm, sonderliche Ehre geben können. Der Hasenfuß, der sie nachahmt, und in den alltäglichsten Dingen eine besondre Würde erkünstelt, erndet ein doppeltes Loos von Verachtung, eins für seine Thorheit, das andre für seinen Eigendünkel. Ein Mensch, um den sich niemand bekümmert, braucht der sich um die Art zu ängsten, wie er seinen Kopf halten, wie er seine Hände tragen soll, wenn er das Zimmer entlang spaziert? Seine Aengstlichkeit ist höchst überflüßig, und seine Aufmerksamkeit auf sein unbedeutendes Selbst zeigt ein Gefühl seiner eignen Wichtigkeit, das kein Mensch mit ihm theilen kann. Aeußerste Gradheit und Bescheidenheit, mit so viel Nachläßigkeit, als die der Gesellschaft schuldige Ehrerbietung verstatten mag, vereinigt, muß das Unterscheidende in des Privatmanns Betragen seyn. Will er sich auszeichnen, so muß er es durch wichtigere Tugenden thun. Er muß sich Anhänger erwerben, um die Anhänger des Großen aufzuwägen, und um diese besolden zu können, hat er keinen andern Schatz, als die Schnellkraft seines Körpers, und die Thätigkeit seines Geistes. Diese muß er folglich ausbilden. Er muß überlegne Kenntniß in seinen Geschäften, und überlegnen Fleis in ihrer Vollziehung äußern. Er muß geduldig in Arbeit, entschlossen in Gefahr, und standhaft in Drangsalen seyn. Auf diese Tugenden muß er die Aufmerksamkeit seines Publikums lenken, durch die Schwierigkeit, Wichtigkeit und

Weisheit ſeiner Unternehmungen, und durch die angeſtrengte,
unverdroſſenſte Emſigkeit, ſie hinauszuführen. Rechtſchaffenheit und Klugheit, Edelmuth und Freymüthigkeit müſſen ſein Betragen in allen gewöhnlichen Gelegenheiten aus-
zichnen. Und zu gleicher Zeit muß er ſich eifrigſt in alle jene
Lagen einlaſſen, in welchen man der erhabenſten Talente
und Tugenden bedarf, um mit Schicklichkeit zu handeln, in
welchen man aber auch des allerhöchſten Beyfalls verſichert
ſeyn kann, wenn man ſich ihrer mit Ehren entledigt. Mit
welcher Ungeduld harrt der Mann von Geiſt und Ruhmbegierde, der durch ſeine Lage hinabgedrückt wird, auf irgend
eine große Gelegenheit, ſich hervorzuthun! Nichts, was
ihm hierzu behülflich ſeyn kann, ſcheint ſeines Wunſches unwürdig. Selbſt auswärtige Kriege, ſelbſt bürgerliche Unruhen, ſind ihm reizende Ausſichten, und er ſieht mit ge-
heimer Freude mitten durch die Verwirrung und das Blut-
vergießen, das ſie veranlaßen, jene langgewünſchte Gelegenheit, ſich die Aufmerkſamkeit und die Bewundrung der
Menſchen zu gewinnen. Der Mann von Rang und Stande im Gegentheil, deſſen ganze Herrlichkeit in der Schicklichkeit ſeines alltäglichen Betragens beſteht, der ſich mit dem
bemüthigen Ruhm, den ihm dieſe gewährt, begnügt, und
keine Talente beſitzt, um ſich andern zu erwerben, läßt ſich
äußerſt ungern in Unternehmungen ein, die mit Gefahr
und Schwierigkeiten verknüpft ſind. Auf einem Ball zu
figuriren, iſt ſein Triumph, und eine galante Intrigue durch-
zuſetzen, ſeine höchſte Heldenthat. Er verabſcheut alle
öffentlichen Unruhen, nicht aus Liebe zum Menſchengeſchlecht,
denn die Großen betrachten die Geringen nie als ihre Mit-
geſchöpfe, auch nicht aus Mangel an Muth, denn daran
gebricht ihm ſelten; ſondern aus dem Bewußtſeyn, daß er

G

keine der Tugenden besitzt, die in ähnlichen Lagen erfodert
werden, und daß die öffentliche Aufmerksamkeit sich zuvor-
läßig von ihm auf andre lenken werde. Einiger geringen
Gefahr mag er sich vielleicht aussetzen; einen Feldzug mag
er vielleicht mitmachen, wenns grade Mode ist. Aber ihm
grauset vor dem Gedanken an jede Lage, welche eine anhal-
tende und langwierige Anstrengung von Geduld, Emßigkeit,
Tapferkeit und Klugheit erfodert. Diese Tugenden finden
sich selten bey Leuten, die in den höhern Ständen geboren
wurden. In allen Verfassungen daher und selbst in der
Monarchie werden die höchsten Aemter und das ganze De-
tail der Staatsverwaltung gewöhnlich von Männern geführt, die in den mittlern und niedern Klassen der Gesellschaft geboren wurden, und sich durch Fleis und Fähigkeit
emporarbeiteten, beladen mit der Eifersucht und durchkreuzt
von der Empfindlichkeit aller, die als ihre Obern geboren
wurden, sie erst verachteten, izt sie beneiden, und am Ende
eben so niederträchtig vor ihnen kriechen, wie sie wünschen,
daß der Rest des Menschengeschlechts vor ihnen selber
kriechen möge.

Diese leichte Herrschaft über die Leidenschaften der Menschen zu verlieren, ist eben dasjenige, was den Zustand ge-
fallner Großen so unerträglich macht. Als die Familie des
mazedonischen Königs von Paulus Emilius im Triumph
aufgeführt ward, soll das Schicksal dieser Unglücklichen die
Aufmerksamkeit des römischen Volks fast eben so sehr beschäftigt haben, als die Glückseligkeit ihres Ueberwinders.
Der Anblick der königlichen Kinder, deren zartes Alter sie
gegen ihre Lage unempfindlich machte, erschütterte die Zuschauer, und flößte mitten in der allgemeinen Freude ihnen

Wehmuth und Mitleid ein. Zunächst kam Perseus, betäubt, verwirrt, alles Bewußtseyns beraubt beynahe durch die Größe seines Unglücks. Seine Freunde und Diener folgten ihm. Langsam und traurend hoben sie ihr Auge zu ihrem gefallnen Herrn empor, und zerflossen über seine Jammergestalt in Thränen. Ihr ganzes Betragen zeigte, daß sie, ihres eignen Unglücks vergessend, sich bloß mit der überlegnen Größe des seinigen beschäftigten. Die edlen Römer hingegen betrachteten ihn mit Unwillen und Verachtung. Sie glaubten, ein so feiger Mensch, der es aushalten könne, in so tiefem Elend zu leben, verdiene kein Mitleid. Und gleichwohl, welches war denn dies so tiefe Elend? Dem Zeugniß des größern Theils der Schriftsteller zufolge sollt' er den Rest seiner Tage unter dem Schutze eines mächtigen und menschlichen Volks in einem Zustande zubringen, der einem im Grunde beneidenswürdig scheinen möchte, einem Zustande des Ueberflußes, der Ruhe, der Muße, und der Sicherheit, aus welchem kaum seine eigne Thorheit ihn wieder verdrängen konnte. Allein der verwundernde Schwarm von Naren, Schmeichlern und Vasallen, die vorhin alle seine Winke erlauert hatten, sollte ihn nicht mehr umringen, die gaffende Menge sollte ihn nicht mehr anstaunen. Ihre Ehrfurcht, ihre Dankbarkeit, ihre Liebe, ihre Bewundrung sollt' ihm nicht mehr schmeicheln. Die Leidenschaften der Nazionen sollten sich nicht länger nach seinen Launen modeln. Dies war das unerträgliche Elend, das den König aller Empfindung beraubte, das seine Freunde ihr eigen Unglück vergessen lehrte, und welches überleben zu können, der römischen Hochherzigkeit eine beynahe unbegreifliche Geisteskleinheit deuchte.

Die Liebe, sagt Duc de Rochefoucault, wird gemeiniglich durch den Ehrgeiz verdrängt; aber der Ehrgeiz schwerlich, zumalen durch die Liebe. Wenn diese Leidenschaft sich einmal der Brust durchaus bemächtigt hat, so leidet sie weder Nebenbuhler noch Nachfolger. Wer sich einmal gewöhnt hat, die Bewundrung der Gesellschaft zu genießen, oder mit dem Besitz dieser Bewundrung sich auch nur zu schmeicheln, dem sind alle andre Freuden matt und abgeschmackt. Mancher beurlaubter Staatsmann beeiferte sich, zu seiner eignen Ruhe, seiner Ehrsucht Herr zu werden, und jenes eitle Gepränge, das er izt entbehren mußte, zu verachten; aber wie wenigen gelang es! Die meisten haben ihr Leben in träger und geschmackloser Muße hingegähnt, sich ärgernd beym Gedanken ihrer gegenwärtigen Unbedeutsamkeit, unfähig an den Beschäftigungen des Privatlebens ein Vergnügen zu finden, ohne Genuß, den einzigen ausgenommen, den ihnen die Betrachtung ihrer vorigen Herrlichkeit gewährte, ohne Zufriedenheit, die einzige ausgenommen, die sie an irgend einem eitlen Entwurfe, sie wieder zu erlangen, fanden. Ist dirs Ernst um deinen Entschluß, deine Freyheit nie um die glänzende Knechtschaft eines Hofes zu vertauschen, sondern frey, furchtlos und unabhängig zu leben? Einen Weg gibt es zu Behauptung dieses tugendhaften Entschlusses, und vielleicht nur Einen. Dringe dich nie zu dem Platze, von welchem so wenige haben zurücktreten können, wage dich nie innerhalb dem Zauberkreise des Ehrgeizes, denke dich nie in Vergleichung mit jenen Herren der Erde, die die Aufmerksamkeit der Hälfte des Menschengeschlechts bereits vor dir verschlungen haben.

So äußerst wichtig ist es, in der Einbildungskraft der Menschen an einem Standort zu stehn, der die allgemeine

Sympathie und die öffentliche Aufmerksamkeit auf uns hin lenkt. Und so sind Ort und Platz diese großen Gegenstände, die die Weiber der Aldermänner entzweyen, das Ziel der halben Arbeit eines Menschenlebens, und die Ursache alles Jagens und Treibens, alles Raubes und aller Ungerechtigkeit, die der Ehrgeiz und die Habsucht in die Welt eingeführt haben. Verständige Leute, sagt man freylich, verachten dergleichen; sie verachten es, an der Spitze einer Tafel zu sitzen, und sind ganz gleichgültig, wer vor der Gesellschaft durch diesen unbedeutenden Umstand, den der geringste Vorzug überwiegen kann, ausgezeichnet werde. Aber Rang, Unterscheidung, Vorzug verachtet kein Mensch, er müßte denn entweder sehr hoch über den gewöhnlichen Standort der Menschen emporgehoben, oder sehr tief unter ihn hinabgesunken seyn; er müßte denn, durch Weisheit und ächte Philosophie gebildet, im Ernst glauben, daß, wenn die Schicklichkeit seines Betragens ihn nur zum gerechten Gegenstand der Billigung mache, es von sehr geringer Erheblichkeit sey, ob man ihn bemerke und billige, oder nicht; oder er müßte mit dem Gedanken seiner eignen Niedrigkeit so vertraut, und in stumpfe, dämische Gleichgültigkeit so versunken seyn, daß er alles Verlangen nach Ueberlegenheit, und beynahe allen Sinn dafür verloren hat.

G 3

Drittes Kapitel.

Von der stoischen Philosophie.

_____

Wenn wir so den Grund der verschiednen Stufen der Schätzung, die die Menschen den verschiednen Ständen beyzulegen pflegen, untersuchen, so werden wir finden, daß der übermäßige Vorzug, welchen sie im Allgemeinen einigen dieser Stände vor den andern beylegen, größtentheils gar keinen Grund habe. Sind unsre bisherigen Bemerkungen gegründet, ist Möglichkeit, schicklicher zu verfahren, und allgemeiner Billigung würdiger zu werden, dasjenige, was uns einen Stand mehr als den andern empfiehlt, so ist uns leugbar, daß das nehmliche in allen Ständen erreicht werden könne. Edel und schicklich zu handeln, ist in Widerwärtigkeiten so gut möglich, als im Wohlstand, und ob es in jenem Fall gleich schwerer als in diesem ist, so ists doch auch eben um deswillen bewundernswürdiger. Gefahren und Widerwärtigkeiten sind nicht nur die ächte Schule des Heroismus, sondern auch der eigentliche Schauplatz, der die Tugend mit Vortheil darstellt, und ihr den vollsten Beyfall der Welt erwirbt. Derjenige, dessen ganzes Leben ein immer ebener und niegehemmter Fortstrom von Glück gewesen ist, der nie einiger Gefahr getrotzt, nie einiger Schwierigkeit die Stirne geboten, nie einige Bedrängniß überwältigt hat, der kann nur einen sehr geringen Grad von Bewunderung erregen. Wenn Dichter und Romanschreiber ein Gewebe von Abenteuern flechten, um die Karaktere, für

als ſie uns intereſſiren wollen, in volles Licht zu ſetzen, ſo
ſind derer viele und vielerley. Es ſind jählinge und reißen-
de Glückswechſel, Lagen, die einen gewöhnlichen Menſchen
in Wahnſinn und Verzweiflung ſtürzen könnten, in denen ihre Helden aber mit ſo viel Schicklichkeit oder we-
nigſtens mit ſo vielem Muth und unerſchütterl cher Entſchloſ-
ſenheit handeln, daß ſie uns die feurigſte Achtung abnöthi-
gen. Iſt nicht Cato's, Brutus, Leonidas unglück-
licher Edelmuth eben ſo ſehr Gegenſtand unſrer Bewundrung als jener der ſiegreichſten Helden, eines Cäſars und eines
Alexanders? Muß er einer edeln Seele nicht auch folglich
eben ſo bewundernswürdig ſcheinen? Wenn das Glück des
Eroberers blendender zu ſtralen ſcheint, ſo rührt das bloß
von der vereinigten Wirkung ihrer doppelt vortheilhaften
Lage her, von dem Glanze, der alles Glück überhaupt begleitet, und von der feurigen Bewundrung, die wir einer
Seele zollen, die mit Muth und Kühnheit Gefahren beget-
net, und Schwierigkeiten überwältigt.

Eben hieraus folgerte die ſtoiſche Philoſophie, daß einem
weiſen Manne alle Stände gleich ſeyen. Die Natur, ſagte
ſie, hat einige Gegenſtände unſrer Wahl, andre unſrer
Mißbilligung empfohlen. Unſre urſprünglichen Begierden
nöthigen uns, nach Geſundheit, Stärke, Ruhe, Vollkommenheit, beides des Leibes und der Seele, und nach allem,
was dieſe befördern kann, nach Reichthum, Macht und
Anſehn, zu trachten; alles dem widerſprechende aber zu
ſermeiden. Aber in der Wahl und Verwerfung, im Vorzuge oder in der Hintanſetzung dieſer erſten Gegenſtände
unſrer urſprünglichen Gelüſte und Verabſcheuungen, hat die

G 4

Natur' uns eine gewisse Ordnung, Schicklichkeit und Anständigkeit vorgeschrieben, deren Beobachtung für unsre Glückseligkeit und Vollkommenheit von unendlich wichtigerm Belang ist, als die Erreichung der Gegenstände selber. Die Gegenstände unsrer ursprünglichen Gelüste und Abneigungen müssen nachgetrachtet und vermieden werden, eben weil die Rücksicht auf diese Schicklichkeit und Wohlanständigkeit es verlangt. In der Befolgung ihrer Vorschriften in allen unsern Handlungen besteht alle Glückseligkeit und aller Ruhm der menschlichen Natur; in der Abweichung von ihnen, ihr größtes Elend und ihre äußerste Verschlimmerung. Der äußre Anschein dieser Ordnung und Schicklichkeit ist freylich in einigen Lagen leichter zu behaupten, als in andern. Einem Thoren jedoch, einem Menschen, der seine Leidenschaften nicht zu bändigen noch zu zähmen weiß, ists in jeder Lage gleich unmöglich, mit wirklichem Anstand und ächter Schicklichkeit zu verfahren. Mag die schwindelnde Menge ihn vergöttern! Mag ihr feiles Lob seine Eitelkeit zuweilen zu etwas wahrem Selbstbeyfall ähnlichem emporschwellen! Sobald er seinen Blick auf das wendet, was in ihm vorgeht, so dringt das demüthigende Gefühl der Widersinnigkeit und Niedrigkeit aller seiner Triebfedern sich ihm unwiderstehlich auf; er zittert und erröthet innerlich, wenn er an die Verachtung denkt, die ihm gebührt, und die ihn gewiß treffen müßte, wenn die Welt sein Betragen in dem Lichte sähe, in welchem sein eignes Herz ihn nöthigt es zu betrachten. Einem weisen Manne hingegen, einem Manne, dessen Leidenschaften durchgehends den großen Regierungsgrundsätzen der menschlichen Natur über Vernunft und Liebe des Schicklichen untergeordnet sind, ist es allewege gleich leicht, wohl-

anständig zu handeln, und Billigung zu verdienen. Gehts
ihm wohl, so dankt er Gott, ihn in Umstände versetzt zu
haben, darin es leicht ist, seiner Herr zu bleiben, und darr
in man weniger Versuchungen zur Sünde zu befürchten hat.
Gehts ihm übel, so dankt er dem Regierer der Menschen-
schicksale nicht minder, ihm einen muthigen Gegner zuge-
ordnet zu haben, einen Gegner, dessen Ueberwindung zwar
große Anstrengung erfodert, aber auch um so viel rühmlicher
und nicht weniger gewiß ist. Können Drangsale uns schä-
den, darein wir nicht durch unsre Schuld geriethen, und in
denen wir uns mit vollkommner Schicklichkeit betragen?
Nein, es kann nichts Böses in ihnen seyn, wohl aber viel
Gutes und Erwünschtes. Ein braver Mann frohlockt in
Gefahren, denen das Schicksal, nicht seine Unbesonnenheit,
ihn bloßstellt. Sie gewähren ihm bequeme Gelegenheit,
jenen heroischen Muth zu üben, dessen Uebung ein hohes,
herrliches, aus dem Bewußtseyn überlegner Würdigkeit und
verdienter Bewunderung entquillendes Vergnügen gewährt.
Wer aller Leibesübungen Meister ist, scheut sich nicht, seine
Stärke und Gewandheit auch mit dem Stärksten zu messen.
Wer aller Leidenschaften Meister ist, fürchtet keine Lage,
darein der Oberaufseher des Weltalls ihn zu versetzen würdig
findet. Die Güte dieses göttlichen Wesens hat ihn mit Tugenden ausgestattet, die ihn über alles Aeußerliche hinweg
heben. Ists Freude, so besitzt er Mäßigung, um sie zu zähmen; ists Kummer, so hat er Standhaftigkeit, ihn zu tragen; ists Gefahr oder Tod, so hat er Großmuth und Standhaftigkeit, sie zu verachten. Er klagt nicht über die Schi-
ckungen der Vorsehung. Er wähnt nicht, das Weltall sey
in Verwirrung, wenn er selbst in Unordnung ist. Er be-

trachtet sich nicht, dem Einbläsen der Eigenliebe zufolge,
als ein besondres von der ganzen übrigen Natur getrenntes
Ganzes, das für sich selbst und um sein selbst willen auf die
Fürsorge der Vorsehung Anspruch machen könne. Er betrachtet sich in dem Lichte, in dem er glaubt, daß der große
Genius der Menschlichkeit und der Welt ihn betrachte. Er
denkt sich, so zu sagen, in den Ideenkreis jenes göttlichen
Wesens hinein, und betrachtet sich als einen Atom, ein kaum
wahrnehmbares Theilchen des unermeßlichen und unendlichen Ganzen, das sich nicht zu ihm, sondern zu welchem er sich bequemen müsse. Von jener hohen Weisheit, die alle Ereignisse des menschlichen Lebens lenkt,
nimmt er mit Freuden jedes ihm zugefallne Loos entgegen,
überzeugt, daß, wenn er alle Fugen und Verhältnisse der
verschiednen Theile des Weltalls kennte, es grade das Loos
sey, das er selbst gewählt haben würde. Ists Leben, so ist
er zufrieden, zu leben. Ists Tod, so weiß er, daß die Natur ihn hier nicht weiter brauchen könne, und geht willig,
wohin sie ihn bescheidet. „Mich treffe, was da wolle,“ sagt
ein stoischer Weltweiser, „ich nehme es alles mit gleicher
„Ruhe und Zufriedenheit entgegen. Reichthum oder Ar-
„muth, Freude oder Schmerz, Gesundheit oder Krankheit
„gilt mir alles gleich, und ich möchte nicht wünschen, daß
„die Götter in einiger Rücksicht mein Schicksal änderten.
„Soll ich sie noch um etwas mehreres bitten, als was ihre
„Güte mir bisher beschieden hat, so wär' es dies, daß sie
„mir ihren Willen mit mir vorläufig offenbarten, damit ich
„mich freywillig in die mir verhängte Lage begäbe, und
„meine Bereitwilligkeit, ihnen zu gehorchen, aller Welt be-
„weisen könnte.“ „Soll ich zur See gehn,“ sagt Epik-

tet, „so wähl' ich das beste Schiff und den besten Steuer-
„mann, und erwarte das schönste Wetter, das meine Um-
„stände und meine Pflicht mir zu erwarten erlauben. Klug-
„heit und Schicklichkeit, die Grundsätze, die die Götter mir
„zur Einrichtung meines Betragens verliehn haben, verlan-
„gen dies von mir, aber sie verlangen nicht mehr, und
„wenn nichts destoweniger ein Sturm aufsteigt, dem weder
„die Stärke des Schiffs noch die Erfahrenheit des Steuer-
„manns gewachsen ist, so bekümmr' ich mich ganz und gar
„nicht um die Folgen. Alles, was ich zu thun hatte, hab'
„ich gethan. Die Regierer meines Betragens gebieten mir
„nimmer, elend zu seyn, oder mich zu ängsten, zu zagen, und
„zu verzweifeln. Ob ich ersaufen, oder in den Hafen kom-
„men soll, ist Gottes, nicht meine Sache. Ich überlaß' es
„gänzlich seiner Entscheidung, grüble keineeweges, welche
„Entscheidung ihm belieben möge, sondern empfange, was
„da kommen mag, mit gleicher Sicherheit und Ruhe.“

Dies war die Philosophie der Stoiker, eine Philosophie, die die edelsten Vorschriften der Großmuth darbeut,
die beste Schule für Helden und Patrioten, und ihrem hauptsächlichsten Inhalt nach keiner andern Einwendung fähig ist,
als daß sie uns einer Vollkommenheit nachzutrachten gebeut,
deren Erreichung jenseits unsrer Kräfte liegt. Es ist hier
der Ort nicht, sie zu untersuchen. Ich will bloß zur Be-
stättigung des Obengesagten bemerken, daß das fürchterlichste
Unglück nicht grade immer das unerträglichste ist. Oft ist
es kränkender, dem Publiko im geringen, als im großen unglücklich zu scheinen. Im ersten Fall erregt man keine Sympathie, im andern freylich auch keine; die an das ursprüng-

liche Gefühl des Leidenden reicht, aber doch ein sehr lebhaftes Mitgefühl. Im letztern Fall ist zwischen den Empfindungen des Zuschauers, und jenen des eigentlich Leidenden folglich ein minder großer Abstand, und ihr unvollkommnes Mitgefühl hilft diesem sein Elend ertragen. Vor einer fröhlichen Versammlung in Schmuz und Lumpen zu erscheinen, würde einem feinen Manne kränkender seyn, als sich ihr mit Blut und Wunden bedeckt zu zeigen. Dieses würde ihr Mitleid erregen, jenes ihr Gelächter. Der Richter, der einen Verbrecher zum Schandpfal verdammt, entehrt ihn stärker, als wenn er ihn zum Schwerd verdammte. Jener große Fürst, der einen Offizier an der Spitze des Heers mit dem Stocke durchprügelte, entehrte ihn unwiederherstellbar. Die Züchtigung würde weniger grausam gewesen seyn, wenn er ihn auf der Stelle niedergeschossen hätte. Stockschläge entehren, dem Coder der Ehre zufolge. Schwerdstreiche entehren nicht, und die Gründe davon sind sehr einleuchtend. Einem Edelmanne, der die Schande als das ärgste aller Uebel zu betrachten hat, kann in der Meinung menschlicher und edler Völker nichts fürchterlichers widerfahren, als jene geringe aber schimpfliche Züchtigung. Für Leute von Geburt wurde sie daher auch allgemein beyseite gesetzt, und das Gesetz, das ihnen in nicht seltnen Fällen das Leben abspricht, schont fast immer ihrer Ehre. Zum Staupbesen, zum Halseisen, zum Schandpfal einen Edelmann verdammen, ist eine Rohigkeit, deren keine europäische Regierung, die rußische etwa ausgenommen, fähig ist.

Ein tapfrer Mann kann durchs Schafot nicht verächtlich werden; er wirds auf immer durch den Schandpfal.

Sein Betragen auf jenem kann ihm Achtung und Bewundrung erwecken. Kein Betragen kann das an diesem. Dort
hält die Sympathie der Zuschauer ihn aufrecht, und rettet
ihn von jener Schande, jenem Bewußtseyn, daß niemand
außer ihm sein Elend fühle, der unerträglichsten Empfindung von allen. Hier findet keine Sympathie statt, wenigstens nicht mit seinem Schmerz, der eine Kleinigkeit ist, sondern mit dem peinigenden Bewußtseyn, das diesen Schmerz
begleitet, dem Bewußtseyn, aller Sympathie zu ermangeln.
Mit seiner Schande sympathisiren wir, nicht mit seinem
Kummer. Wir erröthen für ihn, und senken das Haupt in
seiner Seele. Eben so armselig steht er selber da, und fühlt
durch seine Strafe, wenn gleich nicht durch sein Verbrechen,
sich auf immer herabgewürdigt. Der Mann im Gegentheil,
der mit Entschlossenheit stirbt, der sich mit dem graden Auf-
blick der Achtung und Billigung betrachten sieht, trägt sich
eben so grad und aufrecht, und wenn sein Verbrechen ihn
nicht geschändet hat, so wird seine Strafe ihn sicher nicht
schänden. Er darf nicht fürchten, daß irgend jemand seiner
Lage hämisch spotten werde, und kann mit Schicklichkeit die
Miene nicht nur der gefaßtesten Heiterkeit, sondern selbst des
Triumphs und Frohlockens annehmen.

Große Gefahren, sagt der Kardinal von Retz, haben
ihren Reiz; denn es ist immer Ruhm bey ihnen zu gewinnen,
gesetzt auch, daß man seines Zwecks verfehle. Kleine Gefahren hingegen haben nichts denn abschreckendes. Denn
übersteht man sie, so hat man wenig Ehre; wenn nicht, nur
Spott und Schande von ihnen. — Diese Bemerkung beruht auf gleichen Gründen mit denen, die wir so eben über
die Natur der Strafen angestellt haben.

Dem Schmerz, der Armuth, der Gefahr, dem Tode
ist die menschliche Tugend überlegen; es bedarf nicht einmal
ihrer äußersten Anstrengung, um sie zu verachten. Aber
seines Elends spotten hören, zur Schau umhergeführt werden, mit dem Finger des Hohns auf sich weisen lassen zu
müssen, ist ein Leiden, dem auch die festeste Standhaftigkeit
erliegt, und mit der Verachtung der Menschen verglichen, ist
jedes andre Uebel eine Kleinigkeit.

Anm. Und verglichen mit der Verachtung unsrer selbst, ist auch
die Verachtung der Menschen die verächtlichste aller Kleinigkeiten.

Zweyter Theil.

Vom Verdienst und Misverdienst,

oder

von den Gegenständen der Belohnung
und der Strafe.

Erster Abschnitt.

Vom Gefühl des Verdienstes und Misverdienstes.

Einleitung.

Noch gibt es eine Klasse von Eigenschaften menschlicher Handlungen und menschlichen Betragens, die von ihrer Schicklichkeit und Unschicklichkeit, ihrer Anständigkeit und Unanständigkeit unterschieden, und Gegenstände einer besondern Art von Billigung und Misbilligung sind.

Es ist bereits bemerkt worden, daß die Empfindung oder Stimmung des Herzens, woraus eine Handlung entspringt, und wovon ihr ganzer Werth oder Unwerth abhängt, unter zwey verschiednen Gesichtspunkten oder in zwey verschiednen Verhältnissen betrachtet werden könne, zuerst in Rücksicht der Ursache oder des Gegenstandes, der sie veranlaßt; zum andern in Rücksicht des Zwecks, den sie beabsichtigt, oder der Wirkung, die sie zu beschaffen sucht; daß von der Angemessenheit oder Unangemessenheit, dem Verhältniß oder Misverhältniß, welches der Affekt gegen die Ursache oder den veranlassenden Gegenstand zu haben scheint, die Schicklichkeit oder Unschicklichkeit, der Wohl- oder Uebel-

H

stand der nachfolgenden Handlungen abhänge, ihr Verdienst
aber oder Misverdienst, ihre Güte oder Bösartigkeit von
den wohlthätigen oder schädlichen Wirkungen, welche der
Affekt zu bewirken strebt. Worin das Gefühl des Schicklichen oder Unschicklichen der Handlungen bestehe, ist im ersten
Theil dieses Buchs erörtert worden. Itzt wollen wir untersuchen, worin ihr Verdienst oder Misverdienst bestehe.

Erstes Kapitel.

Daß alles, was ein schicklicher Gegen-
stand der Dankbarkeit zu seyn scheint,
Belohnung — und daß auf gleiche Weise
alles, was ein schicklicher Gegenstand
des Zorns zu seyn scheint, Strafe
zu verdienen scheine.

Belohnung muß uns natürlicherweise diejenige Handlung
zu verdienen scheinen, die sich als einen schicklichen und genehmigten Gegenstand der Empfindung darstellt, die uns
gradezu und unmittelbar, jemanden zu belohnen, und ihm
Gutes zu thun, antreibt. Und auf gleiche Weise muß diejenige Handlung uns natürlicherweise strafbar scheinen, die
sich uns als einen schicklichen und genehmigten Gegenstand
der Empfindung darstellt, die uns gradezu und unmittelbar jemanden zu züchtigen, oder ihm Böses zuzufügen,
antreibt.

Die Empfindung, die uns am unmittelbarsten und ausdrücklichsten zum Belohnen auffodert, ist die Dankbarkeit; die, so uns am unmittelbarsten und ausdrücklichsten zum Strafen auffodert, der Zorn.

Belohnung muß uns folglich die Handlung zu verdienen scheinen, die sich uns als einen schicklichen und genehmigten Gegenstand der Dankbarkeit — Strafe, die, so sich uns als einen schicklichen und genehmigten Gegenstand des Zorns darstellt.

Belohnen heißt jemandem empfangnes Gutes mit Gutem — Strafen, ihm empfangnes Böses mit Bösem vergelten.

Es gibt freylich auch außer der Dankbarkeit und dem Zorn noch Leidenschaften, die uns für andrer Wohl und Weh interessiren, aber keine, die uns so ausdrücklich auffodert, zu ihrem Wohl und Weh selber mitzuwirken. Liebe und Achtung, die aus Umgang und habitueller Billigung erwachsen, bewegen uns allerdings, am Wohl dessen, der der Gegenstand so angenehmer Empfindungen ist, Vergnügen zu finden, und folglich zu Beförderung seines Wohls behülflich zu seyn. Allein unsre Liebe ist es wohl zufrieden, daß sein Wohl durch fremde Hände befördert werde. Sie wünscht nur, den Geliebten glücklich zu sehn, ohne Rücksicht auf den Urheber seines Glücks. Nicht so unsre Dankbarkeit! Dieser ist es keinesweges einerley, ob derjenige, der uns Gefälligkeiten erzeigte, mit oder ohne unsern Beystand glücklich werde. So lange wir ihm seine Wohlthaten nicht vergolten haben, so lange wir zu Beförderung

H 2

seines Wohls nicht haben mitwirken können, fühlen wir
uns noch immer mit jener Last beladen, die seine Gütigkeit
uns aufbürdet.

Auf gleiche Weise nöthigen Haß und Misfallen, die
aus habitueller Misbilligung entstanden sind, uns freylich,
an dem Unglücke des Mannes, dessen Betragen und Karakter eine so peinliche Leidenschaft erweckten, eine Art von
boshafter Schadenfreude zu empfinden. Allein obgleich
Haß und Misfallen uns wider alle Sympathie abhärten,
und uns zuweilen sogar an des andern Unglück einen Gefallen einflößen, so nöthigen sie uns doch keinesweges, wenn
nur kein Zorn sich mit hinein mischt, und weder wir noch
unsre Freunde einige persönliche Beleidigung erlitten haben,
zu seinem Unglück hülfreiche Hand zu leisten. Sollten wir
für unsre Mitwirkung zu seinem Untergange auch keine Züchtigung zu fürchten haben, so würden wir doch lieber sehn,
daß er durch andre Mittel erfolgte. Einem Menschen voll
bittern Grolls und Hasses möcht' es vielleicht angenehm zu
hören seyn, daß derjenige, den er so gewaltig verabscheut,
durch irgend einen Zufall das Leben verloren habe. Wenn
aber seine Leidenschaft, die freylich der Tugend nicht sehr
günstig ist, noch nicht jeden Funken von Rechtschaffenheit in
ihm ausgelöscht hat, so würd' es ihm äußerst anstößig seyn,
wenn er selbst, auch nur unvorsetzlicherweise, die Ursache
dieses Unfalls gewesen wäre; und vollends unerträglich würde ihm auch nur der Gedanke seyn, freywillig dazu beytragen zu wollen. Mit Grausen würd' er die Vorstellung
eines so fluchwürdigen Vorhabens von sich stoßen, und er
würde sich selbst, wenn er sich einer solchen Abscheulichkeit
fähig halten könnte, in dem verhaßten Lichte zu betrachten

anfangen, in welchem ihm der Gegenstand seines Hasses erscheint. Ganz anders verhält sich mit dem Zorn. Wenn derjenige, der uns irgend ein großes Unrecht zugefügt, der z. B. unsern Vater oder unsern Bruder ermordet hätte, bald nachher an einer Krankheit, ja wenn er auch auf dem Schafot irgend eines andern Verbrechens halber sein Leben verlöre, so würde das unserm Hasse freylich schmeicheln, unsern Zorn aber keinesweges durchaus befriedigen. Der Zorn würde fodern, nicht nur, daß er gestraft, sondern, daß er durch unsre Vermittlung und grade um des uns zugefügten Unrechts willen gestraft würde. Dem Zorn gnügt es nicht, daß dem Beleidiger überhaupt wehgethan, sondern, daß ihm um unsertwillen wehgethan werde. Unser Unrecht soll er abbüßen und bereuen, damit andre aus Furcht vor gleicher Züchtigung von ähnlichen Beleidigungen abgehalten werden. Die natürliche Befriedigung dieser Leidenschaft beabsichtigt, ihrer eignen Aussage nach, das nehmliche, was alle politische Züchtigung beabsichtigt, die Besserung des Verbrechers, und die Warnung der Gesellschaft.

Dankbarkeit und Zorngefühl sind also die Empfindungen, die am unmittelbarsten und ausdrücklichsten zum Belohnen und zum Strafen reizen. Belohnung muß uns folglich derjenige zu verdienen scheinen, der uns als ein schicklicher und genehmgehaltner Gegenstand der Dankbarkeit — Strafe derjenige, der uns als ein schicklicher und gebilligter Gegenstand des Zorns erscheint.

H 3

Zweytes Kapitel.

Von den schicklichen Gegenständen der Dankbarkeit und des Zorns.

Ein schicklicher und genehmgehaltner Gegenstand der Dankbarkeit oder des Zorns zu seyn, kann nichts anders heißen, als ein Gegenstand der Dankbarkeit und des Zorns zu seyn, der natürlicherweise schicklich und unsrer Billigung würdig erscheint.

Schicklich und billigungswürdig scheinen uns aber sowohl diese als alle andre Leidenschaften der menschlichen Natur nur dann zu seyn, wenn das Herz jedes unpartheilichen Zuschauers durchaus mit ihnen sympathisirt, und jeder gleichgültige Umstehende sie gänzlich fassen und nachempfinden kann.

Belohnungswürdig scheint uns also nur derjenige, der Einem oder Mehrern der natürliche Gegenstand einer Dankbarkeit ist, die jedes menschliche Herz fassen, theilen und billigen kann.— strafwürdig hingegen der, der auf gleiche Weise Einem oder Mehrern der natürliche Gegenstand eines Zorns ist, der die Brust jedes vernünftigen Zuschauers zu ähnlichen sympathetischen Empfindungen empört. Zuverläßig muß eine Handlung, die jeden, der sie hört, entzückt, und ihm den Wunsch abnöthigt, sie belohnen zu können, uns Belohnung — eine solche aber, die jeder, der sie hört, verabscheut und bestraft zu sehen wünscht, uns Strafe zu verdienen scheinen.

I. So wie wir mit unſers Bruders Freuden ſympathiſiren, wenn wir ihn glücklich ſehn, ſo ſympathiſiren wir auch mit dem Wohlgefallen und der Zufriedenheit, womit er natürlicherweiſe die Urſache ſeiner Wohlfahrt anſchaut. Wir theilen die Liebe und Zuneigung, die er für ſie empfindet, und fangen an, ſie auch zu lieben — Es würde uns leid um ſeinetwillen ſeyn, wenn ſie zerſtört oder auch nur ſo weit von ihm getrennt würde, daß er ſie mit ſeiner Sorgſamkeit und ſeinem Schutz nicht erreichen könnte, ſollt' er durch ihre Abweſenheit auch nichts verlieren, als das Vergnügen, ſie zu ſehen; vorzüglich iſt das der Fall, wenn das glückliche Werkzeug zu unſers Bruders Glückſeligkeit ein Menſch iſt. Wenn wir einen Menſchen durch einen andern geholfen, geſchützt, erleichtert ſehn, ſo ermangelt unſre Theilnehmung an dem Vergnügen des Geretteten niemalen, uns auch zum Mitgefühl mit ſeiner Dankbarkeit gegen ſeinen Retter aufzufodern. Wenn wir den Urheber ſeiner Wohlfahrt mit ſeinen Augen anſehn, ſo erſcheint uns jener im einnehmendſten und liebenswürdigſten Lichte. Wir ſympathiſiren ohne Mühe mit ſeinen dankbaren Empfindungen für einen Menſchen, dem er ſo höchlich verpflichtet iſt, und billigen jeden Gegendienſt, den er dieſem für ſeine Wohlthätigkeit zu leiſten eifert. Da wir den Affekt, der dieſe Gegendienſte bewirkt, vollkommen theilen können, ſo müſſen ſie uns nothwendig ſchicklich und ihren Gegenſtänden angemeſſen ſcheinen.

II. Und ſo auch im entgegengeſetzten Fall! Gleichwie wir mit dem Kummer unſers Nächſten ſympathiſiren, wenn wir ihn in Noth ſehn, ſo ſympathiſiren wir auch mit ſeinem Abſcheu vor allem, was dieſe Noth veranlaßte. Unſer Herz

das seinen Schmerz zu seinem eignen macht, fühlt die nehm=
liche Empfindlichkeit, womit jener die Ursache desselben zu
verj:gen oder zu zerstören sucht. Das träge, leidende Mit=
gefühl, womit wir ihn in seinem Elende begleiten, weicht
augenblicklich jener lebhaftern, thätigern Empfindung, wo=
mit seine Anstrengung, es zu enden, und seinen Abscheu vor
der Ursache desselben zu befriedigen, uns beseelt. Ganz be=
sonders ist dies der Fall, wenn der Urheber seines Unglücks
ein Mensch ist. Wenn wir einen Menschen durch einen an=
dern geplagt und gequält sehen, so ermangelt unsre Sym=
pathie mit des Bedrängten Drangsalen nie, unser Mitge=
fühl mit seinem Zorn über den Dränger zu entzünden. Wir
freuen uns, seinen Gegner seinerseits angegriffen zu sehen.
Wir sind bereit und willig, ihm in seiner Vertheidigung,
und sogar bis auf einen gewissen Punkt in seiner Rache bey=
zustehn. Sollte der Beleidigte im Kampfe umkommen, so
sympathisiren wir nicht nur mit dem wirklichen Ingrimm
seiner Freunde und Verwandten, sondern auch mit dem
eingebildeten Ingrimm, den unsre Fantasie dem Todten lei=
het, der doch weder dieser noch einiger andern menschlichen
Empfindung länger fähig ist. Wir versetzen uns in seine
Lage, wir kehren gleichsam in seinen Leichnam ein, wir be=
leben gewissermaßen mit dem täuschenden Zauber unsrer Ein=
bildungskraft seinen entstellten und zerstümmelten Leib von
neuem, und indem wir so seinen traurigen Fall durchaus zu
unserm eignen machen, fühlen wir bey dieser, wie bey meh=
rern ähnlichen Gelegenheiten, eine Gemüthsbewegung, die
der eigentlich Leidende zu fühlen unfähig ist, und die eine
täuschende Sympathie uns einflößt. Die sympathetischen
Thränen, die wir für jenen unersetzlichen und unermeßlichen
Verlust vergießen, den er unsrer Fantasie erlitten zu haben

scheint, dünken uns nur der geringste Theil der Pflichten zu
seyn, womit wir ihm verhaftet sind. Das Unrecht, das
ihm widerfahren ist, scheint uns unsre Aufmerksamkeit
hauptsächlich in Anspruch zu nehmen. Wir fühlen den Ingrimm, den er unsrer Fantasie zufolge fühlen muß und fühlen würde, wenn in seinem kalten und lebenlosen Leichnam
noch einiges Bewußtseyn irdischer Ereignisse vorhanden wäre.
Sein Blut, wähnen wir, schreye um Rache. Seine Asche,
dünkt uns, müsse sich regen, beym Gedanken, daß seine
Kränkungen ungerochen bleiben sollten. Jenes Grausen,
das wir uns um das Bette des Mörders her denken, jene
Schatten, die der Aberglaube aus den Gräbern hervorstei-
gen läßt, um wider die Bösewichter, die sie zu einem un-
zeitigen Ende brachte, Rache zu verlangen, entstehen alle
ursprünglich aus diesem Mitgefühl mit dem eingebildeten
Ingrimm des Erschlagnen. Und in Ansehung wenigstens
dieses schwärzesten aller Verbrechen hat die Natur, vorläufig vor allem Nachdenken über den Nutzen der Strafen, eine
unmittelbare und instinktartige Billigung des heiligen und
nothwendigen Gesetzes der Wiedervergeltung in starken und
unauslöschlichen Zügen ins Herz der Menschen gegraben.

H 5

Drittes Kapitel.

Daß, wenn wir das Betragen dessen,
der die Wohlthat erweist, nicht billigen,
wir auch mit der Dankbarkeit dessen,
der sie empfängt, nicht sympathisiren
können, und daß im Gegentheil, wenn
wir die Beweggründe dessen, der dem
andern ein Leid zufügt, nicht misbilligen, wir auch mit dem Zorn dessen,
dem es zugefügt wird, nicht sympathisiren können.

―――――

So wohlthätig einerseits, und so nachtheilig andrerseits
die Handlungen oder Absichten eines Menschen einem andern seyn mögen, so ist doch zu merken, daß, wenn wir in
jenem Falle in den Triebfedern des Handelnden keine Schicklichkeit finden, wenn wir den Affekt, der sein Betragen bestimmte, nicht begreifen können, wir mit der Dankbarkeit
dessen, der die Wohlthat empfing, nur wenig sympathisiren können, und daß im andern Falle, wenn wir in den
Triebfedern des Handelnden nichts Unschickliches wahrnehmen, wenn die Affekten, die sein Betragen bestimmten, so
beschaffen sind, daß wir sie nothwendig billigen müssen, mit
dem Unwillen des Leidenden überall keine Sympathie statt
findet.   Ein wenig Dankbarkeit scheint in jenem Fall hinreichend, jeder Grad von Unwillen aber in dem andern ungerecht zu seyn.   Die eine Handlung scheint uns wenig Be-

lohnung, die andre überall keine Strafe zu verkleinen. —
Laßt uns dies ein wenig näher erörtern.

I. Ich sage erstlich: In allen denen Fällen, wo wir
mit dem Affekte des Handelnden nicht sympathisiren kön
nen, wo in der Triebfeder seines Betragens keine Schick
lichkeit zu finden ist, fühlen wir wenig Neigung, die
Dankbarkeit dessen, dem die Wohlthat wiederfuhr, zu
theilen. Wenig Erkenntlichkeit scheint uns der zu verdie
nen, der mit thörichter und verschwenderischer Freygebig
keit bey den geringsten Veranlassungen die größten Wohlthu
ten wegwirft, und etwa einem Manne ein Gut wegschenkt,
blos darum, weil er mit ihm einerley Familiennamen führt.
Dergleichen Gunstbezeugungen scheinen keine verhältniß
mäßige Vergeltung zu verdienen. Unsre Verachtung für
die Thorheit des Verschenkers hindert uns, in die Dank
barkeit des Beschenkten mit einzustimmen. Sein Wohlthä
ter dünkt uns ihrer unwürdig. Wir fühlen, wenn wir uns
in des Verpflichteten Stelle versetzen, daß wir für einen sol
chen Wohlthäter keine sonderliche Achtung empfinden würden.
Wir verlangen daher auch keinesweges, daß er ihm jene
tiefe und ehrfurchtsvolle Unterwürfigkeit bezeugen solle, die
einem hochachtungswürdigern Karakter gebühren würde.
Verfährt er gegen seinen schwachen Freund nur mit Schonung
und Leutseligkeit, so entschuldigen wirs ohne Mühe, wenn
er es an manchen Emsigkeiten und Beeiferungen fehlen
läßt, die wir für einen würdigen Gönner von ihm verlangen
würden. Fürsten, die mit der größten Verschwendung
Macht, Reichthum, Ehrenstellen über ihre Günstlinge
zusammenhäuften, haben selten den Grad von Anhänglich
keit an ihrer Person erweckt, dessen sich sparsame und be

hutsamere Fürsten zu erfreuen hatten. Jakobs des Ersten gutmüthige aber unkluge Verschwendung scheint ihm
wenig wahre Zuneigung gewonnen zu haben; ungeachtet
seiner geselligen und harmlosen Gemüthsart lebte und starb
er ohne Freund. Dagegen wagte Englands ganzer Adel Gut
und Blut für die Sache seines sparsamen und behutsamen
Sohns, so kalt und streng zurückhaltend auch sein gewöhnliches Betragen war.

I'. Ich sage zweytens: So oft wir einsehn, daß des
Handelnden ganzes Betragen von Triebfedern, die wir gutheißen müssen, geleitet werde, so oft können wir mit dem
Zorn des Leidenden nicht sympathisiren, ihm mag so großes
Leid widerfahren, als da wolle. Wenn zwey Leute mit
einander zanken, und wir ergreifen die Parthey des einen,
so ists unmöglich, daß wir auch mit dem andern Parthey
machen können. Unsre Sympathie mit dem, dessen Triebfeder wir billigen, und ihm daher Recht geben, verhärtet
uns gegen alles Mitgefühl mit dem andern, dem wir natürlicherweise Unrecht geben müssen. Alles Leid, was dem
leztern widerfahren mag, kann uns also weder misfallen
noch aufbringen, so lange es nicht mehr ist, als wir ihm
selber gönnen, nicht mehr, als unser eignes sympathetisches
Gefühl uns, ihm zuzufügen, gereizt haben würde. Wenn
ein unmenschlicher Mörder zum Tode geführt wird, so mögen wir mit seinem Elende wohl einiges Mitgefühl haben,
können aber unmöglich mit seinem Ingrimm sympathisiren,
wofern er so albern seyn sollte, dessen gegen seine Kläger
oder Richter zu äußern. Der natürliche Erfolg ihres gerechten Unwillens gegen den Bösewicht wird diesem freylich verderblich und tödlich. Aber unmöglich können wir den Er-

folg eines Gefühls misbilligen, das wir, wenn wir in
der Stelle des Klägers oder Richters wären, nothwendig
selbst empfinden müßten.

Viertes Kapitel.

Uebersicht des Vorigen.

Um mit der Dankbarkeit eines Menschen gegen den andern
durchaus und herzlich sympathisiren zu können, ists also nicht
genug, daß dieser Andre Urheber von jenes Glücke gewesen
sey, sondern er muß es auch aus Bewegungsgründen gewe=
sen seyn, die wir durchaus genehmigen. Unser Herz muß
die Grundsätze des Handelnden gutheißen, es muß alle
Affekten, die sein Betragen bestimmten, nachempfinden, eh
es durchaus mit der Dankbarkeit dessen, der die wohlthäti=
gen Wirkungen seiner Handlungen erndet, sympathisiren
kann. Ist im Betragen des Wohlthäters keine Schicklich=
keit zu finden, so mögen die Wirkungen desselben so wohl=
thätig seyn, wie sie wollen, es scheint ihnen dennoch keine
verhältnißmäßige Belohnung zu gebühren.

Wenn aber zu der wohlthätigen Tendenz der Handlung
auch die Schicklichkeit des veranlassenden Affekts hinzu=
kömmt, wenn wir mit den Triebfedern des Handelnden
durchweg sympathisiren, und sie gutheißen, so erhöht und
belebt die Liebe, die wir um sein selbst willen zu ihm empfin

ben, unser Mitgefühl mit der Dankbarkeit derer, die seinem
guten Betragen ihre Glückseligkeit verdanken. Seine Handlungen scheinen dann eine verhältnißmäßige Vergeltung zu
begehren, und gleichsam laut zu fodern. Wir genehmigen
dann vollkommen jene Dankbarkeit, die die Verpflichteten,
ihm diese Vergeltung zu gewähren, reizt. Es scheint also
dann der Wohlthäter ein schicklicher Gegenstand der Belohnung zu seyn, wenn wir mit der Empfindung, die zu seiner Belohnung auffodert, vollkommen sympathisiren, und sie
durchaus gutheißen. Billigen wir den Affekt, aus dem
eine Handlung entspringt, so müssen wir auch nothwendig
die Handlung billigen, und denjenigen, auf den sie gerichtet ist, als ihren angemeßnen und schicklichen Gegenstand
betrachten.

Eben so ist es, um mit dem Zorn eines Menschen wider einen andern durchweg zu sympathisiren, nicht hinreichend, daß dieser andre die Ursache von jenes Unglück sey,
sondern er muß auch die Ursache desselben aus Beweggründen gewesen seyn, die wir nicht billigen können. Ehe wir
den Zorn des Leidenden theilen, müssen wir die Triebfedern
des Beleidigers theilen, und fühlen, daß unser Herz allem
Mitgefühl mit den Affekten, die sein Betragen veranlassen,
entsagt. Scheint in diesen nichts unschickliches gewesen zu
seyn, so mögen die Wirkungen der aus ihnen entspringenden Handlungen dem andern noch so verderblich geworden
seyn, sie scheinen uns dennoch keine Züchtigung zu verdienen,
noch der schickliche Gegenstand einigen Zorngefühls zu seyn.

Wenn aber zu der Schädlichkeit der Handlung noch
die Unschicklichkeit des sie erzeugenden Affekts hinzukömmt,

Wenn unser Herz alles Mitgefühl mit den Beweggründen des Handelnden mit Abscheu verwirft, so sympathisiren wir von ganzem Herzen mit dem Zorngefühl des Leidenden. Jene Handlungen scheinen dann eine verhältnißmäßige Strafe zu verdienen, und um Rache gleichsam zu schreyen. Und wir begreifen und genehmigen jenes Zorngefühl, das sie zu strafen auffodert, ohne Mühe. Der Beleidiger scheint also dann ein schicklicher Gegenstand der Züchtigung zu seyn, wenn wir mit den Empfindungen, die einen zur Strafe auffodern, vollkommen sympathisiren, und sie durchweg gutheißen. Auch in diesem Falle müssen wir, wenn wir den Affekt, aus dem die Handlung entspringt, genehmigen, nothwendig auch die Handlung gutheißen, und denjenigen, wider welchen sie gerichtet ist, als ihren schicklichen und angemeßnen Gegenstand betrachten.

Fünftes Kapitel.

Analyse des Gefühls vom Verdienst und Misverdienst.

———

Gleichwie also unser Gefühl des Schicklichen im Betragen aus einer (wie ich sie nennen will) unmittelbaren Sympathie mit den Affekten und Triebfedern des Handelnden entspringt, so entspringt unser Gefühl des Verdienstlichen aus einer, wie ich sie nennen will, mittelbaren Sympathie mit der Dankbarkeit dessen, welchen die Handlung affizirt.

Da wir mit der Dankbarkeit des Verpflichteten nicht durchaus einstimmen können, wofern wir nicht vorläufig die Bewegungsgründe des Wohlthäters gutheißen, so scheint in dieser Rücksicht das Gefühl des Verdienstlichen eine gemischte Empfindung zu seyn, und aus zweyen verschiednen Gemüthsbewegungen zu entstehen — aus einer unmittelbaren Sympathie mit den Empfindungen des Handelnden, und aus einer mittelbaren Sympathie dessen, dem die Wohlthätigkeit seiner Handlung zu statten kömmt.

Wir können bey mancherley Gelegenheiten diese beiden verschiednen, im Gefühl des Verdienstlichen einer Handlung oder eines Karakters sich vereinigenden, Empfindungen deutlich unterscheiden. Lesen wir in der Geschichte von Handlungen einer anstandvollen, wohlthätigen Seelengröße, wie innigst interessiren wir uns für sie! Wie entzückt uns der erhabne Edelmuth, der sie leitet! Wie freuen wir uns über

ihr Gelingen! Wie betrübt uns ihre Vereitlung! In Ge=
danken werden wir selbst die Handelnden, wir versetzen uns
in die Szenen dieser fernen und vergessenen Begebenheiten,
und wähnen selbst die Rolle eines Scipio, Camillus,
Timoleon, Aristides zu spielen. So weit gründen
unsre Empfindungen sich auf unmittelbare Sympathie mit
dem handelnden Wesen. — Aber auch jene mittelbare Sym=
pathie mit denen, welchen das Wohlthätige solcher Handlun=
gen zu statten kömmt, fühlen wir nicht weniger lebhaft.
Wenn wir uns in die Lage dieser leztern versetzen, wie warm,
wie gefühlvoll stimmen wir mit ihnen in ihrer Dankbarkeit
gegen diejenigen, die ihnen so wesentliche Dienste leisteten,
zusammen! Wir umarmen gleichsam zugleich mit ihnen
ihren Wohlthäter. Unser Herz sympathisirt aufs willigste
mit jedem Ueberfließen ihres Dankgefühls. Keine Ehren,
keine Belohnungen scheinen uns für ihn zu groß zu seyn.
Wir billigen und genehmigen von ganzem Herzen jede Ver=
geltung, die sie ihm leisten; aber anstößig über alle Vor=
stellung ist es uns, wenn sie durch ihr Betragen wenig Sinn
für die ihnen ertheilten Wohlthaten verrathen. Kurz, un=
ser ganzes Gefühl von der Verdienstlichkeit solcher Handlun=
gen, von der Schicklichkeit, sie zu belohnen, und den Ur=
heber irgend eines Glücks wieder glücklich zu machen, ent=
springt aus den sympathetischen Empfindungen der Dankbar=
keit und Liebe, mit welcher wir, wenn wir den Fall der
verpflichteten Personen auf uns übertragen, unsre eignen
Herzen für den Mann erwärmt fühlen, der mit so anstän=
diger und edler Wohlthätigkeit handeln konnte.

Zweytens. Gleichwie unser Gefühl des Unschicklichen
im Betragen aus Mangel an Sympathie mit den Affekten

J

und Triebfedern, oder vielmehr aus unmittelbarer Antipathie wider dieselben entspringt; so entspringt unser Gefühl
des Misverdienstlichen aus mittelbarer Sympathie mit dem
Unwillen des Leidenden.

Da wir in den Unwillen des Leidenden nicht einstimmen können, wofern unser Herz nicht vorläufig die Beweggründe des Handelnden misbilligt, und allem Mitgefühl
mit ihnen entsagt, so erhellt, daß das Gefühl des Misverdienstlichen sowohl als des Verdienstlichen eine gemischte Empfindung sey, und aus zwo verschiednen Gemüthsbewegungen entstehe, aus unmittelbarer Antipathie wider die Gesinnungen des Handelnden, und aus mittelbarer Sympathie
mit dem Unwillen des Leidenden.

Auch diese zwo verschiednen und im Gefühl des Misverdienstes einer Handlung oder eines Karakters sich vereinigenden Gemüthsbewegungen können wir bey mancherley
Gelegenheiten deutlich unterscheiden.   Wenn wir in der Geschichte von Nero's Grausamkeiten oder Borgia's Treu-
losigkeiten lesen, so empört sich unser Herz wider die abscheulichen Affekten, die das Betragen dieser Bösewichter bestimmen, und entsagt mit Schauer und Grausen allem Mitgefühl mit ihren fluchwürdigen Triebfedern.   So weit gründen unsre Empfindungen sich auf unmittelbare Antipathie
wider die Gemüthsart des Handelnden; aber auch jene mittelbare Sympathie mit dem Unwillen des Leidenden fühlen
wir nicht minder lebhaft.   Wenn wir uns in die Stelle der
Personen versetzen, die diese Geißeln der Menschheit miß-
handelten, mordeten, verriethen, welchen Unwillen empfinden wir wider so übermüthige und fühllose Menschenquäler!

Unsre Sympathie mit den unvermeidlichen Drangsalen der
unschuldig Leidenden ist um nichts wirklicher und lebhafter,
als unser Mitgefühl mit ihrem gerechten und natürlichen
Unwillen. Die erste Empfindung erhöht nur die lezte, und
der Gedanke ihrer Leiden dient uns, unsern Zorn wider die
Urheber derselben noch mehr zu entflammen. Wenn wir uns
die Angst der Leidenden vorstellen, so ergreifen wir noch ins
niger ihre Parthey wider ihre Unterdrücker. Wir billigen
noch eifriger alle ihre Entwürfe, sich zu rächen; wir be=
schäftigen uns wohl selbst mit Planen, um wider so gewalt=
same Uebertreter aller Menschenrechte jene Züchtigung, die
ihrem Verbrechen gebührt, zu bewerkstelligen. Unser Ge=
fühl des Scheuslichen in einem solchen Betragen, unsre
Freude, wenn wir es bestraft sehn, unser Unwille, wenn
es der gebührenden Wiedervergeltung entrinnt, mit einem
Wort, unsre ganze Ueberzeugung, wie billig und schicklich
es sey, dem Uebelthäter wieder Uebel zuzufügen, und ihm
seinerseits weh zu thun, entspringt aus dem sympathetischen
Unwillen, der in der Brust des Zuschauers auflocht, wenn
er sich in Gedanken in der Leidenden Stelle versetzt.

Anmerkung des Verfassers.

So unser natürliches Gefühl des Bösartigen menschlicher
Handlungen aus einem Mitgefühl mit dem Zorn des Leidenden
herleiten, mag wohl den Meisten eine Herabwürdigung dieses Ge=
fühls scheinen. Der Zorn wird gewöhnlich als eine so verhaßte
Leidenschaft betrachtet, daß sie schwerlich zugeben werden, ein so
lobenswürdiger Urtrieb, als das Gefühl der Sträflichkeit des La=
sters ist, könne aus einer solchen Quelle fließen. Bereitwilliger
möchten sie vielleicht zugestehn, daß unser Gefühl des Verdienst=
lichen guter Handlungen aus Sympathie mit der Dankbarkeit des
Verpflichteten entspringe; weil Dankbarkeit sowohl wie die übri=

gen wohlwollenden Leidenschaften als ein lobenswürdiges Prinzip
betrachtet wird, das dem, was sich auf ihn gründet, nichts von
seinem Werth entziehn kann. Dankbarkeit und Unwille stehn jedoch einander augenscheinlich in jeder Rücksicht entgegen; und
wenn unser Gefühl des Verdienstes aus Sympathie mit der einen
entspringt, so muß unser Gefühl des Mißverdienstes wohl nothwendig aus dem Mitgefühl mit dem andern entspringen.

Erwägen wir ferner, daß der Zorn, obgleich, so wie er sich
uns gewöhnlich darstellt, vielleicht der verhaßteste aller Affekten,
dennoch keinesweges gemißbilligt werde, wenn er zu einer solchen
Tiefe heruntergestimmt wird, daß der Unwille des Zuschauers mit
ihm sympathisiren könne! Wenn wir, die Zuschauer, fühlen,
daß unser eigner Unwille mit des Leidenden Unwillen vollkommen
zusammenstimmt, wenn die Empfindlichkeit des Leztern die unsrige in keiner Rücksicht überschreitet; wenn ihm kein Wort, keine
Geberde entschlüpft, die eine heftigere Bewegung verriethen, als
deren wir selbst fähig sind, und wenn er keine stärkere Züchtigung
beabsichtigt, als eine solche, deren Bewerkstelligung uns freuet,
und zu deren Bewerkstelligung wir allenfalls selbst behülflich seyn
möchten — so ist unmöglich, daß wir seine Empfindungen nicht
durchaus billigen sollten. Unsre eigne Gemüthsbewegung würde
ihn in diesem Falle gewiß rechtfertigen. Und da die Erfahrung
uns lehrt, wie wenig der beyweitem größere Theil der Menschen
dieser Mäßigung fähig sey, und wie viele Anstrengung dazu gehöre, um den so rohen und schwer zu bändigenden Ungestüm des
Zorns gehörig und schicklich zu mäßigen, so können wir nicht umhin, für Jemand, der eine der unregiersamsten Leidenschaften des
Geistes zu beherrschen vermag, einen hohen Grad von Achtung und
Bewundrung zu empfinden. Freylich, wenn der Unwille des Leidenden
das Maas unsrer sympathisirenden Reizbarkeit überschreitet, wie denn
das gewöhnlich der Fall ist, so können wir ihn nicht nachempfinden,
und müssen ihn also natürlicherweise mißbilligen. Wir mißbilligen
ihn dann sogar mehr, als wir ein ähnliches Uebermaas jeder andern aus der Einbildungskraft entspringenden Leidenschaft billigen
würden, und dieser zu weit gehende Zorn, statt uns für ihn zu

interessiren, wird vielmehr selbst der Gegenstand unsers Zorns und
Unwillens. Wir theilen nun den entgegengesetzten Zorn derjenigen, der der Gegenstand einer so ungebührlichen Gemüthsbewegung ist, und Gefahr läuft, durch sie zu leiden. Nachgier, das
Uebermaas des Zorns, ist daher die abscheulichste aller Leidenschaften, und ein Gegenstand allgemeinen Unwillens. Da diese Leidenschaft nun unter hundertmalen, die sie sich dem Blicke des Zuschauers darstellt, neunundneunzigmal ausschweift, und kaum einmal in den Schranken der Mäßigung bleibt, so ists natürlich, daß
wir sie als durchweg verhaßt und abscheulich verdammen, weil sie
es in ihren meisten Aeußerungen wirklich ist. Die Natur scheint
jedoch den Menschen auch in seinem gegenwärtigen verschlimmerten
Zustande nie so unfreundlich behandelt zu haben, daß sie uns mit
einem, in jeder Rücksicht bösen, und in keinem Grade und in keiner Richtung beyfalls- und lobenswürdigen Prinzipe versehen
haben sollte. In manchen Fällen kann diese Leidenschaft, die
gewöhnlich zu stark ist, uns sogar zu schwach scheinen. Wir klagen zuweilen, daß jemand zu wenig Reizbarkeit zeige, zu wenig
Gefühl für ihm widerfahrne Kränkungen äußere, und wir sind
eben so geneigt, ihn für die Mangelhaftigkeit der Leidenschaft zu
verachten, als wegen ihrer Uebertreibung ihn zu hassen. —

Die heiligen Schriftsteller würden gewiß nicht so stark und so
häufig vom Zorn Gottes reden, wenn sie jeden Grad dieser Leidenschaft auch bey einem so schwachen und unvollkommnen Geschöpf,
als der Mensch ist, für lasterhaft und böse gehalten hätten.

Auch müssen wir erwägen, daß gegenwärtige Untersuchung
keine Rechtssache, sondern eine Thatsache betrifft. Wir sollen itzt
nicht ausmachen, nach was für Grundsätzen ein vollkommnes Wesen die Züchtigung böser Handlungen billigen würde, sondern nach
was für Grundsätzen ein so schwaches und unvollkommnes Geschöpf,
als der Mensch ist, sie wirklich und in der That billigt. Die eben
erwähnten Grundsätze haben ohne Zweifel einen großen Einfluß
auf seine Empfindungen, und es scheint weislich geordnet, daß
dem also seyn solle. Selbst das Daseyn der Gesellschaft erfodert,

daß willkürliche und ungereizte Bosheit durch schickliche Züchtigungen gezähmt, und daß die Verwirklichung dieser Strafen
als eine schickliche und löbliche Handlung angesehen werde. Obgleich der Mensch nun von Natur mit einem Verlangen nach der
Erhaltung und Wohlfahrt der Gesellschaft ausgestattet ist, so hat
die Natur doch seiner Vernunft die Entdeckung nicht anheimgestellt, daß eine große Anwendung von Strafen das schickliche Mittel zu Erreichung dieses Zwecks sey, sondern hat ihn mit unmittelbarer und instinktartiger Billigung grade der Anwendung, die
die zweckmäßigste von allen ist, ausgerüstet. Die Haushaltung
der Natur ist in dieser Hinsicht derjenigen gänzlich analog, die sie
bey manchen andern Gelegenheiten äußert. In Rücksicht aller jener
Zwecke, die in Ansehung ihrer Wichtigkeit als Lieblingszwecke der
Natur betrachtet werden können, hat sie den Menschen beständig
nicht nur mit Lust zu ihrem bezielten Zweck, sondern auch mit
Neigung zu den Mitteln, durch welche selbiger allein bewirkt werden kann, einer Neigung um der Mittel selbst willen, ohne Hinsicht auf ihre Tendenz, versehen.   So sind Selbsterhaltung und die
Fortpflanzung der Gattung die großen Zwecke, die sich die Natur
in der Bildung aller Thiergeschlechter vorgesetzt zu haben scheint.
Die Menschen sind mit einem Verlangen nach diesen Zwecken und
einer Abneigung von dem Gegentheil ausgerüstet, mit Liebe des
Lebens und Furcht der Auflösung, mit einem Verlangen, die Gattung fortzupflanzen und zu verewigen, und mit Abscheu an dem
Gedanken ihrer gänzlichen Vertilgung.   Allein ungeachtet der starken Begierde, die zu diesen Zwecken uns eingepflanzt ist, hat die
Natur es dennoch nicht den langsamen und ungewissen Bestimmun-
gen unsrer Vernunft überlassen, die schicklichen Mittel zu ihrer
Erreichung aufzufinden.   Sie hat uns zu den meisten derselben
durch ursprüngliche und unmittelbare Instinkte hingelenkt.   Hunger, Durst, Geschlechtstrieb, die Liebe zum Vergnügen, und die
Furcht vor Schmerz nöthigen uns, die Mittel um ihrer selbst willen
anzuwenden. und ohne Rücksicht auf ihr Verhältniß zu den wohlthätigen Absichten, die der große Urheber der Natur durch sie zu
befördern meinte.

Eh ich diese Anmerkung schließe, muß ich noch auf einen Un=
terschied zwischen der Billigung des Schicklichen und des Ver=
dienstlichen oder der Wohlthätigkeit Rücksicht nehmen. Um jeman=
des Gesinnung als sich selbst und ihrem Gegenstande angemessen zu
genehmigen, müssen wir nicht nur eben so, wie er, affizirt seyn, son=
dern auch diese Harmonie und Uebereinstimmung der Gesinnungen
zwischen ihm und uns bemerken. So können wir von einem Un=
fall unsers Freundes hören, und genau den nehmlichen Grad von
Bekümmerniß empfinden, den er selbst empfindet; allein so lange
wir nicht wissen, wie er sich geberdet, so lange wir die Harmonie
zwischen seinen und unsern Gemüthsbewegungen nicht wahrneh=
men, so lange kann man nicht eigentlich sagen, daß wir die Gesin=
nungen, die sein Betragen bestimmen, genehmigen. Die Billi=
gung des Schicklichen erfodert also nicht nur, daß wir durchweg
mit dem Handelnden sympathisiren, sondern auch, daß wir diese
vollkommne Eintracht zwischen seinen und unsern Empfindungen
wahrnehmen. Wenn ich hingegen von einer jemandem wieder=
fahrnen Wohlthat höre, so mag derjenige, dem sie wiederfahren
ist, von ihr affizirt werden, wie er will; fühl' ich Dankbarkeit in
meiner Brust aufwallen, so muß ich nothwendig das Betragen des
Wohlthäters billigen, und es als verdienstlich und als den schick=
lichen Gegenstand der Belohnung betrachten. Ob der, dem die
Wohlthat wiederfuhr, Dankbarkeit empfindet, oder nicht, kann
augenscheinlich unser Gefühl vom Werth des Wohlthäters auf kei=
nerley Weise mindern. Hier brauchts also keiner innigen Ueberein=
stimmung der Empfindungen. Genug, daß sie übereinstimmen
würden, wenn der Verpflichtete dankbar wäre! Unser Gefühl des
Verdienstlichen gründet sich oft auf eine jener täuschenden Sym=
pathien, durch die wir bey Uebertragung des Falles auf uns sel=
ber auf eine Weise affizirt werden, welcher der eigentlich Leidende
keinesweges fähig ist. Einen ähnlichen Unterschied giebt es zwischen
unsrer Misbilligung des Misverdienstlichen, und zwischen jener
des Unschicklichen.

Anm. Zu leichterer Uebersicht des, meinem Gefühl nach
etwas zu diffus entwickelten Ideenganges des Verfassers in vorste=

J 4

henbem Abschnitt, dürfte folgende Rekapitulazion desselben vielleicht nicht undienlich seyn.

Verdienstlich ist diejenige Handlung, die sich zur Belohnung, misverdienstlich die, welche sich zur Bestrafung qualifizirt.

Zur Belohnung qualifizirt sich eine Handlung, wenn sie diejenige Empfindung weckt, die grade zu auf Belohnung. — zur Bestrafung, wenn sie diejenige weckt, die gradezu auf Bestrafung abzweckt.

Jene Empfindung ist die Dankbarkeit. Diese der Zorn.

Verdienstlich ist eine Handlung also dann, wenn sie schicklicher Gegenstand der Dankbarkeit — misverdienstlich, wenn sie schicklicher Gegenstand des Zorns ist.

Schicklicher Gegenstand der Dankbarkeit ist die Handlung, wenn sie Gegenstand einer solchen Dankbarkeit ist, die von jedem unpartheylichen Zuschauer gebilligt, und sympathetisch mit empfunden wird — schicklicher Gegenstand des Zorns, wenn sie einen solchen Zorn erregt, mit welchem alle Welt sympathisirt.

Es wird aber niemand mit der Dankbarkeit eines Menschen vollkommen sympathisiren, wenn er nicht die Triebfedern billigt, welche den Wohlthäter zu seiner wohlthätigen Handlung bestimmten. Und nie wird jemand mit eines andern Zorn sympathisiren, wenn er nicht die Triebfedern dessen, der durch Beleidigung seinen Zorn reizte, misbilligen muß.

Vollkommen verdienstlich ist eine Handlung also nur dann, wenn der unpartheyische Zuschauer sowohl mit den Triebfedern des Handelnden, als mit der Dankbarkeit des Behandelten sympathisiren muß; im höchsten Grade misverdienstlich im umgekehrten Fall.

Kein Mensch wird gegen diese ganze Reihe analytischer Sätze und Entwicklungen etwas einzuwenden haben, der die oberste Prämisse derselben einräumt. Den Erweis für diese ist der Verfasser uns allen schuldig geblieben.

Zweyter Abschnitt.
Von Gerechtigkeit und Wohl-thätigkeit.

Erstes Kapitel.
Vergleichung dieser beiden Tugenden.

─────────

Handlungen, die etwas Wohlthätiges beabsichtigen, und aus schicklichen Triebfedern entspringen, scheinen allein Be-lohnung zu verdienen, weil sie allein die genehmigten Ge-genstände der Dankbarkeit sind, und die sympathetische Dankbarkeit der Zuschauer erregen.

Handlungen, die etwas Schädliches beabsichtigen, und aus unschicklichen Triebfedern entspringen, scheinen allein Strafe zu verdienen, weil sie allein die genehmgehaltnen Gegenstände des Zorns sind, oder den sympathetischen Zorn des Zuschauers erregen.

Wohlthätigkeit ist immer frey, sie kann nicht mit Ge-walt erzwungen werden, ihr bloßer Mangel stellt keiner Strafe bloß, weil der bloße Mangel der Wohlthätigkeit nicht wirklich positiv Böses thut. Er kann uns um das Gute be-triegen, das wir vernünftigerweise hätten erwarten können, und in so fern mit Recht unsern Unwillen und unsre Misbilli-gung erregen; allein man hat kein Recht, über ihn zu zür-nen, und wer darüber zürnt, darf sich kein Mitgefühl von

den Zuschauern versprechen.   Wer seinen Wohlthäter nicht
belohnt, wenn er es in seiner Gewalt hat, und wenn sein
Wohlthäter seines Beystandes bedarf, ist ohne Zweifel der
schwärzesten Undankbarkeit schuldig.   Das Herz jedes unpartheylichen Zuschauers verwirft alles Mitgefühl mit der
Eigensucht seiner Triebfedern, und sie ist der schickliche Gegenstand der höchsten Misbilligung.   Gleichwohl thut er niemandem etwas positiv Böses.   Er thut nur das nicht, was
er den Grundsätzen der Schicklichkeit zufolge hätte thun sollen.
Er ist der Gegenstand des Hasses, einer Leidenschaft, die
natürlicherweise durch Unschicklichkeit in Gesinnungen und
im Betragen erweckt wird, nicht des Zorns, einer Leidenschaft, die schicklicherweise nur durch Handlungen gereizt
wird, die irgend jemandem etwas wirklich und positiv Böses zufügen.   Sein Mangel an Dankbarkeit kann also nicht
bestraft werden.   Ihn mit Gewalt zu dem zwingen wollen,
was die Dankbarkeit von ihm fodert, und dessen Leistung
jeder unpartheyliche Zuschauer gutheißen würde, wäre, wo
möglich, noch unschicklicher, als seine Vernachläßigung dieser Pflicht.   Sein Wohlthäter würde sich selbst entehren,
wenn er ihn mit Gewalt zur Dankbarkeit zu zwingen suchen
sollte, und für einen Dritten, der nicht etwa ein Vorgesetz-
ter von einem von beiden wäre, wär' es unschicklich, sich
darein zu mengen.   Von allen Pflichten der Wohlthätigkeit
nähern sich jedoch diejenigen, die die Dankbarkeit empfiehlt,
der so genannten vollkommnen Verbindlichkeit am meisten.   Was Freundschaft, Edelmuth, Menschenliebe uns
mit allgemeinem Beyfall thun heissen würden, ist immer
noch freyer, darf immer noch weniger mit Gewalt erzwungen werden, als die Pflichten der Dankbarkeit.   Wir reden
von Schulden der Dankbarkeit, nicht der Menschenliebe,

nicht des Edelmuths, nicht einmal der Freundschaft, wenn
Freundschaft bloße Hochachtung, und nicht durch Erkenntlichkeit für geleistete Dienste erhöht worden ist.

Der Zorn scheint uns von der Natur zur Vertheidigung gegeben zu seyn, und nur zur Vertheidigung. Er
ist der Schutz der Gerechtigkeit, und die Sicherheit der Unschuld. Er reitzt uns, das Leid, das uns jemand zufügen
will, von uns abzuwehren, und wenn es uns schon zugefügt
ist, es ihm zu vergelten, damit der Beleidiger seine Ungerechtigkeit bereue, und andre durch die Furcht vor gleicher
Züchtigung zurückgeschreckt werden, sich gleicher Beleidigung schuldig zu machen. Er muß daher auch zu dieser Absicht aufgespart werden, und wird er zu andern gemißbraucht,
so kann der Zuschauer ihn nicht gutheißen. Allein der bloße
Abgang der wohlthätigen Tugenden, obwohl er uns um das
Gute betriegt, das wir vernünftigerweise hätten erwarten
können, thut doch niemandem, und versucht auch niemandem ein Leid zuzufügen, vor dem wir uns zu vertheidigen brauchten.

Es gibt jedoch noch eine andre Tugend, deren Beobachtung der Freyheit unsers Willens nicht anheimgestellt
wird, die mit Gewalt erzwungen werden kann, und deren
Verletzung dem Zorn, folglich auch der Strafe bloßstellt:
Diese Tugend ist die Gerechtigkeit. Die Verletzung der Gerechtigkeit ist das Unrecht. Ihre Verletzung fügt andern
einen wirklichen und positiven Schaden zu, und entspringt
aus Triebfedern, die wir von Natur mißbilligen. Sie ist
daher der schickliche Gegenstand des Zorns, und der Strafe,
der natürlichen Folge des Zorns. So wie die Menschen die

Gewaltthätigkeit gutheißen, mit der man sich wegen des Schadens, den uns die Ungerechtigkeit zugefügt hat, zu erholen sucht, so genehmigen sie die noch stärker, mit der man angedrohtes Unrecht zu hintertreiben, und den Beleidiger von Beschädigung seines Nächsten zurückzuschrecken sucht. Der Bösartige, der auf eine Ungerechtigkeit sinnt, fühlt dies selber. Er fühlt, daß sowohl derjenige, den er beleidigen will, als andre mit der äußersten Schicklichkeit Gewalt gebrauchen können, entweder um die Ausführung seines Verbrechens zu verhindern, oder auch ihn zu züchtigen, wenn ers schon ausgeführt hat. Und hierauf gründet sich jener merkwürdige Unterschied zwischen der Gerechtigkeit und allen andern geselligen Tugenden, welchen neulich ein Schriftsteller von großem und originellem Geist so stark ins Licht gestellt hat; hieher rührt es, daß wir uns zu Handlungen der Gerechtigkeit strenger verpflichtet fühlen, als zu Handlungen der Freundschaft, der Menschenliebe, oder des Edelmuths; daß die Uebung dieser leztern Tugenden gewissermaßen unsrer eignen Wahl überlassen scheint, daß wir uns aber auf eine oder andre Weise zur Beobachtung der Gerechtigkeit vorzüglich verbunden und verhaftet fühlen. Wir fühlen, heißt das, daß man mit der äußersten Schicklichkeit und mit Billigung aller Menschen Gewalt gebrauchen könne, um uns zu Beobachtung der Vorschriften von jener, nicht aber zu Befolgung der Gebote von diesen, zu zwingen.

Sorgfältig müssen wir jedoch immer das bloß Tadelnswürdige oder Mißbilligungsfähige von dem, zu dessen Verhütung oder Bestrafung man Gewalt brauchen kann, unterscheiden. Tadelnswürdig scheint das, was hinter jenem gewöhnlichen Grade schicklicher Wohlthätigkeit, welche uns die

Erfahrung von jedermann erwarten läßt, zurückbleibt;
was hingegen über diesen Grad hinaus geht, scheint uns lobenswürdig.   Der alltägliche Grad selber scheint weder ta-
delns- noch rühmenswürdig.   Ein Vater, ein Sohn, ein
Bruder, der sich gegen seinen Verwandten weder besser noch
schlechter beträgt, als der große Haufe der Menschen gewöhnlich thut, scheint eigentlich weder Lob noch Tadel zu verdienen.   Wer uns durch außerordentliche und unerwartete,
wiewohl noch immer schickliche und anständige Güte, oder
aber im Gegentheil durch eben so außerordentliche und unerwartete, als unschickliche und unanständige Härte überrascht, scheint im erstern Falle rühmens- und im andern
tadelnswürdig.   -

   Kein Mensch darf auch nur den geringsten Grad von
Güte oder Wohlthätigkeit von jemanden seines Gleichen mit
Gewalt erzwingen.   Unter Leuten von gleichem Stande ist
jeder Einzelner von Natur und vorläufig vor allen bürgerlichen Einrichtungen berechtigt, sowohl sich selbst gegen Beleidigungen zu vertheidigen, als auch einen gewissen Grad
Züchtigung gegen denjenigen, der ihn beleidigt hat, zu verlangen.   Jeder edelgesinnte Zuschauer billigt sein Betragen,
wenn er dieses thut, und theilt seine Gefühle so innigst, daß
er wohl gar aufspringt, um ihm beyzustehn.   Wenn ein
Mensch den andern angreift, plündert, oder zu ermorden
sucht, so gerathen alle Nachbarn in Aufruhr, und halten
sich berechtigt, hinzu zu eilen, den Angegriffnen zu vertheidigen, oder den bereits Beleidigten zu rächen.   Wenn aber
ein Vater es an dem gewöhnlichen Maaße väterlicher Zärtlichkeit gegen seine Kinder fehlen läßt, wenn ein Sohn jener
kindlichen Ehrerbietung, die einem Vater gebührt, zu er-

mangeln scheint; wenn Brüder einander die alltägliche brü=
derliche Zuneigung nicht beweisen; wenn jemand seine Brust
gegen alles Mitleid stählt, und das Elend seiner Mitbrü=
der zu erleichtern abschlägt, ungeachtet er es ohne Beschwer=
de vermöchte, so tadelt zwar jedermann ein solches Betragen,
niemand wähnt aber, daß diejenigen, die vielleicht Ursache
haben, mehr Güte zu gewärtigen, einiges Recht hätten, sie
mit Gewalt zu erzwingen. Der Leidende darf bloß klagen,
und der Zuschauer darf sich bloß mit Rath und Vorstellungen
zwischen sie mengen. Gegen seines Gleichen Gewalt brau=
chen, würde in allen diesen Fällen für den höchsten Grad von
Uebermuth und Anmaßung gehalten werden.

Ein Höherer kann freylich zuweilen mit allgemeinem
Beyfall seine Untergebnen nöthigen, sich in dieser Rücksicht
mit einem gewissen Grade von Schicklichkeit gegen einander
zu verhalten. Die Gesetze aller gesitteten Nazionen nöthi=
gen die Eltern, ihre Kinder, und die Kinder, ihre Eltern
zu unterhalten, und gebieten den Menschen mancherley
andre Pflichten der Wohlthätigkeit. Den bürgerlichen
Obrigkeiten wird die Macht anvertraut, den öffentlichen
Frieden nicht nur durch Einschränkung der Ungerechtigkeit,
sondern auch durch Erhaltung guter Zucht eine Entmuthi=
gung aller Arten von Lastern und Unschicklichkeit zu befördern.
Sie ließ zu dem Ende Regeln vorschreiben, die nicht nur
wechselseitige Beleidigungen zwischen Mitbürgern unter=
gen, sondern auch wechselseitige Hülfsleistungen bis zu einem
gewissen Grade gebieten. Wenn der Oberherr etwas an=
befiehlt, was an sich gleichgültig ist, und vor Ergehung die=
ses Befehls ohne einigen Tadel hätte unterlassen werden kön=
nen, so wird es nicht nur tadelnswürdig, sondern auch sträf=

lich, ihm nicht zu gehorchen. Befiehlt er etwas, was auch
vor Ergehung seines Befehls nicht ohne großen Tadel hätte
unterlassen werden können, so wird dieser Ungehorsam gewiß noch weit sträflicher. Von allen Pflichten des Gesetzge-
bers ist jedoch diese vielleicht diejenige, deren schickliche und
kluge Erfüllung die meiste Zärtlichkeit und Mäßigung erfodert. Sie ganz und gar vernachläßigen, stellt den Staat
manchen groben Unordnungen und anstößigen Abscheulichkeiten bloß, und sie zu weit treiben, zerstört alle Freyheit, Sicherheit und Gerechtigkeit.

Wiewohl der Mangel an Wohlthätigkeit nun unter
Menschen, die einander gleich sind, keine Strafe zu verdienen scheint, so scheinen doch die stärkern Aeußerungen
dieser Tugend der höchsten Belohnung würdig. Als her-
vorbringende Ursachen des größten Gutes sind sie die natürlichen und genehmgehaltnen Gegenstände der lebendigsten
Dankbarkeit. Dahingegen ist die Verletzung der Gerechtigkeit zwar strafbar, die Beobachtung ihrer Pflichten aber
scheint kaum einiger Belohnung würdig. — Schicklich ist
sie allerdings, und in dieser Rücksicht eben jener Billigung
empfänglich, die der Schicklichkeit gebührt. Da sie aber
nichts wirklich und positiv Gutes stiftet, so darf sie nur
auf sehr wenig Dankbarkeit Anspruch machen. Bloße Gerechtigkeit ist in den meisten Fällen nur eine negative Tugend, und hindert uns nur, unsre Nachbarn zu beschuldi-
gen. Wer sich bloß enthält, seines Nächsten Person, Vermögen oder guten Namen zu verletzen, hat sicherlich wenig
positives Verdienst. Er erfüllt gleichwohl alle Regeln der
eigentlichen so genannten Gerechtigkeit, und leistet alles, zu
dessen Leistung seines Gleichen ihn mit Schicklichkeit zwin-

gen, oder für dessen Nichtleistung sie ihn mit Schicklichkeit
strafen könnten. Wir können oft alle Regeln der Gerechtigkeit erfüllen, mit bloßem Stillsitzen und Nichtsthun.

Mit dem Maaße, mit dem jemand mißt, soll ihm
wieder gemessen werden — das scheint das große Gesetz
zu seyn, das die Natur uns zugeflüstert hat. Edelmuth gebührt dem Edelmüthigen! Wohlthätigkeit dem Wohlthäter!
Wessen Herz den Gefühlen der Menschlichkeit sich nimmer
öffnet, der, dünkt uns, sollte auf gleiche Weise von aller
Theilnehmung seiner Mitgeschöpfe ausgeschlossen werden,
und in Mitte der Gesellschaft, wie in einer großen Einöde,
leben, wo niemand nach ihm fragt, und keiner sich um ihn
kümmert. Dem Uebertreter der Gesetze der Gerechtigkeit
muß das Uebel, das er andern zufügt, selbst fühlbar gemacht werden, und da keine Rücksicht auf die Leiden seiner
Brüder ihn zurückzuschrecken fähig ist, so muß er durch die
Furcht vor eignen Leiden zurückgeschreckt werden. Wer bloß
unschuldig ist, wer bloß die Gesetze der Gerechtigkeit in Ansehung andrer beobachtet, kann nichts weiter verdienen, als
daß seine Nachbarn ihrerseits seine Unschuld ehren, und
die nehmlichen Gesetze in Ansehung seiner gleich gewissenhaft beobachten.

Anm. Die Pflichten der Gerechtigkeit sind bekanntermaßen
diejenigen, die in der Schule den Namen der vollkommnen Pflichten führen; die Pflichten der Wohlthätigkeit die so genannten unvollkommnen Pflichten. Jene gehören vors äußere Forum, diese
vor den Gerichtshof des Gewissens. Ohne jene kann die Gesellschaft überall nicht, ohne diese nicht in ihrem blühendsten und erfreulichsten Zustande bestehn. Die Beobachtung von erstern sichert
nur vor Strafe, während die Beobachtung von diesen ein Recht

zu Belohnungen giebt. Nach des Verfassers eignem Begriffe hätte
er jene daher nicht unter die Rubrik der verdienstlichen Handlun»
gen eintragen sollen.

Dem formalen Grundsatze zufolge soll man wollen können,
daß die Maxime unsrer Handlungen allgemeines Gesetz werde.
Hiernach beurtheilt zerfallen die Handlungen in Hinsicht auf die
Art ihrer Verbindlichkeit (nicht auf das Objekt, das sie beabsich»
tigen) ebenfalls sehr natürlich in jene zwo Klassen. Einige nem»
lich sind so beschaffen, daß die leitende Maxime ohne Widerspruch
nicht einmal als Naturgesetz gedacht werden kann; weit gefehlt,
daß man wollen könne, sie solle ein solches werden. Andre
involviren zwar jene innre Unmöglichkeit nicht, sind gleichwohl
aber von der Art, daß man unmöglich wollen kann, daß sie
allgemeines Naturgesetz werden, weil ein solcher Wille sich selbst
aufheben würde. Jene widersprechen den strenger vollkommnern,
diese den weitern unvollkommnern Pflichten.

K

Zweytes Kapitel.

Vom Gefühl des Rechts, von Gewissensbissen, und vom Bewußtseyn eignen Werths.

Es kann keinen schicklichen Bewegungsgrund zu Beschädigung des Nächsten geben, es kann keine Reizung geben, dem andern Böses zuzufügen, als den gerechten Unwillen über irgend ein von dem andern uns zugefügtes Böses. Seine Glückseligkeit bloß darum stören, weil sie der unsrigen im Wege steht, ihm etwas rauben, was ihm wahrhaftig nützlich ist, bloß darum, weil es uns eben so nützlich oder vielleicht noch nützlicher seyn kann; den natürlichen Hang, den wir haben, unsre eigne Glückseligkeit dem Glücke aller andern Menschen vorzuziehn, auf Kosten des Nächsten befriedigen, das sind Handlungen, die kein unpartheylicher Zuschauer genehmhalten kann. Freylich ist ein jeder von Natur sich selbst der Nächste; sich selbst ist er die nächste Rücksicht schuldig, und da niemand tauglicher, für ihn zu sorgen, ist, als er selber, so ists auch recht und billig, daß er für sich sorge. Einem jeden liegt daher unendlich mehr an dem, was ihn unmittelbar betrifft, als an dem, was irgend sonst jemanden angeht, und selbst die Nachricht von jemandes Tode, mit dem wir keine besondre Verbindung gehabt haben, ist vielleicht nicht fähig, uns so viel Bekümmerniß zu verursachen, unsre Laune so sehr zu verstimmen, oder unsre Ruhe so sehr zu unterbrechen, als irgend ein sehr unbedeutender Unfall, der uns selbst betroffen hat. Allein ungeachtet uns

fers Naͤchſten Untergang uns minder ruͤhren mag, als irgend
ein kleiner eigner Unfall, ſo muͤſſen wir doch ſeinen Untergang nicht bewerkſtelligen, um dieſem geringen Unfall zuvor-
zukommen, ja nicht einmal, um unſern eignen Untergang zu
verhuͤten. Wir muͤſſen hier, wie in allen andern Faͤllen, uns
ſelbſt nicht ſo ſehr in dem Lichte, in dem wir von Natur uns
ſelbſt erſcheinen, als vielmehr in dem, in welchem wir andern vorkommen, betrachten. Immerhin mag jemand, dem
Sprichwort zufolge, ſich ſelbſt die ganze Welt ſeyn, dem
Reſte der Menſchen iſt er nur ein ſehr unbedeutender Theil
derſelben. Immerhin mag ſeine eigne Gluͤckſeligkeit ihm
wichtiger ſeyn, als jedes andern ſeine, jedem andern iſt ſie
um nichts wichtiger, als die Gluͤckſeligkeit jedes andern.
Immerhin mag es alſo wahr ſeyn, daß jeder einzelne Menſch
im Herzen ſich ſelbſt allen andern vorzieht, er darf es dennoch den Menſchen nicht ins Angeſicht geſtehn, daß er dieſem Grundſatz zufolge handle. Er fuͤhlt, daß ſie in dieſem
Vorzug nie mit ihm zuſammenſtimmen koͤnnen, und daß er,
ſo natuͤrlich er ihm auch ſeyn moͤge, ihnen immer uͤbertrie-
ben und ausſchweifend vorkommen muͤſſe. Wenn er ſich in
dem Lichte betrachtet, in dem er weiß, daß andre ihn betrachten werden, ſo ſieht er, daß er vor ihnen nur Einer vom großen Haufen, und um nichts beſſer, als jeder
andre vom großen Haufen, ſey. Will er ſo verfahren,
wie denn jeder Menſch ſo zu verfahren dringend wuͤnſcht,
daß der unpartheyliche Zuſchauer die Grundſaͤtze ſeines Ver-
rens genehmigen moͤge, ſo muß er bey dieſer, wie bey allen
andern Gelegenheiten, die Anmaßungen der Eigenliebe daͤm-
pfen, und ſie zu etwas herabſtimmen, was andre Menſchen
ihm nachempfinden koͤnnen. Sie werden es ihm zu gut
halten, wenn er um ſeine eigne Gluͤckſeligkeit beſorgter iſt,

als um jedes andern seine, und wenn er jene eifriger ver=
folgt, denn diese. Sie müssen es ihm zu gut halten, wenn
sie sich in seine eigne Lage versetzen. In dem Wettlaufe um
Reichthum, Ehren, Beförderung mag er so stark rennen,
als er kann, und jeden Nerv und jeden Muskel anstren=
gen, um allen seinen Mitbewerbern den Rang abzulaufen.
Sollt' er aber irgend einen von ihnen niederrennen, so hat
die Nachsicht des Zuschauers durchaus ein Ende. Er beein=
trächtigt die reine Gleichheit des Spiels, ein Verfahren,
das kein Mensch gutheißen kann. Der Beeinträchtigte ist
den Zuschauern in jeder Rücksicht eben so gut, als er selber; sie
können die Eigenliebe nicht fassen, vermöge deren er sich
selbst andern so sehr vorzieht, und können die Beweggründe
nicht begreifen, aus welchen er ihn beschädigt. Sie sympa=
thisiren daher bereitwilligst mit dem natürlichen Unwillen
des Beleidigten, und der Beleidiger wird der Gegenstand
ihres Hasses und Unwillens. Er selbst fühlt, daß er es
wird, und daß diese Gesinnungen von allen Seiten wider
ihn losbrechen werden.

Je größer und unersetzlicher das jemandem zugefügte
Uebel ist, je höher steigt natürlicherweise auch der Zorn des Lei=
denden, und mit ihm zugleich der sympathetische Unwille
des Zuschauers sowohl, als das Schuldgefühl des Thäters.
Von allen Uebeln, die ein Mensch dem andern zufügen kann,
ist der Tod das größte. Er erregt den Unwillen derer, die
mit dem Erschlagnen unmittelbar verbunden sind, im höch=
sten Grade. Der Todtschlag ist daher das abscheulichste aller
Verbrechen, die bloß die Individuen angehn, in den Au=
gen der Menschen sowohl, als in des Thäters Augen selber.
Dessen beraubt werden, was wir bereits besitzen, ist ein

größtes Uebel, als um etwas betrogen werden, was wir
bloß erwarteten. Verletzung des Eigenthumsrechts, Raub
und Diebstahl, die uns nehmen, was wir bereits besitzen,
sind daher größte Verbrechen, als Verletzung von Verträs
gen, die uns bloß um etwas betriegt, das wir erst erwartes
ten. Die heiligsten Gesetze der Gerechtigkeit, diejenigen,
deren Verletzung am lautsten um Rache schreyt, sind daher
die Gesetze, die das Leben und die Person unsers Nächsten
beschirmen; die nächsten diejenigen, die sein Eigenthum und
seine Besitzthümer beschützen; und zuletzt nach allen kommen
die, welche seine so genannten persönlichen Rechte sichern,
und andre zu Erfüllung ihrer ihm geleisteten Versprechungen anhalten.

Der Uebertreter der heiligsten Gesetze der Gerechtigkeit kann nie über die Gesinnungen nachdenken, die die
Menschen in Ansehung seiner unterhalten müssen, ohne alle
Qualen der Schaam, des Abscheues und der Beklemmung
zu fühlen. Wenn seine Leidenschaft befriedigt ist, und sein
voriges Betragen ihm in seinem wahren Lichte erscheint, so
kann er keine der Triebfedern mehr begreifen, die ihn dazu
bestimmten. Sie erscheinen ihm itzt eben so abscheulich, als
sie immer andern Leuten erscheinen. Sympathisirend mit
dem Haß und Abscheu, den andre gegen ihn nähren müssen,
wird er gewissermaßen der Gegenstand seines eignen Hasses
und Abscheues. Die Lage dessen, den er durch seine Ungerechtigkeit verderbte, erregt itzt sein Mitleid. Er quält sich
über die Vorstellung derselben, bedauert die unglücklichen
Wirkungen seines Betragens, und fühlt zu gleicher Zeit,
daß es ihn zum schicklichen Gegenstande allgemeinen Zorns,
Unwillens, und folglich auch der Rache und Züchtigung, des

K 3

Unwillens natürlicher Folgen, gemacht habe. Der Gedanke
hieran verfolgt ihn, wie ein Gespenst, und füllt ihn mit
Schrecken und Entsetzen. Er darf der Gesellschaft nicht
lange ins Antlitz sehn, und wähnt sich aus der zärtlichen
Theilnehmung aller Menschen auf immer ausgestoßen und
verworfen. Auf den Trost der Sympathie darf er in diesem
tiefen und furchtbaren Elende nicht zählen. Das Andenken
seiner Verbrechen hat die Herzen seiner Mitgeschöpfe gegen
alles Mitgefühl mit ihm gestählt. Die Gesinnungen, die
sie in Ansehung seiner nähren, sind grade das, was ihn am
meisten ängstet. Jeder Gegenstand blickt ihn feindlich an,
und er würde froh seyn, in irgend eine unwirthbare Wüste
zu fliehen, wo er nie weder das Angesicht eines menschlichen
Geschöpfs sehen, noch in den Mienen der Menschen das
Verdammnißurtheil seiner Bosheit lesen möchte. Aber die
Einsamkeit ist ihm noch fürchterlicher, als die Gesellschaft.
Jeder Gedanke, der sich ihm aufdringt, ist schwarz, finster,
unglücklich, ist düstres Vorahnden unerträglichen Elends
und Verderbens. Das Grauen der Einsamkeit jagt ihn
zur Gesellschaft zurück, und er erscheint wieder vor den Augen der Menschen, bestürzt, vor ihnen zu erscheinen, von
Schaam belastet, und von Furcht gefoltert, um von eben den
strengen Richtern, die, wie er weiß, ihn schon einmüthig
verdammt haben, einiges schwaches Mitleid zu erflehen.
Dies ist die Natur der Empfindung, die man eigentlich ein
böses Gewissen nennt. Sie ist von allen, die eine Men-
schenbrust zerrütten können, die entsetzlichste. Sie erwächst
aus mancherley gemischten Empfindungen; aus Schaam über
die Unschicklichkeit unsers vergangnen Betragens, aus Betrübniß über die Wirkungen desselben, aus Mitleid mit denen, die dadurch litten, und aus Furcht der Strafe, die aus

dem Bewußtseyn, den gerechten Unwillen aller vernünftigen
Geschöpfe gereizt zu haben, entspringt.

Natürlicherweise flößt ein entgegengesetztes Betragen
auch entgegengesetzte Empfindungen ein. Wer nicht aus
eitler Fantasie, sondern aus schicklichen Triebfedern eine edle
That gethan hat, fühlt, wenn er die Gegenstände seiner Wohlthätigkeit betrachtet, wie sehr er Gegenstand ihrer Liebe und
ihrer Dankbarkeit, und vermöge des sympathetischen Mitgefühls mit ihnen auch der Achtung und Billigung aller
Menschen sey. Sieht er auf die Triebfedern zurück, aus
denen er handelte, überschaut er sie in dem Lichte, worin der
gleichgültige Zuschauer sie überschauen will; so billigt er sie
noch stärker, und ertheilt so durch Sympathie mit der Billigung jenes vermeintlich unpartheylichen Richters, sich seinen
eignen Beyfall. In beiderley Gesichtspunkten erscheint sein
eignes Betragen ihm allewege angenehm. Sein Geist wird
durch das Andenken desselben erquickt und erheitert. In
Freundschaft und Harmonie mit allen Menschen, sieht er
seine Mitgeschöpfe mit Zutrauen und wohlwollender Zufriedenheit an, überzeugt, daß er sich ihrer günstigsten Gesinnungen
würdig gemacht habe. In der Verbindung aller dieser Empfindungen besteht das Bewußtseyn eignen Werths oder verdienter Belohnung.

Anm. Und so wäre das Gewissen, das lebendige Bewußtseyn des Daseyns einer durch sich selbst gesetzgebenden Vernunft,
das jeder gebildete Mensch mit sich herumträgt, nichts anders, als
die ärmliche Rücksicht auf das so trügliche und so leicht zu beste-
chende Urtheil der Menge. Die Schrecken des Bösewichts entsprängen aus nichts anderm, als aus der Furcht, entdeckt zu werden, und dann alle Sympathie seiner Mitgeschöpfe zu verscherzen;
die Ruhe des Tugendhaften aus nichts anderm, als der Ueberzeu-

gung, wie sehr die Menschen die Triebfedern seiner Handlungen billigen, und wie innig sie mit seinen Gesinnungen sympathisiren würden, wenn sie ihn in seinem wahren Karakter erkännten? — Es ist nicht zu leugnen, daß ähnliche Hinsichten sowohl zur Unruhe des Lasterhaften, als zur Beruhigung des Rechtschaffnen das Ihrige beytragen. Ich schätze den Verfasser dieses Werks aber viel zu sehr, als daß ich seinem bekanntermaßen sehr achtungswürdigen Karakter nicht edlere und sicherere Triebfedern unterschieben sollte, als er seinem System zu Liebe sich hier selbst beylegt, als daß ich ihm nicht zutrauen sollte, er habe sich selbst mehr oder minder zu schätzen gewußt, je nachdem er den unerläßlichen Forderungen des heiligen Sittengesetzes mehr oder minder Folge geleistet, unabhängig vom Urtheil der Menschen, und gewissermaßen des höchsten Wesens selber!

Drittes Kapitel.

Was diese Einrichtung der Natur für Nutzen habe.

So hat die Natur den Menschen, der nur in der Gesellschaft bestehen kann, zu der Lage, für die er geschaffen wurde, eingerichtet. Alle Glieder der menschlichen Gesellschaft bedürfen nicht nur eins des Beystandes des andern, sondern sind auch beständigen wechselseitigen Beleidigungen bloßgestellt. Wo eins dem andern aus Liebe, Dankbarkeit, Freundschaft und Achtung den nöthigen Beystand gewährt, da blüht die Gesellschaft und ist glücklich. Alle ihre verschiednen Mitglieder sind durch die süßen Bande der Liebe und Zuneigung an ein-

anber gebunden, und werden, so zu sagen, zu Einem ge-
meinschaftlichen Mittelpunkt wechselseitiger Dienstleistungen
hingezogen.

Sollte aber auch jener nöthige Beystand aus so edelmü-
tigen und uneigennützigen Triebfedern nicht geleistet werden,
sollte auch unter den verschiednen Mitgliedern der Gesellschaft
keine wechselseitige Liebe und Zuneigung statt finden, so würde die Gesellschaft zwar minder glücklich und angenehm seyn,
doch darum noch nicht nothwendig zu Trümmern gehn müssen. Gesellschaft kann zwischen verschiednen Menschen, und
zwischen verschiednen Kaufleuten aus einem Gefühl ihres
Nutzens, ohne einige wechselseitige Liebe und Zuneigung bestehn, und wenn gleich keiner in ihr dem andern Verbind-
keit hat, keiner dem andern mit Dank verhaftet ist, so kann
sie doch immer durch eine kaufmännische Auswechslung gegenseitiger Dienstleistungen, einer angenommenen Schätzung
gemäß, aufrecht erhalten werden.

Zwischen Leuten, die bey der geringsten Veranlassung
jeden Augenblick bereit sind, einander zu befehden und zu
beschädigen, kann jedoch keine Gesellschaft auf die Länge bestehn. Den Augenblick, wo die Fehde beginnt, den Augenblick, wo gegenseitiger Groll und Unwille losbrechen,
reißen alle Bande der Gesellschaft, und ihre verschiednen
Mitglieder werden durch die Gewaltthätigkeit und Wider-
setzlichkeit ihrer mishelligen Affekten zerstreut und aus einander geworfen. Soll zwischen Dieben und Mördern einige
Gesellschaft statt finden, so müssen sie, der alltäglichen Bemerkung zufolge, wenigstens einander selbst nicht bestehlen
noch ermorden. Die Wohlthätigkeit ist dem Daseyn der

Gesellschaft folglich weniger wesentlich, als die Gerechtigkeit; ohne Wohlthätigkeit kann die Gesellschaft bestehn, obgleich nicht in ihrem erfreulichsten Stande; gewinnt die
Ungerechtigkeit aber die Oberhand, so muß sie zu Trümmern gehn.

Wiewohl die Natur daher die Menschen durch das
süße Bewußtseyn verdienten Lohns zu Handlungen der
Wohlthätigkeit aufmuntert, so hat sie es doch nicht nöthig
erachtet, die Uebung derselben durch die Schrecken verdienter
Züchtigung, im Fall man sie vernachläßigte, zu sichern und zu
erzwingen. Wohlthätigkeit ist die Zierde des Gebäudes, nicht
seine Stütze. Sie zu empfehlen, war folglich genug; sie
zu gebieten, nicht nöthig. Gerechtigkeit im Gegentheil ist der Grundpfeiler des Gebäudes. Stürzt dieser, so
stürzt der große und unermeßliche Palast der menschlichen
Gesellschaft, dessen Aufführung und Erhaltung die Lieblings-
sorge der Natur für diese Welt gewesen zu seyn scheint, in
einem Augenblick in Graus und Schutt zusammen. Um
die Beobachtung der Gerechtigkeit zu erzwingen, hat die
Natur daher in die Brust des Menschen das Gewissen eingepflanzt, dies Bewußtseyn eignen Unwerths, diese Bangigkeit vor verdienten Strafen, die die Verletzung der Gerechtigkeit rächt. Die Zusammengesellung der Menschen
fodert den Schwachen beschützt, den Dränger gezügelt, und
den Schuldigen gezüchtigt. Die Menschen, wiewohl von
Natur zur Sympathie gestimmt, fühlen so wenig für einen
andern, mit dem sie keine besondre Verbindung haben, im
Vergleich dessen, was sie für sich selbst empfinden; das Elend
eines andern, der nichts weiter als ihr Nebenmensch ist,
ist ihnen von so geringer Erheblichkeit, in Vergleich auch

der kleinsten eignen Unbequemlichkeit; sie haben es so sehr
in ihrer Macht, ihn zu beschädigen, und können auf
so mancherley Weise dazu gereizt werden, daß, wenn diese
innre Stimme sich nicht zu seiner Vertheidigung regte, und sie
seine Unschuld zu ehren zwänge, sie jeden Augenblick im
Stande seyn würden, gleich wilden Thieren über ihn herzu-
fallen, und ein Mensch in eine Gesellschaft andrer Menschen treten würde, wie wenn er in eine Löwengrube träte.

Ueberall im großen Ganzen bemerken wir Mittel, die
den durch sie beabsichtigten Zwecken mit der genauesten
Sorgfalt angemessen sind. Im Baue jeder Pflanze und
jedes thierischen Körpers bewundern wir, wie alles auf Erreichung der beiden großen Naturzwecke, Erhaltung des
Individuums und Fortpflanzung der Gattung, berechnet ist.
Aber in diesem sowohl, als in allen andern Gegenständen,
unterscheiden wir immer die wirkende von der Endursache
ihrer verschiednen Bewegungen und Organisazionen. Die
Verdauung der Speise, der Umlauf des Bluts, und die
Absonderung der verschiednen Säfte, die aus ihm gezogen
werden, sind Verrichtungen, die alle zu den großen Zwecken des
thierischen Lebens nothwendig sind. Dennoch versuchen wir
nie, sie aus diesen Zwecken, als aus ihren wirkenden Ursachen, zu erklären. Nie stellen wir uns vor, daß das Blut
willkürlich umlaufe, oder die Nahrung sich willkürlich ver-
baue, noch daß diesen Theilen eine Hinsicht auf die Zwecke
des Umlaufs und der Verdauung beywohne. Die Räder
einer Uhr sind alle zu dem Zwecke, zu dem sie gemacht wurden, zum Zeigen der Stunde, aufs genaueste eingerichtet
und in einander gefügt. Ihre verschiednen Bewegungen
vereinigen sich aufs genaueste zur Erreichung dieses Zwecks.

Wären sie mit dem Verlangen und der Absicht, ihn zu erreichen, ausgerüstet, so könnten sie ihn nicht besser erreichen. Dennoch schreiben wir ein solches Verlangen und einen solchen Wunsch nicht ihnen, sondern dem Uhrmacher zu, und wissen, daß sie durch eine Feder, die sich dieser Absichten so wenig, als sie selber, bewußt ist, in Bewegung gesetzt werden. Allein, wiewohl wir, wenn wir die Verrichtungen von Körpern erklären, nie ermangeln, die wirkende von der Endursache zu unterscheiden, so verwechseln wir beide doch nicht selten, wenn wir die Verrichtungen des Geistes erklären wollen. Wenn Naturtriebe uns zu Beförderung solcher Zwecke hinlenken, die eine verfeinerte und geläuterte Vernunft uns empfehlen würde, so sind wir sehr geneigt, dieser Vernunft, als ihrer wirkenden Ursache, die Empfindungen und Handlungen zuzuschreiben, durch die wir diese Zwecke befördern, und uns einzubilden, daß etwas die Weisheit der Menschen sey, das in der That die Weisheit Gottes ist. Einer oberflächlichen Ansicht scheint diese Ursache zur Hervorbringung der ihr zugeschriebnen Wirkungen hinreichend, und das System der menschlichen Natur scheint uns einfacher und angenehmer zu seyn, wenn alle seine verschiednen Verrichtungen aus einem einzigen Prinzip abgeleitet werden können.

Da die Gesellschaft nicht bestehn kann, wofern die Gesetze der Gerechtigkeit nicht erträglich beobachtet werden; da keine gesellige Gemeinschaft unter Menschen statt haben kann, die immer geneigt sind, einander wechselseitig zu beschädigen; so hat man geglaubt, daß diese unumgängliche Nothwendigkeit den Grund enthalte, warum wir es billigen, daß die Beobachtung der Gesetze der Gerechtigkeit durch und Misverdienst. 157

Bestrafung ihrer Uebertreter erzwungen werde. Der
Mensch, sagt man, hat eine natürliche Liebe zur Gesellschaft. Er wünscht die Erhaltung der Einigkeit um ihrer
selbst willen, und ohne Hinsicht auf die Vortheile, die er
von ihr ziehen könne. Die Ordnung und Blüte der Gesellschaft ist ihm angenehm, und ihr Anblick macht ihm Vergnügen. Unordnung und Verwirrung derselben hingegen
ist der Gegenstand seines Abscheues, und er kränkt sich über
alles, was dieselbe verursachen kann. Ueberdies fühlt er,
daß sein eigner Vortheil mit dem Wohlstande der Gesellschaft
verbunden sey, und daß die Glückseligkeit, vielleicht die Erhaltung seines Daseyns von ihrer Erhaltung abhänge. Aus
beiderley Rücksichten verabscheut er alles, was die Gesellschaft zerrütten kann, und bedient sich jedes Mittels, um
einer so verhaßten und gefürchteten Ereigniß vorzubeugen.
Die Ungerechtigkeit ist der gefährlichste Feind der Gesellschaft. Jede Erscheinung von Ungerechtigkeit empört ihn
daher, und er eilt, so zu sagen, den Fortgang eines Uebels
zu hemmen, dessen weitre Verbreitung alles, was ihm
theuer ist, zerstören würde. Kann ers durch sanfte und milde Mittel nicht bezähmen, so muß ers mit Gewalt nieder-
drücken, und seinem fernern Fortgang auf alle mögliche Weise
Einhalt thun. Daher kömmt es, sagen sie, daß ers öfters
sogar billigt, wenn die Uebertreter der Gerechtigkeit am Leben bestraft werden. Der Störer des gemeinen Friedens
wird dadurch aus dem Wege geräumt, und andre werden
durch sein Schicksal abgeschreckt, seinem Beyspiel nach-
zuahmen.

So erklärt man sich gewöhnlich, warum wir die Bestrafung der Ungerechtigkeit billigen. Und in sofern ist diese

Erklärung allerdings richtig, daß wir unserm natürlichen Gefühl der Schicklichkeit der Strafe oft erst durch den Gedanken nachhelfen müssen, wie nöthig sie zur Erhaltung der gesellschaftlichen Ordnung sey. Wenn der Missethäter nun die gerechte Wiedervergeltung leiden soll, die der Unwille der Menschen ihm als seinen Verbrechen gebührend zuerkannt hat; wenn der Uebermuth seiner Ungerechtigkeit durch den Schrecken seiner herannahenden Züchtigung geknickt und gedemüthigt ist; wenn er aufhört, ein Gegenstand der Furcht zu seyn, so beginnt er, edlen und menschlichen Gemüthern ein Gegenstand des Mitleids zu werden. Der Gedanke an seine bevorstehenden Leiden löscht den Unwillen über die Leiden aus, die er andern zugefügt hat. Sie sind geneigt, ihm zu verzeihen, und ihn der Strafe zu entreißen, die sie in kühlern Stunden als die gerechte Vergeltung seiner Verbrechen betrachteten. Hier tritt also der Fall ein, wo sie die Erwägung des allgemeinen Nutzens der Gesellschaft zu ihrem Beystande rufen müssen. Sie müssen dem Andrange dieser weichlichen und partheylichen Menschlichkeit die Gebote einer edlern und umfassendern Menschlichkeit entgegensetzen. Sie müssen erwägen, daß Barmherzigkeit gegen den Schuldigen Grausamkeit gegen den Unschuldigen ist, und der Aufwallung von Mitleid, die sie für einen einzelnen Menschen fühlen, ein ausgebreitetes Mitleid mit dem ganzen Menschengeschlecht entgegensetzen.

Bisweilen treten Fälle ein, in denen wir die Schicklichkeit der Beobachtung der allgemeinen Regeln der Gerechtigkeit durch die Betrachtung, wie nothwendig sie zur Erhaltung der Gesellschaft sey, vertheidigen müssen. Wir hören nicht selten den muthwilligen Jüngling der heiligsten

Regeln der Sittlichkeit spotten, und biswellen aus wirklicher Verderbniß, am öftersten aber aus bloßer Eitelkeit, die
verderblichsten Grundsätze bekennen. Unser Unwille erwacht!
Wir beeifern uns, diese Abscheulichkeiten zu widerlegen.
Aber ungeachtet ihre innre Verhaßheit und Abscheulichkeit
uns ursprünglich wider sie aufbringt, so geben wir doch diese
selten als die Ursache ihrer Verdammlichkeit an, wir sagen
nicht gern, daß sie so verdammlich seyen, weil wir selbst
sie hassen und verabscheuen. Die Folgerung scheint uns nicht
bündig genug zu seyn. Und warum nicht? Wenn wir sie
hassen und verabscheuen, weil sie die natürlichen und schicklichen Gegenstände des Hasses und Abscheues sind. Allein,
wenn man uns frägt, warum wir nicht auf diese oder jene
Art handeln müssen, so scheint die Frage selbst vorauszusetzen,
daß denen, die sie fragen, diese Verfahrungsart um ihret-
selbst willen nicht der natürliche und schickliche Gegenstand
dieser Empfindungen zu seyn scheine. Wir müssen ihnen
also zeigen, daß sie das um etwas andern willen sey. Nach
diesen andern Gründen sehn wir uns um, und der erste, der
sich uns darbeut, ist die Verwirrung und Zerrüttung der
Gesellschaft, die aus der Allgemeinheit solcher Grundsätze
entspringen würde. Wir ermangeln daher selten, auf diesen Gemeinort zu dringen.

Allein so wenig Scharffsinn auch gewöhnlich dazu gehört, um die zerstörenden Wirkungen muthwilliger und
ungebundner Handlungsarten wahrzunehmen, so ist doch
diese Betrachtung selten diejenige, die uns zuerst wider sie
aufbringt. Alle Menschen, auch die dümmsten und gedan-
kenlosesten, verabscheuen Betrug, Treulosigkeit und Ungerechtigkeit, und freuen sich, sie bestraft zu sehn. Nur wenige

aber haben über die Nothwendigkeit der Gerechtigkeit zum
Daseyn der Gesellschaft nachgedacht, so auffallend diese
Nothwendigkeit auch zu seyn scheinen möchte.

Daß wir uns für die Bestrafung von Verbrechen, die
wider die Individuen begangen sind, eben nicht aus Rücksicht auf die Erhaltung der Gesellschaft interessiren, erhellt
aus sehr in die Augen fallenden Bemerkungen.   Unsre Theilnehmung am Glück und an der Wohlfahrt der Individuen entspringt in gewöhnlichen Fällen keinesweges aus unsrer Theilnehmung am Glück und an der Wohlfahrt der Gesellschaft.
Der Verlust oder die Zerstörung eines einzelnen Menschen
rührt uns eben so wenig darum, weil dieser Mensch ein
Mitglied der Gesellschaft ist, oder weil die Zerstörung der
Gesellschaft uns rühren würde, als der Verlust einer einzelnen Guinee uns darum rührt, weil diese Eine ein Theil von
tausend Guineen ist, und weil der Verlust der ganzen Summe uns rühren würde.   In keinerley Fall entspringt unsre
Rücksicht auf die Individuen aus einer Rücksicht auf die
Menge; aber in beiderley Fall erwächst unsre Rücksicht auf
die Menge aus den besondern Rücksichten, die wir auf die
verschiednen Individuen, aus denen sie besteht, nehmen.
So wie wir, wenn uns ungerechterweise eine Summe genommen wird, den Räuber nicht so sehr aus einiger Rücksicht auf die Erhaltung unsers ganzen Vermögens, als aus
Rücksicht auf die besondre Summe, die wir verloren hatten,
verfolgen; so verfolgen wir denjenigen, der einen andern beleidigt oder zerstört hat, nicht so sehr aus Besorgniß für das
allgemeine Interesse der Gesellschaft, als aus Mitgefühl
mit dem beleidigten Individuum.   Dieses Mitgefühl darf
nicht einmal mit derjenigen Liebe, Achtung und Zärtlichkeit,

mit der wir unsre besondern Freunde und Bekannten unterscheiden, versetzt seyn.   Es braucht nichts mehr zu seyn, als
das ganz alltägliche Mitgefühl mit jedem Menschen, in so fern
er unser Mitmensch ist. Wir billigen sogar den Unwillen eines
uns übrigens verhaßten Menschen, wenn er von Leuten beleidigt wird, um die er diese Beleidigung nicht verdiente.
Daß wir sein gewöhnliches Betragen misbilligen, hindert
uns nicht, durchaus mit seinem Unwillen zu sympathisiren;
wiewohl bey Leuten, die eben nicht streng unpartheylich sind,
noch sich gewöhnt haben, ihre natürlichen Empfindungen
nach allgemeinen Regeln zu berichtigen, dies Mitgefühl
allerdings dadurch geschwächt werden kann.

Bey einigen Gelegenheiten strafen und billigen wir die
Strafe jedoch lediglich aus Rücksicht auf das allgemeine Interesse der Gesellschaft, welches unsrer Meinung nach auf
keine andre Weise gesichert werden kann. Von dieser Art
sind alle Züchtigungen, die auf den Bruch der Kriegszucht,
oder der bürgerlichen Polizeyordnung gesetzt sind. Dergleich-
en Verbrechen beschädigen keinen einzelnen Menschen gradezu; aber ihre entfernten Folgen können der Gesellschaft
schädlich werden. Eine Schildwache zum Beyspiel, die auf
ihrem Posten einschläft, ist nach den Kriegsgesetzen des Todes schuldig, weil ihre Fahrläßigkeit den Untergang des ganzen Heers verursachen kann. In so fern ist diese Strenge
nothwendig, und eben ihrer Nothwendigkeit wegen auch
recht und billig. Wenn die Erhaltung eines Individuums mit
der Sicherheit der Menge unverträglich ist, so kann nichts
billiger seyn, als daß die Menge dem Einzelnen vorgezogen
werde. Dennoch muß diese nothwendige Züchtigung einem

L

immer sehr strenge dünken. Das Vergehen ist so gering,
und die Strafe so hart, daß unser Herz Mühe hat, sich mit
ihr auszusöhnen. So tadelnswürdig auch eine ähnliche Fahrläßigkeit scheinen mag, so erweckt die Vorstellung derselben
doch von Natur keinen so starken Unwillen, daß wir geneigt
seyn sollten, sie so schrecklich zu ahnden. Ein Mann von
Menschengefühl muß sich erst sammeln, seine Grundsätze
mustern, und alle seine Festigkeit aufbieten, eh' er sich entschließen kann, den armen Unglücklichen zu strafen, oder
seine Bestrafung zu billigen. Nicht in eben dem Lichte betrachtet er die gerechte Züchtigung eines Ungeheuers von Undankbarkeit, eines Todtschlägers oder Vatermörders. Mit
Wärme, und mit Ungestüm sogar, genehmigt sein Herz
die gerechte Wiedervergeltung, die so abscheulichen Verbrechen gebührt, und er würde in Wuth gerathen, wenn
der Bösewicht durch einen Zufall seinem Lohn entränne.
Diese ganz verschiednen Empfindungen, mit denen der Zuschauer diese verschiednen Züchtigungen ansieht, beweisen, daß
seine Genehmigung der einen mit der Genehmigung der andern keinesweges auf einerley Gründen beruhe. Die Schildwache betrachtet er als ein unglückliches Schlachtopfer, das
freylich der Sicherheit der Menge aufgeopfert werden muß,
dessen Aufopferung er jedoch immer bedauert und gern verhüten möchte, wenn das Interesse der Gesellschaft nicht dagegen strebte. Sollte der Mörder aber der Strafe entgehn,
so würde sein äußerster Unwille auflodern, und er würde
Gott anrufen, ein Bubenstück, das die Ungerechtigkeit der
Menschen auf Erden ungerochen dahin gehn läßt, in jener
andern Welt zu ahnden.

Anm. Vortrefflich hat der beredte Verfasser in dieser ganzen Deduktion gezeigt, daß die Sittlichkeit von allem Kalkuliren des Eigennutzes unabhängig sey, und daß es ein viel früheres Interesse, als jenes der Nutzbarkeit, gebe, was uns die Tugend ehrwürdig und das Laster verhaßt mache. Aber ach! statt von diesem richtigen und sichern Blick sich zur Erhabenheit der ersten Prinzipien emporzuschwingen, verliert er sich in nur noch mislichern Irren, und substituirt einem doch wenigstens in deutliche Begriffe auflösbaren Räsonnement den unsichersten aller Erkenntniß- und Bestimmungsgründe, das Gefühl!

Denn es ist sehr merkwürdig, daß wir so wenig der Meinung sind, als ob die Ungerechtigkeit bloß um der Ordnung der Gesellschaft willen, die nicht anders erhalten werden könne, in diesem Leben bestraft werden müsse, daß die Vernunft uns vielmehr hoffen lehrt, und die Religion uns zu glauben berechtigt, daß sie sogar noch in einem künftigen Leben werde bestraft werden. Unser Gefühl ihres Unwerths verfolgt sie, so zu sagen, noch über das Grab hinüber; obwohl ihre dortige Züchtigung nicht mehr dazu dienen kann, den Rest der Menschenkinder, die sie nicht sehen und nicht erfahren, von Begehung ähnlicher Unbilden abzuschrecken. Aber die Gerechtigkeit Gottes, wähnen wir, erfodre, daß die Beleidiger der Wittwen und Waisen, die hienieden so oft ungestraft gemishandelt werden, dort ihren Lohn bekommen.

Daß die Gottheit die Tugend liebe, und das Laster hasse, so wie ein Wollüstling den Reichthum liebt, und die Armuth haßt, nicht um ihrer selbst, sondern um der durch sie erzielten Wirkungen willen; daß sie die eine liebe, bloß

weil sie die Wohlfahrt der Gesellschaft befördert, die die Gott=
heit, vermöge ihres allerhöchsten Wohlwollens, zu befördern
wünscht, und daß sie das andre hasse, bloß weil es das Elend
der Menschen veranlaßt, das die Gottheit, vermöge der nehm=
lichen Eigenschaft, verabscheut; das ist nicht die Lehre der uns
unterrichteten Natur, sondern ein künstliches Schlußgewebe
der Vernunft und der Philosophie. Unsre natürlichen, unun=
terwiesenen Empfindungen machen uns glauben, daß so wie
vollkommne Tugend der Gottheit, eben so wie uns, um ihrer
selbst willen und aus keiner andern Rücksicht, als natürli=
cher und schicklicher Gegenstand der Liebe und Belohnung er=
scheinen müsse; so müsse auch das Laster ihr um sein selbst
willen und aus keiner andern Rücksicht als natürlicher und
schicklicher Gegenstand des Hasses und der Strafe erschei=
nen. Daß die Götter weder zürnen, noch sich rächen, war
allgemeiner Grundsatz aller philosophischen Sekten des Al=
terthums, und wenn durch Zürnen jener gewaltige und un=
ordentliche Aufruhr der Lebensgeister verstanden wird, der
des Menschen Brust so oft zerrüttet; oder wenn durch Rä=
chen jenes muthwillige Unheilstiften, das auf Gerechtigkeit
und Schicklichkeit gar keine Rücksicht nimmt, verstanden
wird, so ist dergleichen Schwachheit allerdings der göttlichen
Vollkommenheit unwerth. Wenn aber damit gemeint ist,
daß das Laster der Gottheit nicht um sein selbst willen als
Gegenstand des Abscheues und Hasses, noch um sein selbst
willen nach Recht und Billigkeit strafwürdig erscheine, so
scheint das manchen sehr natürlichen Gefühlen zu widerspre=
chen. Diesen natürlichen Gefühlen zufolge fürchten wir
vielmehr, daß vor Gottes unbefleckter Heiligkeit das Laster
strafwürdiger erscheinen möge, als die Mangelhaftigkeit

menschlicher Vollkommenheiten je vor ihr belohnungswürdig
scheinen könne. Aufgefodert, sich vor einem unendlich voll=
kommnen Wesen zu stellen, kann der Mensch unmöglich viel
Zutrauen auf sein eignes Verdienst oder auf die unvollkomm=
ne Schicklichkeit seines Betragens fühlen. In Gegenwart
seiner Mitgeschöpfe, mag er sich zuweilen mit Recht erha=
ben fühlen; er mag zuweilen Ursache haben, von seinem eig=
nen Betragen und Karakter, in Vergleichung mit den größern
Unvollkommenheiten andrer, einen hohen Begriff zu nähren;
aber ganz anders verhält es sich, wenn er vor seinem un=
endlichen Schöpfer erscheinen soll. Einem solchen Wesen,
fürchtet er, werde seine Kleinheit und Schwachheit schwer=
lich jemalen ein schicklicher Gegenstand der Achtung und Be=
lohnung scheinen können, dagegen begreift er leicht, wie die
zahllosen Pflichtsverletzungen, deren er sich schuldig machte,
ihn zum schicklichen Gegenstande des Abscheues und der Strafe
machen, und er sieht keine Ursache, warum der göttliche
Zorn nicht ohne Rückhalt auf ein so verächtliches Insekt, als
er dem allerhöchsten Wesen gegenüber zu erscheinen glaubt,
losbrechen solle. Hegt er noch einige Hoffnung auf Glück=
seligkeit, so fühlt er, daß er sie nicht von der Gerechtigkeit
Gottes zu fodern, sondern nur von seiner Barmherzigkeit zu
erflehen habe. Reue, Buße, Demüthigung, Zerknirschung
beym Andenken seines vergangnen Betragens scheinen in
dieser Rücksicht die Empfindungen, die sich für ihn schicken,
und die einzigen übrigen Mittel zu seyn, um jenen Zorn,
den er gereizt zu haben sich bewußt ist, zu besänftigen. So=
gar auf diese verläßt er sich nicht gänzlich. Er fürchtet
mit Recht, daß die Weisheit Gottes nicht, wie die
Schwäche der Menschen, durch lästiges Gewehklage be=

£ 3

wogen werden könne, des Verbrechers zu schonen. Irgend
eine andre Vermittlung, irgend ein andres Opfer, irgend
eine andre Genugthuung, glaubt er, müsse dasjenige er-
gänzen, was seinen eignen Bemühungen ermangelt, ehe die
Reinheit der göttlichen Gerechtigkeit mit seinen mannichfaltigen Uebertretungen ausgesöhnt werden könne. Die
Lehren der Offenbarung bestätigen in jeder Rücksicht dies
Vorgefühl der Natur, und indem sie uns unterrichten,
wie wenig wir uns auf die Unvollkommenheit unsrer eignen Tugend zu verlassen haben, zeigen sie uns zugleich,
daß die kräftigste Vermittlung geschehen, und die fürchterlichste Genugthuung für unsre mannichfaltigen Uebertretungen und Sünden geleistet worden sey.

Anm. Merkwürdig ist es immer, daß alle Urreligionen,
den einzigen Islam ausgenommen (der jedoch auch nichts weniger als Urreligion, sondern eine Art von Coalition aller drey da-
mals herrschenden Religionen seines Vaterlandes war) das Bedürfniß einer Genugthuung voraussetzen, und die Beschaffung
derselben als eine ihrer allerwichtigsten Angelegenheiten behandeln. Die dänischen Missionarien erzählen, daß die Brama-
nen in diesem einzigen Punkte dem Christenthume den Vorzug
vor ihrer Religion zugestanden. Und die mährischen Brüder,
die in Grönland und den westindischen Inseln das Wort des
Herrn förderten, bemerkten allgemein, daß sie die Aufmerksamkeit ihrer rohen Zuhörer nicht sicherer fesseln, noch leichter Ein-
gang zu ihrem Herzen gewinnen konnten, als wenn sie mit gänzlicher Uebergehung aller vorbereitenden Kenntnisse aus der natürlichen Religion ihnen sogleich von einem Vermittler zwischen
dem Menschen und der zürnenden Gottheit, und von der vollgül-
tigen Genugthuung, die dieser für alle ihre Sünden geleistet
habe, vorsagten. Man kann leicht denken, was diese guten Leute

aus biefer Beobachtung für die Energie des ihnen so theuren
Wortes vom Kreuze für Schlüsse ziehn. Erwägt man aber, daß
die Religionen ursprünglich bloße Dämonenverehrungen waren,
und daß der Glaube an diese ohne Zweifel aus den mancherley
furchtbaren Naturbegebenheiten entsprang, die die Menschen sich
nicht anders als Wirkungen mächtiger und zürnender Wesen
erklären konnten, so begreift sichs ohne Mühe, wie sich an diesen Glauben die Furcht, sie beleidigt zu haben, und das Verlangen, durch Opfer, Feste, Büßungen u. s. w. sich mit ihnen
auszusöhnen, knüpfen mußte.

Dritter Abſchnitt.

Was das Glück auf die Empfindun-gen der Menſchen über Verdienſtlich-keit oder Misverdienſtlichkeit der Handlungen für Einfluß habe.

Einleitung.

Alles Lob, oder aller Tadel, der einer Handlung zukom-men kann, gebührt entweder erſtlich der Geſinnung oder dem Affekt, aus dem ſie entſpringt; oder zweytens der äußer-lichen Handlung oder körperlichen Verrichtung, die jenen Affekt veranlaßt; oder endlich ten guten oder ſchlimmen Fol-gen, die wirklich und in der That daraus herfließen. Dieſe breyerley Stücke erſchöpfen die ganze Natur der Handlung, und müſſen den Grund von jeder Eigenſchaft enthalten, die ihr etwa zukommen mag.

Daß die beiden lezten dieſer drey Stücke kein Grund einiges Lobes oder Tadels ſeyn können, erhellt aus ſich ſelbſt, und iſt nie von irgend jemandem beſtritten worden. Die äuſ-ſerliche Handlung oder körperliche Verrichtung iſt oft in den unſchuldigen und ſtrafbarſten Handlungen die nehmliche. Wer einen Vogel, und wer einen Menſchen niederſchießt, ver-richtet genau einerley äußerliche Handlung, nehmlich das Abdrücken der Flinte. Die Folgen, die wirklich und in der That aus der Handlung entſpringen, ſind, wo möglich, noch gleichgültiger gegen Lob und Tadel, als die äußerliche Ver-

richtung des Körpers. Da sie nicht vom Handelnden, sondern
vom Glück abhängen, so können sie nie der schickliche Grund
von Gesinnungen seyn, die den Karakter und das Betragen
des Handelnden zum Gegenstand haben.

Die einzigen Folgen, für die er verantwortlich seyn
kann, oder durch die er Billigung oder Misbilligung verdienen
kann, sind diejenigen, die auf eine oder andre Weise von ihm
beabsichtigt werden, oder die wenigstens in der Gesinnung
aus der sie entspringen, etwas angenehmes oder unangenehmes
zeigen. Der Absicht oder Gesinnung der Schicklichkeit oder Unschicklichkeit, der Wohlthätigkeit oder Uebelthätigkeit der Handlung gebührt also am Ende allein alles Lob oder aller Tadel,
alle Billigung oder Misbilligung, welcherley sie sey, die irgend einer Handlung mit Recht beygelegt werden kann.

So allgemein und abgezogen vorgetragen, wird dieser
Grundsatz gewiß von jedermann anerkannt. Seine Richtigkeit ist so einleuchtend, daß alle Welt ihn zugesteht, und
auch nicht Eine Stimme ihn bestreitet. Jedermann gibt zu,
daß, so verschieden auch die zufälligen, unbeabsichtigten und
unvorhergesehenen Folgen verschiedner Handlungen seyn mögen, dennoch, wenn die Gesinnungen und Neigungen, aus
denen sie entsprangen, entweder einerseits gleich schicklich und
gleich wohlthätig, oder andrerseits gleich unschicklich und
gleich übelthätig waren, das Verdienst oder Misverdienst
der Handlungen immer das nehmliche, und der Handelnde
immer auf gleiche Weise schicklicher Gegenstand entweder
der Dankbarkeit oder des Unwillens sey.

Allein, so sehr wir auch von der Wahrheit dieses billigen Grundsatzes im Allgemeinen überzeugt seyn müssen, so

L 5

haben doch, sobald wir ihn nun auf einzelne Fälle anwen-
den sollen, die wirklichen Folgen, die aus einer Handlung
entspringen, einen sehr großen Einfluß auf unser Gefühl
ihrer Verdienstlichkeit oder Misverdienstlichkeit, und erhöhen
oder vermindern unser Gefühl von beiden beynahe beständig.
Schwerlich werden wir bey gehöriger Untersuchung auch nur
in einem einzigen Falle finden, daß unser Urtheil gänzlich
durch jene Regel gelenkt werde, der wir doch die Befugniß,
sie allein zu lenken, zugestehn.

Diese Unregelmäßigkeit des Gefühls, die jedermann
empfindet, deren sich schwerlich jemand erwehren kann, und
die doch niemand gern eingesteht, will ich izt erörtern. Ich
will zuförderst die Ursache, die sie veranlaßt, oder den Me-
chanismus, durch welchen die Natur sie hervorbringt, dann
den Umfang ihres Einflußes, und zulezt den Zweck, dem
sie zusagt; oder die Absicht, die der Urheber unsrer Natur
durch sie zu bezwecken gesucht hat, in Erwägung ziehen.

Erstes Kapitel.

Woher dieser Einfluß des Glücks entspringe.

Die Ursache des Schmerzes und Vergnügens, welcherley sie auch seyn, und wie sie auch wirken mögen, scheinen allein die Gegenstände zu seyn, die jene Leidenschaften des Danks und des Zorns in jedem beseelten Wesen unmittelbar erregen. Nicht nur durch lebendige, sondern auch durch leblose Gegenstände werden sie erweckt. Wir zürnen wohl einen Augenblick selbst über den Stein, der uns beschädigt. Ein Kind schlägt ihn; ein Hund billt ihn an; ein hitziger Mensch ist im Stande, über ihn zu fluchen. Das geringste Nachdenken berichtigt indessen diese Empfindung, und wir werden bald inne, daß, was kein Gefühl hat, kein schicklicher Gegenstand des Zorns seyn könne. Ist das Unheil jedoch sehr groß, so wird der Gegenstand, der es veranlaßte, uns in der Folge verhaßt, und wir finden ein Vergnügen daran, ihn zu verbrennen oder zu zerstören. So werden wir das Werkzeug behandeln, das zufälligerweise den Tod unsers Freundes veranlaßt hat, und wir würden uns sogar einer Art von Fühllosigkeit schuldig glauben, wenn wir nicht diese ungereimte Art von Rache an ihm verübten.

Auch gegen leblose Gegenstände sind wir einer Art von Dankbarkeit empfänglich, wenn sie uns großes oder häufiges Vergnügen verursacht haben. Der Seemann, der, sobald er ans Ufer gelangt ist, das Bret, auf dem er dem Tode

entrann, ins Feuer stecken könnte, würde uns ein fühlloser
Mensch dünken.   Wir würden erwarten, daß er es lieb ge=
winnen, und als ein ihm theures Denkmahl mit Sorgfalt
aufbewahren sollte.   Man gewöhnt sich an eine Schnupf=
tobacksdose, ein Federmesser, einen Spazierstock, und ge=
winnt eine Art von Liebe und Anhänglichkeit daran.   Zer=
brechen oder verlieren wir es, so grämen wir uns weit mehr
darum, als der Verlust werth ist.   Haben wir lange in
einem Hause gewohnt, hat ein Baum uns häufig in seine
grünen Schatten aufgenommen, so betrachten wir beide mit
einer Art von dankbarer Achtung.   Der Verfall des einen,
oder der Untergang des andern flößt uns ein Gefühl von
Schwermuth ein, wenn wir auch nichts dadurch verlieren
sollten.   Die Dryaden und Laren des Alterthums,
eine Art von Baumgenien und Hausdämonen, verdanken
ihren Ursprung vermuthlich dieser Art von Zuneigung, die
die Urheber dieses Aberglaubens für solche Gegenstände
empfanden, und die ihnen ungereimt scheinen mochte, wenn
nicht irgend ein lebendiges Wesen in ihnen wohnte.

Um jedoch ein schicklicher Gegenstand der Dankbarkeit
oder des Unwillens zu seyn, muß ein Ding nicht nur Ver=
gnügen oder Schmerz verursachen können, sondern es muß
auch fähig seyn, selbst Vergnügen und Schmerz zu empfin=
den. Ohne diese zwote Eigenschaft könnten jene Leidenschaften
sich auf keine befriedigende Weise gegen sie äußern.   Da sie
durch die Ursachen von Schmerz und Vergnügen erregt wer=
den, so besteht ihre Befriedigung in der Wiederhervorbrin=
gung dieser Gefühle in demjenigen, was dieselben in ihnen
hervorbrachte, welches bey leblosen und unempfindlichen
Geschöpfen unmöglich ist.   Thiere sind daher weniger uns

schickliche Gegenstände der Dankbarkeit und des Unwillens, als leblose Gegenstände. Der Hund, der da beißt, der Ochs, der da stößt, werden beide gezüchtigt. Haben sie gar den Tod eines Menschen verursacht, so kann weder das Publikum, noch die Verwandtschaft des Erschlagnen durch etwas anders als ihre gleichfallsige Hinrichtung befriediget werden, und das nicht bloß um der Sicherheit der Lebenden willen, als gewissermaßen um den Todten zu rächen. Thiere im Gegentheil, die ihrem Herrn ausnehmend nützlich gewesen sind, werden Gegenstände einer sehr lebhaften Dankbarkeit. Uns empört die Grausamkeit jenes Offiziers, dessen in dem türkischen Kundschafter gedacht wird; der sein Pferd, das ihn quer über einen Meerbusen getragen hatte, auf dem jenseitigen Ufer niederstieß, damit es in der Folge keinen andern durch ein solches Wagstück auszeichnen möchte.

Allein, obgleich die Thiere nicht nur Schmerz und Vergnügen verursachen, sondern auch selbst dergleichen ihrerseits empfinden können, so fehlt doch viel daran, daß sie vollkommne schickliche Gegenstände der Dankbarkeit und des Zorns seyn sollten, und daß diese Leidenschaften sich bis zur völligen Befriedigung an ihnen äußern könnten. Der innigste Wunsch der Dankbarkeit ist nicht nur, dem Wohlthäter wiederum wohl zu thun, sondern ihm fühlbar zu machen, daß er diese Vergeltung wegen seines eignen vergangnen Betragens empfange, ihm ein Wohlgefallen an diesem Betragen einzuflößen, und ihn zu überzeugen, daß derjenige, dem er Gefälligkeiten erwiesen hat, ihrer nicht unwürdig sey. Was uns am meisten für unsern Wohlthäter einnimmt, ist die Uebereinstimmung seiner Empfindungen mit den unsrigen in Ansehung des Werths unsers Karakters, und der uns schuldigen Achtung. Wir freuen uns, jemanden zu finden, der uns schätzt, wie wir uns selbst schätzen, und uns vom Reste der Menschen mit derjenigen Aufmerksamkeit unterscheidet, mit der wir uns wohl selbst von ihnen zu unterscheiden pflegen. Diese angenehmen und schmeichlerischen Empfindungen in ihm zu erhalten, ist einer der Hauptzwecke, die wir durch Erwiederung seiner Wohlthaten zu erreichen suchen. Eine edle Seele verschmäht oft den eigennützigen Gedanken, durch zudringliche Aeußerungen von Dankbarkeit ihrem Wohlthäter neue Gunstbezeugungen zu entpressen. Aber seine Achtung zu erhalten und zu verstärken, ist ein Interesse, das die größte Seele ihrer Aufmerksamkeit würdig achtet. Und eben hierauf gründet sich jene Bemerkung, daß, wenn wir die Triebfedern unsers Wohlthäters nicht begreifen können, wenn wir sein Betragen und seinen Karakter nicht billigen können, seine Dienstleistungen, sie mögen noch so groß seyn, nur geringe Dankbarkeit in uns erregen. Der Vorzug, dessen er uns würdigt, schmeichelt uns in diesem Falle weniger, und wir halten es keiner sonderlichen Mühe werth, die Achtung eines so schwachen oder verdienstlosen Gönners zu behaupten.

Dahingegen ist das Hauptaugenmerk des Zorns nicht so sehr, unserm Feinde wiederum Schmerz zu verursachen, als ihn empfinden zu lassen, daß er ihn wegen seines vorigen Betragens leide, ihn zur Reue über sein Betragen zu bringen, und ihn zu überzeugen, daß der, den er beleidigte, nicht verdiente, so behandelt zu werden. Was uns gegen den Mann, der uns mishandelt oder hohnneckt, am meisten aufbringt, ist dies, daß er so wenig Wesens aus uns zu machen scheint; daß er sein eignes Selbst dem unsrigen so übermüthig vorzieht; daß er sich lächerlicher und eigennü-

biger Weise einbildet, daß andre Leute seiner Bequemlich=
keit und seiner Laune zu aller Zeit aufgeopfert werden müß=
ten. Die schreyende Unschicklichkeit dieses Betragens, der
grobe Uebermuth, und die fühllose Ungerechtigkeit, die ihm
zum Grunde liegen, empören und erbittern uns oft mehr,
als alles Uebel, was uns daraus zuwächst. Ihn zum rich=
tigern Gefühl seiner Pflichten gegen andre zurückzubringen,
ihm fühlbar zu machen, was er uns schuldig sey, und wie
unrecht er uns gethan habe, ist gewöhnlich der Hauptzweck,
den wir in unsrer Rache beabsichtigen, und ohne dessen Er=
reichung diese nicht befriedigt wird. Wenn unser Feind uns
kein Unrecht gethan zu haben scheint, wenn wir fühlen, daß
er vollkommen schicklich gehandelt habe, daß wir in seiner
Lage das nehmliche gethan hätten, und daß wir alles Uebel,
was er uns zufügte, um ihn verdienten, so können wir
nicht über ihn zürnen, oder der lezte Funken der Billigkeit
müßte in uns erloschen seyn.

Um also ein durchaus schicklicher Gegenstand entweder
der Dankbarkeit oder des Zorns zu werden, muß ein Ding
dreyerley Eigenschaften besitzen. Es muß erstlich Vergnü=
gen im einen, und Schmerz im andern Falle verursachen
können; es muß zweytens diese Empfindungen selbst zu
fühlen fähig seyn; und drittens muß es diese Empfin=
dungen nicht nur verursacht, sondern auch absichtlich verur=
sacht haben, und zwar aus einer Absicht, die im einen Fall
gebilligt, und im andern gemisbilligt wird. Durch die erste
Eigenschaft wird ein Gegenstand, diese Leidenschaften zu er=
regen, fähig; durch die zwote wird er fähig, sie zu befrie=
digen; die dritte aber ist nicht nur zur vollkommnen Befrie=
digung derselben nöthig, sondern als ein Quell besondern und

ausgesuchten Vergnügens und Schmerzes, ist sie auch eine Ursache mehr, durch welche diese Leidenschaften gereizt werden.

Da also nur dasjenige, was Schmerz oder Vergnügen verursacht, auf eine oder andre Weise die einzige erregende Ursache der Dankbarkeit und des Zorns ist, so mögen die Absichten eines Menschen noch so schicklich und wohlwollend einerseits, und noch so unschicklich und übelwollend andrerseits seyn — ist das beabsichtigte Gute, oder das bezweckte Uebel ihm mislungen, so fällt in beiden Fällen eine der erregenden Ursachen weg, und ihm scheint in dem einen weniger Dankbarkeit, und im andern weniger Unwille zu gebühren. Dahingegen mag immerhin in den Absichten eines Menschen weder irgend ein lobenswürdiger Grad von Wohlthätigkeit einer, noch irgend ein tadelnswürdiger Grad von Bosheit andrerseits gewesen seyn; haben seine Handlungen einiges Gute, oder einiges Uebel gestiftet, so tritt in beiderley Fällen eine der erregenden Ursachen ein, und wir fühlen uns in dem einen zu einiger Dankbarkeit, und in dem andern zu einigem Umwillen geneigt. Ein Stral von Verdienst scheint in jenem, ein Schatten von Misverdienst in diesem Fall auf ihn zu fallen. Und da die Folgen der Handlungen gänzlich unter der Herrschaft des Glücks stehen, so entspringt hieraus ihr Einfluß auf die Gesinnungen der Menschen, in Hinsicht auf Verdienst und Misverdienst.

Zweytes Kapitel.

Was dieser Einfluß des Glücks für einen Umfang habe.

———

Dieser Einfluß des Glücks bewirkt zweyerley: erstlich eine Verminderung unsers Gefühls, des Werths oder Unwerths solcher Handlungen, die aus den lobenswürdigsten oder tadelnswürdigsten Absichten entspringen, wenn sie ihrer bezweckten Wirkung verfehlen; zweytens, eine Vermehrung dieses Gefühls, wenn Handlungen, die eben aus keiner sonderlich lobens= oder tadelnswürdigen Triebfeder entspringen, zufälligerweise entweder ein außerordentliches Vergnügen, oder einen ungewöhnlichen Schmerz veranlassen.

I. Ich sage einmal: Jemandes Absichten mögen noch so schicklich und wohlwollend einerseits, oder so unschicklich und bösartig andrerseits seyn; verfehlen sie ihrer bezweckten Wirkungen, so scheint in jenem Falle sein Verdienst, und in diesem sein Misverdienst unvollkommen und unvollständig. Es wird auch dies regelwidrige Gefühl nicht bloß von denen empfunden, die von den Folgen der Handlungen unmittelbar betroffen werden. Es empfindet es gewissermaßen auch der unpartheyische Zuschauer. Wer für einen andern um eine Beförderung wirbt, und erhält sie nicht, wird freylich als dessen Freund betrachtet, und scheint seine Liebe und Zuneigung zu verdienen. Wer sie aber nicht bloß sucht, sondern sie ihm auch wirklich verschaft, wird eigentlicher als sein Gönner und Wohlthäter angesehn, und

M

ist zu seiner Achtung und Dankbarkeit berechtigt. Ersterm scheint der Verpflichtete eben nichts sonderliches schuldig zu seyn; wir würden sein Herz aber nicht schätzen können, wenn er sich nicht für einen Schuldner des Vatern hielte. Dem gewöhnlichen Gerede zufolge sollen wir zwar dem, der sich uns zu dienen beeiserte, eben so viel Dank schuldig seyn, als dem, der uns wirklich diente. Wir sagen das auch wirklich zu jedem, der irgend einen vergeblichen Versuch dieser Art machte, aber im Grunde ist dies Kompliment, so wenig, wie alle andre, nach dem Buchstaben zu nehmen. Was ein edelgesinnter Mann für seinen Freund, der seine wohlwollenden Absichten verfehlte, empfindet, mag freylich zuweilen mit dem, was er für seinen erfolgreichern Freund empfindet, beynahe einerley seyn, und je edelgesinnter er ist, je mehr mögen jene Empfindungen sich der vollkommnen Gleichheit mit diesem nähern. Dem wahrhaftig Edelmüthigen gewährt das Bewußtseyn, von achtungswürdigen Menschen geliebt und geschätzt zu seyn, mehr Vergnügen, und erregt folglich auch mehr Dankbarkeit in ihm, als alle Vortheile, die er je von diesen Empfindungen erwarten könnte. Verliert er diese Vortheile, so scheint er nur eine Kleinigkeit zu verlieren, die kaum des Bemerkens werth ist. Im Grunde verliert er aber doch immer etwas. Sein Vergnügen und folglich auch seine Dankbarkeit ist nicht mehr die nehmliche. Wenn also auch zwischen dem erfolgreichen Freund und dem erfolglosen alle andre Umstände gleich sind, so wird doch auch in dem edelsten und besten Gemüthe einiger Unterschied der Zuneigung zu Gunsten des erfolgreichen statt haben. Die Ungerechtigkeit der Menschen geht in diesem Stücke so weit, daß, wenn die beabsichtigte Wohlthat auch wirklich bewirkt, aber nicht von dem Einen, sondern von mehrern sich für sie

verwendenden bewirkt wird, sie sogleich demjenigen, der mit
den besten Absichten von der Welt dieselbe doch nur ein we=
nig befördern konnte, weniger Dank schuldig zu seyn wäh=
nen. Da sie ihre Erkenntlichkeit in diesem Falle zwischen
den verschiednen Beförderern ihrer Glückseligkeit theilen müs=
sen, so scheint jedem derselben ein geringerer Theil zu gebüh=
ren. Dieser oder jener, hören wir gewöhnlich sagen, hatte
freylich die Absicht, uns zu dienen, und wir glauben auch,
daß er alle seine Kräfte zu unserm Vortheil anstrengte; den=
noch sind wir ihm für diese Wohlthat nicht verhaftet, denn
wären andre ihm nicht zu Hülfe gekommen, so würde er sie
nie zu Stande gebracht haben. Diese Rücksicht, wähnen
wir, solle selbst in den Augen des unpartheylichen Zu=
schauers die Schuld, mit der wir ihm verpflichtet sind, min=
dern. Der Freund selbst, der uns ohne Erfolg eine Wohl=
that zu verschaffen wünschte, rechnet bey weitem nicht so stark
auf unsre Dankbarkeit, und schreibt sich bey weitem kein sol=
ches Verdienst in Ansehung unsrer zu, als er gethan haben
würde, wenn es ihm gelungen wäre.

Auch das Verdienst von Talenten und Fähigkeiten, die
durch einen Zufall an Leistung ihrer Wirkungen gehindert
worden, scheint uns unvollkommen, selbst dann, wenn wir
von ihrer Fähigkeit, sie zu leisten, vollkommen überzeugt
sind. Der Feldherr, der durch den Neid der Staatsbedien=
ten gehindert wurde, irgend einen wichtigen Vortheil über
die Feinde seines Landes zu gewinnen, bedauert den Ver=
lust dieser Gelegenheit zeitlebens. Auch bedauert er ihn nicht
bloß um des Vaterlandes willen. Er beklagt sich, daß man
ihn gehindert habe, eine That zu thun, die seinem Ruf in
seinen eignen Augen sowohl, als in den Augen aller andern

Menschen einen neuen Glanz gegeben haben würde. Wo
der ihn noch andre befriedigt der Gedanke, daß der Entwurf
und die Absicht alles waren, was von ihm abhing; daß zu
Ausführung des Plans keine größre Fähigkeit gehört hätte,
als zu Entwerfung desselben; daß man ihm die Fähigkeit,
ihn auszuführen, allgemein zugestehe, und von der Unfehl-
barkeit des Erfolgs, wenn man ihm die Befolgung seines
Plans erlaubt hätte, fest überzeugt sey. Immer verfehlte
er doch der wirklichen Ausführung; und wiewohl ihm aller
Beyfall gebühren mag, der großen und edlen Entwürfen
zukömmt, so ermangelt er doch des wirklichen Verdienstes,
eine große That gethan zu haben. Die Führung einer
Staatsangelegenheit einem Manne abzunehmen, der sie der
Beendigung nahe brachte, wird als die misgünstigste Ungerechtigkeit angesehn. Da er so viel gethan hat, dünkt
uns, so hätte man ihm erlauben sollen, sich auch das Verdienst der Vollendung zu erwerben. Pompejus mußte
sichs vorwerfen lassen, daß er sich zwischen die Siege des
Lucullus eingedrängt, und Lorbeern, die dem Glück
und dem Muth des andern gebührten, um seine Schläfe
gewunden habe. Lucullus Ruhm schien seinen Freunden sogar weniger vollkommen zu seyn, als ihm nicht erlaubt worden, eine Eroberung zu vollenden, deren Vollendung durch
sein Betragen und seine Tapferkeit jedem andern so leicht
geworden war. Einen Baukünstler kränkt es, wenn seine
Plane entweder überall nicht befolgt, oder wenn sie so abgeändert werden, daß der Effekt des Gebäudes darunter
leidet. Der Plan ist gleichwohl alles, was von dem Baukünstler abhängt. Die ganze Kraft seines Genies entfaltet
sich vor zukommenden Richtern in ihm eben so vollständig,
als sie es in der wirklichen Ausführung thun würde. Sie

entdecken in dem einen so viel Geschmack und Genie, als in
der andern. Aber die Wirkungen von beiden sind dennoch
höchst verschieden, und das Vergnügen, das der Plan ge=
währet, erregt nimmer die Bewundrung, die das Gebäude
selbst erregen würde. Wir mögen von manchen Menschen
wohl glauben, daß ihre Talente den Talenten Cäsars und
Alexanders überlegen seyen, und daß sie in ähnlichen
Lagen noch größre Dinge geleistet haben würden. Indessen
betrachten wir sie doch nie mit dem Erstaunen und der
Bewundrung, mit der diese beiden Helden in allen Zeital=
tern und von allen Völkern betrachtet worden sind. Das
ruhige Urtheil des Verstandes mag ihren größern Werth em=
pfinden, aber zum Blenden, zum Hinreißen fehlt ihnen
der Glanz von großen Thaten. Ueberlegne Talente und
Tugenden haben selbst auf die, die diese Ueberlegenheit mer=
ken, nicht die nehmliche Wirkung, die überlegne Verrichtun=
gen auf sie haben.

Gleichwie nun das Verdienst eines mislungnen Ver=
suchs, Gutes zu thun, in den Augen der undankbaren Welt
durch sein Mislingen verliert, so verliert auch das Misver=
dienst eines vereitelten Versuchs, Böses zu thun, durch diese
seine Vereitlung. Die Absicht, ein Verbrechen zu begehen,
mag noch so klar erwiesen seyn, fast nie wird sie so streng
bestraft werden, als die wirkliche Begehung desselben. Das
Verbrechen des Hochverraths macht hier vielleicht allein eine
Ausnahme. Dies Verbrechen, das das innere Bestehen der
Verfassung selbst angreift, wird von der Regierung natürli=
cherweise eifersüchtiger geahndet, als jedes andre. In Be=
strafung des Hochverraths ahndet der Souverain die Belei=
digungen, die ihm selbst zugefügt sind; in Bestrafung an=

M 3

brer Verbrechen diejenigen, die andern widerfuhren. In dem einen Falle befriedigt er seinen eignen Zorn, im andern den Zorn seiner Unterthanen, den er nur durch Sympathie theilt. In jenem Falle ist er Richter seiner eignen Sache, und geneigt daher zu strengern und blutigern Strafen, als der unpartheyliche Zuschauer gutheißen kann. Seine Rachgier empört sich daher auch bey geringern Veranlassungen, und wartet in diesem nicht so, wie in andern Fällen, erst auf die wirkliche Begehung des Verbrechens, oder auch nur auf den Versuch, es zu begehn. Eine hochverrätherische Verschwörung, sollte auch nichts von ihr geleistet, nichts von ihren Entwürfen in Ausübung gebracht worden seyn, ein hochverrätherisches Gespräch sogar wird in manchen Ländern eben so schrecklich geahndet, wie die wirkliche Begehung des Hochverraths. In Ansehung aller andern Verbrechen wird die bloße Absicht, ohne einigen Versuch, sie zu vollführen, bisweilen überall nicht, nie mit gleicher Strenge bestraft. Eine strafbare Absicht und eine strafbare Handlung scheinen freylich nicht nothwendig gleichen Grad von Bösartigkeit vorauszusetzen, und müssen daher auch nicht gleichen Züchtigungen unterworfen werden. Man kann fähig seyn, etwas zu beschließen, und sogar die Maasregeln nehmen, etwas auszuführen, vor dessen wirklicher Ausführung man in dem entscheidenden Augenblicke doch zurückbeben würde. Dieser Grund fällt jedoch weg, wenn das Vorhaben schon bis zum lezten Punkt des Versuchs gediehen ist. Dennoch wird ein Mensch, der auf einen andern ein Pistol abdrückt und ihn verfehlt, von den Gesetzen, ich glaube, keines einzigen Landes zum Tode verurtheilt. Nach den schottischen Rechten entgeht der Mörder sogar der Todesstrafe, wenn er den andern zwar verwundet, der

vermindert aber einen gewissen festgesetzten Zeitpunkt aber
noch. Der Unwille der Menschen erklärt indessen sich so laut
wider das Verbrechen, ihr Schrecken vor demjenigen, der
es zu begehn fähig ist, äußert sich so stark, daß man glauben sollte, der bloße Versuch, es zu begehn, werde in allen
Ländern das Leben verwirken. In Ansehung kleinerer Verbrechen wird der bloße Versuch fast immer nur obenhin, und
zuweilen überall nicht gestraft. Der Dieb, dessen Hand
in des Nachbarn Tasche ertappt worden, eh er etwas her-
ausgenommen, kömmt mit der bloßen Schmach davon. Hätt
er Zeit gewonnen, auch nur ein Schnupftuch herauszuziehn,
so würd es das Leben verwirkt haben. Wer in ein Haus
bricht, und auf dem Ansetzen der Leiter in seines Nachbarn
Fenster betroffen wird, eh er hineingestiegen, ist kein Hals-
verbrecher. Der Versuch, ein Mädchen zu schänden, wird
nicht, wie die Schändung selbst, bestraft. Der Versuch, eine
Verheirathete zu verführen, wird überall nicht, die Verführung selbst aber mit Strenge bestraft. Unser Unwille gegen
den, der bloß etwas Böses zu thun versuchte, ist selten so stark,
daß wir ihm die Strafe zuerkennen sollten, die wir im Fall
der wirklichen Ausführung ihm zuerkannt haben. In jenem
Falle mindert die Freude über unsre Errettung das Gefühl
der Scheußlichkeit seines Betragens, in diesem verstärkt ihn
der Schmerz über unser Unglück. Sein wirkliches Misverdienst ist jedoch unstreitig in beiden Fällen einerley, angesehen seine Absichten gleich strafbar waren, und so findet sich
hier eine Regelwidrigkeit in den Gefühlen aller Menschen,
und eine Erschlaffung der Strenge in den Gesetzen, ich glaube, aller Nationen, der gesitteten sowohl als der rohesten.
Die Menschlichkeit gesitteter Völker bewegt sie, in Fällen,
wo ihr natürlicher Unwille nicht durch die Folgen des Ver-

brechens angefacht wird, die Strafe entweder zu erhöhen
oder zu mildern. Barbaren im Gegentheil scheinen um die
Triebfedern der Handlungen nicht sonderlich verlegen oder
neugierig zu seyn, sobald keine wirklichen Folgen aus ihnen
erwachsen sind.

Der Mensch selbst, der entweder aus Leidenschaft oder
aus Verführung beschlossen, und vielleicht schon wirklich die
Maasregel genommen hat, irgend ein Verbrechen, wobey er
glücklicherweise aber durch einen Zufall an Vollendung des=
selben gehindert ward, wird, wenn ihm noch einiges Gewis=
sen übrig blieb, diesen Zufall sein ganzes übriges Leben
hindurch als eine Errettung aus großem und ausnehmendem
Unglück betrachten. Er wird ihrer nie gedenken können,
ohne dem Himmel zu danken, daß er ihn so gnädig vor einer
Schuld, in die er sich zu stürzen im Begriff war, bewah=
ret, und den ganzen Rest seines Lebens von immerwähren=
den Schrecken, peinigender Reue und folternden Gewissens=
bissen errettet hat. Allein, ob seine Hände gleich unschul=
dig geblieben sind, so ist er sich doch bewußt, daß sein Herz
eben so schuldig sey, als wenn er die schwarze That, die er
beschlossen, wirklich ausgeführt hätte. Dennoch erleichtert
es sein Gewissen, daß sie nicht vollführt wurde, und ihr
Mißlingen tröstet ihn, wiewohl er weiß, daß es nicht
seiner Tugend zuzuschreiben sey. Er glaubt sich ist wenni=
ger straf= und weniger tadelnswürdig, und der günstige
Zufall vermindert nicht nur, sondern vertilget zuweil=
len alles Gefühl seiner Schuld. Der Gedanke, wie weit
er dazu entschlossen gewesen, zeigt seine Errettung ihm bloß
in noch hellerm und weit bekannter Lichte. Denn als Er=
rettung gedenkt er sie sich, und sieht auf die Gefahr, wel=

der, der Friede seiner Seele ausgesetzt gewesen, mit eben dem
Schrecken zurück, mit welchem jemand vom sichern Ufer in
den Abgrund schaudernd hinunterblickt, in den er, im Begriff war, hinabzustürzen,

II. Die zweyte Wirkung jenes Einflusses des Glücks
ist die, daß es uns, auch Handlungen, die zufälligerweise irgend ein außerordentliches Vergnügen, oder einen ungewöhnlichen Schmerz veranlassen, von einer verdienstlichern oder
misverdienstlichern Seite zeigt, als die Triebfeder, oder
die Gesinnung, aus der sie hervorsproßten, verdient. Die
angenehmen, oder unangenehmen Wirkungen der Handlungen werfen oft einen Strahl von Werth oder einen Schatten
von Unwerth auf den Handelnden; wiewohl in seiner Absicht nichts sonderlich lobens- oder tadelnswürdiges gewesen ist,
nichts wenigstens, das dergleichen in dem Grade verdiente,
worin wir ihm Lob oder Tadel gewähren. So ist sogar
der Bote schlimmer Zeitungen uns unangenehm, und dagegen fühlen wir eine Art von Dankbarkeit für den Mann,
der uns gute Botschaft bringt. Einen Augenblick lang betrachten wir sie als die Urheber, den einen unsers Glücks,
den andern unsers Misglücks. Wir betrachten sie, als
hätten sie wirklich die Begebenheiten, von denen sie uns
bloß Nachricht bringen, bewerkstelligt. Der erste Urheber
unsrer Freude ist natürlicherweise der Gegenstand einer vorübergehenden Dankbarkeit; wir umarmen ihn mit Wärme
und Zuneigung, und wünschen im Entzücken unsrer Freude, ihn belohnen zu können, als hätt' er uns irgend einen
ausnehmenden Dienst erwiesen. Einer Gewohnheit aller
Höfe zufolge ist der Offizier, der die Zeitung eines
Siegs bringt, zu beträchtlichen Belohnungen berechtigt,

N 5

und der Feldherr wählt immer einen seiner vornehmsten Günstlinge zum Ueberbringer einer so angenehmen Botschaft. —
Dahingegen ist der erste Urheber unsers Kummers eben so
natürlich der erste Gegenstand eines vorübergehenden Unwillens. Wir können kaum umhin, ihn mit Verdruß und
Widerwillen zu betrachten, und rohe, grausame Menschen
sind sogar im Stande, den ersten Andrang ihrer Wut an
der ihn auszutoben. Tigranes, König von Armenien,
schlug demjenigen, der ihm die erste Nachricht von der Annäherung eines fürchterlichen Feindes überbrachte, den Kopf
herunter. So den Ueberbringer schlimmer Zeitungen zu
bestrafen, scheint uns grausam und unmenschlich; den Bo-
ten guter Nachrichten aber zu belöhnen, ist uns angenehm,
und wir finden es der Gnade des Königs angemessen. Woher aber dieser Unterschied, da sicher in diesem Falle so wenig Verdienst statt findet, als in jenem Mißverdienst? Ohne
Zweifel daher, weil wir zu Aeußerung geselliger und wohl-
thätiger Gesinnungen jeden Grund genugthuend finden, zu
Billigung ungeselliger und übelthätiger Handlungen aber der
bündigsten und wesentlichsten Gründe bedürfen.

Allein, wiewohl wir im Allgemeinen mit den ungesell-
gen und übelwollenden Neigungen nicht gern sympathisiren,
wiewohl wir es uns zur Regel machen, ihre Befriedigung
nicht zu billigen, als in so fern die boshaften und ungerechten Absichten dessen, wider den sie gerichtet sind, ihn zum
schicklichen Gegenstande derselben machen, so beobachten wir
diese Strenge doch nicht in allen Fällen. Wenn die Nachläßigkeit eines Menschen dem andern einigen unabsichtig-
ten Schaden zugefügt hat, so sympathisiren wir mit dem Unwillen des Leidenden so weit, daß wir es sogar billigen, wenn

er den Beleidiger auf eine weit strengre Art bestraft, als seine Beleidigung, ohne eine solche unglückliche Folge, uns zu verdienen geschienen haben würde.

Es gibt einen Grad von Nachlässigkeit, der einige Züchtigung zu verdienen scheinen würde, sollte er auch niemandem schädlich werden. Wenn jemand, zum Beyspiel, einen großen Stein über eine Mauer in eine öffentliche Straße würfe, ohne die etwa Vorübergehenden zu warten, und ohne zuzusehn, wo der Stein hinfallen möchte, so würde er ohne Zweifel einige Züchtigung verdienen. Eine sehr genaue Policey würde eine so ungehörige Handlung bestrafen, sollte sie auch kein Unglück gestiftet haben. Der sich ihrer schuldig macht, äußert eine übermüthige Geringschätzung der Wohlfahrt und Sicherheit andrer. In seinem Betragen ist wirkliche Ungerechtigkeit. Er stellt seinen Nächsten muthwilligerweise Gefahren bloß, denen kein Mensch von Verstand sich selbst bloßstellen würde, und ermangelt offenbar des Gefühls dessen, was man andern schuldig ist, eines Gefühls, das die Grundlage der Gerechtigkeit und Geselligkeit ist. Große Nachlässigkeit wird in den Gesetzen daher boshafter Gesinnung beynahe gleich geschätzt. Wenn unglückliche Folgen aus solcher Fahrlässigkeit entspringen, so wird der Thäter nicht selten eben so bestraft, als wenn er diese Folgen wirklich beabsichtigt hätte, und sein Betragen, das nur gedankenlos und übermüthig war, wird als boshaft und zu strenger Züchtigung berechtiget angesehn. Sollte durch obermähnte unvorsichtige Handlung, zum Beyspiel, ein Mensch ums Leben kommen, so würde er nach den Gesetzen mancher Länder, besonders nach den alten schottischen, ebenfalls das Leben verwirkt haben. Und wiewohl dies ohne Zweifel aus

nehmend ſtreng iſt, ſo iſt es doch mit unſern natürlichen Gefühlen nicht allerdings unverträglich. Unſer gerechter Unwille gegen die Thorheit und Fühlloſigkeit ſeines Betragens
wird durch unſer Mitgefühl mit dem unglücklichen Leidenden
geſchärft. Nichts würde jedoch unſerm natürlichen Billig-
keitsgefühle anſtößiger ſcheinen, als wenn man einen Menſchen aufs Schafot brächte, bloß darum, weil er unvorſich-
tigerweiſe einen Stein in die Gaſſe geworfen hätte, ohne
jemanden zu beſchädigen. Die Thorheit und Fühlloſigkeit
ſeines Betragens würde jedoch in dieſem Falle die nehmliche ſeyn, und der Unterſchied unſrer Gefühle in beiderley
Fällen kann uns eben lehren, wie ſehr der Unwille ſelbſt des
Zuſchauers durch die wirklichen Folgen der Handlung beſeelt
wird. In Fällen dieſer Art wird man, wenn ich nicht irre,
einen großen Grad von Strengigkeit in den Geſetzen beynahe
aller Nazionen finden, ſo wie in jenem, wie ich ſchon bemerkt habe, eine beynahe allgemeine Erſchlaffung der ge-
ſetzlichen Strenge.

Es giebt einen andern Grad von Nachläſigkeit, der
keinerley Art von Ungerechtigkeit in ſich zu faſſen ſcheint.
Wer ſich ſelber ſchuldig macht, behandelt ſeinen Nächſten,
wie er ſich ſelbſt behandelt, denkt niemanden Leides zu thun,
und iſt weit entfernt, für andrer Wohlfahrt und Sicherheit einige übermüthige Verachtung zu hegen. Er iſt jedoch
in ſeinem Betragen nicht ganz ſo vorſichtig und behutſam, als
er ſeyn müßte, und verdient in dieſer Rückſicht einigen Grad
von Tadel, jedoch keine Züchtigung. Sollte aber durch
Nachläſigkeit dieſer Art dem andern einiger Schade zuwach-
ſen, ſo iſt er, glaub' ich, durch die Geſetze aller Länder zu
Erſetzung deſſelben verbunden. Und wiewohl dies ohne

Zweifel wirkliche Züchtigung ist, Züchtigung, die ihm kein
Mensch zuerkannt haben würde, wenn jener unglückliche
Zufall, den sein Betragen erzeugte, nicht vorgefallen wäre,
so wird doch diese Entscheidung des Gesetzes durch die natürlichen Gefühle aller Menschen gebilligt.   Nichts scheint uns
billiger zu seyn, als daß niemand durch des andern Fahrläßigkeit leide, und daß der durch tadelnswürdige Nachläßigkeit entstandne Schade durch den Thäter ersetzt werde.

Noch gibt es eine Art von Nachläßigkeit, die lediglich
im Mangel der ängstlichsten Furchtsamkeit und scheusten Vorsicht besteht, mit Rücksicht auf alle möglichen Folgen unsrer
Handlungen. Der Mangel dieser peinlichen Behutsamkeit
wird, wenn nur keine schlimmen Folgen aus ihm entspringen, so wenig als tadelnswürdig betrachtet, daß man wohl bisweilen die entgegengesetzte Aeußerung derselben zu tadeln pflegt.
Jene scheue Behutsamkeit, die sich vor jedem Dinge fürchtet, wird nie als eine Tugend, sondern als eine Eigenschaft
angesehn, die mehr denn jede andre zu großen Handlungen
verunfähigt. Nichts desto weniger würde derjenige, der aus
Mangel dieser übermäßigen Sorgfalt einem andern Schaden zufügte, durchs Gesetz verpflichtet seyn, ihn zu ersetzen.
So ist nach dem Aquilischen Gesetz ein Mensch, der, unfähig, ein scheugewordnes Pferd zu bändigen, eines andern
Sklaven niedergeritten hätte, zu Ersetzung des Schadens
verbunden. Wenn ein Zufall dieser Art eintritt, so pflegen
wir zu sagen, er hätte ein solches Pferd nicht reiten sollen,
und er habe sich eines unverzeihlichen Leichtsinns schuldig gemacht; wiewohl wir ohne jenen Zufall diese Betrachtung
nicht nur nicht gemacht, sondern seine Weigerung, es zu reiten, als eine Wirkung furchtsamer Schwäche, und eine ganz

unnütze Aengstlichkeit, um bloß mögliche Ereignisse betrachtet haben würden. Derjenige selbst, der durch einen Zufall
dieser Art den andern unwillkürlicherweise beschädigt hat,
scheint sein Misverdienst in Ansehung dessen einigermaßen
zu empfinden. Er eilt zu ihm, bezeigt ihm sein Bedauren,
und entschuldigt sich auf alle mögliche Weise. Hat er einige
Fühlbarkeit, so wünscht er den Schaden zu ersetzen, und
alles anzuwenden, um den Unwillen des Leidenden zu besänftigen. Keine Entschuldigung zu machen, keine Genugthuung anzubieten, würde als die äußerste Rohigkeit ver-
schrieen werden. Warum aber soll ein solcher unvorsetzlicher
Beleidiger mehr Entschuldigung machen, als jeder andre?
Warum soll er, der eben so unschuldig, wie jeder andre Umstehende ist, aus dem ganzen Haufen ausgesondert werden,
um für das Mißgeschick des andern genugzuthun? Diese
Mühe würde ihm gewiß nicht angesonnen werden, fühlte
nicht der unpartheyliche Zuschauer selbst einige Nachsicht mit
dem gewissermaßen ungerechten Unwillen des Leidenden.

Drittes Kapitel.

Von der Endursache unsrer regel-
widrigen Gefühle.

Solches sind die Wirkungen der guten oder schlimmen Folgen der Handlungen auf die Gefühle des Thäters sowohl,
als andrer, und einen solchen Einfluß hat das Glück, das
die Welt regiert, in Dingen, worin wir ihm den wenigsten
Einfluß zugestehn sollten, auf die Lenkung unsrer Urtheile
über den Karakter und das Betragen unsrer selbst sowohl,
als andrer. Daß die Welt nach dem Ausgange urtheilt, und
nicht nach den Absichten, ist die Klage aller Zeitalter gewesen, und gereicht der Tugend zu keiner geringen Entmuthi-
gung. Jedermann genehmigt den allgemeinen Grundsatz,
daß, da der Erfolg nicht vom Handelnden abhängt, er auch
keinen Einfluß auf unsre Empfindung des Verdienstlichen oder
Misverdienstlichen in seinem Betragen haben müsse. Sobald es aber auf einzelne Fälle ankömmt, so finden wir, daß
unsre Empfindungen kaum jemalen jenen billigen Grundsätzen
genau zusagen. Der glückliche oder unglückliche Ausgang
der Handlung pflegt uns nicht nur eine gute oder schlimme
Meinung von der Klugheit, mit der sie ausgeführt wurde,
zu geben, sondern lenkt auch beynahe immer unsre Dankbarkeit oder unsern Zorn, unser Gefühl des Werths oder Unwerths der Absicht.

Die Natur scheint jedoch, als sie diesen Saamen der
Regelwidrigkeit der Brust des Menschen einpflanzte, wie bey
allen andern Gelegenheiten, die Wohlfahrt und das Gedei-

hen der Gattung bezwecke zu haben. Wenn die Schädlichkeit der Absicht, wenn die Bösartigkeit der Gesinnung die
einzigen Ursachen wären, die unsern Unwillen erregten, so
würden wir alle Rasereyen dieser Leidenschaften gegen jeden
fühlen, von dem wir argwohnen, daß er ähnliche Absichten
und Gesinnungen in seinem Busen herberge, gesetzt auch,
daß sie sich nie durch Handlungen geäußert hätten. Empfindungen, Gesinnungen, Gedanken würden Gegenstände von
Züchtigung werden, und wenn der Unwille der Menschen
gegen sie so heftig tobte, als gegen Thaten, wenn die Schwärze
des Gedankens, der eine Handlung erzeugt hat, in den Augen der Welt so laut um Rache zu schreyen schiene, als die
Schwärze der Handlung selber, so würde jeder Gerichtshof
eine wirkliche Inquisizion werden. Für das unschuldigste
und vorsichtigste Betragen würde keine Sicherheit mehr seyn.
Schlimme Wünsche, schlimme Absichten, schlimme Entwürfe
würden allenthalben geargwohnt werden, und da diese mit
einer schlimmen Aufführung gleichen Unwillen erregten, da
böse Gesinnungen so gut geahndet würden, als böse Thaten,
so würden sie jedermann gleichen Strafen und gleicher Rachgier bloßstellen. Mit großer Weisheit und Liebe hat der
Urheber unsrer Natur daher dafür gesorgt, daß nur Handlungen, die entweder wirklich etwas Böses stifteten, oder
doch zu stiften versuchten, und also unmittelbar unsre Furcht
erweckten, uns als einzig schreckliche und allgemein geneh-
migte Gegenstände der Strafe und des Zorns erschienen.
Empfindungen, Absichten, Gesinnungen, obwohl die Quellen der Handlungen, und eigentlich diejenigen, von welchen
jene, einer kühlen Vernunft zufolge, ihren einzigen Werth
oder Unwerth bekommen, sind von dem großen Richter der
Herzen den Grenzen menschlicher Gerichtsbarkeit entzogen,

und der Erkenntniß seines eignen nimmer irrenden Richter,
stuhls vorbehalten worden. Jene nothwendige Regel der Ge,
rechtigkeit, daß die Menschen in diesem Leben nur für ihre
Thaten, nicht für ihre Absichten und Gesinnungen büßen dür,
fen, gründet sich also auf diese heilsame und nützliche Regel,
widrigkeit menschlicher Gefühle in Ansehung des Verdien,
stes und Misverdienstes, die beym ersten Anblick so unge,
reimt und unerklärbar scheint. Aber jede Einrichtung der
Natur beweist wahrlich bey aufmerksamer Beobachtung die
vorsichtige Sorgfalt ihres Urhebers, und Gottes Weis,
heit und Güte zeigt sich sogar in der Schwäche und
Thorheit der Menschen in immer gleich bewundernswür,
digem Grade.

Eben so wenig nutzenlos ist jene andre Regelwidrigkeit
unsrer Gefühle, vermöge welcher das Verdienst eines mis,
lungnen Versuchs, dem andern zu dienen, und mehr noch
das Verdienst bloßer guter Gesinnungen und freundlicher
Wünsche uns unvollkommen zu seyn scheint. Der Mensch
ward geschaffen, zu handeln. Er ward geschaffen, um durch
Uebung seiner Kräfte in seinen eignen und seines Nächsten
äußern Umständen Veränderungen hervorzubringen, die der
allgemeinen Glückseligkeit am zuträglichsten wären. Er muß
sich nicht mit müßigem Wohlwollen begnügen, sich einen
Menschenfreund dünken, weil sein Herz aller Welt gutes
wünscht. Damit er alle Kraft seiner Seele aufbieten, da,
mit er jeden Nerven anstrengen möge, um jene Zwecke, de,
ren Beförderung das Ziel seines Daseyns ist, zu erreichen,
hat die Natur ihn gelehrt, daß weder er selbst noch die Menschen
mit seinem Betragen durchaus zufrieden seyn, noch ihm
das volle Maas ihres Beyfalls ertheilen könnten, wofern

N

er sie nicht wirklich beschaffet habe. Sie hat ihn gelehrt,
daß das Verdienst guter Gesinnungen, ohne gute Thaten,
ihm wenig helfen werde, weder, um die lauten Zurufun=
gen der Welt, noch um die höchste Fülle eignen Beyfalls zu
erreichen. Wer keine einzige erhebliche That gethan hat,
mag durch sein ganzes Gespräch und Benehmen noch so gra=
de, edle und menschenfreundliche Gesinnungen äußern; nie
wird er auf große Belohnung Anspruch machen können,
auch dann nicht, wenn seine Müssigkeit nur dem Man=
gel an Gelegenheiten, sich zu zeigen, zuzuschreiben ist.
Immer können wir ihm Belohnungen mit gutem Fug ab=
schlagen. Immer können wir ihn fragen: Was hast du
gethan? Welche wirkliche Dienste kannst du vorzeigen, um
dich zu so großen Vergeltungen zu beeigenschaften? Wir
schätzen dich, wir lieben dich, aber wir sind dir nichts schul=
dig. Jede verborgne Tugend zu belohnen, der es bloß an
Gelegenheit zu schönen Thaten gemangelt hat, ihr die Eh=
ren und Vorzüge zu gewähren, die ihr freylich gewissermaßen
wohl gebühren mögen, auf die sie jedoch mit Schicklichkeit
keinesweges dringen kann, ist wirklich Wirkung eines gött=
lichen Wohlwollens. Herzensgesinnungen im Gegentheil
zu strafen, wenn sie nicht in wirkliche Verbrechen übergin=
gen, ist übermüthige, barbarische Tyranney. Die wohl=
wollenden Affekten scheinen das meiste Lob zu verdienen,
wenn sie nicht so lange warten, daß es beynahe Verbre=
chen wird, sie nicht zu äußern; die übelthätigen im Gegen=
theil können nie zu säumig, zu langsam, zu besonnen
verfahren.

Es ist sogar von Nutzen, daß das Uebel, das wir ohne
Absicht stiften, von uns als ein Unglück für den Thäter se=

wohl als für den Leidenden betrachtet werde. Der Mensch
lernt dadurch vor der Glückseligkeit seiner Brüder Ehrfurcht
haben, sich hüten, daß er ihnen auch nicht unvorsetzlicherweise zu nahe trete, und vor dem Unwillen sich fürchten,
der, wie er weiß, wider ihn losbrechen würde, wenn er
ohne Vorsatz das unglückliche Werkzeug ihres Elends werden sollte.

Aller dieser scheinbar regelwidrigen Gefühle ungeachtet hat die Natur jedoch dafür gesorgt, daß die Unschuld
desjenigen, der unglücklicherweise ein nicht beabsichtigtes Uebel
veranlaßt, nicht gänzlich ohne Trost, und die Tugend dessen, der einiges beabsichtigten Guten verfehlte, nicht gänzlich ohne Belohnung bliebe. Er ruft alsdann jenen billigen
und gerechten Grundsatz zu Hülfe, daß Begebenheiten, die
nicht von unserm Betragen abhängen, die uns schuldige
Achtung nicht vermindern müssen. Er beut alle Festigkeit
und Großmuth seiner Seele auf, und beeifert sich, sich nicht
in dem Lichte zu betrachten, in dem er izt erscheint, sondern
in dem, darin er erscheinen sollte, und in dem er wirklich
erschienen seyn würde, wenn seine edeln Absichten mit Erfolg gekrönt worden wären, und in dem er, ungeachtet
ihres Mislingens, noch immer erscheinen würde, wenn die
Empfindungen der Menschen entweder durchaus gerecht und
billig, oder auch nur vollkommen mit sich selbst einstimmig
wären. Gerechte und edle Menschen billigen alle Anstrengung, durch die er auf diese Art sich in seiner eignen Meinung aufrecht zu erhalten strebt. Sie beeifern sich mit ihrer
ganzen Edelmüthigkeit und Seelengröße, jene Regelwidrigkeit der menschlichen Natur in sich selbst zu berichtigen, und
bemühn sich, seine erfolglose Großmuth in eben dem Lichte zu

betrachten, in welchem sie sie, falls sie erfolgreich gewesen
wäre, betrachtet haben würden, ohne einer solchen Anstrengung ihres Edelmuths zu bedürfen.

Anm. Diese Regelwidrigkeit in unsern sittlichen Urtheilen,
die der Verfasser in vorstehendem Abschnitte so ausführlich abhan-
delt, ist vollkommen wahr, und in der Erfahrung gegründet. Als
Regelwidrigkeit hätte er sie jedoch nicht zum Beleg jener weisen Güte,
die die Welt regiert, brauchen sollen. In der physischen Welt ist es
gut und löblich, die scheinbaren Mißklänge in Harmonie aufzulösen;
in der moralischen ist es oft unthunlich, immer aber bedenklich.

Dritter Theil.

Vom Grunde unsrer Urtheile über eigne Gesinnungen und eignes Betragen, und vom Pflichtgefühl.

Erstes Kapitel.

Vom Bewußtseyn verdienten Lobes oder verdienten Tadels.

In den beiden vorhergehenden Theilen dieser Untersuchung hab' ich hauptsächlich den Ursprung und die Quelle unsrer Urtheile über fremde Gesinnung und fremdes Betragen erwogen. Itzt will ich den Ursprung derer erwägen, die wir über unser eignes Betragen fällen.

Das Verlangen nach der Billigung und Achtung derer, unter denen wir leben, das für unsre Glückseligkeit so wichtig ist, kann nicht durchaus befriedigt werden, wenn wir uns nicht zu billigen und gerechten Gegenständen dieser Empfindungen erheben, und unsern Karakter und unser Betragen genau dem Maasstabe und der Regel anpassen, nach welchem einem Achtung und Beyfall natürlicherweise zugemessen werden. Es ist nicht genug, daß uns aus Unwissenheit oder Irrthum auf eine oder andre Weise Achtung und Beyfall gewährt werde. Sind wir uns bewußt, daß wir eine so vortheilhafte Meinung nicht verdienen, und daß wir, wenn die Wahrheit bekannt würde, grade entgegengesetzte Empfindungen erregen würden, so ist unsre Zufriedenheit

bey weitem nicht vollendet. Wer uns wegen Handlungen
lobt, die wir nicht gethan haben, oder wegen Bewegungsgründen, die unsre Handlungen nicht bestimmten, lobt
nicht uns, sondern einen Fremden. Aus solchem Lobe kann
uns keine Zufriedenheit zuwachsen. Solches Lob muß uns
vielmehr kränkender denn Tadel seyn, es muß unaufhörlich
den demüthigenden Gedanken in uns aufregen, was wir
seyn sollten, und was wir nicht sind. Ein Frauenzimmer,
sollte man denken, das sich schminkt, um seine Häßlichkeit
zu verstecken, müßte über die Schmeicheleyen, die man ihrer
Schönheit macht, wenig Zufriedenheit empfinden. Diese
Schmeicheleyen, sollte man denken, müßten sie eher an die
Empfindungen erinnern, die ihre wirkliche Gestalt und Farbe erregen würde, und vermittelst des Kontrastes sie noch
mehr demüthigen. Von so grundlosem Beyfall sich geschmeichelt finden, ist Beweis des oberflächigsten Leichts und Schwach-
sinns. Es ist das, was man eigentlich Eitelkeit nennt, der
Grund der lächerlichsten und verächtlichsten Laster, der Laster der Ziererey und Windbeuteley, Thorheiten, denen man,
wenn die Erfahrung nicht lehrte, wie gemein sie wären, mit
dem geringsten Funken von Menschenverstande widerstehn zu
können, glauben sollte. Der Windbeutel, der die Bewundrung der Gesellschaft durch Erzählung von Abenteuern,
die er nie bestanden hat, zu erregen sucht; der wichtig thuen-
de Hasenfuß, der sich die Miene eines Rangs und Standes gibt, auf den er seinem eignen Bewußtseyn nach keinen
Anspruch machen kann, gefällt sich ohne Zweifel in dem Beyfall, den seine Fantasie ihm vorspiegelt. Aber diese Art der
Eitelkeit entspringt aus einer so groben Täuschung der Einbildungskraft, daß man schwerlich begreifen kann, wie ein
vernünftiges Geschöpf sich durch sie könne täuschen lassen.

Wenn jene Thoren sich in die Lage derer versetzen, die sie
geblendet zu haben glauben, so empfinden sie die höchste Bewundrung ihres eignen lieben Selbst. Sie betrachten sich
nicht in dem Lichte, worin sie ihrem eignen Gefühl zufolge
ihren Gefährten billig erscheinen müßten, sondern in dem,
worin sie ihnen wirklich zu erscheinen glauben. Ihr ober-
flächiger Schwachsinn, und ihre pöbelhafte Narrheit hindert sie, ihr Auge in sich selbst zu wenden, oder sich in dem
verächtlichen Gesichtspunkt zu erblicken, in welchem sie, wie
ihr eignes Gewissen ihnen zusagt, jedermann erscheinen
würden, wenn die wirkliche Wahrheit jemalen an den
Tag käme.

So wie unwissendes und ungegründetes Lob keine gründliche Freude gewähren kann, keine Zufriedenheit, die eine
ernsthafte Zergliederung aushält, so gewährt im Gegentheil
der Gedanke wahrhaftigen Trost, daß, wenn uns auch wirklich kein Lob gewährt wird, unser Betragen doch so beschaffen gewesen, daß es Lob verdiene, und daß es jenem Maasstabe und jener Regel, nach welchem Lob und Beyfall gemeiniglich ausgespendet zu werden pflegen, in jeder Rücksicht angemessen sey. Wir gefallen uns nicht bloß im Lobe,
sondern auch in der Leistung etwas Lobenswürdigen. Wir
gefallen uns in dem Gedanken, daß wir uns zu schicklichen
Gegenständen der Billigung erhoben haben, wenn diese Billigung uns auch nicht wirklich zu Theil würde; und wir
kränken uns über den Gedanken, uns des gerechten Tadels
unsrer Mitbürger würdig gemacht zu haben, wenn dieser
Tadel sich gleich nicht wirklich gegen uns äußern sollte. Wer
sichs bewußt ist, daß er genau jene Verfahrungsregeln beobachtet, die die Erfahrung als allgemein gefallend festsetzte,

überdenkt mit Zufriedenheit die Schicklichkeit seines eignen
Betragens; wenn er es in dem Lichte ansieht, in dem der
unpartheyliche Zuschauer es ansehn würde, so billigt er alle
Beweggründe, die ihn dazu bestimmten; er sieht mit Vergnügen und mit Beyfall auf jeden seiner Schritte zurück,
und sollten die Menschen nie erfahren, was er gethan hat,
so betrachtet er sich nicht sowohl in dem Lichte, in dem er ihnen
wirklich erscheint, sondern in dem, worin er ihnen erscheinen würde, wenn sie ihn besser kennten. Er weidet sich
an dem Beyfall und der Bewundrung, die ihm in diesem
Fall gezollet werden, und er bewundert und genehmigt sich
selbst durch Sympathie mit Gefühlen, die freylich nicht wirklich vorhanden sind, deren Verwirklichung aber bloß die Unwissenheit des Publikums hindert, Gefühle, die, wie er
weiß, die natürlichen und gewöhnlichen Wirkungen eines
solchen Betragens sind, die seine Fantasie damit aufs genaueste verknüpft, und die er sich von jeher als natürliche
und schickliche Folgen desselben zu denken gewöhnt hat. Die
Menschen haben oft freywillig ihr Leben hergegeben, um
nach ihrem Tode einen Ruhm zu erwerben, dessen sie nicht
eher genießen konnten. Ihre Einbildungskraft verfrühte
ihnen indessen diesen Ruhm. Jener Beyfall, der nie ihr
Ohr ergötzen sollte, jene Bewundrung, deren Wirkungen
sie nimmer fühlen sollten, umschmeichelte ihr Herz, und begei-
sterte sie zu Thaten, die man der Kraft des Menschen kaum
zutrauen sollte. Im Grunde aber ist sicherlich kein großer
Unterschied zwischen jener Billigung, die nicht eher gewährt
wird, als bis man ihrer nicht mehr genießen kann, und zwischen derjenigen, die zwar nimmer erfolgt, die aber erfol-
gen würde, wenn die Welt je die wirklichen Umstände unsers Betragens erführe. Wenn diese oft so gewaltige Wir-

kungen leiſtet, was Wunder, wenn jene gleicher Rückſicht
würdig gefunden wird?

Derjenige hingegen, der alle Regeln des Betragens
übertreten hat, die ihn den Menſchen angenehm machen
könnten, mag immer die möglichſt vollſtändige Gewißheit
haben, daß ſeine That jedem menſchlichen Auge auf ewig
verborgen bleiben werde, es wird ihm doch nichts helfen.
Wenn er auf ſie zurückſchaut, wenn er ſie in dem Lichte betrachtet, in welchem der unpartheyiſche Zuſchauer ſie betrachten würde, ſo findet er, daß er keine der Triebfedern, die
ihn zu ihr beſtimmten, genehmigen könne. Schaam und
Verwirrung übermannen ihn beym Andenken derſelben, und
er fühlt nothwendig, welchem hohen Grade der Schande er
bloßgeſtellt ſeyn würde, wenn ſeine Handlungen jemalen der
Welt bekannt werden. Seine Einbildungskraft verfrüht
ihm auch in dieſem Fall die Verachtung und den Hohn,
von welchem bloß die Unwiſſenheit ſeiner Zeitgenoſſen ihn rettet. Immer fühlt er, daß er der natürliche Gegenſtand
dieſer Empfindungen ſey, und zittert vor dem Gedanken
an das, was er leiden würde, wenn dieſe Geſinnungen ſich
jemalen gegen ihn äußerten. Wenn aber das, deſſen er ſich
ſchuldig machte, nicht bloß eine jener Unſchicklichkeiten war,
die die Gegenſtände bloßer Misbilligung ſind, wenn es eins
jener ſcheuslichen Verbrechen war, die Verwünſchung und
Grauſen erregen, ſo wird er nie, ſo lange ihm noch einige
Empfindbarkeit übrig bleibt, daran denken können, ohne
alle Qualen des Selbſtabſcheues und des böſen Gewiſſens zu
empfinden, und ſollt' er auch überzeugt ſeyn können, daß
kein Menſch es jemalen erfahren würde, ſollt' er ſich auch
überreden können, daß es keine rächende Gottheit gäbe, ſo

wird er doch genug von jeden beiden Empfindungen fühlen,
um auf den ganzen Rest seines Lebens elend zu seyn; er
wird sich immer als den natürlichen Gegenstand des Hasses
und Unwillens aller seiner Mitgeschöpfe betrachten; und
wenn sein Herz nicht schon mit den Schwielen lasterhafter
Fertigkeiten überzogen ist, so wird er nicht ohne Schrecken
und Entsetzen an den Unwillen denken, mit dem die Menschen ihn ansehn, an die Blicke, mit denen sie ihn durch-
bohren, an die Geberden, mit denen sie ihren Abscheu
wider ihn ausdrücken würden, wenn die fürchterliche Wahrheit jemalen ans Licht bräche. Diese natürlichen Folterqualen eines beunruhigten Gewissens sind die Dämonen, die
Rachgöttinnen, die in diesem Leben um den Bösewicht spu-
ken, die ihn nicht ruhen noch rasten lassen, die ihn oft in
Verrückung und Verzweiflung stürzen, vor welchen keine
Gewißheit des Verborgenbleibens ihn sichern kann, aus welchen keine Grundsätze des Unglaubens ihn retten können, von
welchen nichts ihn befreyen kann, als die niedrigste und ver-
worfenste aller Lagen, eine gänzliche Fühllosigkeit gegen Ehre
und Schande, gegen Laster und Tugend. Menschen von
den scheuslichsten Gesinnungen, die in Vollziehung fürchterlicher Bubenstücke ihre Maasregeln so kaltblütig genommen haben, daß sie sogar dem Verdacht der Schuld ent-
rannen, sind bisweilen durch das Grauenvolle ihrer Lage
getrieben worden, Dinge aus freyen Stücken einzugestehn,
die nie kein menschliches Auge würde haben aufspüren
können. Durch Eingeständniß ihrer Schuld, durch Unterwerfung unter den Unwillen ihrer beleidigten Mitbürger,
und durch freywillige Befriedigung jener Rache, deren schickliche Gegenstände sie ihrem eignen Gefühl nach waren,
hofften sie, sterbend die natürlichen Gefühle der Menschen

mit sich auszusöhnen, gewissermaßen für ihre Verbrechen
zu büßen, und, wenns möglich wäre, im Frieden mit allen
ihren Mitgeschöpfen zu sterben.   Verglichen mit dem, was
sie vor der Entdeckung empfanden, scheint schon die Ahndung dieses Friedens ihnen Glückseligkeit gedeucht zu haben.

Zweytes Kapitel.

Wie unser eignes Urtheil sich auf Frem-
der ihres bezieht, und von dem Ursprung allgemeiner Regeln.

Ein großer, vielleicht der größte Theil des menschlichen
Glücks und Elends entsteht von der Uebersicht unsers vergangnen Betragens, und aus dem Grade von Billigung
oder Mißbilligung, den wir bey Betrachtungen desselben
fühlen.   Aber wie es auch immer auf uns wirken möge, so
haben unsre Empfindungen von dieser Art doch immer einen
geheimen Bezug auf das, was die Empfindungen andrer
sind, oder auf das, was sie unter gewissen Bedingungen
seyn würden, oder auf das, was sie unsrer Einbildung zufolge seyn müßten.   Wir untersuchen es, wie wir glauben,
daß der unpartheyliche Zuschauer es untersuchen würde.
Versetzen wir uns in seine Lage, und können mit den Leidenschaften und Triebfedern, die uns bestimmten, durchaus
sympathisiren, so billigen wir unser Betragen durch Sympathie mit der Billigung dieses vermeintlich billigen Rich-

ters. Wenn nicht, so sympathisiren wir mit seiner Mißbilligung, und verdammen es.

Wär' es möglich, daß ein menschliches Wesen in einem
einsamen Ort, ohne einigen Umgang mit seiner eignen Gattung, zur Mannheit aufwachsen könnte, so würde es so wenig an seinen eignen Karakter, an die Schicklichkeit oder
Unschicklichkeit seines eignen Gefühls und Betragens, an
die Schönheit oder Häßlichkeit seiner eignen Gesinnung, als
an die Schönheit oder Häßlichkeit seines eignen Angesichts,
denken. Alles das sind Gegenstände, die ihm nicht leicht in
die Augen fallen, auf die es natürlicherweise nicht sieht, und in
Ansehung welcher es keinen Spiegel hat, der sie ihm darstelle.
Bringt ihn in Gesellschaft, und der Spiegel hängt den Augenblick da. Er hängt in den Mienen und dem Betragen derer,
mit denen er lebt. In ihnen bemerkt er unfehlbar, wann sie
seine Gesinnungen billigen, und wann sie sie mißbilligen, und
in ihnen sieht er zuerst die Schicklichkeit und Unschicklichkeit
seiner eignen Leidenschaften, die Schönheit und Häßlichkeit
seiner eignen Gesinnung. Ein Mann, der von seiner Geburt an der Gesellschaft fremd blieb, weiß seine Aufmerksamkeit mit nichts zu beschäftigen, als mit den Gegenständen seiner eignen Leidenschaften, den äußerlichen Körpern,
die ihn entweder ergötzen oder empören. Die Leidenschaften
selbst, die Gelüste oder Verabscheuungen, die Freuden oder
Schmerzen, die diese Gegenstände erregten, obwohl unter
allen diejenigen, die ihm am unmittelbarsten gegenwärtig
sind, könnten schwerlich jemalen die Gegenstände seiner Gedanken werden. Der Begriff derselben könnte ihm nie so
wichtig seyn, daß er seine ganze Aufmerksamkeit auf sich zöge.
Die Betrachtung seiner Freuden könnte ihm keine neue

Freude, die Betrachtung seines Verdrusses keinen neuen
Verdruß erregen, obwohl die Betrachtung der Ursachen dieser
Leidenschaften es zuweilen könnte. Bringt ihn in Gesellschaft,
und seine eignen Leidenschaften werden den Augenblick die Quellen neuer Leidenschaften werden. Er wird bemerken, daß
die Menschen einige derselben billigen, andre tadeln. Er
wird sich in jenem Fall geehret, in diesem gedemüthigt fühlen. Seine Gelüste und Verabscheuungen werden nun oft
die Ursachen neuer Gelüste und Verabscheuungen, neuer
Freuden und neuer Sorgen werden. Sie werden ihn also
nun aufs innigste interessiren, und oft seine aufmerkendste
Beobachtung an sich ziehn.

    Unsre ersten Begriffe von persönlicher Schönheit und
Häßlichkeit werden von der Gestalt und dem Aussehn andrer,
nicht unsrer selbst, abgezogen. Wir bemerken jedoch bald,
daß andre sich gleicher Aufrichtigkeit gegen uns bedienen.
Wir gefallen uns, wenn sie unsre Gestalt billigen, und ärgern uns, wenn sie sie mißbilligen. Aengstlich untersuchen
wir, in wie fern unser Aussehn ihren Tadel oder Beyfall
verdiene. Wir zergliedern unsre Bildung Stück vor Stück,
und einem Spiegel oder ähnlichem Hülfsmittel gegenüber,
suchen wir uns, so viel möglich, in einiger Entfernung und
mit den Augen andrer zu betrachten. Wenn wir am Ende
dieser Untersuchung mit uns zufrieden sind, so können wir
das nachtheilige Urtheil andrer leichter ertragen. Fühlen
wir im Gegentheil, daß wir die natürlichen Gegenstände
des Ekels sind, so kränkt uns jeder Ausdruck ihrer Mißbilligung über alle Maaßen. Ein leidlich wohlgebildeter Mensch
erlaubt dir ohne Mühe, über einige Regelwidrigkeit seiner
Bildung zu lachen. Dem wirklich Ungestalten aber sind alle

ähnliche Späße unerträglich. Es ist jedoch augenscheinlich, daß unsre eigne Schönheit oder Häßlichkeit uns bloß wegen ihres Eindrucks auf andre rührt. Hätten wir keine Verbindung mit der Gesellschaft, so würde uns beides vollkommen gleichgültig seyn.

Auf gleiche Weise üben wir unsre erste sittliche Kunstrichterey an fremden Karaktern und andrer Leute Betragen, und wir bemerken gewöhnlich nur allzu vorschnell, wie diese auf uns wirken. Aber nicht lange, so finden wir, daß andre sich gleiche Freyheit gegen uns erlauben. Izt ängsten wir uns, zu wissen, in wie fern wir ihren Tadel oder Beyfall verdienen, und ob wir ihnen nothwendig so angenehm oder unangenehm erscheinen müssen, wie wir ihnen wirklich erscheinen. Wir beginnen zu diesem Ende, unsre eignen Leidenschaften und unser Betragen zu untersuchen, und zu erwägen, wie sie ihnen erscheinen müssen, indem wir uns in ihre Lage versetzen, uns als Zuschauer unsers Betragens denken, und nur Acht geben, welchen Eindruck es auf uns machen würde. Dies ist der einzige Spiegel, in dem wir, gewissermaßen mit fremden Augen, die Schicklichkeit unsers Betragens untersuchen. Gefällt es uns in dieser Uebersicht, so sind wir ziemlich zufrieden. Fremder Beyfall ist uns nun gleichgültiger, und fremder Tadel gewissermaßen verächtlich, überzeugt, daß wir, wenn gleich misverstanden und fälschlich dargestellt, doch die natürlichen und schicklichen Gegenstände der Billigung seyen. Mißfallen wir uns im Gegentheil in dieser Untersuchung, so sind wir eben deswegen oft um so ängstlicher, andrer Billigung zu gewinnen, und wofern wir nicht schon, so zu sagen, mit der Ehrlosigkeit einen Bund gemacht haben, so ist der Gedanke ihres Tadels,

der uns dann mit doppelter Strenge trifft, uns äußerſt kräns
kend und empfindlich.

Wenn ich mein eignes Betragen unterſuchen, wenn ich
mein Urtheil darüber fällen, und es entweder billigen oder
verdammen will, ſo iſt augenſcheinlich, daß ich mich in allen
ſolchen Fällen, ſo zu ſagen, in zwey Perſonen theile, und
daß ich, der Unterſucher und Richter, eine ganz andre Rolle
ſpiele, als ich, deſſen Betragen unterſucht und gerichtet wers
den ſoll. Erſterer iſt der Zuſchauer, deſſen Empfindungen
über mein eignes Betragen ich zu den meinigen zu machen
ſuche, indem ich mich in ſeine Lage verſetze, und erwäge,
in welchem Lichte es mir aus dieſem Geſichtspunkt erſcheinen werde. Lezterer iſt der Handelnde, den ich eigentlich mein Ich nenne, und von deſſen Betragen ich in der
Seele des Zuſchauers ein Urtheil zu fällen wünſchte. Erſterer iſt der Richter; lezterer der Beklagte. Daß aber
Richter und Beklagter in jeder Rückſicht Einer und derſelbe
ſeyn ſollten, iſt eben ſo unmöglich, als daß die Urſache in jeder
Rückſicht einerley mit der Folge ſeyn ſollte.

Liebenswürdig zu ſeyn, und verdienſtvoll zu ſeyn, das
iſt, Liebe zu verdienen, und Belohnung zu verdienen, ſind
die großen Karaktere der Tugend, und verhaßt zu ſeyn, und
ſtrafwürdig zu ſeyn, die Karaktere des Laſters. Alle dieſe
Karaktere haben eine unmittelbare Beziehung auf die Empfindung andrer. Die Tugend wird nicht liebenswürdig
noch verdienſtlich genannt, weil ſie der Gegenſtand ihrer
eignen Liebe oder ihrer eignen Dankbarkeit iſt, ſondern
weil ſie dieſe Empfindungen bey andern erregt. Das Bewußtſeyn, daß ſie der Gegenſtand ſo günſtiger Geſinnungen

O

sey, ist die Quelle jener innerlichen Ruhe und Selbstzufriedenheit, die sie natürlicherweise begleitet, und die Besorgniß
des Gegentheils veranlaßt die Quelen des Lasters. Was
ist seliger, als geliebt zu werden, und zu wissen, daß man
geliebt zu werden verdiene? Was elender, als gehaßt zu
werden, und zu wissen, daß man diesen Haß verdiene?

Der Mensch wird als ein sittliches Wesen betrachtet,
weil er als ein verantwortliches Wesen betrachtet wird. Ein
verantwortliches Wesen aber ist schon dem Wortsinn zufolge
ein solches, das einem andern von seinen Handlungen Rechenschaft schuldig ist, und diese also dem Gutdünken andrer
unterordnen muß. Gott und seinen Nebenmenschen ist der
Mensch verantwortlich. Gott freylich hauptsächlich, allein
der Zeitfolge nach muß er sich doch nothwendig erst als seinen
Mitgeschöpfen verantwortlich denken, eh er sich einen Begriff von der Gottheit, und von den Regeln, nach welchen die
Gottheit sein Betragen richten wird, bilden kann. Ein Kind
begreift ohne Zweifel viel früher, daß es seinen Eltern verantwortlich sey, und wird durch den Gedanken ihrer Billigung oder Mißbilligung erquickt und gedemüthigt, eh es sich
einigen Begriff von Gott macht, oder von den Regeln,
nach denen die Gottheit sein Betragen richten will.

Aus welchen Ursachen hat der große Richter der Welt
für dienlich geachtet, zwischen der Kurzsichtigkeit menschlicher Vernunft und dem Thron seiner ewigen Weisheit einen
Schleyer von Dunkelheit zu ziehn, der jenen großen Richterstuhl vor dem Blicke der Menschen zwar nicht gänzlich
verbirgt, der den Eindruck desselben jedoch ungleich schwächer
und blässer macht, als von der Größe und Wichtigkeit eines

ſo furchtbaren Gegenſtandes erwartet werden konnte. Wenn
dieſe unendlichen Belohnungen und Strafen, welche der
Ewige dem Beobachter und Uebertreter ſeines Willens be;
reitet hat, eben ſo deutlich wahrgenommen würden, als
wir die unbedeutenden und vorübergehenden Vergeltungen,
die wir von andern erwarten dürfen, vorherſehn, ſo würde
die Schwäche der menſchlichen Natur, von der Unermeßlich;
keit ihrer Faſſungskraft ſo wenig angemeſſener Gegenſtän;
de niedergedonnert, auf die kleinlichen Geſchäfte des Le;
bens nicht länger achten können, und es iſt unmöglich, daß
einiges geſellſchaftliche Verkehr fortdauren könne, wenn die
Vorſehung ihre Geſinnungen in dieſem Punkt deutlicher ge;
offenbart hätte, als ſie wirklich gethan hat. Damit die
Menſchen jedoch nicht einer Regel, nach der ſie ſich richten,
noch eines Richters, deſſen Anſehn die Beobachtung der Re;
geln erzwingen könnte, ermangelten, ſo hat der Urheber der
Natur den Menſchen zum Richter des Menſchen beſtellt, hat
ihn in dieſer Rückſicht ſowohl, als in mancher andern, nach
ſeinem Bilde erſchaffen, und ihn, als ſeinen Stellvertreter
auf Erden, zur Oberaufſicht des Betragens ſeiner Brüder
verordnet. Die Natur lehrt uns dieſe dem Menſchen er;
theilte Vollmacht und Gerichtsbarkeit anerkennen, und zit;
tern und frohlocken, je nachdem wir entweder ſeinen Tadel
oder ſein Lob verdient zu haben glauben.

Was aber auch das Anſehn dieſes untern Gerichtshofs
ſeyn mag, ſo darf derſelbige doch nie wider diejenigen Grund;
ſätze und Regeln entſcheiden, welche die Natur zum Maaß;
ſtabe ſeiner Urtheile feſtgeſetzt hat, ohne daß die Men;
ſchen fühlen, daß ſie von dieſer ungerechten Entſcheidung
appelliren, und ſich an einen höhern Richterſtuhl, den Rich;
terſtuhl in ihrem eignen Buſen, wenden können.

Es gibt gewisse von der Natur festgesetzte Grundsätze, um unser Urtheil über das Betragen unsrer Mitmenschen zu lenken. So lange wir diesen Grundsätzen gemäß entscheiden, und nichts gutheissen noch verdammen, was die Natur nicht zum schicklichen Gegenstande des Beyfalls und der Verdammung gemacht hat, noch es stärker gutheißen oder verdammen, als der Gegenstand den Grundsätzen der Natur zufolge verträgt, so lange ist unser Urtheil, so zu sagen, dem Gesetze vollkommen angemessen, und folglich weder einer Widerrufung noch Berichtigung unterworfen. Derjenige, über den wir dies Urtheil fällen, muß es natürlicherweise selbst billigen. Wenn er sich in unsre Lage versetzt, kann er nicht umhin, sein Betragen in allem dem Lichte zu betrachten, in welchem wir es sehn. Er fühlt, daß er uns und jedem unpartheyischen Zuschauer nothwendig als schicklicher und natürlicher Gegenstand der Empfindungen, die wir gegen ihn äußern, erscheinen müsse. Diese Empfindungen müssen daher nothwendig ihre volle Wirkung auf ihn hervorbringen, und er kann nicht umhin, über jenen Beyfall, der ihm so billig scheint, allen Triumph der Selbstbilligung sowohl, als über eine Verdammung, die er sowohl verdient zu haben meint, alle Foltern der Schaam zu empfinden.

Ganz anders verhält es sich, wenn wir im Widerspruch mit jenen Regeln und Grundsätzen, die die Natur zu Leitung aller unsrer Urtheile dieser Art festgesetzt hat, ihm entweder unsern Beyfall gegeben, oder ihn verdammt haben. Haben wir ihn wegen einer Handlung gepriesen oder getadelt, die ihm, wenn er sich in unsre Lage versetzt, nicht der Gegenstand weder des Beyfalls noch der Verdammung zu seyn scheint, so kann er unsre Empfindungen nicht theilen, und dafern er einige Festigkeit und Selbstständigkeit hat, wird er nur sehr wenig von ihnen gerührt werden, und weder durch ihren Beyfall sich sehr geschmeichelt, noch durch ihren Tadel sich sehr gekränkt fühlen. Der Beyfall der ganzen Welt wird uns wenig helfen, wenn unser eigen Gewissen uns verdammt; und die Misbilligung aller Menschen ist nicht fähig, uns niederzudrücken, wenn wir von dem Richterstuhl in unserm Busen losgesprochen werden, und wenn unser eignes Herz uns sagt, daß die Menschen Unrecht haben.

Allein, wiewohl dieser Gerichtshof in uns der oberste Schiedsrichter aller unsrer Handlungen ist, wiewohl er die Entscheidungen aller Menschen in Ansehung unsers Karakters und Betragens umstoßen, mitten im Beyfall der Welt uns demüthigen, und mitten unter ihrem Tadel uns aufrecht erhalten kann, so werden wir bey Untersuchung seines Ursprungs dennoch finden, daß seine Gerichtsbarkeit großentheils von dem Ansehn des nehmlichen Gerichtshofs herrührt, dessen Entscheidungen er so oft und so gerechter weise umstößt.

Wenn wir zuerst in die Welt kommen, so gewöhnen wir uns aus natürlichem Verlangen zu gefallen, auf alles Acht zu geben, was jedem, mit dem wir umgehn, was unsern Verwandten, unsern Vorgesetzten, unsern Gefährten angenehm seyn könne. Wir wenden uns an Individuen, und verfolgen eine Zeitlang eifrigst den unmöglichen und ungereimten Entwurf, jedermanns Wohlwollen und Billigung zu verdienen. Die Erfahrung lehrt uns jedoch bald, daß

dieser allgemeine Beyfall durchaus unerreichbar sey. Sobald
wir wichtigre Angelegenheiten zu behandeln haben, finden
wir, daß wir fast immer durch Verpflichtung eines Menschen den andern von uns entfremden, und daß wir durch Befriedigung der Launen eines Einzelnen oft ein ganzes Volk
wider uns aufbringen.   Das gradeste und billigste Betragen muß oft das Interesse und die Neigungen dieses oder
jenes Menschen durchkreuzen, der selten so ehrlich ist, die
Schicklichkeit unsrer Beweggründe einzugestehn, oder zu begreifen, daß dies Betragen, so unangenehm es ihm auch
seyn mag, doch unsrer Lage vollkommen angemessen sey. Um
uns vor so partheylichen Urtheilen zu schützen, lernen wir
bald in unserm eignen Herzen einen Richter zwischen uns
und unsern Mitmenschen einsetzen. Wir denken uns, als wenn
wir in Gegenwart eines durchaus unpartheylichen und billigen Menschen handeln, eines Menschen ohne einige besondre
Beziehung weder auf uns, noch auf die, deren Interesse
durch unser Betragen affizirt wird, der weder ihnen noch
uns Vater, Bruder, Freund, sondern lediglich ein Mensch
im Allgemeinen ist, ein unpartheylicher Zuschauer, der unser Betragen mit eben der Gleichgültigkeit betrachtet, mit
der wir andrer Leute ihres ansehen. Wenn wir uns in eines
solchen Stelle versetzen, und unsre Handlungen erscheinen
uns in einem angenehmen Lichte; wenn wir fühlen, daß ein
solcher Zuschauer nicht umhin könne, alle Beweggründe,
die uns bestimmten, zu billigen; so mögen die Urtheile der
Welt seyn, wie sie wollen, wir werden mit unserm Betragen zufrieden seyn, und uns trotz alles Tadels unsrer Gefährten, als gerechte und schickliche Gegenstände der Billigung betrachten.

Wenn dagegen dieſer innre Menſch uns verdammt, ſo
ſcheinen die lauteſten Zurufungen der Menge uns ein bloßes
Geſumſe der Unwiſſenheit und Thorheit zu ſeyn; und ſo oft
wir die Rolle dieſes unpartheyiſchen Richters übernehmen,
können wir nicht umhin, unſre Handlungen mit ſeinem Misfallen und ſeiner Unzufriedenheit zu betrachten. Der ſchwa-
che, eitle, kleinliche Menſch mag freylich durch den grund-
loſeſten Tadel gekränkt, auf den abgeſchmackteſten Beyfall
ſtolz werden. Solche Leute ſind nicht gewohnt, den Richter
in ihnen über die Meinung, die ſie von ihrem eignen Betragen faſſen ſollten, zu befragen. Dieſer Inſaſſe der Bruſt,
dieſer abgezogne Menſch, der Stellvertreter der Menſchen,
und der Statthalter Gottes, den die Natur zum oberſten
Richter aller ihrer Handlungen gemacht hat, wird ſelten von
ihnen aufgerufen. Sie begnügen ſich mit Entſcheidungen
des niedern Gerichtshofs. Die Billigung ihrer Geſährten,
derjenigen beſonders, mit denen ſie leben und umgehn, iſt
gewöhnlich der lezte Gegenſtand aller ihrer Wünſche geweſen. Erhalten ſie dieſen, ſo iſt ihre Freude vollkommen;
verfehlen ſie ſein, ſo geben ſie ſich verloren. Sie denken
nie daran, an die höhere Inſtanz zu appelliren. Sie haben ſich ſelten um deren Entſcheidungen bekümmert, und ſind
durchaus unbekannt mit den Regeln und der Form ihres
Verfahrens. Wenn die Welt ihnen Unrecht thut, ſind ſie
daher unfähig, ſich ſelbſt Gerechtigkeit zu verſchaffen, und
folglich nothwendig Sklaven der Menge. Ganz anders iſt
es mit dem, der ſich bey allen Gelegenheiten gewöhnt hat,
zu dem Richter in ſich zu flüchten, und zu erwägen, nicht,
was die Welt billigt oder misbilligt, ſondern was dieſem unpartheyiſchen Zuſchauer der natürliche und ſchickliche Gegenſtand der Billigung oder Misbilligung ſcheine. Das Urtheil

O 4

dieses obersten Schiedsrichters seines Betragens ist der Bey;
fall, um den er hauptsächlich zu buhlen, ist der Tadel, den
er hauptsächlich zu fürchten sich gewöhnt hat.   Mit dieser
endlichen Entscheidung verglichen, erscheinen ihm die Em;
pfindungen der Menschen, wiewohl sie ihm nicht gänzlich
gleichgültig sind, doch immer als sehr unerheblich, und keins
ihrer Urtheile kann so günstig seyn, daß es ihn sonderlich
zu blähen, keins so ungünstig, daß es ihn sonderlich zu de;
müthigen taugte.

Nur durch Befragung dieses innern Richters können
wir, was uns selbst angeht, in seiner wahren Gestalt und
seinen rechten Ausmessungen sehn, können wir zwischen un;
serm eignen und fremdem Interesse eine richtige Vergleid;
chung treffen.

So wie dem körperlichen Auge die Gegenstände nicht
sowohl nach Maasgabe ihrer wahren Ausmessungen, son;
dern nach derjenigen ihrer nähern oder fernern Lage, groß
oder klein erscheinen, so erscheinen sie auch dem Auge des
Geistes, und wir pflegen den Mängeln beider Organen
beynahe auf gleiche Weise abzuhelfen.   In meiner ge;
genwärtigen Lage scheint eine unermeßliche Landschaft von
Fluren, Wäldern, und fernen Bergen bloß das kleine
Fenster, an dem ich schreibe, zu decken, und ohne alles Ver;
hältniß kleiner zu seyn, als das Zimmer, in dem ich sitze.
Ich kann zwischen jenen größern Gegenständen und den klei;
nern um mich her auf keine andre Weise einen richtigen Ver;
gleich treffen, als indem ich mich, wenigstens in Gedanken,
an einen verschiednen Standort versetze, von wannen ich
beide in beynahe gleichen Entfernungen überschauen, und ver;

mittelst deffen von ihrem wahren Verhältniffe ein richtiges
Urtheil fällen kann. Uebung und Erfahrung haben mich
das fo leicht und fo hurtig thun gelehrt, daß ich mir kaum
bewußt bin, daß ichs thue, und man muß gewiffermaßen
fchon mit der Philofophie des Sehens bekannt feyn, um fich
vorftellen zu können, wie äußerft klein diefe fernen Gegen-
ftände dem Auge erfcheinen würden, wenn die Einbildungskraft aus einem Bewußtfeyn ihrer wirklichen Größe fie nicht
erweiterte und vergrößerte.

Auf gleiche Weife fcheint den felbftifchen und urfprüng-
lichen Leidenfchaften der menfchlichen Natur der Verluft oder
Gewinnft eines geringen eignen Vortheils von ungleich gröf-
ferer Wichtigkeit zu feyn, erregt eine weit leidenfchaftlichere
Freude oder Bekümmerniß, ein weit brennenderes Verlangen oder Abfcheu, als die wichtigfte Angelegenheit eines andern, mit dem wir keinen befondern Zufammenhang unterhalten. So lange fein Intereffe uns aus diefem Standort
erfcheint, kann es nie mit unferm eignen in die Waagfchaale
gelegt werden, kann uns nie hindern, alles, was zu Beförderung unfers eignen Vortheils gereichen mag, zu thun,
mög' es ihm fo verderblich werden, als es wolle. Ehe wir
zwifchen diefen beiden entgegengefetzten Intereffen eine fchick-
liche Vergleichung treffen können, müffen wir unfern Standort verändern. Wir müffen fie weder aus unferm Platz,
noch aus dem feinigen, weder mit unfern, noch mit feinen
Augen betrachten, fondern mit den Augen eines Dritten, der
mit keinem von beiden in fonderlicher Verbindung fteht, und
mit Unpartheylichkeit zwifchen uns richtet. Auch dies haben
Uebung und Erfahrung uns fo leicht und hurtig thun gelehrt,
daß wir uns kaum bewußt find, daß wirs thun; und auch

O 5

In diesem Fall gehört schon einiger Grad von Nachdenken, sogar von Philosophie, dazu, um uns zu überzeugen, wie wenig Theil wir an den größern Angelegenheiten unsers Nächsten nehmen, wie wenig wir durch irgend etwas, was ihn angeht, gerührt werden würden, wenn das Gefühl des Schicklichen und der Gerechtigkeit nicht die übrigens natürliche Unbilligkeit unsrer Empfindung berichtigte.

Laßt uns annehmen, daß das ganze große Kaiserthum China, mit allen seinen Millionen Einwohnern, jählings von einem Erdbeben verschlungen würde, und laßt uns erwägen, wie ein gefühlvoller Europäer, der mit diesem Welttheil in gar keiner Verbindung stände, durch die Zeitung dieses fürchterlichen Unglücks affizirt werden würde. Er würde, dünkt mich, gleich anfangs sein Mitleid mit dem Misgeschick dieses unglücklichen Volks sehr lebhaft äußern; er würde manche schwermüthige Betrachtung über die Unsicherheit des menschlichen Lebens und die Eitelkeit aller Menschenwerke, die ein einziger Augenblick vernichten könnte, anstellen. Er würde, wenn er ein spekulirender Kopf wäre, sich in mancherley Untersuchungen über die Wirkungen einlassen, die dieser Unfall auf den Handel Europens und das Verkehr der Welt überhaupt haben könnte. Und wenn alle diese seinen Vernünfteleyen geendigt wären, wenn er alle seine menschlichen Gefühle erst einmal ausgeredet hätte, so würde er seinen gewöhnlichen Geschäften oder Vergnügen nachgehn, würde essen, spielen, schlafen, so ruhig und sicher, als wenn sich kein solcher Zufall ereignet hätte. Der unbedeutendste Unfall, der ihm selbst widerführe, würd' ihn weit stärker beunruhigen. Wenn er morgen seinen kleinen Finger verlieren sollte, so würd' er heute Nacht nicht schla-

fen; vorausgesetzt aber, daß ers nur selbst nicht ansah, würd'
er sein Mitleid über den Untergang von hundert Millionen
seiner Brüder in tiefster Sicherheit verschnarchen, und die
Zerstörung dieser unermeßlichen Menge schien' ihm offenbar
weniger zu Herzen zu gehn, als jener geringfügige eigne Unfall. Würde, zu Verhütung dieses ärmlichen Unfalls, ein
Mann von Menschengefühl denn wohl das Leben von hundert Millionen seiner Brüder aufopfern wollen, wofern er
sie nur nie gesehn hätte? Die Menschheit schaudert vor
diesem Gedanken, und die Welt, in ihrer größten Verschlimmerung und Verderbniß, hat nie einen Unhold hervorge-
bracht, der verworfen genug gewesen wäre, ihn hegen zu können. Wer macht aber diesen Unterschied? Wenn unsre
leidenden Gefühle beynahe immer so eigennützig und selbstisch
sind, wie kömmts denn, daß unsre thätigen Grundsätze oft
so mismüthig und so edel seyn sollten? Wenn wir immer um
so sehr viel tiefer von allem, was uns angeht, als von allem,
was den andern angeht, affizirt werden, was ists denn,
das den Edelmüthigen bey allen und den gewöhnlichen Menschen bey manchen Gelegenheiten auffodert, sein eignes Interesse dem größern Interesse andrer aufzuopfern? Es ist
nicht eine sanfte Gewalt der Menschlichkeit, es ist nicht jener
schwache Funke von Wohlwollen, den die Natur im menschlichen Herzen angefacht hat, der so dem heftigsten Drange
der Eigenliebe entgegen zu arbeiten vermag. Es ist eine
stärkere Gewalt, ein zwingenderer Beweggrund, der sich in
solchen Fällen äußert. Es ist Vernunft, Grundsatz, Gewissen, der Einwohner unsrer Brust, der Mensch drinnen,
der große Richter und Entscheider alles unsers Betragens.
Er ist es, der, so oft wir durch unsre Handlungen die Wohlfahrt andrer zu beeinträchtigen im Begriff sind, und mit

einer Stimme, die auch die übermüthigste aller Leidenschaften zu Boden zu donnern vermag, uns zuruft, daß wir nur
Einer der Menge seyen, in keiner Rücksicht besser, denn jeder
andre derselben, und daß wir, wenn wir schmählicher und
blöder Weise uns diesen andern vorziehn, schickliche Gegenstände des Unwillens, Abscheues und Verwünschens werden.
Nur von ihm lernen wir die wirkliche Kleinheit unsrer selbst
und aller unsrer Angelegenheiten, und die natürlichen Miß-
bildungen der Selbstliebe können nur durch das Auge dieses
unpartheyischen Zuschauers berichtigt werden. Er ist es, der
uns die Schicklichkeit des Edelmuths und die Scheuslichkeit der Ungerechtigkeit enthüllt: die Schicklichkeit, unser grö-
stes eignes Interesse dem noch größern Interesse andrer aufzuopfern, und die Scheuslichkeit, dem andern das geringste
Unrecht zuzufügen, um für uns selbst den grösten Vortheil
zu gewinnen. Es ist nicht die Liebe unsers Nächsten, es ist
nicht die Liebe der Menschheit, die uns bey manchen Gelegenheiten zu Uebung dieser göttlichen Tugenden antreibt.
Es ist eine stärkere Liebe, ein gewaltigerer Affekt, der gewöhnlich in solchen Fällen vortritt, die Liebe des Ehrenvollen und Edlen, der Größe, Würde und Ueberlegenheit
unsers eignen Karakters.

Wenn das Glück oder Unglück andrer in einiger Rücksicht von unserm Betragen abhängt, so dürfen wir nicht, wie
die Eigenliebe uns etwa zuflüstern würde, irgend einem geringen eignen Vortheil den größern Vortheil unsers Nächsten aufopfern. Wir fühlen, daß wir dadurch schickliche
Gegenstände des Unwillens unsrer Brüder werden würden,
und das Gefühl der Unschicklichkeit dieser Gesinnung wird
durch das noch stärkere Gefühl des Misverdienstes der Hand-

lung, die sie in diesem Falle veranlassen würde, verstärkt!
Wenn aber andrer Glück oder Unglück in keinerley Rücksicht
von unserm Betragen abhängt, wenn unser eignes Interesse
durchaus von dem ihrigen getrennt und gesondert ist, so daß
weder Zusammenhang noch wechselseitiger Anspruch unter ih=
nen statt findet, wenn folglich das Gefühl des Misverdien=
stes nicht mit eintritt, so ist das bloße Gefühl der Unschick=
lichkeit selten stark genug, es zu hindern, uns unsrer natür=
lichen Aengstlichkeit um eigne Angelegenheiten, und unsrer
natürlichen Gleichgültigkeit gegen andre zu überlassen. Die
alleralltäglichste Erfahrung lehrt uns in allen wichtigen
Veranlassungen mit einer Art von Unpartheylichkeit zwi=
schen uns und andern verfahren, und selbst der gewöhnliche
Weltumgang ist fähig, unsre handelnden Prinzipien einigem
Grade von Schicklichkeit anzuschmiegen. Aber nur die
sorgsamste und feinste Erziehung ist es, die die Ungleichhei=
ten unsrer leidenden Gefühle berichtigen kann, und wir müs=
sen zu dem Ende zur strengsten sowohl als tiefsinnigsten Phi=
losophie unsre Zuflucht nehmen.

Drey verschiedne Klassen von Philosophen haben es
versucht, uns diese schwersten aller moralischen Lektionen zu
lehren. Die einen haben sich Mühe gegeben, unsre Fühl=
barkeit gegen fremdes Interesse zu verstärken; die andern,
unsre Fühlbarkeit gegen unser eignes zu mindern. Die er=
sten wollen, daß wir für andre fühlen sollen, wie wir für uns
selbst fühlen; die andern, daß wir so für uns fühlen, wie wir
natürlicherweise gegen andre fühlen.

Die erstern sind jene schwermüthigen Sittenlehrer, die
uns unaufhörlich unsre eigne Glückseligkeit vorrücken, wäh=

rend so viele unsrer Brüder im Elend sind; die dem Glücklichen seine Freude zum Verbrechen machen, weil so viele
Unglückliche in allen Gattungen des Elends schmachten, in
erschlaffender Armuth, in den Qualen der Krankheit, in
den Schrecken des Todes, im Spott und Druck ihrer Feinde. Mitgefühl mit Leiden, die wir nie sahen, die wir nie
hörten, die aber, wie wir überzeugt seyn können, ganze
Schaaren unsrer Mitgeschöpfe zu allen Zeiten peinigen,
müßte, ihrer Meinung nach, das Vergnügen des Glücklichen
dämpfen, und einen gewissen schwermüthigen Trübsinn zur
herrschenden Stimmung des Menschen machen. Allein zuförderst scheint diese äußerste Sympathie mit Leiden, von denen wir überall nichts wissen, durchaus ungereimt und un-
vernünftig. Nehmt die ganze Erde im Durchschnitt, und
ihr werdet gegen Einen Leidenden und Elenden immer zwanzig glückliche, fröhliche, oder wenigstens sich erträglich befin-
dende Menschen finden. Nun kann aber kein Grund angegeben werden, warum wir eher mit dem Einen weinen, als
mit den andern frohlocken sollten. Dies erkünstelte Mitleid
ist überdies nicht nur ungereimt, sondern scheint auch durchaus unerreichbar, und diejenigen, die diesen Karakter affektiren, äußern gewöhnlich nur einen gewissen heuchlerischen
Trübsinn, der, ohne zu Herzen zu gehn, zu nichts dient,
als ihre Miene zu verfinstern, und ihren Umgang geschmack-
los, unglücklich und unangenehm zu machen. Könnte eine
solche Gemüthsstimmung aber auch wirklich erreicht werden,
so würde sie doch durchaus unnütz seyn, und keine andre
Wirkung haben, als daß sie den, der sie besäße, elend machte.
Aller Antheil, den wir an deren Schicksalen nehmen, mit
denen wir keine Bekanntschaft noch Umgang haben, und die
sich gänzlich außerhalb dem Kreise unsrer Thätigkeit befin-

ben, dient zu nichts, als uns zu beunruhigen, ohne ihnen
im geringsten zu helfen. Zu was Ende sollten wir um die
Welt im Monde uns quälen? Alle Menschen, auch die
am fernsten von uns leben, sind ohne Zweifel zu unsern guten Wünschen berechtigt, und unsre guten Wünsche geben wir
ihnen gern. Uns dann, wenn sie demungeachtet unglücklich seyn sollten, um ihremwillen zu quälen, scheint unsre
Pflicht nicht zu verlangen. Daß wir uns für Leute, denen
wir weder helfen noch schaden können, und die in jedem Betracht so sehr weit von uns entfernt sind, nur wenig interessiren, scheint durch die Natur sehr weislich geordnet zu seyn,
und wenns möglich wäre, in dieser Rücksicht unsre ursprüngliche Beschaffenheit zu ändern, so würden wir durch die
Veränderung wenig gewinnen.

Unter den Sittenlehrern, die die natürlichen Unbillig-
keiten unsrer leidenden Gefühle durch Minderung unsrer
Fühlbarkeit gegen das, was uns besonders angeht, zu berichtigen suchen, können wir alle alte Sekten der Weltweisen, vornehmlich aber die alten Stoiker zählen. Den Stoikern zufolge muß der Mensch sich nicht als ein getrenntes
und abgesondertes Wesen, sondern als einen Weltbürger,
als ein Mitglied des großen Naturstaats betrachten. Dem
Interesse dieses großen Staats muß er zu allen Zeiten sein
eignes kleines Interesse gern und willig aufzuopfern bereit
seyn. Keine seiner Angelegenheiten muß ihn stärker affiziren, als jede Angelegenheit eines andern gleich wichtigen
Theils dieses unermeßlichen Systems. Wir sollen uns nicht
in dem Lichte betrachten, in welchem uns unsre eignen selbstsüchtigen Leidenschaften uns so gern zeigen, sondern in dem,
in welchem irgend ein andrer Weltbürger uns sehen würde.

Was uns begegnet, sollen wir so ansehn, als das, was unserm Nächsten begegnet, oder, welches auf eins hinausläuft,
so wie unser Nächster das ansieht, was uns begegnet.
Wenn unser Nachbar, sagt Epiktetus, sein Weib oder
seinen Sohn verliert, so ist niemand, der nicht fühlt, daß
das ein menschlicher Unfall sey, eine natürliche, dem gewöhnlichen Laufe der Dinge durchaus angemessene Begebenheit;
sobald aber uns selbst das nehmliche begegnet, so schreyen
und heulen wir, als ob das Schlimmste aller Schlimmen
uns wiederfahre. Wir sollten uns dann an das erinnern,
was wir fühlten, als dieser Zufall einem andern begegnete,
und so wie wir uns bey seinem Fall geberdeten, so sollten wir
uns in unserm eignen geberden.   So schwer es nun seyn
mag, diesen höchsten Grad der Großmuth und Standhaftigkeit zu erreichen, so ist es doch keinesweges weder abgeschmackt noch unnütz, es zu versuchen.   Wiewohl wenige
Menschen den stoischen Begriff von dem, was diese vollkommne Schicklichkeit erfodert, haben; so bemühn sich doch
alle Menschen, gewissermaßen sich selbst zu beherrschen, und
ihre selbstischen Leidenschaften zu einer Tiefe herabzustimmen,
in welcher der Nachbar mit ihnen sympathisiren könne.   Dies
kann aber auf keine wirksamere Weise geschehen, als daß sie
selbst ihnen zustoßende Ereigniß in dem Lichte betrachten,
in welchem ihre Nachbarn es zu betrachten pflegen.   Die
stoische Weltweisheit thut in diesem Falle wenig mehr, als
daß sie unsre natürlichen Begriffe von Vollkommenheit entfaltet.   Es liegt also nichts Unschickliches oder Ungereimtes
in dem Bestreben, diese vollkomne Selbstbeherrschung sich
zu eigen zu machen, auch würde die Erreichung derselben
keinesweges unnütz, sondern im Gegentheil etwas äußerst
Vortheilhaftes seyn, indem sie unsre Glückseligkeit auf den

möglichst festesten und zuverläßigsten Grund aufführte, auf
das Vertrauen in jene Weisheit und Gerechtigkeit, die die
Welt regiert, und auf gänzliche Unterwerfung unsrer selbst
und aller unsrer Angelegenheiten unter die allweisen Veran-
staltungen dieser allherrschenden Natur.

Dennoch sind wir fast niemalen im Stande, unsre leit-
denden Gefühle dieser vollkommnen Schicklichkeit anzupassen.
Wir halten uns, und auch die Welt hält uns einigen Grad
von Regelwidrigkeit in diesem Stücke zu gute.   Sollten wir
auch durch unsre eignen Angelegenheiten zu sehr, und durch
Fremder ihrer zu wenig affizirt werden, handeln wir nur
immer unpartheylich zwischen uns und andern, und opfern wir
nur wirklich einigem großen Vortheil andrer einigen kleinen eignen Vortheil auf; so verzeiht man uns leicht; und es
wäre gut, wenn diejenigen, die ihre Schuldigkeit zu thun
wünschen, auch nur diesen Grad von Unpartheylichkeit zwischen sich und andern zu behaupten taugten.   Allein auch
dies ist bey weitem nicht immer der Fall.   Auch bey guten Leuten läuft der Richter drinnen oft Gefahr, durch
die Heftigkeit und Ungerechtigkeit selbstischer Leidenschaften
bestochen zu werden, und wird nicht selten zu einem Urtheil
verleitet, das die wahre Beschaffenheit der Sachen keinesweges rechtfertigen kann.

Zwo verschiedne Gelegenheiten gibt es, in denen wir
unser Betragen zu untersuchen, und es in dem Lichte zu
betrachten pflegen, in dem der unpartheyliche Zuschauer
es betrachten würde.   Zuerst, wenn wir im Begriff sind,
zu handeln; zum andern, wenn wir gehandelt haben.
Unsre Ansichten in beiden Fällen sind sehr partheylich; am

meiſten aber dann, wenn am meiſten daran liegt, daß ſies
nicht ſeyn ſollten.

Wenn wir im Begriff zu handeln ſind, ſo erlaubt die
Hitze der Leidenſchaft uns ſelten, die Natur der Handlung
mit der Ehrlichkeit eines unbefangnen Zuſchauers zu betrachten. Die heftigen Gemüthsbewegungen, die uns in dieſem
Augenblick erſchüttern, verfärben uns die Anſicht der Dinge, auch dann, wenn wir uns in die Lage eines andern zu
verſetzen, und die Gegenſtände, die uns intereſſiren, in dem
Lichte, worin ſie ihm natürlicherweiſe erſcheinen werden, zu
betrachten ſuchen. Der Ungeſtüm unſrer Leidenſchaft ruft
uns jeden Augenblick auf unſern eignen Platz zurück, wo jeder
Gegenſtand durch die Selbſtliebe vergrößert und verſtaltet
erſcheint. Von der Art und Weiſe, worin dieſe Gegenſtände andern erſcheinen würden, von der Anſicht, unter welcher ſie ſich ihnen zeigen würden, enthüllt ſich uns nur dann
und wann eine ſchnell beleuchtete Seite; aber dieſe Beleuch-
tung verſchwindet eben ſo ſchnell wieder, und iſt ſelbſt während ihrer kurzen Dauer nicht ganz zuverläßig. Auch in
dieſem Augenblick ſchweigt der Tumult der Leidenſchaft nicht
gänzlich, können wir nicht mit völliger Unpartheylichkeit eines
billigen Richters den Schritt, den wir thun wollen, unterſuchen. Die Leidenſchaften, ſagt Vater Malebranche,
haben immer Recht, und ſcheinen immer vernünftig und
ihren Gegenſtänden angemeſſen, ſo lange wir ſie fühlen.

Freylich, wenn die Handlung vorüber iſt, wenn die
Leidenſchaften, aus denen ſie entſprang, ſich gelegt haben,
ſo können wir in die Empfindungen des unpartheylichen Zuſchauers uns kühler hineindenken. Was uns vorhin inter-

effirte, ift uns nun beynahe fo gleichgültig geworden, als es
ihm immer war, und wir können unfer eignes Betragen izt
mit feiner Unpartheylichkeit und Ehrlichkeit unterfuchen. Aber
izt ift bey weitem nicht mehr fo viel an unfern Urtheilen gele-
gen, als vorher, und wenn fie am ftrengften unpartheylich
find, können fie doch nichts hervorbringen, als eitle Reue
und unnützes Bedauern, ohne uns vor dem nehmlichen Irrthum in der Zukunft zu fichern.   Selten find wir jedoch auch
nur in diefem Falle durchaus unpartheylich.   Die Meinung,
die wir von uns felbft hegen, hängt durchaus von unferm
Urtheil über unfer vergangnes Betragen ab.   Es ift fo uns
angenehm, fchlecht von fich felbft zu denken, daß wir oft mit
Vorfaß unfern Blick von den Umftänden wegwenden, die
dies Urtheil ungünftig machen könnten.   Derjenige, fagt
man, ift ein kühner Wundarzt, der mit fefter Hand an feinem eignen Leibe eine Operazion verrichten kann, und der
ift oft gleich kühn, der kein Bedenken trägt, den geheimnißvollen Schleier der Selbfttäufchung von fich wegzuftreifen,
der die Häßlichkeit feines eignen Betragens vor feinem Blick
verbirgt.   Ehe wir unfer eignes Betragen unter einer fo
unangenehmen Anficht fehn follten, bemühn wir uns oft
thörichter und fchwacher Weife, jene ungerechten Leidenfchaften, die uns vorhin gemisleitet hatten, aufs neue zu wecken;
wir bemühn uns, beynahe erlofchnen Haß wieder anzufachen,
beynahe vergeßne Feindfeligkeiten wieder aufzufrifchen; wir
zwingen uns zu diefer traurigen Bemühung, und beharr-
ren fo in der Ungerechtigkeit lediglich, weil wir einftens uns
gerecht waren, und weil wir uns fchämen, diefe Ungerech-
keit einzugeftehn.

So partheylich ift das Urtheil der Menfchen in Anfehung der Schicklichkeit ihres eignen Betragens, fowohl zur

Zeit des Handelns, als nachher; und so schwer wird es ihnen,
sie in dem Lichte zu betrachten, worin jeder unpartheyliche
Zuschauer sie betrachten würde. Gäb' es aber ein besondres
Vermögen, ein solches, wie das moralische Gefühl beschrie=
ben wird, vermöge dessen sie über ihr eigen Betragen ur=
theilten, wären sie mit einem besondern Sinn, die Schön=
heit und Scheuslichkeit der Leidenschaften und Affekten zu un=
terscheiden, ausgestattet, so würden ihre Leidenschaften der
Ansicht dieses Vermögens unmittelbar bloß liegen, und die=
ses würde folglich genauer über sie, als über andrer Men=
schen ihre, die es nur in einer tiefern Ferne erblickte, ur=
theilen können.

Diese Selbsttäuschung, diese verderbliche Schwäche der
Menschen ist die Quelle der Hälfte aller Unordnungen des
Menschen. Sehen wir uns in dem Lichte, in dem andre
uns sehen, oder in dem sie uns sehen würden, wenn sie alles
wüßten, so wäre eine Sittenbesserung unvermeidlich. Wir
würden unsern Anblick sonst nicht ertragen können.

Die Natur hat diese Schwäche des Menschen, die von
so erheblichen Folgen ist, jedoch nicht ganz ohne Gegenmittel
gelassen; sie hat uns den Täuschungen der Selbstliebe nicht
ganz bloß und wehrlos hingestellt. Unsre unaufhörlichen
Bemerkungen über fremde Handlungen leiten uns unmerk=
lich auf gewisse allgemeine Regeln über das, was zu thun
oder zu lassen billig und schicklich ist. Einige Handlungen
empören all' unsre natürlichen Gefühle. Wir hören sie von
jedermann einstimmig verwünschen. Dies bestätigt und er=
höht unser Gefühl ihrer Häßlichkeit. Es überzeugt uns, daß
wir sie im schicklichen Lichte betrachten, wenn wir andre sie

in gleichem Lichte betrachten fehn. Wir beschließen, uns
nie auf gleiche Weise bloß zu geben, und nie in keinerley
Rücksicht die Gegenstände so allgemeiner Misbilligung zu werden. So entwerfen wir uns natürlicherweise eine allgemeine Regel, daß alle diejenigen Handlungen gemieden werden
müssen, die uns verhaßt, verächtlich, oder strafbar, die uns
zu Gegenständen von Empfindungen, die wir aufs heftigste
verabscheuen und fürchten, machen würden. Andre Handlungen dagegen erregen unsre Billigung, und wir hören
jeden um uns her die nehmliche günstige Meinung von ihnen
äußern. Alle Welt beeifert sich, sie zu ehren und zu belohnen. Sie erregen alle diejenigen Empfindungen, nach denen wir von Natur das stärkste Verlangen haben, die Liebe, die Bewundrung, die Dankbarkeit des Menschen. Wir
entschließen uns, etwas ähnliches zu thun, und so entspringt
die entgegengesetzte Regel, daß jede Gelegenheit, so zu handeln, aufs sorgfältigste aufgesucht werden müsse.

Auf diese Weise entstehn die allgemeinen Regeln der
Sittlichkeit. Sie gründen sich am Ende auf Erfahrung dessen, was in besondern Fällen unser sittliches Vermögen,
unser natürliches Gefühl des Verdienstes oder Misverdienstes billigt oder misbilligt. Ursprünglich billigen oder misbilligen wir einzelne Handlungen nicht darum, weil sie sich
bey näherer Zergliederung mit gewissen Regeln einstimmig
oder unverträglich zeigen. Die allgemeine Regel ist vielmehr
das Produkt der einzelnen Erfahrungen, daß alle Handlungen von gewisser Art oder gewissen Umständen gebilligt
oder gemisbilligt werden. Wer zuerst einen unmenschlichen
Mord ansah, begangen aus Geiz, Neid, oder ungerechtem
Groll, und begangen an einem Manne, der dem Mörder

traute und ihn liebte; wer bey der Todesangst des Sterben-
den gegenwärtig war, wer ihn mit seinem lezten Odemzuge
mehr über die Treulosigkeit und Undankbarkeit seines falschen
Freundes, als über die ihm widerfahrne Gewaltthätigkeit
klagen hörte; der bedurfte, um die Scheuslichkeit einer solchen Handlung einzusehn, nicht erst der Ueberlegung, daß
hier eine der heiligsten Regeln des Betragens, die Regel,
daß man keinem Unschuldigen das Leben nehmen müsse, gebrochen, und daß dieser Bruch eine äußerst strafbare Handlung sey.   Sein Abscheu wider dies Verbrechen würde offenbar den Augenblick, würd' ihm früher fühlbar werden, als
er sich eine solche allgemeine Regel abgezogen haben könnte.
Die allgemeine Regel hingegen, die er vielleicht in der Folge bilden möchte, würde sich auf den Abscheu gründen, den
er beym Gedanken dieser und jeder ähnlichen Handlung in
seiner Brust sich regen fühlte.

Wenn wir in der Geschichte oder in Romanen die Erzählung von Handlungen entweder des Edelmuths oder der
Niederträchtigkeit lesen, so entspringt weder die Bewundrung, die wir für die einen, noch die Verachtung, die wir
für die andern fühlen, aus der Betrachtung, daß es gewisse allgemeine Regeln gibt, die alle Handlungen der einen
Art für bewundernswürdig, und alle Handlungen der andern
für verächtlich erklären.   Diese allgemeinen Regeln entspringen vielmehr alle aus Erfahrung der Wirkungen, welche alle
mögliche Arten von Handlungen auf uns hervorbrachten.

Eine liebenswürdige, ehrwürdige, scheusliche Handlung sind lauter Handlungen, die natürlicherweise die Liebe, die Achtung, oder den Abscheu des Zuschauers für den

Thäter erregen. Die allgemeinen Regeln, die da bestim
men, welche Handlungen die Gegenstände einer jeden dieser
Empfindungen sind und nicht sind, können von nichts als
von Beobachtungen abgezogen werden, was für Handlun
gen sie wirklich und in der That erregen.

Wenn diese allgemeinen Regeln einmal abgezogen sind,
wenn sie durch das einstimmige Gefühl der Menschen all
gemein anerkannt und festgesetzt sind, so berufen wir uns
häufig auf sie, als auf die Richtschnur der Urtheile, wenn
wir über den Grad von Lob oder Tadel, der gewissen Hand
lungen verwickelter und zweifelhafter Art zukommt, streiten.
Man citirt sie in diesen Fällen gewöhnlich, als die lezten
Gründe von Recht und Unrecht im menschlichen Leben, und
dieser Umstand scheint manche sehr vorzügliche Schriftsteller
verleitet zu haben, ihre Systeme so aufzuführen, als wenn
sie voraussezten, daß die ursprünglichen Urtheile der Men
schen über Recht und Unrecht, gleich den Entscheidungen
eines Gerichtshofes, zuerst durch Erwägung der allgemeinen
Regeln, und hernach durch Zusammenhaltung der Regel
mit der jedesmaligen Handlung abgemacht würden.

Haben diese Regeln durch öftere Wiederholung und
Beschauung sich unserm Geiste einmal eingeprägt, so kön
nen sie uns zu Berichtigung der Täuschungen, die die Ei
gennliebe oft über das Schickliche und Dienliche in gewissen
Lagen verbreitet, sehr nützlich seyn. Wenn der Rachgierige
den Eingebungen seiner Rachgier Gehör geben sollte, so würd'
er den Untergang seines Gegners vielleicht nur als einen
schwachen Ersaz für das Unrecht ansehn, was dieser ihm zu
gefügt hat, und was vielleicht nur ein sehr unbedeutendes

Zunahetreten war. Aber seine Aufmerksamkeit auf andrer
Leute Betragen hat ihn gelehrt, wie abscheulich so blutdür=
stige Rachgier sey. Wenn seine Erziehung nicht sehr son=
derbar gewesen ist, so hat er sich zum unverbrüchlichen Gesetz
gemacht, sich ihrer bey jeder Gelegenheit zu enthalten.
Dies Gesetz behauptet sein Ansehn über ihn, und macht ihn
unfähig, eine solche Gewaltthätigkeit zu begehn. Dennoch
kann sein Temperament so heftig seyn, daß wenn er itzt zum
erstenmal eine solche Handlung betrachtet, er sie ohne Zwei=
fel für ganz recht und billig und der Genehmigung jedes
unpartheylichen Zuschauers werth gehalten hätte. Aber jene
Achtung für die Regel, welche vergangne Erfahrung ihm
einprägte, dämpft den Ungestüm seiner Leidenschaft, und hilft
ihm die partheyliche Ansicht, unter welcher die Leidenschaft
ihm das Schickliche in seiner Lage darstellt, berichtigen.
Sollte er sich durch die Wut der Leidenschaft zur Uebertre=
tung dieser Regel hinreißen lassen, so kann er doch auch in
diesem Fall die Achtung und Ehrfurcht, mit der er sich sie zu
betrachten gewöhnt hat, nicht ersticken. Selbst im Augen=
blick des Handelns, im Augenblick, darin die Leidenschaft
am höchsten steigt, zaudert und zittert er, im Gedanken an
das, was er thun will; heimlich fühlt er, daß er jene Schran=
ken des Betragens durchbricht, die er in seinen kühlen Stun=
den nie zu durchbrechen sich entschlossen hatte, die er nie ohne
die höchste Mißbilligung von andern durchbrechen gesehn hatte,
und deren Durchbrechung, einer Ahndung seines Geistes zu=
folge, ihn bald zum Gegenstande der unangenehmsten Em=
pfindungen machen müßte. Eh' er den lezten verderblichen
Entschluß fassen kann, peinigen ihn alle Folterqualen des
Zweifels und der Ungewißheit. Er entsetzt sich vor dem Ge=
danken, eine so geheiligte Regel zu verletzen, und wird zu

gleicher Zeit von der Wut seines Verlangens, sie zu verletzen, fortgetrieben. Jeden Augenblick ändert er seinen
Entschluß. Jetzt beschließt er, seinem Grundsatz treu zu
bleiben, und keiner Leidenschaft nachzuhängen, die den Rest
seines Lebens mit den Schrecken der Schaam und der Reue
vergällen würde; er erwägt die sichre Ruhe, die die Ueberwindung der gefährlichen Versuchung ihm verschaffen wird,
und diese süße Aussicht verbreitet eine augenblickliche Stille
in seiner Seele. Aber mit einemmale erwacht die Leidenschaft
aufs neue, und treibt ihn mit frischer Wut, zu begehen,
was er den Augenblick vorher zu unterlassen beschlossen hatte.
So folternder Unentschlossenheit überdrüßig, thut er endlich
in einer Art von Verzweiflung den letzten verderblichen und
unwiderruflichen Schritt, aber mit dem Schrecken und der
Betäubung, mit welcher jemand, dem der Feind auf der
Ferse ist, sich einen Abhang hinunterstürzt, sichrer, auf
diese Art seinen Untergang zu finden, als wenn er seinem
Verfolger die Stirn geboten hätte. Er fühlt dies sogar im
Augenblick des Handelns, wiewohl ohne Zweifel nicht so
lebhaft, als nachher, als dann, wann die befriedigte und
nun erkältete Leidenschaft ihm erlaubt, seine Handlung in
dem Lichte zu betrachten, in dem sie andern erscheinen muß;
und wann er nun fühlt, was er vorhin nur dunkel ahndete,
den wirklichen Stachel der Reue, und die Peinigungen
eines bösen Gewissens.

Anm. Wie sehr wär' es zu wünschen, daß der Verfasser so
viel rührende und eindringende Beredtsamkeit, als er in den beiden letzten Kapiteln entfaltet, zu Gunsten einer bessern Sache verwandt hätte, als die Ableitung des moralischen Werths unsrer
Handlungen, aller Regeln des Betragens, und der ganzen
Sittlichkeit selber von einem so unedlen und unsichern Prinzip, als

die Sympathie der Menge ist, jemalen werden kann. In der That
scheint sein Herz während der Erhebung, worin die eigenthümliche
Größe ähnlicher Betrachtungen es nothwendig stimmen mußte, sich
jezuweilen von einer so entwürdigenden Gerichtsbarkeit haben los-
reißen, und der Majestät eines obersten, jede niedre Triebfeder
verschmähenden und zu Boden schlagenden Vernunftgesetzes huldi-
gen zu wollen. Er gesteht, daß die Bewunderung der ganzen be-
trognen Welt für die Verachtung unsrer selbst uns nicht trösten,
noch die unverdiente Verachtung der Menge die befriedigende
Schätzung unsers eignen Werths uns rauben könne. Er spricht
von einem innern Menschen, einem Insassen der Brust, einem
Vollmachtträger der Gottheit, den jeder Mensch anerkenne, und
an ihn, als oberste Instanz, von dem ungerechten Urtheil des Haufens appellire. Er lehrt, daß nicht die Liebe des Nächsten, nicht
die Liebe des Menschengeschlechts, nicht Neigung also, das Produkt des untern Begehrungsvermögens, zu den ehrwürdigen Tugenden der Selbstverleugnung und Selbstaufopferung bestimmen,
sondern bloß die Hinsicht auf das Edle und wahrhaftig Ehrfurchts-
werthe, die Größe, Würde, und Superiorität unsers eignen Karakters. Allein, statt auf einem so schönen und richtigen Fluge
sich gradesweges zum nahen und krönenden Ziel einer ewig selbst-
thätigen und sich selbst bestimmenden Vernunft emporzusteigen,
statt sich zur Unabhängigkeit und Unverletzlichkeit des praktischen
Gesetzes aufzuschwingen, eines Gesetzes, das in einziger und lezter Instanz über allen Werth und Unwerth sittlicher Wesen entscheidet, den Beyfall dieser Wesen eben so wenig erschmeichelt, als
erdroht, vielmehr aller Selbstsucht Abbruch thut, alles subjektive
Interesse verschmäht, wo von Pflicht die Rede ist, alle Rücksicht
auf Glückseligkeit untersagt, und mit Niederschlagung alles Eigen-
dünkels unser sinnliches Menschseyn innigst kränkt und demüthigt,
zu gleicher Zeit aber unsern wahren Menschen durch die Zusiche-
rung seiner Persönlichkeit, seiner Erhabenheit über alle Naturnothwendigkeit, und seines Eingreifens in die intellektuelle Welt
aufs kräftigste wieder hebt und tröstet; statt dessen löst er jenen
Zauber, mit welchem was immer für eine Hypothese so unwiderstehlich auf ihren Erfinder wirkt, sich nur gar zu bald wieder nie-

derwärts ziehn; und indem er unmittelbar hinter jenen Aeußerungen des unüberschreybaren Selbstbewußtseyns seiner praktischen Natur hinzufügt, daß jenen erhabnen Stimmungen doch am Ende immer Rücksicht auf das Urtheil des Haufens zu Grunde liege; indem er dem, der außer der Gesellschaft lebt, alles sittliche Gefühl
gradezu abspricht; indem er die Gesinnungen des Fremden für den
einzigen Spiegel erklärt, in welchem man die Schönheit oder Häßlichkeit seines innern Menschen erblicken könne; indem er endlich
die allgemeinen praktischen Regeln selber ausdrücklich für Produkte
einer Erfahrung erklärt, deren jedes einzelnes Datum doch das
Daseyn der Sittlichkeit schon unwidersprechlich voraussetzt, so raubt
er uns in der That mit der andern Hand zehnmal mehr, als er mit
der ersten uns einräumte.

Drittes Kapitel.

Vom Einfluß und Ansehn der allgemei-
nen Regeln der Sittlichkeit, und wie
dieselben mit Recht als Gesetze der
Gottheit angesehn werden.

Die Achtung für diese allgemeinen Lebensregeln ist das
eigentlich so genannte Pflichtgefühl, ein äußerst wichtiges Prinzip im menschlichen Leben, das einzige Prinzip, nach welchem der große Haufe der Menschen seine Handlungen zu
leiten fähig ist. Manche Menschen betragen sich ganz anständig, und wissen ihr ganzes Leben hindurch jedem beträchtlichen
Grade von Tadel auszuweichen, ohne jemalen jenes Gefühl
empfunden zu haben, auf dessen Schicklichkeit wir unser

Billigung ihres Betragens gründen, sondern lediglich aus
Beobachtung jener Regeln des Betragens, die sie allgemein
angenommen sehen.   Derjenige, der von einem andern
große Wohlthaten empfangen hat, mag durch natürliche
Kühle seines Temperaments nur einen sehr schwachen Grad
von Dankbarkeit fühlen, ist er jedoch tugendhaft erzogen
worden, so wird man ihn oft haben bemerken lassen, wie
gehässig Handlungen seyen, die einen Mangel dieses Gefühls
andeuten, und wie angenehm die entgegengesetzten.   Sollte
sein Herz also auch von keiner dankbaren Zärtlichkeit erwärmt werden, so wird er doch so zu handeln suchen, als
wär' er es; er wird sich bemühn, seinem Gönner alle Achtung und Aufmerksamkeit zu beweisen, die ihm nur die leben-
digste Dankbarkeit eingeben kann.   Er wird ihn regel-
mäßig besuchen, er wird ihm ehrerbietig begegnen, er wird
nie von ihm reden, ohne mit Ausdrücken der höchsten Achtung und der mancherley Verbindlichkeiten, die er ihm habe.
Und was noch mehr ist, er wird sorgfältig jede Gelegenheit
ergreifen, ihm seine geleisteten Dienste durch Gegengefälligkeit-
keiten zu erwiedern.   Er kann dies alles thun, ohne einige
Heucheley oder tadelnswürdige Verstellung, ohne einige
eigennützige Rücksicht auf neue Wohlthaten, und ohne einige Absicht, seinen Wohlthäter oder das Publikum zu täuschen.   Die Triebfeder seiner Handlungen kann keine andre
seyn, als Achtung für das angenommene Pflichtgesetz, als
ein ernstliches Verlangen, in jeder Rücksicht den Vorschriften der Dankbarkeit gemäß zu handeln.   Auf eben die Weise
mag ein Weib bisweilen wohl für ihren Gatten nicht die
zärtliche Achtung fühlen, die der zwischen ihnen bestehenden
Verbindung geziemt.   Ist sie jedoch tugendhaft erzogen
worden, so wird sie so zu handeln suchen, als wenn sie sie

fühlte; ſie wird ſuchen, ſorgſam, dienſtfertig, treu und recht
ſchaffen zu ſeyn, und es an keiner jener Emſigkeiten mangeln zu laſſen, die das wirkliche Gefühl ähnlicher Zärtlichkeit ihr nur hätte eingeben können. So ein Freund, und ſo
ein Weib mögen freylich wohl eben nicht die beſten in ihrer
Art ſeyn, und wenn ſie auch das ernſtlichſte Verlangen haben
ſollten, jeden Theil ihrer Pflichten zu erfüllen, ſo werden
ſie doch in mancherley feinen und zarten Beeiferungen zu-
rückbleiben; ſie werden manche Gelegenheit, ſich gefällig zu
machen, überſehn, die ſie nimmermehr überſehn haben
könnten, wenn ihr Gefühl ihrer Lage angemeſſen geweſen
wäre. Wenn aber gleich nicht die erſten in ihrer Gattung,
ſind ſie doch vielleicht die zweyten, und wenn die Rückſicht
auf die allgemeinen Lebensregeln ihnen nur ſehr ſtark eingeprägt worden, ſo werden ſie es an keinem weſentlichen Theil
ihrer Pflicht fehlen laſſen. Nur wenige feinfühlende Seelen ſind fähig, ihre Empfindungen und ihr Betragen der
zarteſten Schattirung ihrer Lage aufs genaueſte anzupaſſen,
und bey allen Gelegenheiten mit der zarteſten und pünktlich-
ſten Schicklichkeit zu verfahren. Der grobe Stoff, aus dem
der große Haufe der Menſchen gebildet iſt, kann zu ſolcher
Vollkommenheit nicht ausgeſponnen werden. Dennoch gibt
es kaum irgend jemand, dem nicht durch Erziehung, Zucht
und Beyſpiel eine ſolche Achtung für allgemeine Regeln eingeprägt werden könnte, daß er nicht in beynahe allen Gelegenheiten mit leidlicher Schicklichkeit handeln, und ſein ganzes Leben hindurch jedem beträchtlichen Grade von Tadel
ausweichen ſollte.

Ohne dieſe geheiligte Achtung für allgemeine Regeln iſt
niemand, auf deſſen Betragen man ſich ſonderlich verlaſſen

könnte. Sie ist es, die den wesentlichen Unterschied zwischen einem Manne von Grundsätzen und Ehre, und einem unwürdigen Buben ausmacht. Jener folgt überall mit Festigkeit und Entschlossenheit seinen Grundsätzen, und behauptet sein ganzes Leben hindurch einerley sich immer gleiche Verfahrungsweise. Dieser handelt unbestimmt und nach Zufall, wie Laune, Neigung, oder Eigennutz ihn bestimmen. Ja die Launen auch der besten Menschen sind sich so ungleich, daß ohne dies Prinzip der Mann, der in allen seinen kühlen Stunden die zarteste Fühlbarkeit für Schicklichkeit des Betragens hat, sich oft bey den unbedeutendsten Gelegenheiten, bey Gelegenheiten, wo man seine Verfahrungsart sich kaum erklären kann, zu ungereimten Handlungen verleiten läßt. Dein Freund besucht dich, da du grade nicht bey Laune bist, ihn gehörig aufzunehmen; in deiner itzigen Stimmung scheint seine Höflichkeit dir baare Zudringlichkeit zu seyn, und wenn du der Ansicht, unter der dir die Dinge eben izt erscheinen, Raum gäbest, so würdest du, trotz deiner sonstigen Höflichkeit, ihn mit Kälte und Verachtung behandeln. Was dich solcher Rauhigkeit unfähig macht, ist nichts als die Rücksicht auf die allgemeinen Regeln der Höflichkeit und Gastfreyheit, die dieselbe verbieten. Diese durch Erfahrung dir eingeflößte, und durch Uebung zur Fertigkeit gewordne Achtung macht dich fähig, in allen solchen Fällen mit beynahe gleicher Schicklichkeit zu verfahren, und hindert, daß jene Ungleichheit der Launen, welcher alle Menschen unterworfen sind, auf dein Betragen einen sehr merklichen Einfluß habe. Wenn aber ohne die Rücksicht auf die allgemeinen Regeln sogar die Pflichten der Höflichkeit, die so leicht zu beobachten sind, und zu deren Verletzung man kaum einen ernsthaften Beweggrund haben kann, so

häufig verletzt werden würden, was würde aus den Pflich‐
ten der Gerechtigkeit, der Wahrheit, der Keuschheit, der
Treue werden, deren Beobachtung oft so schwer ist, und zu
deren Verletzung oft so manche starke Beweggründe statt ha‐
ben können. Dennoch hängt von der erträglichen Beobach‐
tung dieser Pflichten sogar das Daseyn der menschlichen Ge‐
sellschaft ab, die in Nichts zerkrümeln würde, wenn die
Menschen nicht einen allgemeinen Eindruck von Ehrfurcht
für diese wichtigen Lebensgrundsätze eingesogen hätten.

Diese Ehrerbietung gewinnt durch eine zuförderst von
der Natur eingeflößte, und hernach durch Vernunft und Phi‐
losophie bestärigte Meinung eine neue Stärke, durch die
Meinung nehmlich, daß jene wichtigen Vorschriften der Sitt‐
lichkeit die Gebote und Gesetze der Gottheit seyen, welche
die Gehorsamen am Ende belohnen, die Uebertreter ihrer
Pflicht aber bestrafen werde.

Diese Meinung, oder Besorgniß, sag’ ich, scheint zuerst
durch die Natur eingeflößt zu seyn. Die Menschen haben
von Natur einen Hang, jenen geheimnißvollen Wesen, die
in allen Ländern die Gegenstände gottesdienstlicher Vereh‐
rung sind, alle ihre Empfindungen und Leidenschaften beyzu‐
legen. Sie haben keine andern, sie können sich keine andern
an ihnen denken. Diese unbekannten Intelligenzen, die sie
sich vorstellen, aber nicht sehn, müssen nothwendig denen,
die sie kennen, einigermaßen ähnlich gebildet werden. Wäh‐
rend der Unwissenheit und Finsterniß des heidnischen Aber‐
glaubens scheinen die Menschen die Begriffe von ihren
Gottheiten mit so weniger Feinheit gebildet zu haben, daß
sie ihnen ohne Unterschied alle Leidenschaften der mensch‐

lichen Natur, selbst diejenigen, die unsrer Gattung die we-
nigste Ehre machen, Wollust, Hunger, Geiz, Neid, Rache,
zuschrieben. Es konnte also nicht fehlen, daß sie Wesen, deren Natur sie sich von bewundernswürdiger Vortreflichkeit
gedachten, nicht auch diejenigen Empfindungen und Eigenschaften hätten beylegen sollen, die die Menschheit am meisten
schmücken, und sie den Vollkommenheiten höherer Wesen
näher bringen, die Liebe der Tugend und Wohlthätigkeit, und
den Abscheu des Lasters und der Ungerechtigkeit. Der Beleidigte rief Jupitern zum Zeugen des ihm zugefügten Unrechts, und zweifelte nicht, daß dieses göttliche Wesen dasselbe nicht mit eben dem Unwillen betrachten sollte, den es in
der Brust des lezten aller Menschen hervorrief. Der Beleidiger selbst fühlte, daß er der schickliche Gegenstand der Ver-
abscheuung und des Unwillens der Menschen sey, und seine natürliche Furcht verleitete ihn, jenen furchtbaren Wesen, deren Gegenwart er nicht entrinnen, und deren Gewalt er
nicht widerstehen konnte, die nehmlichen Empfindungen zuzuschreiben. Diese natürlichen Hoffnungen, Besorgnisse und
Vermuthungen wurden durch Sympathie fortgepflanzt, und
durch Erziehung bekräftigt, und bald wurden die Götter allgemein als Belohner der Menschlichkeit und Erbarmung,
und als Rächer der Treulosigkeit und Ungerechtigkeit vorgestellt und geglaubt. Und so bestätigte die Religion in ihrer
rohesten Gestalt die Regeln der Sittlichkeit lange vor dem
Zeitalter künstlichen Vernünftelns und ausgebildeter Philosophie. Daß die Schrecken der Religion unser natürliches
Pflichtgefühl befestigen möchten, war für die Glückseligkeit
der Menschen zu wichtig, als daß die Natur es hätte auf die
Langsamkeit und Unsicherheit philosophischer Untersuchungen
sollen ankommen lassen.

Diese Untersuchungen bestätigten jedoch mit der Zeit den ursprünglichen Vorunterricht der Natur. Worin man den Grund unsrer sittlichen Vermögen auch setzen mag, in einer gewissen Modifikazion der Natur, oder in einem eingepflanzten Triebe, dem so genannten moralischen Sinn, oder in irgend einem andern Naturprinzip, so muß man doch eins gestehn, daß sie uns gegeben wurden, nur unsre Aufführung in diesem Leben zu leiten. Sie tragen die Siegel ihrer Autorität unverkennbar in sich. Sie nöthigen uns, sie als rechtmäßig bestellte und unumschränkte Schiedsrichter aller unsrer Handlungen anzuerkennen. Sie führen die Oberaufsicht über alle unsre Sinne, Leidenschaften und Gelüste, und bestimmen, wie fern jeder derselben befriedigt oder eingeschränkt werden müsse. Unsre sittlichen Kräfte stehn keinesweges, wie einige vorgeben, mit unsern übrigen Naturkräften und Gelüsten auf gleichem Fuß. Sie dürfen sich nicht von diesen beschränken lassen, wie diese von ihnen. Kein andres Vermögen oder Handlungsprinzip richtet über das andre. Die Liebe richtet nicht über den Zorn, noch der Zorn über die Liebe. Diese beiden Leidenschaften können einander widersprechen; aber man kann nicht schicklich sagen, daß sie einander billigen oder misbilligen. Dagegen ist es jener sittlichen Kräfte eignes Geschäft, zu richten, und Lob oder Tadel über alle andre Prinzipe unsrer Natur auszuspenden. Man kann sie als eine Art von Sinnen betrachten, deren Gegenstände jene Prinzipe sind. Jeder Sinn ist unumschränkter Richter seiner Gegenstände. Vom Auge läßt sich nicht über die Schönheit der Farben, vom Ohr nicht über die Harmonie der Schälle, vom Geschmack nicht über die Lieblichkeit des Gekosteten appelliren. Jeder dieser Sinne richtet in lezter Instanz über seine Gegenstände. Alles,

Q

was den Geschmack ergötzt, ist wohlschmeckend; alles, was das Auge weidet, ist schön; alles, was dem Ohre schmeichelt, harmonisch. Eben darin besteht das Wesen dieser Eigenschaften, daß sie dem von ihnen affizirten Sinne gefallen. Auf gleiche Weise kömmt es unsern sittlichen Kräften zu, zu entscheiden, wann das Ohr geschmeichelt, wann das Auge geweidet, wann der Geschmack gekitzelt werden, wann und in wie fern jedes andre Prinzip unsrer Natur entweder befriedigt oder beschränkt werden müsse. Was unsern sittlichen Kräften entspricht, ist recht, schicklich, und dienlich; das Gegentheil unrecht, unschicklich, undienlich. Die Empfindungen, die sie billigen, sind anständig und geziemend; das Gegentheil unanständig und ungeziemend. Schon die Worte, recht, unrecht, schicklich, unschicklich, anständig, unanständig, bedeuten etwas, das jenen Kräften gefällt oder misfällt.

Da diese Kräfte also offenbar die herrschenden Prinzipe der menschlichen Natur seyn sollten, so müssen die von ihnen vorgeschriebnen Regeln, als Gebote und Gesetze der Gottheit, von ihnen, als ihren Stellvertretern in uns, kund gethan, angesehn werden. Alle allgemeine Regeln werden gewöhnlich Gesetze genannt. So heißen die allgemeinen Regeln, die die Körper in der Mittheilung der Bewegung beobachten, Gesetze der Bewegung. Aber jene allgemeinen Regeln, die unsre sittlichen Kräfte in Genehmigung oder Verdammung jeder ihrer Untersuchung unterworfnen Gesinnung oder Handlung beobachten, können weit eigentlicher Gesetze genannt werden. Sie haben weit größere Aehnlichkeiten mit den eigentlich so genannten Gesetzen, mit jenen allgemeinen Regeln, die der Oberherr festsetzt, um das

Betragen seiner Unterthanen durch sie zu leiten. Gleich
diesen sind sie Regeln, um die freyen Handlungen der Menschen zu leiten, werden sie durch einen gewiß sehr rechtmäßi-
gen Oberherrn vorgeschrieben, und mit der Sanktion der
Belohnungen und Bestrafungen unterstützt. Dieser Stellvertreter der Gottheit in uns ermangelt nie, die Uebertretung derselben mit den Foltern innerlicher Schaam und Selbstverdammniß zu züchtigen, und die Gehorsamen im Gegentheil mit Seelenruhe und süßer Selbstzufriedenheit zu
belohnen.

Unzählige andre Bemerkungen dienen zur Bestätigung
des nehmlichen Satzes. Die Glückseligkeit der Menschen
sowohl als aller andern vernünftigen Geschöpfe scheint der
ursprüngliche Zweck gewesen zu seyn, den der Urheber der
Natur durch ihre Erschaffung beabsichtigte. Kein andrer
Zweck scheint jener erhabnen Weisheit und Güte, die wir
demselben nothwendig beylegen, würdig, und diese Meinung,
auf welche die abgezogne Betrachtung seiner unendlichen Vollkommenheiten uns zuerst führt, gewinnt durch die Beobachtung der Natur, die durchgehends auf Beförderung der
Glückseligkeit und Verminderung des Elends berechnet zu
seyn scheint, noch größere Stärke. Nun können wir die
Glückseligkeit der Menschen aber nicht kräftiger befördern, als
durch Befolgung der Anforderungen unsrer sittlichen Kräfte,
und in dem Fall kann man sagen, daß wir mit der Gottheit zusammenwirken, und den Plan der Vorsehung nach
aller unsrer Kraft befördern. Durch das Widerspiel hingegen scheinen wir den Plan, den der Urheber der Natur zur
Beglückung und Vervollkommnung der Welt entworfen hat,
zu durchkreuzen, und uns gewissermaßen als Feinde der Gott-

heit zu erklären. Dies ermuntert uns natürlicherweise, in
jenem Fall auf außerordentliche Belohnungen zu hoffen,
und in diesem uns vor seiner Rache und Züchtigung zu
scheuen.

Es gibt noch manche andre Gründe, und manche an=
dre Naturprinzipe, die alle zu Bestätigung und Einprä=
gung der nehmlichen heilsamen Lehre dienen. Erwägen wir
die allgemeinen Regeln, nach welchen Glück und Unglück in
diesem Leben gemeiniglich ausgespendet werden, so werden
wir finden, daß, ungeachtet der Unordnung, worin alle
Dinge dieser Welt zu seyn scheinen, doch auch hienieden jede
Tugend gewöhnlich ihren eignen Lohn findet, und zwar den=
jenigen, der am tauglichsten ist, sie zu ermuntern und zu
befördern, und zwar mit einer solchen Sicherheit, daß nur ein
sehr außerordentlicher Zusammenlauf von Umständen ihr den=
selben rauben kann. Welche Belohnung ist am tauglichsten,
um Emsigkeit, Klugheit und Betriebsamkeit aufzumuntern?
Erfolg in allen Geschäften. Und es ist unmöglich, daß
diese Tugenden ein ganzes Leben hindurch erfolglos bleiben
können. Vermögen und bürgerliche Ehren sind ihre schick=
liche Belohnung, und eine Belohnung, die ihnen schwer=
lich entgehn kann. Welche Vergeltung ist am tauglichsten,
um die Uebung der Redlichkeit, Gerechtigkeit und Mensch=
lichkeit zu befördern? Das Zutrauen, die Achtung und die
Liebe derer, mit denen wir leben. Die Menschlichkeit
wünscht nicht groß, sondern geliebt zu seyn. Nicht an Schä=
tzen pflegen Redlichkeit und Rechtschaffenheit sich zu weiden,
sondern am Zutrauen und an der Liebe ihrer Nebenmenschen;
Belohnungen, die diese Tugenden beynahe immer gewinnen.
Durch sehr außerordentliche und unglückliche Umstände kann

ein guter Mann in den Fall kommen, eines Verbrechens,
deſſen er unfähig war, verdächtigt, und ſo für ſein ganzes
übriges Leben dem Abſcheu der Menſchen bloßgeſtellt zu werden.   Durch einen Zufall dieſer Art kann er, aller ſeiner Rechtſchaffenheit und Unſträflichkeit ungeachtet, gewiſſer-
maßen ſein Alles verlieren, ſo wie ein vorſichtiger Mann,
der äußerſten Vorſicht ungeachtet, durch ein Erdbeben oder
eine Ueberſchwemmung zu Grunde gerichtet werden kann.
Zufälle der erſten Art ſind jedoch faſt immer ſeltner, und
dem gewöhnlichen Laufe der Dinge widerſprechender, als Zufälle der leztern, und es bleibt immer wahr, daß Redlichkeit,
Gerechtigkeit und Menſchlichkeit gewiſſe und beynahe unfehlbare Mittel ſind, dasjenige, was dieſe Tugenden hauptſächlich beabſichtigen, das Zutrauen und die Liebe derer, mit
denen wir leben, zu gewinnen.   In Aufehung irgend einer
einzelnen Handlung kann jemand leicht in einem falſchen
Lichte dargeſtellt werden; aber daß das in Anſehung des ganzen Gehalts ſeines Lebens geſchehn könne, iſt kaum möglich.
Ein Unſchuldiger kann einer Bosheit bezüchtigt werden; und
dieſer Fall iſt doch nur ſelten.   Dagegen wird die einmal
gefaßte Meinung von ſeiner Unſchuld uns nicht ſelten bewegen, ihn in Fällen loszuſprechen, wo er wirklich ſchuldig war,
und wo ſehr ſtarke Vermuthungen wider ihn reden.   Auf
gleiche Weiſe kann ein Schurke für eine gewiſſe einzelne
Schurkerey, die wir nicht ganz durchſchauten, dem Tadel
entrinnen, ja wohl gar Beyfall ernden.   Aber keiner
war habitueller Schurke, ohne bald für einen ſolchen anerkannt, und ohne oft auch dann der Schurkerey verdächtigt zu
werden, wenn er wirklich vollkommen unſchuldig war.   So
fern Tugenden und Laſter durch die Geſinnungen und Meinungen der Menſchen geſtraft oder belohnt werden können,

so fern wiederfährt ihnen dem gewöhnlichen Laufe der Dinge
zufolge schon hier etwas mehr, als genaue und unpar=
theyliche Gerechtigkeit.

Allein, wiewohl die allgemeinen Regeln, nach welchen
Glück und Unglück gemeiniglich ausgespendet werden, in die=
sem kühlen und philosophischen Lichte betrachtet, der Lage
der Menschen in diesem Leben vollkommen angemessen schei=
nen, so reimen sie sich doch keinesweges zu einigen unsrer na=
türlichen Gefühle.   Von Natur bewundern und lieben wir
einige Tugenden dermaßen, daß wir gern alle Arten von
Ehren und Belohnungen auf ihnen zusammenhäufen möch=
ten, selbst diejenigen, von denen wir zugeben müssen, daß sie die
schicklichen Belohnungen andrer Eigenschaften seyen, von de=
nen jene Tugenden eben nicht allemal begleitet werden. Das
gegen verabscheuen wir gewisse Laster so sehr, daß wir ihnen
gern jede Art von Beschimpfung und Bedrängniß anthun
möchten, diejenigen nicht ausgenommen, die die natürlichen
Folgen ganz verschiedner Eigenschaften sind.   Großmuth,
Edelmuth und Gerechtigkeit erzwingen einen so hohen Grad
von Bewundrung, daß wir sie mit Reichthum, Macht, und
Ehren jeglicher Art bekränzt zu sehn wünschen, mit den na=
türlichen Folgen der Klugheit, Emsigkeit und Unverdrossen=
heit, Eigenschaften, die mit jenen Tugenden nicht immer zu=
sammen gefunden werden. Betrug, Falschheit, Gewalt=
thätigkeit, Unmenschlichkeit hingegen erregen in jeder mensch=
lichen Brust einen solchen Unwillen und Abscheu, daß wir
sie mit Verdruß Vortheile besitzen sehn, die sie doch durch
Fleis und Emsigkeit, den bisweiligen Begleitern jener Laster,
gar wohl verdient zu haben scheinen. Der betriebsame Spitz=
bube baut das Land. Der gute aber läßige Mann läßt es

ungebaut. Wer soll seine Früchte ernden? Wer soll ver-
kümmern, und wer in Fülle leben? Der natürliche Lauf
der Dinge entscheidet für den Spitzbuben, die natürlichen
Menschengefühle für den braven Mann. Der Mensch meint,
daß die guten Eigenschaften des einen durch die Vortheile,
die sie ihm verschaffen, viel zu sehr belohnt seyen, und daß
die Unterlassungen des andern durch die Bedrängniß, darin
sie ihn gewöhnlich einklemmen, viel zu streng bestraft seyen,
und die menschlichen Gesetze, die Produkte menschlicher Gesinnungen, sprechen dem emsigen und besonnenen Verräther
Leben und Vermögen ab, und belohnen die Treue und den
Gemeingeist des unvorsichtigen und fahrläßigen guten Bürgers mit den höchsten Belohnungen. So lehrt die Natur
den Menschen die Vertheilung der Dinge, die sie selbst anders angestellt haben würde, gewissermaßen berichtigen. Die
Regeln, die sie ihn zu diesem Behufe befolgen heißt, sind von
denen, die sie selbst beobachtet, verschieden. Sie gewährt
jeder Tugend und jedem Laster grade die Belohnung oder
Strafe, die zur Ermunterung von jener und zur Beschränkung von diesem am besten taugt. Dieser einzigen Rücksicht folgend, achtet sie wenig auf die verschiednen Stufen
von Verdienst und Misverdienst, die sie in den Gesinnungen und Leidenschaften der Menschen zu besitzen scheinen mögen. Der Mensch im Gegentheil sieht bloß auf diese, und
würde den Zustand jeder Tugend genau dem Grade von Liebe und Achtung, und den Zustand jedes Lasters genau dem
Grade von Abscheu und Verachtung, den er selbst dafür
empfindet, anzupassen suchen. Die Regeln, welche sie befolgt, sind gut für sie; die, welche er befolgt, für ihn.
Beide aber sind auf Beförderung einerley großen Zwecks,

Q 4

der Ordnung der Welt, und der Vollkommenheit und Glückseligkeit der menschlichen Natur berechnet.

Allein, ungeachtet dieses Geschäfts des Menschen, die
Dinge anders zu vertheilen, als der Naturlauf, sich selbst
überlassen, sie vertheilt haben würde, ungeachtet er, gleich
den Göttern der Dichter, beständig mit außerordentlichen
Mitteln zu Gunsten der Tugend, und zur Unterdrückung
der Laster dazwischen tritt, und gleich ihnen den Pfeil, der
dem Haupte des Rechtschaffnen droht, hinwegzuschlagen,
und das Schwerd der Zerstörung, das über den Bösewicht
aufgehoben ist, auf ihn herabzureißen sich beeifert, so ist er
dennoch keineswegs fähig, beider Schicksal seinen eignen
Gesinnungen und Wünschen genau anzupassen. „Der natürliche Lauf der Dinge kann nicht durchaus durch das ohn-
mächtige Entgegenstreben der Menschen überwältigt werden.
Der Strom ist zu reißend und zu stark, als daß er mit seiner Kraft ihn hemmen könnte, und wiewohl die Gesetze,
die seinem Laufe die Richtung geben, zu den weisesten und
besten Zwecken festgesetzt scheinen, so erzeugen sie doch bisweilen Wirkungen, die alle unsre natürlichen Gefühle empören. Daß eine größere Verbindung von Menschenkräften
einer kleinern obliege; daß die, welche sich mit gehöriger
Vorsicht und den nöthigen Vorbereitungen in Unternehmungen einlassen, denen, die solches nicht thun, den Rang ab-
laufen; daß jeder Endzweck nur durch die Mittel erreicht
werden könne, die die Natur zu ihrer Erreichung veranstal-
tet hat, scheint eine nicht nur nothwendige und an sich un-
vermeidliche Regel zu seyn, sondern auch nützlich und dienlich, um die Menschen zur Emsigkeit und Aufmerksamkeit
aufzufodern. Und gleichwohl, wenn, dieser Regel zufolge,

Gewalt und Hinterlist über Rechtschaffenheit und Redlichkeit siegen, welcher Unwille empört sich in jedes unpartey-
lichen Zuschauers Busem! Welches Mitleid mit den Leiden
des Unschuldigen! Welches Ergrimmen über das Glück des
Unterdrückers! Wir trauren und zürnen über das geschehne
Unrecht, aber finden uns oft ganz unfähig, ihm abzuhelfen.
Verzweifelnd an jeder menschlichen Kraft, die stark genug
sey, den siegprangenden Bösewicht zu zermalmen, flüchten
wir zu einem höhern Richterstuhl, und hoffen, daß der große
Urheber der Natur noch selbst ausführen werde, was
alle Grundsätze, die er uns zu Berichtigung unsers Betragens eingepflanzt hat, uns hienieden schon zu versuchen reizen, daß er den Plan, den er uns selbst anlegen lehrte,
vollenden, und in einem künftigen Leben einem jeden
nach den Werken vergelten werde, die er in dem gegenwärtigen vollzog. Und so gelangen wir nicht bloß durch
die Schwächen, die Besorgnisse und Hoffnungen der menschlichen Natur, sondern auch durch die edelsten und heilsamsten
ihrer Prinzipe, durch die Liebe zur Tugend und den Abscheu vorm Laster, zum Glauben an eine richtende Zukunft.

Schickt sich für die Größe Gottes, sagt der beredte
und philosophische Bischof von Clermont mit jener leidenschaftlichen und überladenden Stärke der Einbildungskraft,
die bisweilen die Grenzen des Wohlstandes zu überschreiten?
scheint — schickt sichs für die Größe Gottes, die Welt, die
er erschaffen hat, in einer so allgemeinen Verwirrung zu laß-
sen? Zuzusehn, wie der Bösewicht beynah immer dem
Rechtschaffnen obliegt, die Unschuld von Fremden gedrängt
wird, der Vater an seines unnatürlichen Sohnes Ehrgeiz
sich zu Tode blutet, der Ehegatte unter dem Dolch eines

Q 5

treulosen Weibes den Geist aufgibt? Vom Stuhl seiner
Hoheit herab sollte Gott so scheusliche Ereignisse als ein be=
lustigendes Schauspiel ansehn, ohne mit seinem gewaltigen
Arme drein zu schlagen? Weil er groß ist, sollt' er schwach,
ungerecht, barbarisch seyn? Weil die Menschen klein sind,
sollten sie lasterhaft ohne Strafe, tugendhaft ohne Lohn seyn
dürfen? O Gott, wenn das der Grundzug deines Wesens
ist, wenn du es bist, den ich unter so furchtbaren Bildern
anbete, so kann ich dich nicht länger für meinen Vater an=
erkennen, nicht für meinen Beschirmer, für den Tröster
meiner Leiden; die Stütze meiner Schwächen, den Vergel=
ter meiner Treue. So bist du weiter nichts, als ein träger,
launischer Tyrann, der seinem Eigendünkel Menschen schlach=
tet, der vernünftige Seelen aus dem Nichts rief, um seiner
Muße zum Zeitvertreib, und seiner Laune zum Spiel
zu dienen.

11. Wenn so die allgemeinen Regeln, die den Werth oder
Unwerth der Handlungen bestimmen, als Gesetze eines all=
gewaltigen Wesens, das über unser Betragen wacht, und
in einem künftigen Leben die Beobachtung derselben beloh=
nen und ihre Uebertretung bestrafen wird, betrachtet wer=
den, so müssen sie in dieser Hinsicht nothwendig einen neuen
Grad von Heiligkeit gewinnen. Daß unsre Achtung für den
Willen der Gottheit die höchste Richtschnur unsers Betragens
seyn müsse, kann von niemandem bezweifelt werden, der ihr
Daseyn glaubt. Schon der Gedanke des Ungehorsams ge=
gen ihn scheint die empörendste Unschicklichkeit zu enthalten.
Wie eitel, wie ungereimt würde der verfahren, der die Gebote
der unendlichen Weisheit und unendlicher Macht versäumen,
oder gar sich ihnen widersetzen wollte! Wie unnatürlich, wie

ruchlos undankbar, sich gegen Gesetze aufzulehnen, die ihm von
der unendlichen Güte seines Schöpfers vorgeschrieben worden,
sollte auch keine Züchtigung auf ihrer Uebertretung warten!
Ueberdies wird das Gefühl des Schicklichen hier sehr gut durch
die stärksten Beweggründe des Eigennutzes unterstützt. Der
Gedanke, daß wir dem Auge der Menschen uns wohl verber=
gen, dem Arm ihrer Rache vielleicht wohl entrinnen mögen,
daß wir aber immer unter dem Auge Gottes handeln, und
immer der Sitase Gottes, des großen Rächers der Unge=
rechtigkeit, bloßgestellt bleiben; dieser Gedanke ist fähig, auch
die eigensinnigsten Leidenschaften im Zaum zu halten; zumal
bey denen, die durch beständiges Nachdenken mit ihm ver=
traut worden sind.

Auf diese Weise verstärkt die Religion unser natürliches
Pflichtgefühl, und daher kömmt es, daß die Menschen ge=
meiniglich auf die Rechtschaffenheit gottesfürchtiger Leute ein
größeres Vertrauen setzen. Solche Leute, glauben sie, ha=
ben außer den natürlichen Triebfedern, rechtschaffen zu han=
deln, noch eine hinzukommende mächtigere. Die Rücksicht
auf die Schicklichkeit der Handlungen sowohl als auf den
guten Namen, die Rücksicht auf den Beyfall ihres eignen
Herzens sowohl als auf den Beyfall andrer sind Triebfe=
dern, die auf den Freund der Religion eben so starken Ein=
fluß haben, als auf den Weltmann. Allein jener hat außer
diesen noch einen andern Bestimmungsgrund; er handelt mit
Vorsatz nie anders, als in Gegenwart jenes großen Obern,
der ihn am Ende seinen Thaten gemäß belohnen wird. In
dieser Hinsicht setzt man in die Pünktlichkeit und Regel=
mäßigkeit seines Betragens ein größeres Zutrauen. Und
überall, wo die natürlichen Religionsprinzipe nicht durch

Sektengeist und Menschensatzung verderbt sind; wo das erste
Pflichterforderniß derselben die Erfüllung aller sittlichen Verbindlichkeiten ist; wo den Menschen nicht leere Gebräuche
für wesentlic.re Religionspflichten verkauft werden, als Thaten der Gerechtigkeit und Wohlthätigkeit; wo man ihnen
nicht weis macht, daß sie durch Opfer und Feremonien und
eitle Gebetsformeln die Gottheit zur Nachsicht mit Betrug
und Treulosigkeit und Abscheulichkeiten bestechen können —
überall, sag' ich, wo diese Misbräuche nicht statt finden,
thun die Menschen recht und wohl daran, wenn sie auf die
Rechtschaffenheit eines frommen Mannes ein doppeltes Vertrauen setzen.

Anm. Ja so fern das moralische Gesetz, als unabhängig von
aller Materie des Wollens und verschiedenartiger Subjektivität,
für alle vernünftige Wesen, mithin auch für die Gottheit gültig
ist; (wiewohl die Begriffe eines Imperativ, der ein Sollen, —
einer Verbindlichkeit, die moralische Nöthigung — einer
Pflicht, die Selbstzwang und Aufopferung der Neigung — und
einer Tugend, welche Kraft im Kampf involvirt, auf ein hei-
liges, d. i. seiner Natur nach mit dem Sittengesetz vollkommen
einstimmiges Wesen nicht angewendet werden können) in so fern
lassen die Vorschriften jenes Gesetzes sich allerdings als Vorschriften des Willens Gottes, und läßt seine makellose Heiligkeit sich
als das Ideal betrachten, dem wir nicht nur während unsers span-
nenlangen irdischen Daseyns, sondern auch während unsrer ganzen, eben auf diese unerläßliche Forderung der sich selbst nicht zerstören könnenden Vernunft gegründeten, ewigen Fortdauer, uns nähern müssen, ohn' es darum jemals erreichen zu können. Wenn
aber durch diese Vorstellungsart nicht eine fremde, aller reinen
Moral durchaus tödtliche Gesetzgebung gegründet werden soll, so
müssen alle Nebenideen von despotischer, durch Verheißung locken-
der, oder angedrohte Züchtigung erzwingender Willkühr aufs sorgfältigste von ihr entfernt gehalten werden; indem das Gesetz ge-

horfam verlangt, nicht aus Furcht, noch Neigung, noch Hoffnung, noch irgend einer andern pathologischen Triebfeder, sondern lediglich aus Achtung fürs Gesetz und unsre eigne, durch selbiges gegründete vernünftige Würde.

Viertes Kapitel.

In welchen Fällen das Pflichtgefühl einziges Prinzip unsers Betragens seyn, und in welchen Fällen es mit andern konkurriren dürfe.

Die Religion gewährt so mächtige Beweggründe zu Ausübung der Tugend, und sichert uns durch so starke Einschränkungen vor den Versuchungen des Lasters, daß manche auf die Gedanken gerathen sind, gottesdienstliche Grundsätze für die einzigen lobenswürdigen Triebfedern der Thaten zu halten. Wir müssen, sagen sie, weder aus Dankbarkeit belohnen, noch aus Unwillen strafen. Wir müssen aus natürlicher Neigung weder unsre hülflosen Kinder versorgen, noch unsrer gebrechlichen Eltern pflegen. Jede Neigung für einzelne Gegenstände muß in unsrer Brust ersterben, und Eine große Leidenschaft den Platz aller andern einnehmen, die Liebe Gottes, das Verlangen, uns ihm angenehm zu machen, und unser Betragen in jeder Rücksicht seinem Willen gemäß einzurichten. Wir müssen nicht dankbar seyn aus Dankbarkeit, nicht liebreich aus Menschlichkeit, nicht par riotisch aus Vaterlandsliebe, nicht edelmüthig und gerecht aus Menschenliebe. Das einzige Prinzip, die einzige Triebfeder unsers Betragens in Ausübung dieser verschiednen Pflichten muß das Bewußtseyn seyn, daß Gott uns geboten habe, sie zu üben. Ich werde mir itzt nicht Zeit nehmen, diese Meinung genau zu zergliedern, ich will bloß bemerken, daß man nicht hätte glauben sollen, Vertheidiger derselben in irgend einer Sekte der Religion zu finden, die die Liebe Gottes von ganzem Herzen, von ganzer Seele, und von ganzem Gemüthe zum ersten, die Liebe des Nächsten als uns selbst aber zum andern ihrer Grundgesetze macht, sintemalen wir uns selbst sicherlich um unsrer selbst willen und nicht um deswillen lieben, weil es uns befohlen wird. Daß das Pflichtgefühl die einzige Triebfeder unsers Betragens seyn solle, hat das Christenthum nirgends vorgeschrieben, wohl aber gebieten Philosophie und der gesunde Menschenverstand selbst, daß es unsre herrschende und oberste Triebfeder seyn solle. Dennoch könnte man fragen, in welchen Fällen unsre Handlungen hauptsächlich oder gänzlich aus Pflichtgefühl, oder aus Rücksicht auf allgemeine Regeln entspringen müssen, und in welchen Fällen irgend eine andre Gesinnung oder Seelenstimmung zu ihnen mitwirken, und vorzüglichen Einfluß auf sie äußern dürfe.

Die Entscheidung dieser Fragen, die vielleicht nicht mit äußerster Genauigkeit geleistet werden kann, beruht auf zwo Umständen, erstlich auf der natürlichen Annehmlichkeit oder Scheuslichkeit des Gefühls oder der Neigung, die uns, unabhängig von aller Rücksicht auf allgemeine Regeln, zu einer Handlung bestimmen würde; und zweytens auf die Genauigkeit und Bestimmtheit, oder auf die Unge=

nauigkeit und Unbestimmtheit der allgemeinen Regeln
selber.

I. Zuerst sag' ich, kömmt es auf die natürliche Annehmlichkeit oder Scheuslichkeit der Neigung selbst an, in wie fern
unsre Handlungen aus ihr entspringen, oder durchaus aus
der Rücksicht auf allgemeine Regeln herrühren müssen.

Alle jene wohlanständigen und bewunderten Handlungen,
zu welchen die wohlwollenden Affekten uns zu bestimmen pflegen, müssen eben so sehr aus den Leidenschaften selbst, als
aus einiger Rücksicht auf die allgemeinen Regeln des Betragens entspringen. Ein Wohlthäter hält sich nur schlecht be-
zahlt, wenn derjenige, dem er seine guten Dienste leistete,
sie bloß aus kaltem Pflichtgefühl, und ohne einige Zuneigung
zu seiner Person vergilt. Ein Ehemann ist mit dem folgsam-
sten Weibe unzufrieden, wenn er ihr Betragen aus keiner
andern Quelle herleiten kann, als aus ihrer Rücksicht auf
die zwischen beiden bestehende Verbindung. Sollte ein Sohn
alle Obliegenheiten der kindlichen Pflicht auch aufs genaueste
erfüllen, jene ehrerbietige Anhänglichkeit aber nicht fühlen,
die einem Kinde so wohl kleidet, so kann der Vater mit Recht
über seine Gleichgültigkeit klagen. Eben so wenig könnte
der Sohn mit seinem Vater zufrieden seyn, wenn dieser ihm
zwar alles leistete, was die Vaterpflicht von ihm erforderte,
für jene väterliche Zärtlichkeit aber, die er von ihm erwarten
durfte, keinen Sinn hat. In Ansehung aller dieser wohlwollenden und geselligen Neigungen sehn wirs lieber, daß
man des Pflichtgefühls zu ihrer Beschränkung, als zu ihrer
Belebung bedürfe, lieber, daß es uns hindre, zu viel zu
thun, als uns aufmuntre, das zu thun, was wir zu thun

schuldig sind. Es ist uns angenehm, einen Vater zu sehn, der seiner Zärtlichkeit Gewalt anthun; einen Freund zu sehn, der seinem natürlichen Edelmuthe Grenzen setzen; einen Menschen zu sehn, der eine Wohlthat empfing, und die allzu lebhafte Erkenntlichkeit seines Geistes beschränken muß.

Das Gegentheil gilt für die bösartigen und ungeselligen Leidenschaften. Belohnen müssen wir aus Dankbarkeit und Edelmuth unsers Herzens, ohne Widerwillen, und ohne eben auf den Grad der Schicklichkeit des Belohnens achten zu dürfen; aber strafen müssen wir nie ohne Widerwillen, immer mehr aus Gefühl der Schicklichkeit des Strafens, als aus einem wilden Hange zur Rache. Nichts ist wohl anständiger, als das Betragen eines Mannes, der über die größten Kränkungen zu zürnen scheint, mehr aus einem Gefühl, daß sie Zorn verdienen, und schickliche Gegenstände desselben sind, als aus natürlicher Reizbarkeit oder Wohlgefallen an diesem unangenehmen Affekte; der, gleich einem Richter, bloß auf die allgemeine Regel Rücksicht nimmt, die da bestimmt, welche Rache jeder besondern Beleidigung gebühre; der in Befolgung dieser Regel weniger für das empfindet, was er selbst gelitten hat, als für das, was der Beleidiger leiden soll; der auch im Zorn der Barmherzigkeit eingedenk und immer geneigt ist, die Regel auf die schonendste und gelindeste Weise auszulegen, und jede Milderung, die die Menschlichkeit nur verlangen und die Klugheit billigen kann, von ganzem Herzen zuzulassen.

So wie, einer vorigen Bemerkung zufolge, die selbstischen Leidenschaften in andern Rücksichten zwischen den geselligen und ungeselligen in der Mitte liegen, so auch in die-

ſer.   Das Trachten nach Gegenſtänden des Eigennutzes
muß in allen gemeinen, alltäglichen, geringfügigen Fällen
eher aus einer Rückſicht auf die allgemeinen Regeln, die
ein ſolches Verfahren gebieten, als aus einiger Leidenſchaft
für die Gegenſtände ſelber fließen; aber bey wichtigen und
außerordentlichen Gelegenheiten würden wir unſchicklich, ab-
geſchmackt und albern handeln, wenn die Gegenſtände ſelbſt
uns nicht mit einem beträchtlichen Grade von Leidenſchaft zu
beſeelen ſchienen.   Um den Gewinnſt oder die Erhaltung
eines Schillings ſich zu zerarbeiten und zu ängſten, würde
den gemeinſten Krämer in der Meinung ſeiner Nachbarn her-
abſetzen.   Seine Umſtände mögen ſo knapp ſeyn, wie ſie wollen, ſo muß er auf dergleichen Kleinigkeiten doch nie um
ihrer ſelbſt willen zu achten ſcheinen.   Seine Lage mag die
ſtrengſte Wirthſchaftlichkeit und die genaueſte Emſigkeit erfodern; dennoch muß jede beſondre Aeußerung dieſer Emſigkeit
und Wirthſchaftlichkeit eben ſo ſehr aus Rückſicht auf dieſen
einzelnen Gewinnſt, als aus Rückſicht auf die allgemeine
Regel entſpringen, die ihm ein ſolches Verfahren ſtreng zur
Pflicht macht.   Seine heutige Sparſamkeit muß nicht
aus einem Verlangen nach dem Sechspfennigſtück, das er dadurch retten wird; ſeine Aufmerkſamkeit im Laden nicht aus
Leidenſchaft für den einzelnen halben oder ganzen Gulden,
den er dadurch gewinnen wird, ſondern jenes und dieſes muß
lediglich aus Rückſicht auf die allgemeine Regel entſpringen,
die allen Leuten ſeiner Lebensart mit unnachgiebiger Strenge
dieſe Art des Verfahrens vorſchreibt.   Hierin beſteht der Unterſchied zwiſchen einem Geizhals und einem guten Wirth.
Jener ängſtigt ſich um Kleinigkeiten um ihrer ſelbſt willen,
dieſer bekümmert ſich um ſie blos in Folge des Lebensplans,
den er einmal für ſich entworfen hat.

R

Ganz anders verhält es sich in Rücksicht auf die außerordentlichen und wichtigern Gegenstände des Eigennutzes.
Kleingeistig würde der uns scheinen, der diese nicht mit einem
Grade von Ernst um ihrer selbst willen verfolgte. Wir würden einen Fürsten verachten, der für die Eroberung oder Vertheidigung einer Provinz keinen Sinn bezeugte. Wir würden einen Privatedelmann wenig schätzen, den die Erwerbung
eines Gutes oder Amtes, das er ohne Niederträchtigkeit und
Ungerechtigkeit erlangen könnte, nicht in Arbeit setzte. Ein
Parlementsglied, das gegen seine eigne Erhöhung Gleichgültigkeit bezeugt, wird als unwürdig aller Anhänglichkeit von
allen seinen Freunden verlassen. Selbst der Kaufmann gilt,
unter seines Gleichen für einen Pinsel, der nicht darauf
sinnt und anlegt, einen so genannten guten Schritt
zu thun, oder einen beträchtlichen Vortheil zu gewinnen.
Dieses Feuer, diese Lebhaftigkeit macht den Unterschied zwischen dem Manne von Unternehmungsgeist und zwischen dem
regelgetreuen Dümmling. Jene großen Gegenstände des
Eigennutzes, deren Erwerb oder Verlust den Rang des Menschen durchaus verändert, sind die Gegenstände der Leidenschaft, die man Ehrgeiz nennt, einer Leidenschaft, die in den
Schranken der Gerechtigkeit und Klugheit gehalten, allerwege
in der Welt Bewundrung erndet, und die auch dann, wenn
sie jene Grenzen überspringt, und beides ungerecht und ausschweifend wird, eine Art von regelwidriger Größe behauptet, die die Einbildungskraft täuscht und blendet. Daher
die allgemeine Bewundrung für Helden und Eroberer, und
selbst für Staatsmänner, deren Entwürfe sehr kühn und
weitumfassend, wiewohl aller Gerechtigkeit widersprechend
waren, für die Entwürfe eines Richelieu und eines Retz
zum Beyspiel. Die Gegenstände des Geizes und der Ehr-

ſucht unterſcheiden ſich bloß in der Größe. Ein Geizhals
zerarbeitet ſich eben ſo um den Gewinnſt eines Sechspfen-
nigſtücks, als ein Ehrgeiziger um die Eroberung eines
Königreichs.

II. Zum andern, ſag' ich, kömmt es zum Theil auf die
Genauigkeit und Beſtimmtheit, oder auf das Schwanken und
die Unbeſtimmtheit der allgemeinen Regeln ſelber an, in
wie fern unſer Betragen lediglich aus Rückſicht auf ſie entſpringen müſſe.

Die allgemeinen Regeln beynah aller Tugenden, die
allgemeinen Regeln, die die Pflichten der Klugheit, der Menſchenliebe, des Edelmuths, der Dankbarkeit, der Freundſchaft
beſtimmen, ſind in gewiſſen Rückſichten ſchwankend und un-
beſtimmt, und erlauben manche Ausnahmen, und erfodern
ſo manche Modifikazionen, daß es ſchwerlich möglich iſt, unſer Betragen durchaus nach Rückſicht auf ſie einzurichten.
Die gemeinen ſprichwörtlichen von allgemeinen Erfahrungen
abgezognen Klugheitsregeln ſind vielleicht noch die beſten, die
über dieſe Tugend gegeben werden können. Dennoch würd'
es pedant und albern ſeyn, eine äußerſt ſtrenge und buch-
ſtäbliche Anhänglichkeit an ihnen zu erkünſteln. Von allen
Tugenden, deren ich eben erwähnte, iſt die Dankbarkeit
vielleicht diejenige, deren Regeln die beſtimmteſten ſind, und
die wenigſten Ausnahmen zulaſſen. Daß wir, ſobald wir
können, eine Gefälligkeit mit einer andern gleichen, ja,
wenns möglich iſt, größern erwiedern müſſen, möchte eine
ſolche klare, ſchlichte, und beynahe gar keiner Ausnahme
fähige Regel ſcheinen. Gleichwohl ergibt ſich bey der ober-
flächigſten Unterſuchung, daß auch ſie höchſt ſchwankend und

schwebend sey, und tausend Ausnahmen zulasse. Wenn dein
Wohlthäter in deiner Krankheit deiner wartete, mußt du
sein wieder in den seinigen warten? Oder kannst du durch
eine Gefälligkeit von andrer Art die Pflicht der Dankbarkeit
gegen ihn erfüllen? Wenn du seiner warten mußt, wie
lange mußt du es? So lange, als er? oder länger? und wie
viel länger? Wenn dein Freund dir in der Noth Geld lieh,
mußt du in der seinigen ihm wieder etwas leihen? Wie viel
mußt du ihm leihen? Wann mußt du es ihm leihen? Jtzt,
oder morgen, oder in vier Wochen? und auf wie lange?
Offenbar läßt sich keine allgemeine Regel denken, vermöge
deren man in allen Fällen auf alle diese Fragen eine genaue
Antwort geben könne. Sein und dein Karakter, seine und
deine Umstände können in dem Grade verschieden seyn, daß
du ohne die geringste Beeinträchtigung der Dankbarkeit dich
mit Recht weigern kannst, ihm ein Sechspfennigstück zu
leihen; und wiederum kannst du ihm zehnmal so viel, als er
dir vorstreckte, vorzustrecken, ja zu schenken bereit und wil=
lig seyn, und doch der schwärzesten Undankbarkeit und der
Nichterfüllung auch nicht des hundertsten Theils der Ver=
bindlichkeit, damit du ihm verhaftet bist, mit Recht beschul=
digt werden können. Da die Pflichten der Dankbarkeit jedoch
vielleicht die heiligsten von allen sind, die die wohlthätigen
Tugenden uns vorschreiben, so sind auch die allgemeinen
Regeln, die sie bestimmen, wie ich vorhin sagte, noch die
genauesten. Jene, die die Handlungen der Freundschaft,
der Menschlichkeit, der Gastfreyheit, des Edelmuths fest=
setzen, sind ungleich schwankender und unbestimmter.

Eine Tugend gibt es indessen, deren allgemeine Re=
geln jede äußre von ihnen vorgeschriebne Handlung aufs ge=

nauefte beſtimmen. Dieſe Tugend iſt die Gerechtigkeit.
Die Regeln der Gerechtigkeit ſind im höchſten Grade genau,
und erlauben keine Ausnahmen noch Abänderungen, außer
ſolche, die eben ſo genau, als die Regeln ſelbſt, beſtimmt
werden können, und in der That gemeiniglich mit ihnen aus
einerley Grundſätzen fließen. Wenn ich jemandem zehn Pfund
ſchuldig bin; ſo erfordert die Gerechtigkeit, daß ich ihm zehn
Pfund wieder bezahle, es ſey nun zur feſtgeſetzten Zeit, oder
wann er ſie wieder verlangt. Was ich leiſten, wie viel ich
leiſten, wenn und wo ich es leiſten muß, die ganze Natur
und alle Umſtände der Handlung werden genau beſtimmt
und bezeichnet. Sollte und pedant es jemandem ſcheiden würde, eine ängſtliche Anhänglichkeit an die gewöhnlichen Regeln der Klugheit oder des Edelmuths zu erkünſteln, ſo wenig Pedanterie liegt im eigenſinnigſten Feſthalten an den
Regeln der Gerechtigkeit. Vielmehr gebührt ihnen die aller-
gewiſſenhafteſte Achtung, und die Handlungen, die dieſe Tugend vorſchreibt, erreichen nie eine höhere Schicklichkeit, als
wenn ſie aus gewiſſenhafter und ehrerbietiger Achtung für
jene allgemeinen Regeln, die ſie verlangen, als aus ihrer vor-
nehmſten Triebfeder, entſpringen. In der Erfüllung der
andern Tugenden müſſen wir mehr nach einer gewiſſen Idee
des Schicklichen, einem gewiſſen Geſchmack an einer beſondern Verführungsweiſe, als aus einiger Rückſicht auf irgend
eine beſtimmte Regel oder Maxime handeln; wir müſſen
mehr auf den Endzweck und den Grund der Regel ſehn, als
auf die Regel ſelber. Ein anders iſts mit der Gerechtigkeit;
wer in dieſer am wenigſten vernünftelt, wer mit halsſtarri-
gem Eigenſinn an den allgemeinen Regeln ſelber feſtklebt, iſt
der empfehlungswürdigſte und zuverläßigſte. Wiewohl der
Zweck der Regeln der Gerechtigkeit der iſt, daß ſie uns hin-

dern mögen, unsern Nächsten zu beschädigen, so kann es
doch häufig ein Verbrechen seyn, sie zu verletzen, ungeachtet
wir mit einigem Schein von Vernunft vorgeben konnten, daß
niemandem dadurch Schaden geschähe. Oft wird ein Mensch
in dem Augenblick ein Schurke, wo er anfängt, in seinem
eignen Herzen auf diese Weise mit sich selbst zu habrechen.
In dem Augenblick, wo er darauf sinnt, von der pünktlich-
sten und steifsinnigsten Anhänglichkeit an dem, was jene un-
verletzlichen Gesetze ihm gebieten, abzuweichen, in dem Augenblick kann man ihm nicht länger trauen, und kein Mensch
kann sagen, zu welchem Grade der Niederträchtigkeit er es
bringen werde.   Der Dieb wähnt kein Böses zu thun, wenn
er dem Reichen etwas stiehlt, was er seiner Meinung nach
entbehren kann, und dessen Abgang er vielleicht nie merken mag.
Der Ehebrecher glaubt nichts Böses zu thun, wenn er seines Freundes Weib verführt, vorausgesetzt, daß der Gatte
nur nichts davon erfahre, und der Friede der Gesellschaft
nicht gestört werde.   Wenn wir einmal ähnlichen Vernünfteleyen Gehör zu geben beginnen, so ist keine Scheußlichkeit
so schwarz, zu der wir nicht herabsinken können.

Die Regeln der Gerechtigkeit lassen sich mit den Regeln der Grammatik vergleichen, die Regeln der andern Tugenden mit denen, die die Kritik zur Erreichung des Erhabenen und Zierlichen in der Schreibart entworfen hat.   Jene
sind bestimmt, genau, und unumgänglich. Diese sind schwankend, schwebend, unbestimmt, gewähren uns mehr eine allgemeine Idee der zu bezielenden Vollkommenheit, als sichre
und unfehlbare Anweisungen, sie zu erreichen.   Gramma-
tikalisch richtig schreiben kann man nach Regeln lernen, und
vielleicht auch nach Regeln lehren.   Aber keine Beobachtung

von Regeln: wird uns in den Stand setzen, das Erhabne
und Zierliche in der Schreibart unfehlbar zu erreichen, obgleich es deren einige geben mag, die die schwankenden Begriffe, die wir selbst von diesen Vollkommenheiten unterhiel-
ten, zu berichtigen und vergewissern taugen — Und keine
Kenntniß von Regeln kann uns fähig machen, bey allen Gelegenheiten und ganz unfehlbar mit Klugheit, wahrer Großmuth und schicklicher Wohlthätigkeit zu handeln; wiewohl einige derselben uns in den Stand setzen mögen, die unvollkommnen Ideen, die wir selbst von diesen Tugenden genährt haben
würden, zu berichtigen und zu vergewissern.

Es kann zuweilen geschehen, daß wir auch mit dem ernst-
lichsten Verlangen, schicklich und anständig zu verfahren,
dennoch der rechten Verfahrungsweise verfehlen, und grade
durch das Prinzip, das unsre Schritte recht leiten sollte, irre
geführt werden. Umsonst erwarten wir in solchen Fällen,
daß die Menschen unser Betragen durchaus billigen sollten.
Sie können weder den falschen Pflichtbegriff, der uns miß-
leitete, noch die Handlungen, die aus ihm entsprangen, billigen. Dennoch ist immer etwas Ehrwürdiges in dem
Karakter und Betragen eines Menschen, der durch ein falsches Pflichtgefühl oder ein irrendes Gewissen ins Laster
verlockt worden ist. So verderblich auch die Folgen seines
Irrthums seyn mögen, so werden wohlgesinnte, menschliche
Gemüther ihn doch immer mehr bedauren als hassen. Sie
werden die Schwäche der menschlichen Natur bejammern,
die uns so unglücklichen Täuschungen bloßstellt, grade dann,
wenn wir am aufrichtigsten nach Vollkommenheit streben,
und den möglichst besten Grundsätzen des Betragens uns anzuschmiegen suchen. Falsche Religionsbegriffe sind beynahe

R 4

die einzigen, die unsre natürlichen Gefühle so gewaltsam verdrehen können. Das Prinzip, was den Vorschriften der
Pflicht die höchste Gültigkeit ertheilt, vermag allein unsre
Begriffe von ihnen in einigem beträchtlichen Grade zu verschrauben. In allen andern Fällen ist der gemeine Menschenverstand hinreichend, uns, wenn nicht zur Vollendungslinie der höchsten Schicklichkeit, doch wenigstens nahe zu
ihr hinzuführen, und wofern wir nur im Ernst gut zu handeln wünschen, so wird unser Betragen im Ganzen immer
lobenswürdig seyn. Daß dem Willen Gottes gehorchen die
erste Vorschrift der Pflicht sey, darin vereinigen sich alle
Menschen. In Ansehung der besondern Gebote aber, die
dieser Wille uns auferlegt, sind ihre Meinungen äußerst ab-
weichend von einander. In dieser Rücksicht sind wir daher
einander die größte gegenseitige Duldung schuldig, und wiewohl die Sicherheit der Gesellschaft verlangt, daß Verbrechen bestraft werden, sie entspringen aus welchen Triebfedern
sie wollen, so wird ein guter Mann sie doch immer ungern strafen, wenn sie augenscheinlich aus falschen Religionsbegriffen
entsprangen. Er wird wider Verbrechen dieser Art nie den Unwillen empfinden, den er gegen andre fühlt; er wird ihre
unglückliche Standhaftigkeit und Geistesstärke vielmehr eben
in dem Augenblick, darin er sie bestraft, bedauren und nicht
selten bewundern. In Voltaire's Mahomet, einem
seiner schönsten Trauerspiele, werden unsre Empfindungen
für Verbrechen dieser Art sehr richtig geschildert. Zwo junge Leute beiderley Geschlechts, äußerst unschuldig und tugendhaft, und ohne einige andre Schwäche, als jene, die sie uns
noch theurer macht, eine wechselseitige heftige Zärtlichkeit für
einander, werden in diesem Trauerspiel durch die stärksten
Auffoderungen einer falschen Religion zu Begehung eines

ſcheuslichen Mordes, eines Mordes, der alle Gefühle der
Menschheit empört, verhetzt. Ein ehrwürdiger Greis, der
beiden die zärtlichſte Anhänglichkeit bewieſen hat, für welchen ſie, ungeachtet ſeiner eingeſtandnen Feindſchaft wider
ihre Religion, alle beide die höchſte Ehrerbietung und Liebe
empfinden, der ihr leiblicher Vater iſt, ungeachtet ſie es nicht
wiſſen, wird ihnen als ein Schlachtopfer ausgezeichnet; was
Gott von ihren Händen fordre, und man gebeut ihnen, ihn
zu ermorden. Schreckliche Zweifel ängſten ſie, während ſie
mit dem blutigen Vorhaben umgehn. Hundert kreuzende
Empfindungen kämpfen in ihrer zerrütteten Seele. Der Gedanke unverweigerlicher Religionsgebote einerſeits. — Mitleid, Dankbarkeit, Ehrerbietung für das Alter, und Liebe
für die Leutſeligkeit und Tugend ihres bejahrten Wohlthäters andrerſeits. Die Darſtellung dieſes allen gewährt eine
der rührendſten und vielleicht belehrendſten Szenen, die je auf
die Bühne gebracht worden. Das eiſerne Pflichtgefühl ſiegt
indeſſen über alle holde Schwächen der menschlichen Natur.
Sie vollziehn das ihnen geheißne Verbrechen. Aber in dem
nehmlichen Augenblick entdecken ſie ihren Irrthum und den
Betrug, womit man ſie getäuſcht hat, und Grauſen, Reue
und Gewiſſensbiſſe ſtürzen ſie in Verrückung und Wahnſinn. — Eben das, was wir für dieſe beiden Unglücklichen
empfinden, müſſen wir für jeden fühlen, den wir auf gleiche
Weiſe durch die Religion misgeleitet ſehen, wenn wir überzeugt ſind, daß wirklich die Religion ihn misleitete, nicht
ein Vorwand der Religion, die oft zum Deckel der wildeſ-
ſten Leidenſchaften der Menſchen dienen muß.

So wie jemand durch Befolgung eines falſchen Pflichtgefühls unrecht handeln kann, ſo kann die Natur doch auch

R 5

zuweilen durchgreifen, und ihn, seinem Gefühl zu Trotz, recht
zu handeln bewegen. In diesem Fall kann es uns nicht anders denn angenehm seyn, Triebfedern siegen zu sehen, die
unsrer Ueberzeugung nach siegen mußten, wiewohl der Handelnde selbst so schwach ist, anders zu denken. Da er jedoch
nur aus Schwäche, nicht aus Grundsätzen, recht handelt, so
können wir sein Betragen unmöglich vollkommen billigen.
Ein fanatischer Katholik, der während des Blutbades der
Bartholomäusnacht, durch Mitleid übermannt, einige unglückliche Protestanten gerettet hätte, die er seinen Grundsätzen zufolge hätte umbringen müssen, würde uns nicht zu
dem hohen Beyfall berechtigt scheinen, den wir ihm gewährt
haben würden, wenn er jene schöne That mit vollkommner
Selbstbilligung vollzogen hätte. Die Menschlichkeit seiner
Gemüthsart muß uns angenehm seyn, aber immer werden
wir ihn doch mit einer Art von Mitleid betrachten, daß mit
der Bewundrung, die vollkommner Tugend gebührt, unverträglich ist. Eben so verhält es sich mit allen andern Leidenschaften. Jede schickliche Aeußerung derselben gefällt uns,
auch dann, wenn ein falscher Pflichtbegriff uns eigentlich zur
entgegengesetzten Aeußerung hätte leiten sollen. Ein äußerst
andächtiger Quäker, der auf den einen Backen einen Streich
erhalten, und, statt den andern auch hinzubieten, der buch-
stäblichen Auslegung des Evangels ganz uneingedenk, dem
rohen Beleidiger einen tüchtigen Streich wieder versetzt hätte,
würde uns keinesweges misfallen. Seine Reizbarkeit würde
uns ergötzen, und wir würden um ihretwillen ihn desto lieber gewinnen. Aber nimmermehr würden wir ihn mit der
Ehrerbietung und Achtung betrachten, die nur dem gebührte,
der in gleichen Fällen aus richtigem Gefühl fürs Schickliche
vollkommen schicklich gehandelt hätte. Keine Handlung kann

schicklicherweise Tugend genannt werden, die nicht mit dem
Gefühl eignen Beyfalls begleitet wird.

Anm. Von allen Kapiteln des Verfassers ist keins, das so
von schwankenden, Mißdeutung unterworfnen, und Berichtigung be-
dürftigen Sätzen wimmelt, als das gegenwärtige. Nur einige
derselben sey es mir erlaubt zu berühren.

Empörend ist gleich Anfangs schon die Rubrik des Kapitels: in
welchen Fällen nehmlich das Pflichtgefühl uns allein bestimmen,
und in welchen andre Triebfedern mit ihm konkurriren dürfen.
Es gibt der Fälle keinen, in welchem eine solche Konkurrenz gedenkbar wäre. Wenn Pflicht gebeut, so muß die Neigung schwei-
gen; und alle Beymischung von Neigung verderbt, nach den Aus-
sprüchen der praktischen Vernunft, die reine Sittlichkeit der That,
und thut ihrer Verdienstlichkeit Abbruch.

Hieraus erhellt auch, daß die Behauptung des Verfassers, als
wenn eine Handlung des Wohlwollens nicht so sehr aus Pflichtgefühl als aus dem wohlwollenden Herzen selber entspringen müsse,
durchaus falsch und für die Sittlichkeit gefährlich sey. Keine Handlung, die aus Leidenschaft entspringt, kann sittlichen Werth haben.
Kein Almosen, was du aus Weichherzigkeit ausspendest, gewährt
dir ein Verdienst. Jene natürliche Eltern-, Gatten-, Kinder-
liebe, so schön, süß, und interessant sie immer seyn mag, ist doch
nur Wirkung des Instinkts, und kann höchstens auf den Namen
der Legalität, nie der Moralität, Anspruch machen. Liebe, behauptet Ewald in seinen Briefen an Emma, ist die eigentliche Humanität, und seiner Emma gegenüber mag eine
solche Aeußerung ihm zu gute zu halten seyn. Bey der geringsten
fernern Analyse dieses Postulats würden beide aber gefunden haben,
daß auch bey der Liebe, wenn sie nicht einerseits in Schwärmerey,
andrerseits in thierische Sinnlichkeit ausarten soll, die Vernunft
das Ruder führen müsse, mithin diese die wahre Humanität, und
das herrschende Prinzip im Menschen sey.

Wenn der Verfasser ferner äußert, daß nur die Regeln der
Gerechtigkeit bestimmt und fest umrissen, jene der Klugheit, Dank-

barkeit, Freundschaft, des Edelmuths und der Menschenliebe aber
äußerst lose, schwankend und ungenau seyen, und manche Ausnah=
men erlauben, so ist das freylich wahr, wenn man so unbestimmte
und unbestimmbare Billigungsprinzipe, als jenes der Glückselig=
keit, der Sympathie, und des moralischen Sinnes, annimmt.
Wer sich aber keine Maximen wählt, als solche, die seine Ver=
nunft, abgesondert von aller Materie des Wollens, ihm darbeut;
keine als solche, die zur allgemeinen Gesetzgebung taugen, und die
in den Coder einer Gesellschaft vernünftiger Wesen passen, in wel=
cher er mit seinem eignen Willen Mitglied seyn könnte, dem ist
kein Schritt zu blaß vorgezeichnet, keine Regel zu lose umrissen,
keine Kollision unauswirrbar; dem sind Gewissensräthe und Ka=
sulsiken das Entbehrlichste alles Entbehrlichen!

Vierter Theil.

Vom Einfluß der Nutzbarkeit auf das Billigungsgefühl.

———————

Erstes Kapitel.

Von der Schönheit, die der Anschein des Nützlichseyns allen Kunstwerken gewährt, und vom ausgebreiteten Einfluß dieser Art von Schönheit.

Daß die Nützlichkeit eine der Hauptquellen der Schönheit sey, ist von einem jeden bemerkt worden, der die ursprünglichen Bestandtheile der Schönheit mit Aufmerksamkeit beobachtete. Die bequeme Einrichtung des Hauses gewährt dem Zuschauer eben so viel Vergnügen, als seine Regelmäßigkeit, und der Mangel von jener mißfällt ihm eben so sehr, als wenn er einander korrespondirende Fenster von verschiedner Form, oder die Thür nicht genau in der Mitte angebracht sieht. Daß die Tauglichkeit eines Systems oder einer Maschine, den bezielten Zweck zu verwirklichen, dem Ganzen eine gewisse Schicklichkeit und Schönheit ertheile, und schon den Gedanken und die Betrachtung derselben angenehm mache, ist so in die Augen fallend, daß es noch niemand übersehen hat.

Auch die Ursache, warum das Nützliche gefalle, ist neuerdings von einem Weltweisen erörtert worden, der tief-

sinn in Gedanken mit Zierlichkeit des Ausdrucks verbindet,
und das seltne und glückliche Talent besitzt, die abgezogen=
sten Gegenstände nicht nur mit vollkommner Deutlichkeit,
sondern auch mit der lebhaftesten Beredsamkeit abzuhandeln.
Ihm zufolge gefällt die Nüßlichkeit eines Gegenstandes dem
Eigner dadurch, daß er ihm das Vergnügen und die Be=
quemlichkeit, die er zu bewirken taugt, beständig vorhält.
So oft er ihn betrachtet, erinnert er sich dieses Vergnügens,
und so wird ihm der Gegenstand ein Quell beständiger Zu=
friedenheit und daurenden Genusses.   Der Zuschauer theilt
durch Sympathie die Empfindungen des Besitzers, und be=
trachtet den Gegenstand natürlicherweise unter der nehmli=
chen angenehmen Ansicht. Wenn wir den Palast eines Großen
besehen, so können wir nicht umhin, die Zufriedenheit zu ahn=
den, die wir schmecken würden, wenn wir selbst Eigner des=
selben wären, und selbst so künstlich und sinnreich angelegte
Bequemlichkeiten besäßen.   Auf gleiche Weise erklärt sich,
woher der Anschein von Untauglichkeit einen Gegenstand
beides dem Eigner und dem Zuschauer unangenehm mache.

Daß aber diese Tauglichkeit, diese glückliche Ein=
richtung eines Kunstwerks oft mehr geschätzt werde, als
die dadurch bezielte Wirkung, daß die genaue Anpassung
eines Mittels zur Erreichung irgend einer Bequemlichkeit
oder eines Vergnügens häufig mehr in Anschlag komme,
als diese Bequemlichkeit oder dies Vergnügen selber, in
deren Erreichung doch sein ganzer Werth zu bestehn scheint,
ist, so viel ich weiß, noch von niemandem bemerkt wor=
den, und zeigt sich doch in tausend Fällen, sowohl in den
unbedeutendsten, als in den wichtigsten Ereignissen des mensch=
lichen Lebens.

Wenn jemand in sein Zimmer tritt, und alle Stühle in der Mitte desselben auf einem Haufen stehn sieht, so schmählt er auf seinen Bedienten, und eh' er eine solche Unsordnung dulden sollte, macht er sich vielleicht selbst die Mühe, sie alle mit dem Rücken gegen die Wand an ihre Plätze zu setzen. Die ganze Schicklichkeit dieser neuen Lage entspringt aus der größern Bequemlichkeit einer freyen und unbesetzten Flur. Diese Bequemlichkeit zu erreichen, übernimmt er aus freyen Stücken mehr Mühe, als er von dem Mangel derselben erlitten haben würde. Denn nichts wäre leichter gewesen, als sich auf der ersten besten Stelle niederzusetzen, wie ers vermuthlich thun wird, wenn er mit seiner Arbeit fertig ist. Was ihm abging, scheint also nicht sowohl diese Bequemlichkeit zu seyn, als jene Ordnung, die die Bequemlichkeit beförderte. Dennoch ist diese Bequemlichkeit es doch am Ende, die jene Ordnung empfiehlt, und dem Ganzen seine Schicklichkeit und Schönheit ertheilt.

So ist dem Liebhaber genauer Uhren eine Uhr, die zwo Minuten des Tags nachbleibt, verächtlich. Er verkauft sie vielleicht für ein paar Guineen, und kauft eine andre, die in vierzehn Tagen nur eine Minute verliert, für funfzig wieder. Nun nutzt eine Uhr aber zu nichts anderm, als daß sie uns sagt, welche Stunde es sey, und daß sie uns hindert, aus Unkunde der Zeit irgend ein Engagement zu brechen, oder irgend eine andre Unbequemlichkeit zu leiden. Man wird aber nicht finden, daß jener schwer zu befriedigende Uhrliebhaber immer pünktlicher und genauer, als jeder andre, oder daß ihm in jeder andern Rücksicht mehr darum zu thun sey, genau die Zeit zu wissen. Was ihn interessirt, ist nicht so sehr diese geringfügige Kenntniß,

als die Vollkommenheit des Kunstwerks, das dieselbe zu
erhalten dient.

Wie manche Leute richten sich durch Auslegung ihres
Geldes an nichtswürdige Lappereyen zu Grunde. Was diesem Liebhaber der Kleinigkeiten gefällt, ist nicht so sehr der
Nutzen, als die Zierlichkeit und Feinheit der Werkzeuge, die
diesen Nutzen beschaffen sollen. Alle ihre Taschen sind voll
solcher kleinen Bequemlichkeiten. Sie ersinnen neue, in
andrer Leute Kleidern nicht gewöhnliche Schubsäcke, um
ihrer eine größere Anzahl bey sich tragen zu können. Sie gehn
einher, von einer Menge Schnurrpfeifereyen belastet, die zuweilen nicht viel leichter seyn, und nicht viel weniger kosten
mögen, als ein gewöhnlicher Hausirerkram; die zum Theil
einigen geringen Nutzen haben mögen, im Grunde aber
allesammt und zu aller Zeit entbehrt werden können, und einem
die Mühe des Tragens nicht belohnen.

Auch äußert jener Grundsatz seinen Einfluß auf unser
Betragen nicht bloß in Ansehung so unbedeutender Gegenstände, er ist oft die geheime Triebfeder der ernstesten und
wichtigsten Bestrebungen unsers Privat- und öffentlichen
Lebens.

Der Sohn des Armen, den der Himmel im Zorn mit
der Raserey des Ehrgeizes heimgesucht hat, betrachtet die
Lage des Reichen, und bewundert sie. Die väterliche Hütte
ist ihm nun zu eng und unbequem. In einem Palast, wähnt'
er, müsse sichs weit schöner wohnen lassen. Es verdrießt
ihn, zu Fuß zu gehen, oder reiten zu müssen. Er sieht den
Reichen in Maschinen umher getragen, und glaubt, in ihnen

weit bequemer reisen zu können. Er fühlt sich von Natur
träge und abgeneigt, sich selbst zu bedienen, und glaubt, ein
zahlreicher Schwarm von Gesinde werde ihm eine Menge Mühe ersparen. Er denkt, wenn er dies alles erworben habe, so werd' er sich zufrieden niedersetzen, und an Betrachtung seiner Glückseligkeit und Ruhe sich weiden können.
Dies ferne Bild von Wohlleben entzückt ihn. Es erscheint
seiner Fantasie wie ein Leben höherer Wesenklassen, und
um zu ihm zu gelangen, entschließt er sich, sein ganzes Leben hindurch nach Reichthum und Größe zu jagen. Um die
Bequemlichkeiten, die diese gewähren, zu erreichen, unterwirft er sich im ersten Jahr, ja vielleicht schon im ersten Mo-
nat seiner Beeiferung, mehr körperlichen Ermüdungen und
mehr geistigen Anstrengungen, als er aus Mangel jener
Bequemlichkeiten vielleicht sein ganzes Leben hindurch hätte
übernehmen dürfen. Er zerarbeitet sich, in irgend einem
arbeitsamen Gewerbe groß zu seyn. Mit unermüdsamer Emsigkeit ringt er Tag und Nacht nach Talenten, die seiner
Mitbewerber ihren überlegen seyen. Gewinnt er sie, so sucht
er sie dem Publikum zur Schau zu stellen, und wirbt mit
gleicher Unverdrossenheit um Gelegenheiten, sie zu zeigen.
Zu diesem Behufe macht er jedermann den Hof, dient denen, die er hasset, gehorcht denen, die er verachtet. Sein
ganzes Leben hindurch hascht er nach dem Ideal einer gewissen künstlichen und verfeinerten Ruhe, die er nie erreichen
kann, der er jene ächte Ruhe, die immer in seiner Gewalt
ist, aufopfert, und die, wenn er am Rande des Grabes sie
etwa noch erreichen sollte, ihn für jene anmuthige Sicherheit und Zufriedenheit, der er um ihrentwillen entsagte, keinesweges entschädigen wird. Izt in den Hefen des Lebens,
nun sein Körper von Arbeit und Krankheit ausgemergelt ist,

und seine Seele durch das Andenken tausend erlittner Kränkungen und vereitelter Wünsche, die er der Heimtücke seiner Feinde und der Undankbarkeit falscher Freunde zuschreibt, vergällt und versauert ist, nun beginnt er endlich einzusehn, daß Reichthum und Ehre wahre Kinderklappern sind, daß sie eben so wenig körperliches Wohlbefinden und wahre Seelenruhe zu befördern taugen, als die Schaaretreyen der Kleinigkeitsliebhaber, und daß sie, grade wie diese, dem, der sie mit sich herumschleppt, lästiger sind, als die kleinen Dienste, die sie einem leisten, seine Bequemlichkeit befördern. Es ist kein andrer wesentlicher Unterschied zwischen beiden, als daß die Bequemlichkeiten von jenen etwas mehr in die Augen fallen, als die Bequemlichkeiten von diesen. Die Paläste, die Gärten, die Equipage, das Gefolge der Großen sind Gegenstände, deren auffallende Brauchbarkeit einem jeden einleuchtet. Sie bedürfen nicht, daß ihr Eigner uns ihre Nützlichkeit erst auseinandersetze. Wir begreifen sie von selbst, und mit der Zufriedenheit, die sie ihrem Besitzer verschaffen, sympathisirend, theilen und billigen wir diese. Die geringfügige Bequemlichkeit eines Zahnstochers, eines Ohrlöffels, eines Werkzeugs zu Beschneidung der Nägel, oder einer andern ähnlichen Tändeley, ist nicht so einleuchtend. Ihre Brauchbarkeit mag vielleicht um nichts geringer seyn, fällt aber nicht so sehr in die Augen, und erregt kein so starkes Mitgefühl mit der Zufriedenheit ihres Besitzers. Sie sind daher weniger vernünftige Gegenstände der Eitelkeit, als der Prunk des Reichthums und der Hoheit, und lediglich hierin besteht der Vorzug dieser letzten. Sie befriedigen den so natürlichen Hang des Menschen, sich zu unterscheiden, mit größerer Wirksamkeit. Lebte jemand ganz einsam und verlassen auf einem wüsten Eilande, so ließe sich noch fragen, ob ein Palast, oder ob eine Sammlung solcher kleinlicher Bequemlichkeiten, als gewöhnlich in einem Etui beysammen sind, sein Wohlbefinden und seine Genußfähigkeit mehr befördern würden. Lebt er hingegen in der Gesellschaft, so findet gar keine Vergleichung zwischen beiden statt, angesehen wir in diesem, wie in allen andern Fällen, immer mehr Rücksicht auf die Gefühle des Zuschauers, als der Hauptperson nehmen, immer mehr erwägen, in welchem Lichte seine Lage andern Leuten, als in welchem sie ihm selbst erscheinen möge. Untersuchen wir jedoch, warum der Zuschauer dem Zustande des Reichen und Großen so ausnehmende Bewundrung zolle, so werden wir finden, daß es nicht so sehr wegen des überlegnen Wohllebens oder Vergnügens geschehe, darin er sie sich etwa dachte, als vielmehr wegen der zahllosen künstlichen und ausstudirten Bequemlichkeiten, vermöge deren sie ihr Wohlleben und Vergnügen befördern können. Er stellt sich eben nicht vor, daß sie wirklich glücklicher denn andre Leute seyen, aber er stellt sich vor, daß sie mehr Mittel, glücklich zu seyn, besitzen. Und eben die sinnreiche und künstliche Angemessenheit dieser Mittel zu Verwirklichung des durch sie erzielten Zwecks ist die vornehmste Quelle seiner Bewundrung. Im Ermatten des Siechbetts aber, und im Ueberdruß des Alters verschwinden die eiteln Reize einer geräuschvollen Größe. In diesem Zustande kann der gedemüthigte Große die mühseligen Anstrengungen nicht begreifen, die er so täuschenden Gegenständen weihte. Er verflucht den Ehrgeiz, und wünscht die Ruhe und die goldne Muße seiner Jugend zurück, Freuden, die auf immer verstoßen sind, und die er thörichterweise einem Etwas aufgeopfert hat, das izt, da er es endlich erhaschte, ihm keine wirkliche Zufriedenheit gewährt. In dieser finstern Ansicht erscheint die Größe einem

S 3

jedem, der, durch Trübsinn oder Siechthum unmuthigt, seine
eigne Lage aufmerksam betrachtet, und dasjenige, was zu
seiner Glückseligkeit mangelt, in Erwägung nimmt. Macht
und Reichthum erscheinen ihm izt, was sie wirklich sind, ungeheure und schwerfällige Maschinen, ersonnen, um dem
Körper wenig unbedeutende Bequemlichkeiten zu verschaffen,
ruhend auf so feinen und zerbrechlichen Springfedern, daß
sie beständig mit der ängstlichsten Aufmerksamkeit in Ordnung
gehalten werden müssen, und dennoch, aller unser Sorgfalt
ungeachtet, jeden Augenblick bereit sind, in Stücken zu springen, um ihren unglücklichen Besitzer mit den Trümmern zu
zerschmettern. Sie sind unermeßliche Gerüste, deren Aufführung die Arbeit eines Lebens ist, die jeden Augenblick
über ihren Bewohner zusammenzuscheitern drohen, und
während sie stehen, ihm wohl einige geringfügige Unbequemlichkeiten ersparen, aber keinesweges vor den strengern An-
griffen der Witterung schützen können. Sie schirmen ihn
vorm Sommerregen, aber nicht vor den Winterstürmen.
Bloßgestellt bleibt er grade wie vorhin, ja oft noch im höhern Grade, der Aengstlichkeit, den Sorgen, dem Gram,
Krankheiten, Gefahren, und dem Tode.

Obgleich nun diese trübsinnige Philosophie, die in Tagen des Siechthums und der Niedergeschlagenheit den Menschen so gewöhnlich ist, jene größern Gegenstände menschlicher
Gelüste so ganz herabwürdigt, so ermangeln wir in besserer
Gesundheit und frölicherer Laune doch nie, sie unter einer
angenehmern Ansicht zu betrachten. Unsre Einbildungskraft,
die in Regeln des Grams und Kummers innerhalb unsrer
eignen Persönlichkeit eingeklemmt zu seyn scheint, erweitert
sich in Tagen des Wohllebens und Wohlstandes über alles

um uns her. Wir ergötzen uns dann an der Schönheit der Einrichtung, die in den Pallästen und dem Haushalte der Großen herrscht. Wir bewundern, wie jedes Ding zu Beförderung ihrer Bequemlichkeit, Zuvorkommung ihrer Mängel, Erfüllung ihrer Wünsche, und Befriedigung ihrer kleinlichsten Gelüste ersonnen und berechnet sey. Betrachten wir den wirklichen Genuß, den alle diese Dinge zu gewähren taugen, für sich selbst und von der Schönheit der allgemeinen Einrichtung des Ganzen getrennt, so werden sie uns immer im höchsten Grade verächtlich und geringfügig erscheinen. Aber nur selten beherzigen wir sie in diesem philosophischen und abgezognen Lichte. Von Natur verwirrt unsre Fantasie die Ordnung, den regelmäßigen und harmonischen Gang des Ganzen mit der Maschine oder Haushaltung, vermittelst deren jener bewerkstelligt wird. In dieser verflochtnen Ansicht betrachtet, erschüttern die Freuden des Reichthums und der Größe die Einbildungskraft, als etwas Großes, Schönes, Edles, dessen Gewinnung der Mühe und Arbeit, die wir darauf zu verwenden pflegen, wohl werth sey.

Und wohl gut ist es, daß die Natur uns auf diese Weise täuscht! Diese Täuschung ist es, die die Betriebsamkeit der Menschen aufregt, und unaufhörlich anspornt. Sie ist es, die ihn zuerst bewog, den Boden zu bearbeiten, Häuser zu bauen, Städte und Staaten zu gründen, und alle jene Künste und Wissenschaften zu erfinden und zu vervollkommnen, die des Menschen Leben veredeln und verschönern, die die ganze Gestalt der Erdkugel umgewandelt, die wilden Wälder der Natur in liebliche und fruchtbare Fluren umgeschaffen, und das pfadlose, unwirthbare Weltmeer zum un=

erschöpflichen Quell des Unterhalts, und zur großen Heerstraße,
die die fernsten Völker des Erdbodens an einander bindet,
erhoben haben.   Durch diese Austragungen vereinter Men-
schenkraft ist die Erde gezwungen worden, ihre Fruchtbar-
keit zu verdoppeln, und eine größere Anzahl von Einwohnern zu nähren.   Umsonst überschaut der stolze und fühllose
Landbegüterte seine weiten Fluren, und verzehrt, der Bedürfnisse seiner Brüder uneingedenk, die ganze auf ihnen
wallende Ernde in seiner Einbildungskraft ganz allein.   Ja-
nes alltägliche und gemeine Sprichwort, daß das Auge gie-
riger und geräumiger als der Magen sey, bewahrheitet sich
nie vollkommner, als in Ansehung seiner.   Der Umfang seines Magens steht gegen die Unermeßlichkeit seiner Gelüste
in gar keinem Verhältniß, und kann nicht mehr beherbergen,
als des armseligsten Taglöhners seiner.   Den Rest muß er
unter die vertheilen, die das wenige, das er selbst genieße,
mit ihrem Kunstfleiß zubereiten; die den Palast, worin
er dies wenige verzehrt, herausputzen, die all den Tand und
Kram, dessen er in dem Haushalt seiner Größe bedarf, an-
schaffen und in Ordnung halten; so daß alle diese seiner
Prachtsucht und seinen Launen die Bedürfnisse ihres Lebens
abzwingen, die sie von seiner Menschlichkeit und Billigkeit
umsonst erwartet haben würden.   Die Erzeugnisse des Bo-
dens nähren gewöhnlich grade so viel Menschen, als sie nähren können.   Der Reiche wählt nur aus dem Haufen, was
am köstlichsten und ihm am angenehmsten ist.   Er verzehrt
wenig mehr, als der Arme, und ungeachtet seiner natürlichen
Eigensucht und Unersättlichkeit, ungeachtet er bloß auf seine
eigne Bequemlichkeit sinnt, ungeachtet der einzige Endzweck,
den er durch die Beschäftigungen der Tausende, die er in
Arbeit setzt, zu gewinnen sucht, die bloße Befriedigung sei-

ne eignen unerstörlichen Gelüste ist, so theilt er sich doch mit
den Armen in alle Produkte ihres Fleißes, und ohn' es zu
wissen, und ohn' es zu wollen, befördert er das Interesse
der Gesellschaft und die Vervielfältigung der Gattung. Als
die Vorsehung die Erde zwischen wenigen gebieterischen Herrn
vertheilte, vergaß und vernachläßigte sie diejenigen, die in
die Theilung übergangen schienen, keinesweges. Diese letztern genießen alle ihr Theil von den Produkten der Erde.
Dasjenige, was des Lebens wahre Glückseligkeit ausmacht,
ist ihnen so gut zu Loose gefallen, als den Höhern. An körperlichem Wohlbefinden und geistiger Zufriedenheit sind die
verschiednen Stände des Lebens einander beynahe völlig
gleich, und der Bettler, der sich an der Landstraße sonnt, genießt die Sicherheit, um welche Könige kämpfen.

Die nehmliche Naturanlage, die nehmliche Systems-
liebe, die nehmliche Rücksicht auf die Schönheit der Ordnung, Kunst und Einrichtung dient häufig dazu, um uns
die Anstalten, die zu Beförderung des öffentlichen Wohls
abzielen, angenehm zu machen. Wenn ein Patriot sich für
die Verbesserung eines Zweiges der öffentlichen Polizey ver-
wendet, so entspringt sein Betragen nicht eben immer aus
einer Sympathie mit dem Wohl derer, die die wohlthätigen
Folgen seiner Vorschläge ernden sollen. Nicht eben aus
Mitgefühl mit den Kärnern und Fuhrleuten empfiehlt ein
gemeinnützig gesinnter Mann die Verbesserung der Land-
straßen. Wenn die gesetzgebende Macht zu Beförderung
der Leinwand- und Wollenmanufakturen Preise und andre
Ermunterungsmittel aussetzt, so thut sie es selten aus bloßer
Sympathie mit den Käufern wohlfeiler oder feiner Tücher,
und noch weniger aus Mitgefühl mit dem Manufakturisten

oder Kaufmann. Die Vervollkommnung der Polizey, die
Ausbreitung des Handels und der Manufakturen sind edle
und prachtvolle Gegenstände. Sie gehören zu dem großen
Regierungsganzen, und die Räder der politischen Maschine
scheinen vermittelst ihrer harmonischen und hurtiger zu rollen.
Es ergötzt uns, ein so vollkommen schönes und großes Ganzes zu sehn, und wir ruhen nicht, bis wir jedes Hinderniß,
das seinen regelmäßigen Gang stören oder erschweren könnte,
aus dem Wege geräumt haben. Alle Anstalten der Regierung haben jedoch nur in so fern einigen Werth, als sie die
Glückseligkeit der Bürger zu befördern dienen; dies ist ihr
einziger Nutzen und Endzweck. Dennoch scheinen wir aus
einem gewissen Systemgeist, oder gewissen Liebe zur Kunst
und kunstreicher Verfassung, zuweilen die Mittel mehr zu
schätzen, als den Zweck, und uns für die Beförderung der
Glückseligkeit unsrer Brüder zu beeifern, mehr aus Rücksicht auf die Verbesserung und Vervollkommnung eines gewissen schönen und ordentlichen Ganzen, als aus unmit-
telbarem Mitgefühl mit unsrer Mitbürger Wohl oder Weh.
Es hat Männer von aufnehmendem Gemeingeist gegeben,
die in anderer Rücksicht wenig Menschengefühl gezeigt haben.
Und wiederum hat es äußerst leutselige Menschen gegeben,
die keinen Funken von Gemeingeist äußerten. Jeder kann
im Kreise seiner Bekanntschaften Beyspiele von beider Art
finden. Wer hatte weniger Menschlichkeit und mehr öffentlichen Geist, als Rußlands gepriesener Gesetzgeber? Groß-
britanniens geselliger und gutmüthiger Jakob I. hingegen
scheint für seines Landes Ruhm und Vortheil kaum einigen
Sinn gehabt zu haben. Wollt ihr eines Menschen Geschäf-
tigkeit erwecken, der für den Ehrgeiz todt zu seyn scheint, so
wird es vielleicht wenig helfen, daß ihr ihm die Glückselig-

sie der Großen und der Reichen schildert, daß ihr ihm ihre
Lage, wie sie vor Sonn' und Regen sicher seyen, wie sie nie
von Hunger, selten friere, selten ihnen etwas fehle, und keine
Arbeit sie abmüde. Die beredtesten Darstellungen dieser Art
werden wenig auf ihn wirken. Hofft ihr einigen Eindruck
auf ihn zu machen, so müßt ihr ihm die bequeme und zierliche Einrichtung der Zimmer ihrer Paläste beschreiben, ihr
müßt ihm die Brauchbarkeit ihrer Equipagen erklären, ihm
die Zahl, die Ordnung und die verschiednen Geschäfte ihrer
Bedienten auseinandersetzen. Ist irgend etwas fähig, ihn
aufzurütteln, so ist es dies. Dennoch können alle diese Herr-
lichkeiten zu nichts anderm, als ihn vor Sonn- und Regen,
vor Frost und Kälte, vor Mangel und erschöpfender Arbeit
zu sichern. Wollt ihr im Herzen eines Mannes, dem das
Wohl seines Landes wenig kümmert, einen Funken von Gemeingeist aufhauchen, so möget ihr ihm in die Länge und in
die Breite erklären, was für überlegne Vortheile die Unterthanen eines gutgemodelten Staates genießen, wie sie besser
wohnen, sich besser kleiden, besser nähren. Diese Betrachtungen werden schwerlich Eindruck auf ihn machen. Mit
mehrerer Wahrscheinlichkeit werdet ihr ihn überreden, wenn
ihr ihm das große Triebwerk der öffentlichen Polizey, das
diese Vortheile gewährt, beschreibet; wenn ihr ihm den Zusammenhang und das Einfugen seiner verschiednen Theile,
ihr gegenseitiges Abhängen von einander, und ihr gemein-
schaftliches Zusammenwirken zum Besten der Gesellschaft
auseinandersetzt; wenn ihr ihm zeigt, wie dieß System
auch im Vaterlande eingeführt werden könne, was die Ein-
führung desselben bisher gehindert habe, wie diese Hinder-
nisse hinweggeräumt, und die verschiednen Räder der Regie-
rungsmaschine so in einander gesetzt werden können, daß sie

aufs genaueste in einander eingreifen, und ohne einander zu
reiben oder zu hemmen, sich gleichförmig und harmonisch
fortbewegen. Es ist kaum möglich, daß jemand ähnlichen
Schilderungen zuhöre, und nicht einen Funken öffentlichen
Geistes in sich aufglimmen fühle. Auf einen Augenblick
wenigstens wird er einiges Verlangen spüren, jene Hinder-
nisse hinwegzuräumen, und eine so schöne und ordentliche
Maschine in Gang zu bringen. Nichts gereicht mehr zu
Ausbreitung des Gemeingeistes, als das Studium der Politik, der mancherley Regierungssysteme, ihrer Vortheile
und Nachtheile, der Verfassung des Vaterlandes, seiner
Lage, seines Interesses in Rücksicht auf andre Völker, seines Handels, seiner Vertheidigungsanstalten, der Nachtheile,
unter denen es zappelt, der Gefahren, denen es bloßgestellt
ist, wie jene gehoben und diese abgewandt werden können.
In dieser Rücksicht sind politische Untersuchungen, wenn sie
richtig, vernünftig und anwendbar sind, unter allen speku-
lativen Werken die nützlichsten. Sie dienen wenigstens zu
Belebung des Gemeingeistes, zu Aufregung desselben Mittel aufzufinden, durch die das Beste der Gesellschaft befördert werden könne.

Anm. So mißhellig auch die Untersuchungen der Weltweisen
von Plato bis zu Kant und Heidenreich über die Natur
des Schönen ausgefallen sind, so kommen die scharfsinnigsten unter ihnen doch alle einmüthig darin überein, daß Nutzbarkeit
ganz was anders, als Schönheit sey, und daß insonderheit das physisch Nützliche dem Schönen diametrisch entgegengesetzt werden
müsse. Nichts ist freylich auch dem oberflächlichsten Beobachter mehr
entgegenspringend, als daß es unzählige Dinge gebe, die schön sind,
ohne nützlich zu seyn, und wiederum unzählig viel nützliche Dinge,
die kein Mensch schön nennen will.

Kant ist weiter gegangen, und hat erwiesen, daß auch die Vollkommenheit nicht in die Erklärung des Schönen kommen dürfe, indem jede Vollkommenheit sich in einen bestimmten und deutlichen Begriff müsse auflösen lassen, welches seiner Meinung nach der Natur eines Geschmacksurtheils widerspricht.

Hier sind die vier Momente, die dieser tiefsinnige Analyst in seiner Kritik der ästhetischen Urtheilskraft (dem tiefsinnigsten vielleicht von allen seinen Werken) nach der Ordnung der vier logischen Verstandesfunktionen über das Schöne festsetzt.

Der Qualität nach: Das Schöne gefällt unmittelbar ohne einiges Interesse.

Der Quantität nach: Das Schöne gefällt allgemein ohne Begriff.

Der Relation nach: Das Schöne gefällt durch Form der Zweckmäßigkeit, so fern sie ohne Vorstellung eines Zwecks an ihm wahrgenommen wird.

Der Modalität nach: Das Schöne wird ohne Begriff als Gegenstand eines nothwendigen Wohlgefallens erkannt.

Zweytes Kapitel.

Wie der Anschein der Nützlichkeit den
Karakteren und Handlungen der Menschen einen Anstrich von Schönheit ertheile, und in wie fern die Wahrnehmung dieser Schönheit als einer der ur-
sprünglichsten Gründe der Billigung
angesehn werden könne.

Die Karaktere der Menschen sowohl, als die Einrichtungen der Kunst, oder die bürgerlichen Regierungsverfassun-
gen, taugen das Glück der Individuen sowohl als der Gesellschaft entweder zu befördern oder zu stören. Der kluge, billige, thätige und nüchterne Karakter verspricht seinem
Eigner sowohl, als jedem, der mit ihm in Verbindung steht,
Wohlfahrt und Zufriedenheit. Der rasche, übermüthige,
lässige, weibische und wollüstige im Gegentheil weißagt dem
Individuum Untergang, und allen, die mit ihm zu thun haben, nichts denn Unheil. Erstere Seelengestalt hat wenigstens alle Schönheit, die an der vollkommensten Maschine,
die je zu Beförderung eines angenehmen Zwecks ersonnen
worden, haften mag; leztere alle Häßlichkeit der ungeschick-
testen und plumpsten. Welche Regierungsart könnte wohl
zu Beförderung des Menschenglücks so zuträglich seyn, als
allgemeine vorherrschende Tugend und Weisheit? Jede
Staatsverfassung ist nur ein unvollkommner Nothbehelf,
um den Abgang von diesem zu ersetzen. Alle Schönheit folgt

lich, die der bürgerlichen Verfassung nur in Rücksicht ihres Nutzens zukommen mag, muß dieser noch in weit höherm Grade zukommen. Welche bürgerliche Polizey hingegen kann so verderblich und zerstörend seyn, als die Laster der Menschen? Die schädlichen Wirkungen einer schlimmen Verfassung entspringen aus nichts anderm, als daß sie wider das Unheil, das menschliche Bosheit stiften kann, nicht hinreichende Sicherheit gewährt.

Diese Schönheit und Häßlichkeit, die den Karakteren aus ihrer Nützlichkeit oder Schädlichkeit zuzuwachsen scheint, pflegt denjenigen, die des Menschen Handlungen und Betragen in abgezognem philosophischen Lichte betrachten, ganz besonders aufzufallen. Wenn ein Philosoph untersuchen will, woher Menschenliebe gebilligt, Grausamkeit aber verdammt werde, so denkt er nicht immer mit Klarheit und Deutlichkeit an irgend eine einzelne grausame oder menschenfreundliche Handlung, sondern begnügt sich gewöhnlich mit der schwankenden und unbestimmten Idee, die die allgemeinen Namen dieser Eigenschaften ihm darbieten. Nun ist aber die Schicklichkeit oder Unschicklichkeit, das Verdienst oder Mißverdienst der Handlungen nur in einzelnen Thatsachen sehr einleuchtend und wahrnehmbar. Nur wenn uns einzelne Beyspiele gegeben werden, unterscheiden wir deutlich entweder die Einstimmigkeit oder Nichteinstimmigkeit unsrer Gefühle mit des Handelnden seinen, fühlen wir in jenem Fall eine gesellige Dankbarkeit, in diesem einen sympathetischen Unwillen wider ihn in uns rege werden. Betrachten wir Tugend und Laster allgemein und in abgezognen Begriffen, so scheinen die Eigenschaften, dadurch sie diese verschiednen Empfindungen erregen, großentheils zu verschwinden, und die Empfindungen selbst werden weniger vieleuchtend und wahrnehmbar. Dahingegen scheinen die glücklichen Folgen des einen, und die schädlichen Wirkungen des andern dem Auge gleichsam entgegen zu springen, und sich vor allen andern Eigenschaften von beiden auszuzeichnen und hervorzuheben.

Eben jener angenehme und sinnreiche Schriftsteller, der zuerst die Ursache untersucht, warum das Nützliche gefiele, ist von dieser Ansicht der Dinge so hingerissen worden, daß er unser ganzes Billigungsgefühl für die Tugend in bloße Wahrnehmung jener Schönheit, die aus dem Anschein der Nützlichkeit entspringt, aufgelöst hat. Keine Eigenschaften des Geistes, bemerkt er, werden als tugendhaft gebilligt, als solche, die entweder ihrem Besitzer selbst oder andern nützlich sind, und keine werden als lasterhaft gemisbilligt, als solche, die das Gegentheil bewirken. Und in der That scheint die Natur unsre Billigungs- und Misbilligungsgefühle dem Nutzen der Individuen sowohl als der Gesellschaft so glücklich angepaßt zu haben, daß jene Bemerkung sich bey genauer Untersuchung, ich glaube, in jedem Falle bewahrheiten wird. Aber dennoch behaupt' ich, daß nicht die Ansicht dieses Nutzens oder Schadens die erste und ursprüngliche Quelle unsrer Billigung und Misbilligung sey. Erhöht und belebt werden diese Empfindungen ohne Zweifel durch Wahrnehmung der Schönheit oder Häßlichkeit, die aus ihrem Nutzen oder Schaden entspringt. Aber dennoch, sag' ich, sind sie ursprünglich und wesentlich von dieser Wahrnehmung unterschieden.

Denn erstlich scheint es unmöglich, daß die Billigung der Tugend ein Gefühl ähnlicher Art seyn sollte, wie jenes, vermöge dessen wir ein bequemes und wohleingerichtetes Gebäude billigen; oder daß wir einen Menschen bloß aus dem nehmlichen Grunde loben sollten, aus dem wir jenen Schrank mit Auszügen loben.

Und zweytens wird man bey gehöriger Untersuchung finden, daß die Nützlichkeit einer Gemüthsanlage selten der erste Grund unsrer Billigung sey, und daß das Gefühl der Billigung immer ein Gefühl des Schicklichen, das von Wahrnehmung des Nützlichen durchaus verschieden ist, in sich enthalte. Wir können das in Ansehung aller Eigenschaften bemerken, die als tugendhaft gebilligt werden, sowohl jener, die diesem System zufolge ursprünglich als uns selbst ersprießlich, als auch jener, die wegen ihres Nutzens gegen andre geschätzt werden.

Die Eigenschaften, die uns selbst am meisten nützen, sind zuförderst, überlegner Verstand und Vernunft, vermöge deren wir die entfernten Folgen aller unsrer Handlungen wahrnehmen, und den Vortheil oder Nachtheil, den sie uns wahrscheinlicherweise gewähren werden, voraussehen können; und zweytens, Selbstbeherrschung, die uns fähig macht, Freuden des Augenblicks zu verschmähn, und Schmerzen des Augenblicks zu erdulden, um in Zukunft ein größeres Vergnügen zu gewinnen, oder einem größern Uebel auszuweichen. In der Verbindung dieser beiden Eigenschaften besteht die Tugend der Klugheit, vor allen diejenige, die dem Individuo am meisten nützt.

In Rücksicht der ersten dieser Eigenschaften ist schon oben bemerkt worden, daß überlegner Verstand und Ver-

T

mußt ursprünglich als richtig, treffend und genau, nicht aber als bloß ersprießlich oder vortheilhaft gebilligt werden. In den tiefsinnigern Wissenschaften, vornehmlich in den höhern Zweigen der Mathese, hat des Menschen Verstand sich am gewaltigsten und bewundernswürdigsten erwiesen. Daß diese Wissenschaften dem Individuo oder der Gesellschaft sonderlich nützen, ist uns eben nicht sehr einleuchtend, und bedarf erst einer oft nicht sehr faßlichen Erörterung. Ihr Nutzen konnt' es also nicht seyn, der sie der öffentlichen Bewunderung empfahl. Dieser ward erst dann auseinandergesetzt, als man Leuten antworten mußte, die an jenen erhabnen Entdeckungen keinen Geschmack fanden, und sie daher als unnütz herabwürdigten.

Auf gleiche Weise wird auch die Selbstbeherrschung, vermöge derer wir unsre gegenwärtigen Gelüste zähmen, um sie einstens besto völliger zu befriedigen, eben so sehr unter der Ansicht der Schicklichkeit, als des Nutzens, gebilligt. Wenn wir nach den Vorschriften dieser Tugend handeln, so scheinen die Empfindungen, die unser Betragen bestimmen, mit des Zuschauers seinen genau zusammen zu treffen. Der Zuschauer fühlt den Andrang unsrer gegenwärtigen Gelüste nicht. Ihm ist das Vergnügen, das wir um eine Woche oder ein Jahr genießen sollen, grade so interessant, als das, was wir diesen Augenblick vor uns haben. Wenn wir nun um des Gegenwärtigen willen das Zukünftige aufopfern, so scheint unser Betragen ihm höchst ungereimt und ausschweifend, und der Affekt, der uns bestimmte, ist ihm unbegreiflich. Wenn wir dagegen dem Vergnügen des Augenblicks entsagen, um uns für die Zukunft ein größeres zu sichern, wenn wir handeln, als wenn die entfernten

Gegenstände uns grade so sehr interessirten, als der, welcher so eben auf unsre Sinne wirkt, so trifft unsre Stimmung genau mit der seinigen zusammen; er kann nicht umhin, unser Verfahren zu billigen, und da er aus Erfahrung weiß, wie wenige dieser Selbstbeherrschung fähig sind, so betrachtet er unser Betragen mit einem beträchtlichen Grade von Erstaunen und Bewundrung. Daher entspringt die ausnehmende Hochachtung, mit welcher die Menschen von Natur jedes standhafte Beharren in Uebung der Mäßigkeit, Emsigkeit, Unverdrossenheit betrachten, sollten diese Tugenden auch bloß die Gründung unsers eignen Glücks bezielen. Die entschloßne Festigkeit des Mannes, der auf diese Weise handelt, der, um einen großen, wiewohl fernen Vortheil zu erringen, nicht nur alle gegenwärtigen Vergnügungen aufopfert, sondern sich auch den größten körperlichen und geistigen Anstrengungen unterzieht, verlangt nothwendig unsre Billigung. Die Aussicht auf Glück und Interesse, die sein Betragen lenkt, trifft mit der Vorstellung, die wir uns natürlicherweise davon entwerfen, genau zusammen. Zwischen seinen und unsern Gefühlen ist die vollkommenste Harmonie, und eine Harmonie dazu, die wir wegen der gewöhnlichen Schwäche der Menschheit, die wir aus Erfahrung kennen, mit Grunde nicht erwarten konnten. Wir billigen daher sein Betragen nicht nur, sondern wir bewundern es auch gewissermaßen, und halten es eines hohen Grades von Beyfall würdig. Das Vergnügen, das wir erst um zehn Jahre genießen sollen, interessirt uns so wenig in Vergleich dessen, was wir heute genießen können; die Leidenschaft, die jenes reizt, ist natürlicherweise so schwach im Vergleich der heftigen Gemüthsbewegung, die dieses zu erregen pflegt, daß das andre nie das Ueberge-

T 2

nicht bekommen würde, wenn es nicht von dem Gefühl der Schicklichkeit, wenn es nicht von dem Bewußtseyn unterstützt würde, daß wir durch die eine Art des Betragens jedermanns Achtung und Beyfall verdienen, durch die andre aber Gegenstände allgemeiner Verachtung und Verspottung werden würden.

Menschlichkeit, Gerechtigkeit, Edelmuth und Gemeingeist sind die Eigenschaften, die den andern am meisten nützen. Worin das Schickliche der Menschlichkeit und Gerechtigkeit bestehe, ist bereits erörtert, und gezeigt worden, wie sehr unsre Achtung und Bewundrung jener Eigenschaften von der Eintracht zwischen der Stimmung des Handelnden und des Zuschauers abhänge.

Das Schickliche des Edelmuths und des Gemeingeistes gründet sich mit dem Schicklichen der Gerechtigkeit auf einerley Prinzip. Edelmuth und Menschlichkeit sind verschieden. Diese beiden Eigenschaften, die beym ersten Anblick einander so nahe verwandt scheinen, treffen nicht immer in einerley Person zusammen. Die Menschlichkeit ist die Tugend eines Weibes, Edelmuth eines Mannes. Das schwächere Geschlecht, das gewöhnlich mehr Zärtlichkeit als das unsre besitzt, besitzt selten so vielen Edelmuth. Daß Weiber selten beträchtliche Schenkungen machen, ist schon eine Bemerkung des bürgerlichen Gesetzes. Die Menschlichkeit besteht bloß in dem innigen Mitgefühl, das der Zuschauer mit den Empfindungen des eigentlich Handelnden oder Leidenden empfindet, er mag nun über seinen Kummer trauern, oder über seine Kränkungen zürnen, oder über seine glücklichen Ereignisse sich freuen. Die allermenschlich-

ften Handlungen fobern keine Selbstverleugnung, keine
Selbstbeherrschung, keine große Anstrengung des Sinns
fürs Schickliche. Sie bestehn bloß darin, daß man thut,
was man freywillig aus jener innigen Sympathie gethan
haben würde. Anders aber verhält sichs mit dem Edelmuth.
Wir sind nie edelmüthig, als wenn wir gewissermaßen einen
Freund uns selbst vorziehn, und irgend ein großes und wichtiges, eignes Interesse dem gleich wichtigen Interesse eines
Freundes oder Höhern aufopfern. Wer seine Ansprüche auf
ein Amt aufgibt, das der große Gegenstand seines Ehrgeizes war, weil er den Verdiensten eines andern ein größeres Recht darauf einräumt; wer sein Leben für seines Freundes Leben wagt, weil er auf dessen Leben einen größern
Werth setzt, handelt nicht aus Menschlichkeit, sondern aus
höherer Fühlbarkeit für die Angelegenheiten des andern, als
für seine eignen. Beide betrachten ihr einander entgegengesetztes Interesse nicht in dem Lichte, worin es natürlicherweise ihnen selbst, sondern in dem, darin es andern erscheinen muß. Jedem Zuschauer mag das Glück oder die Erhaltung des andern wichtiger seyn, als das ihrige, aber ihnen
selbst kann es das unmöglich seyn. Wenn sie also dem Interesse dieses andern ihr eignes aufopfern, so bequemen sie
sich nach den Empfindungen des Zuschauers, und handeln
großmüthigerweise nach denen Ansichten, unter welchen
ihrem eignen Gefühl nach die Dinge einer dritten Person
erscheinen müssen. Der Soldat, der sein Leben wagt, um
das Leben seines Offiziers zu vertheidigen, würde sich um den
Tod dieses Offiziers vielleicht wenig bekümmern, wenn er
ohne seine Schuld erfolgte; ein ganz geringfügiger Unfall,
der ihm etwa selbst begegnete, würde ihn ungleich stärker
affiziren. Will er aber beyfallswürdig handeln, will er dem

unpartheyischen Zuschauer die Triebfedern seines Betragens ehrwürdig machen, so fühlt er, daß jedem, außer ihm, sein eignes Leben im Vergleich mit des Offiziers seinem eine bloße Kleinigkeit sey, und daß er, wenn er eins dem andern aufopfert, vollkommen schicklich, und den natürlichen Gefühlen jedes unpartheyischen Zuschauers gemäß handle.

Grade so verhält sichs mit den kühnern Aeußerungen des Gemeingeistes. Wenn ein junger Offizier sein Leben wagt, um den Staaten seines Herrn irgend einen unbeträchtlichen Zuwachs zu erobern, so thut ers nicht, weil der Erwerb des neuen Landstrichs ihm ein wünschenswürdigerer Gegenstand ist, als die Erhaltung seines eignen Lebens. Ihm ist sein eignes Leben unendlich schätzbarer, als die Eroberung eines ganzen Königreichs für den Staat, dem er dient. Wenn aber diese beiden Gegenstände mit einander vergleicht, so betrachtet er sie nicht in dem Lichte, worin sie ihm, sondern in demjenigen, worin sie der Nation erscheinen, der er dient. Ihr ist der glückliche Ausgang des Kriegs von unendlicher, das Leben eines Privatmanns von beynahe gar keiner Wichtigkeit. Wenn er sich in ihre Lage versetzt, so fühlt er den Augenblick, daß er mit seinem Blute nicht verschwenderisch genug seyn könne, um durch Vergießung desselben einen so wichtigen Erfolg zu befördern. In dieser Betäubung des gewaltigsten aller natürlichen Triebe durchs Gefühl der Pflicht und des Schicklichen besteht der Heroismus seines Betragens. Mancher brave Engländer würde sich im Privatstande um den Verlust einer Guinee vielleicht ernstlicher betrüben, als um den Nationalverlust von Minorka, der dennoch, wenn es in seiner Macht gestanden hätte, die Festung zu verthei-

digen, tausendmal lieber sein Leben aufgeopfert, als sie
durch seine Schuld hätte in die Hand seiner Feinde fallen
laffen. Wenn der erste Brutus seine leiblichen Söhne
zum Tode führte, die sich wider Roms aufstrebende Freyheit verschworen hatten, so opferte er eine Neigung, die,
wenn er bloß sein Herz befragt hätte, die stärkere gewesen
seyn würde, der schwächern auf. Natürlicherweise mußte
er für den Tod seiner Söhne mehr fühlen, als für alles,
was Rom wahrscheinlicherweise durch den Abgang dieses
Beyspiels gelitten haben würde. Allein er betrachtete
sie nicht mit den Augen eines Vaters, sondern mit jenen
eines römischen Bürgers. Er versetzte sich so ganz in die
Gefühle dieses leztern Karakters, daß er auf das Band,
was ihn an sie knüpfte, keine Rücksicht nahm, und einem
römischen Bürger mußten selbst die Söhne eines Brutus
zu verächtlich scheinen, um auch nur den geringsten Vortheil Roms aufzuwiegen. In diesem, wie in allen andern Fällen ähnlicher Art, gründet unsre Bewundrung
sich nicht so sehr auf den Nutzen, als auf die unerwartete, und in so fern große, edle und erhabne Schicklichkeit der Handlungen. Freylich gewährt die nachfolgende
Erwägung ihres Nutzens ihnen eine neue Schönheit, und
ein neues Recht auf unsre Billigung. Diese Art der
Schönheit leuchtet indessen eigentlich nur einem forschen-
den und kalkulirenden Geiste ein, es ist keinesweges die
Eigenschaft, die solche Handlungen dem großen Haufen der
Menschen zuerst empfiehlt.

Merkwürdig ist, daß in so fern das Billigungsgefühl
aus der Wahrnehmung dieser Schönheit des Nützlichen ent-

T 4

springt, es keine Art von Beziehung auf die Empfindung
anderer hat. Wär' es daher möglich, daß jemand ohne
einige Gemeinschaft mit den Menschen zur Mannheit auf-
wüchse, so würden seine Handlungen ihm dennoch in Ansehung ihres Einflußes auf sein Wohl oder Weh angenehm
oder unangenehm seyn. Er würde Schönheiten dieser Art
in der Klugheit, in der Mäßigung, und im guten Betragen, Häßlichkeit aber in dem entgegengesetzten Verfahren
wahrnehmen. Er würde in jenem Fall seine Gemüthsstimmung und seine Denkungsart mit aller der Zufriedenheit betrachten, mit der man eine wohleingerichtete Maschine, und in dem andern mit der Art von Mißfallen und Unzufriedenheit, womit man ein plumpes, schlechtes Werkzeug betrachtet. Da diese Wahrnehmungen jedoch bloß
die Sache des Geschmacks sind, und alle Schwäche und
Mißlichkeit jener Art von Wahrnehmungen haben, auf
deren Richtigkeit der eigentlich so genannte Geschmack sich
gründet, so würden sie vermuthlich von jemandem, der in
einem so einsamen und verlaßnen Zustande lebte, nicht sonderlich geachtet werden. Sollten sie ihm auch wirklich einleuchten, so würden sie doch keineswegs außerhalb der Gesellschaft so auf ihn wirken, wie sie innerhalb derselben thun
würden. Der Gedanke seiner Häßlichkeit würde ihn nicht
heimlich beschämen und demüthigen, und das Bewußtseyn
der entgegengesetzten Schönheit seinen Geist nicht emporhe-
ben. Das Gefühl seiner Belohnungswürdigkeit würde ihm
keine Freude, die Ahndung seiner Strafbarkeit keine Bangigkeit erregen. Alle diese Empfindungen heischen das Daseyn eines Dritten, der natürlicher Richter dessen, der sie
empfindet, ist, und nur durch Sympathie mit den Entsche-

ungen dieses Schiedsrichters unsers Betragens werden wir des Triumphs der Selbstbilligung, und der Schaam der Selbstverdammung fähig.

Anm. Es ist freylich herrschende Sitte unsrer Moralisten, Volks- und Jugendlehrer, die Tugend als tauglich zu Erreichung subjektiver Zwecke zu empfehlen, und ihr durch Vorspiegelung des Vortheile, die sie gewährt, die Herzen der Menschen zu gewinnen. Allein, wiewohl es zuweilen nöthig seyn mag, durch ähnliche Accommodationen die Aufmerksamkeit des bis dahin noch ganz sinnlichen und egoistischen Menschen zu gewinnen; wiewohl man sich zuweilen vielleicht erlauben darf, den schmeichlerischen Versprechungen des Lasters die Schilderungen jenes viel reinern und daurendern Genusses, welchen die Tugend gewährt, entgegenzustellen; so ist dergleichen Verfahren doch immer nur mit der äußersten Behutsamkeit zu empfehlen: theils, weil der Begriff der Glückseligkeit so äußerst vag, unbestimmt und unbestimmbar ist, daß jedes Subjekt sich eine andre, dem Grade sowohl als der Beschaffenheit nach verschiedne Summe von Genüssen darunter denkt; theils, weil der Versprecher sich der Gefahr bloßstellt, von demjenigen, der, durch seine lockenden Vorspiegelungen gewonnen, sich seiner Leitung überläßt, in der Folge Lügen gestraft zu werden, indem Tugend und Glückseligkeit keinesweges analytisch mit einander verbunden sind, vielmehr die Erfahrung lehrt, daß in der Regel die Falschheit über die Einfalt, die Arglist über die Offenherzigkeit, die Büberey über die Redlichkeit, und die vorlaute Windbeutelen über das bescheidne Verdienst den Sieg gewinne; theils aber und hauptsächlich darum, weil alle Einmengung ähnlicher subjektiver Triebfedern die jungfräuliche Reinigkeit des Sittengesetzes beeinträchtigt, und die ganze Tugendlehre in ein rhapsodisches Gewebe raffinirender Klugheitsregeln verwandelt. Sicherer und weiser verfährt man, wenn man, zumal dem noch unbefangnen Jünglinge, das höchste Sittengesetz, das nicht nur der einfach-faßlichsten, sondern auch erwärmendsten und herzerhebendsten Entwicklung fähig ist, gleich anlangs in seiner ganzen Herrlichkeit, feyerlichen Majestät, unnachgiebigen Strenge und ehrfurchtheischenden Würde darstellt, nach Maasgabe der mehrern und mindern, (beabsichtigten, nicht zufälligen) Einstimmigkeit mit ihm ihn die Handlungen würdigen lehrt, durch Beyspiele wahrhaftig pflichtmäßiger Thaten der Mit- und Vorzeit die reine Sittlichkeit ihm veranschaulicht und ans Herz legt, nichts ihn schätzen heißt, als was aus Unterwerfung unter die Pflicht geschah, keine Triebfedern in ihm aufregt, als die Achtung fürs Gesetz und seine eigne durchs Gesetz so hoch geehrte Menschheit, keine Lockung ihm vorhält, als jene Selbstschätzung, die aus dem Bewußtseyn der Erhabenheit über alle Sinnenreizung und des Eingreifens in die Reihe freyer und selbstthätiger Vernunftwesen entspringt.

Fünfter Theil.

Vom Einfluß der Mode und Gewohnheit auf die Gefühle der sittlichen Billigung und Misbilligung.

Erstes Kapitel.

Vom Einfluß der Mode und Gewohnheit auf die Gefühle der sittlichen Billigung und Mißbilligung.

Außer den bereits aufgezählten, gibt es noch andre Prinzipe, die auf die sittlichen Gefühle der Menschen einen beträchtlichen Einfluß haben, und die vornehmsten Quellen der mancherley regelwidrigen und mishelligen Meinungen sind, die in verschiednen Altern und Völkern über das Tadelhafte oder Lobenswürdige herrschen. Diese Prinzipe sind Gewohnheit und Mode, Prinzipe, die ihre Herrschaft über unsre Urtheile von jeder Art von Schönheit ausdehnen.

Wenn zwey Gegenstände öfter zusammengesehn worden sind, so gewinnt die Einbildungskraft eine Fertigkeit, mit Leichtigkeit von einem zum andern überzugehn. Erscheint der erstere, so rechnen wir darauf, daß der zweyte folgen werde. Unwillkürlich erinnert der eine uns an den andern, und lenkt unsre Aufmerksamkeit von diesem auf jenen. Sollte auch, von der Mode unabhängig, keine wirkliche Schönheit in ihrer Verbindung seyn, so fühlen wir doch etwas Unschickliches in ihrer Trennung, wenn die Mode sie einmal zusam-

men verknüpft hat. Wir finden das eine ungereimt, wenn es
ohne seinen gewöhnlichen Begleiter erscheint. Wir vermissen
etwas, was wir zu finden erwarteten, und diese vereitelte Erwartung stört unsre gewöhnliche Ideenreihe. So scheint, zum
Beyspiel, einem Anzuge etwas abzugehn, wenn ihm auch nur
der unbedeutendste Zierrath, der ihn zu begleiten pflegt, mangelt, und wir finden in dem Mangel auch nur eines Aermelkno-
pfes etwas Unschickliches und Linkes. Ist irgend eine natürliche
Schicklichkeit in dem Zusammenseyn, so erhöht die Gewohnheit
unser Gefühl derselben, und macht eine abweichende Anord-
nung noch unangenehmer, als sie uns sonst gewesen seyn würde. Leute von Geschmack. ärgern sich an allem, was plump und
tölpisch ist. Ist das Zusammenseyn unschicklich, so mindert die
Gewohnheit das Gefühl dieser Unschicklichkeit entweder, oder
tilgt es ganz und gar. Leute, die sich zu einem schlottrigen,
unordentlichen Wesen gewöhnt haben, verlieren alles Gefühl des Niedlichen und Zierlichen. Die Moden im Putz
und Hausrath, die Fremden lächerlich scheinen, haben für
Leute, die daran gewöhnt sind, nichts anstößiges.

Mode ist etwas anders, als Gewohnheit, oder ist vielmehr eine besondre Art der leztern. Nicht das ist Mode,
was jedermann trägt, sondern nur, was Leute von einem gewissen Range und Karakter tragen. Die freymüthigen, an-
standsvollen und empfehlenden Sitten der Großen, mit dem
gewöhnlichen Reichthum und der Kostbarkeit ihres Anzugs
verbunden, geben sogar der Form, die ihre Laune ihrem Anzug gibt, eine Art von Grazie. So lange sie sich dieser Form
bedienen, weckt sie in unsrer Fantasie die Begriffe von Pracht
und Artigkeit, und sollte sie auch im Grunde ganz gleichgültig seyn, so scheint sie dieser Beziehung halber doch selbst

etwas artiges und prachtvolles an sich zu haben. Kaum
wird sie von ihm verworfen, so verliert sie alle Grazie, die
sie vorher zu besitzen schien, und da sie izt nur von den nie=
dern Volksständen gebraucht wird, so scheint sie auch etwas
von ihrer Niedrigkeit und Linkheit anzunehmen.

Putz und Möbeln stehn, dem Geständniß aller Welt zu=
folge, durchaus unter der Herrschaft der Gewohnheit und
Mode. Der Einfluß dieser Prinzipe beschränkt sich indessen
keineswegs innerhalb einer so engen Sphäre, sondern ver=
breitet sich über alles, was in einiger Rücksicht Gegenstand
des Geschmacks ist, auf Ton, Dicht= und Baukunst. Die
Moden in Putz und Möbeln ändern unaufhörlich, und da,
was vor fünf Jahren Mode war, heute lächerlich ist, so lehrt
uns die Erfahrung, daß es seine Beliebtheit hauptsächlich oder
lediglich der Mode und Gewohnheit zu verdanken hatte.
Kleider und Möbeln werden aus keinem sehr dauerhaften
Stoff verfertigt. Ein gut ersonnener Anzug ist in Jahres
Frist verbraucht, und kann die Form, die er Mode macht,
nicht länger fortpflanzen. Die Moden in Möbeln ändern
weniger schnell, denn Möbeln sind gewöhnlich dauerhafter.
In fünf und sechs Jahren leiden indessen auch sie eine gänz=
liche Umwandlung, und ein jeder sieht während seiner Zeit
auch diese Art von Mode verschiedne Richtungen nehmen.
Ein wohlausgeführtes Gebäude kann Jahrhunderte dauern,
eine schöne Arie kann durch Ueberlieferung auf mehrere Ge=
schlechtsfolgen fortgepflanzt werden, ein gutgeschriebnes Ge=
dicht kann so alt werden, als die Welt, und alle mit einan=
der erhalten, Zeitalter hindurch, den besondern Stil, Ge=
schmack und Ton, in dem sie selbst angegeben sind, in Gang
und Umlauf. Nur wenig Menschen haben Gelegenheit, die

Mode in diesen Künsten bey ihren Zeiten beträchtlich ändern zu sehn. Wenige Menschen haben Erfahrung und mit den verschiednen Moden entfernter Zeitalter und Nationen Bekanntschaft genug, um durchaus mit diesen ausgesöhnt zu werden, oder zwischen ihnen und den Moden ihrer eignen Zeit und ihres eignen Landes mit Unpartheylichkeit richten zu können. Wenige Menschen gestehen daher gern ein, daß Ton und Mode auf Urtheile über Schönheit oder Nichtschönheit in den Kunstprodukten vielen Einfluß habe; sondern sie glauben, daß alle Regeln, die ihrer Meinung nach in jeder dieser Künste beobachtet werden müssen, sich auf Vernunft und Natur, nicht auf Gewohnheit oder Vorurtheil gründen. Ein wenig Aufmerksamkeit kann sie jedoch des Gegentheils überführen, und sie lehren, daß Ton und Mode auf Putz und Möbeln keinen unumschränktern Einfluß haben, als auf Bau- Ton- und Dichtkunst.

Kann, zum Beyspiel, wohl irgend ein Grund angegeben werden, weshalb das Dorische Kapital einer Säule, die acht ihrer Durchmesser, die Jonische Schnecke einer, die deren neun, das Korinthische Laubwerk einer, die deren zehn hoch ist, eigen seyn müsse. Die Schicklichkeit einer jeden dieser Eigenheiten kann auf nichts anders als auf Gewohnheit und Kostum beruhen. Das Auge, einmal gewohnt, ein gewisses Verhältniß mit einem gewissen Zierrath verknüpft zu sehn, würde sich beleidigt fühlen, wenn es sie nicht bey einander wahrnähme. Jede der fünf Ordnungen hat ihre besondern Zierrathen, die nicht mit einander verwechselt werden können, ohne alle Kenner der Regeln der Baukunst zu beleidigen. Gewissen Baukünstlern zufolge haben die Alten freylich jeder Ordnung ihre eigenthümlichen Zierrathen mit so

auserlesener Beurtheilung zugeeignet, daß keine passendern
gedenkbar sind. Es scheint jedoch etwas schwer zu begreifen,
daß diese Formen, wiewohl allerdings höchst angenehm, die
einzigen seyn sollten, die zu diesen Verhältnissen paßten, oder
daß es deren nicht fünfhundert andre geben könnte, die, vom
eingeführten Kostum unabhängig, nicht eben so gut zu ihnen
gepaßt hätten. Hat indessen die Gewohnheit einmal gewisse
bestimmte Regeln des Bauens eingeführt, und sind sie nur
nicht durchaus vernunftwidrig, so ist es ungereimt, sie um
etwas andern willen, das bloß eben so gut, oder in Ansehung
der Zierlichkeit und Schönheit auch um ein kleines vorzüglicher wäre, ändern zu wollen. Lächerlich wär' es, wenn jemand mit einer Kleidertracht im Publikum erschiene, die von
der gewöhnlich getragnen durchaus verschieden wäre, gesetzt
auch, die neue Tracht wäre an sich selbst noch so bequem
und kleidend. Gleich ungereimt scheint der zu handeln,
der sein Haus in ganz anderm Geschmack verzieren wollte,
als durch Herkommen und Mode vorgeschrieben worden, gesetzt auch, daß die neue Verzierung den herkömmlichen ein
wenig überlegen seyn sollte.

Den alten Redekünstlern zufolge hat jede besondre Dich-
tungsart ihr eignes Vers- und Silbenmaas, was nur ihr
allein anpasse, und allein vermögend sey, den Karakter, das
Gefühl, oder die Leidenschaft, die in ihr vorherrsche, am beredtesten auszudrücken. Ein ander Versmaas, sagten sie,
schicke sich zu ernsten, ein anders zu muntern Werken, und
ohne die äußerste Unschicklichkeit könne man sie nicht mit einander verwechseln. Die Erfahrung neuerer Zeiten scheint
jedoch dieser Behauptung zu widersprechen, so äußerst wahrscheinlich sie auch an sich scheinen mag. Der burleske Vers

u

Vers der Engländer ist der heroische der Franzosen. Racine's Trauerspiele, und Voltaire's Henriade sind in dem Sylbenmaas von

Ich will euch ein Mährchen erzählen, gar
schnurrig.

Dagegen ist der burleske Vers der Franzosen beynah einerley mit dem heroischen zehnsylbigen Verse der Engländer. Kostum und Gewohnheit machen, daß die eine Nation Ernst, Hoheit und Nachdruck in dem nehmlichen Sylbenmaas findet, in dem die andere Munterkeit, Spaß und Schnurrigkeit wahrnimmt. Nichts würde im Englischen abgeschmackter scheinen, als ein Trauerspiel in französischen Alexandrinern, und nichts im Französischen, als eine Epopee in zehnsylbigen Zeilen.

Ein ausnehmend großer Künstler wird allemal dem hergebrachten Geschmack in seiner Kunst einen beträchtlichen Umschwung geben, und Schreibart, Ton, und Baukunst auf einen ganz neuen Ton stimmen. So wie eines angenehmen und vornehmen Mannes Anzug sich selbst empfiehlt, und ungeachtet seiner etwanigen Seltsamkeit bald bewundert und nachgeahmt wird, so gewinnen auch die Eigenheiten eines großen Künstlers durch seine Vortrefflichkeiten eine Art von Reiz, und geben in der Kunst, die er ausübt, hinfort den Ton an. Der musikalische und architektonische Geschmack der Italiener hat seit etwa funfzig Jahren durch Nachahmung der Eigenheiten einiger vorzüglichen Meister eine beträchtliche Veränderung gelitten. Seneka wird von Quintillian beschuldigt, den Geschmack der Römer verderbt, und statt männlicher Beredsamkeit und majestätischen Raisonnements eine frivole Kostbarkeit eingeführt zu haben.

Salluft und Tacitus ist etwas ähnliches, wiewohl in
einer verschiednen Manier, nachgesagt worden.   Sie brach-
ten einen Stil im Umlauf, dem es ungeachtet seiner äußersten Kraft, Gedrungenheit und Rundung, ja sogar dichte-
rischer Schönheit, doch an Leichtigkeit, Natur und Einfalt
mangelte, und die mühsamste und gesuchteste Künsteley überall anzusehen war.   Wie groß muß jedoch nicht der Schriftsteller seyn, der seinen Fehlern selbst einen Reiz geben kann!
Nächst dem Lobe, den Geschmack eines Volks verfeinert zu
haben, ist vielleicht kein größers, als das, ihn verderbt zu
haben.   In unsrer eignen Sprache haben P o p e und
S w i f t in allen Gattungen gereimter Poesie, jener im
längern, dieser im kürzern Verse einen Geschmack eingeführt,
der von dem vorher üblichen ganz verschieden ist.   But t-
l e r s Nettigkeit hat Swifts Schlichtheit Platz gemacht.   D r y-
d e n s Ungebundenheit und A d d i s o n s korrekte, aber oft
langweilige und prosaische Mattigkeit sind nicht länger Gegenstände der Nachahmung, sondern alle lange Verse werden
in Popens nervigter und fester Manier geschrieben.

Auch sind die Kunstprodukte nicht die einzigen Gegenstände, worüber Mode und Ton ihre Herrschaft üben.   Sie
modifiziren unser Urtheil nicht minder über die Schönheit natürlicher Gegenstände.   Wie mancherley und wie entgegengesetzte Formen werden in verschiednen Gattungen der Dinge für schön erklärt!   Die Verhältnisse, die man an einem
Thiere bewundert, sind ganz verschieden von denen, die an
andern geschätzt werden.   Jede Klasse von Dingen hat ihr
eigenthümliches Billigungsmodell, ihre eigenthümliche Schönheit, die von der Schönheit jeder andern Gattung verschieden ist.   Diese Bemerkung ist es, die den gelehrten Jesuiten,

U -

Pater Buffler, zu der Behauptung bestimmte, daß die
Schönheit jedes Gegenstandes in der Form und Farbe bestehe, die unter Dingen der besondern Art, zu welcher er
gehöre, am gewöhnlichsten sey. So liegt z. B. in der menschlichen Gestalt die Schönheit jedes Theils in einer gewissen
Mitte zwischen einer Mannichfaltigkeit gleich weit von ihr
abweichender häßlicher Formen. Eine schöne Nase z. B.
ist eine solche, die weder sehr lang, noch sehr kurz, weder
zu aufgeworfen, noch zu gestielt ist, sondern die ein gewisses
Mittel zwischen allen diesen Extremen trifft, und weniger
von irgend einer der abweichenden Formen verschieden ist,
als jede der abweichenden von jeder andern. Es ist die
Form, die die Natur in allen bezielt zu haben scheint, die
sie aber nur selten trifft, und von welcher sie in mancherley
Richtungen abweicht, doch so, daß alle diese Abweichungen
mit ihr eine auffallende Aehnlichkeit behaupten. Wenn eine
Anzahl Zeichnungen nach Einem Muster gemacht sind, und
sie es auch alle in gewissen Rücksichten verfehlen, so werden
sie ihm doch alle mehr, als sich unter einander, gleichen; der
allgemeine Karakter des Musters wird durch alle durchscheinen, die sonderbarsten und seltsamsten werden sich am weitsten von ihm entfernen, und wiewohl nur wenige es genau
erreichen werden, so werden doch die genauesten den am meis-
sten vernachläßigten mehr ähneln, als diese einander. Auf
gleiche Weise trägt in jeder Gattung von Geschöpfen das
schönste die stärksten Merkmale des allgemeinen Gattungs-
modells, und die stärkste Aehnlichkeit mit den meisten Individuen, die unter die Gattung gehören. Ungeheure im
Gegentheil, oder äußerst häßliche Individuen sind immer
die seltsamsten und widerlichsten, und ähneln der Gattungs-
form am wenigsten. Und so ist die Schönheit jeder Gattung

in Einem Sinne zwar die seltenste von allen, weil wenig Individuen diese Mittelform genau treffen, in einem andern aber die allergewöhnlichste, indem alle von ihr abweichende Formen ihr doch mehr, als eine der andern, gleichen. Vater Buffier zufolge ist die gäng und gebste Form in jeder Gattung von Dingen daher die schönste. Und daher rührt es, daß eine gewisse Uebung und Erfahrung in Beschauung jeder Gattung von Gegenständen dazu gehört, ehe wir von ihrer Schönheit urtheilen, oder bestimmen können, worin die mittlere oder gewöhnliche Form bestehe. Das scharfsinnigste Urtheil, der feinste Sinn für die Schönheit der menschlichen Gattung wird uns nichts helfen, um über die Schönheit von Blumen, Pferden, oder Dingen andrer Gattung zu urtheilen. Aus eben der Ursache erklärt sich, warum in verschiednen Klimaten, in Gegenden, wo verschiedne Sitten und Lebensweisen herrschen, so verschiedne Schönheitsformen statt haben, indem das allgemeine Gattungsmodell durch diese Umstände anders modifizirt wird. Die Schönheit eines mohrischen Pferdes ist nicht genau dieselbe mit der Schönheit eines englischen. Wie verschieden sind die Schönheitsbegriffe über den Bau und die Gestalt des menschlichen Körpers in den verschiednen Ländern? Eine schöne Gesichtsfarbe ist auf der Küste von Guinea eine auffallende Häßlichkeit. Dicke Lippen und eine flache Nase sind Schönheiten. Bey einigen Völkerschaften sind lange bis auf die Schultern herabhängende Ohren die Gegenstände allgemeiner Bewundrung. In China muß eines Frauenzimmers Fuß so klein seyn, daß es nicht darauf gehn kann, oder es wär' ein Ungeheuer von Häßlichkeit. Einige wilde Nationen in Amerika binden vier Brettchen um die Köpfe ihrer Kinder, und quetschen den noch weichen und nachgebenden Schädel in eine reizende viereckte Form. Die Eu-

U 3

ropäer erstaunen über diese alberne und grausame Sitte, und
einige Missionarien schreiben dieser Ursache die auffallende
Dummheit dieser Völker zu. Allein bey Verdammung dieser Wilden vergessen sie, daß unsre europäischen Damen
seit einem Jahrhundert die schöne Ründung ihres Wuchses
in eine eben so unnatürliche Trichterform zu pressen pflegen;
eine Abscheulichkeit, die ungeachtet der unzähligen durch sie
veranstalteten Verkrüpplungen und Krankheiten, vermöge
der Allgewalt der Mode, dennoch unter den gesittetsten Nationen des Erdbodens allgemein und angenehm geworden ist.

So lautet das System dieses sinnreichen und gelehrten
Vaters über die Natur der Schönheit, deren ganzer Reiz
folglich aus ihrem Zusammentreffen mit den Fertigkeiten entspränge, welche die Mode der Einbildungskraft über Dinge
jeder besondern Gattung eingeprägt hat. Ich kann mich
jedoch nicht bereden, daß unser Sinn sogar auch für äußre
Schönheit sich auf die Mode gründe. Die Nützlichkeit jeder
Form, ihre Brauchbarkeit zu den nützlichen Zwecken, die
durch sie beabsichtigt wurden, empfiehlt sie augenscheinlich,
und macht sie uns, von aller Mode unabhängig, angenehm.
Gewisse Formen sind angenehmer, denn andre, und ergötzen
das Auge gleich beym ersten Anblick mehr. Eine glatte
Oberfläche ist angenehmer, denn eine rauhe. Mannichfaltigkeit ist gefallender, als langweilige, unabgeänderte Gleich-
förmigkeit. Wohlvereinte Mannichfaltigkeit, darin jede
neue Erscheinung durch die vorhergehende eingeleitet ward,
und darin alle angrenzende Theile eine natürliche Beziehung
auf einander zu haben scheinen, ist angenehmer, als ein
fugeloses und unordentliches Gemische unverbundner Gegenstände. Wiewohl ich nun nicht zugeben kann, daß die

Mode das einzige Prinzip der Schönheit sey, so will ich
dem Erfinder dieses sinnreichen Systems doch gern eingeste-
hen, daß schwerlich eine noch so schöne äußre Form uns gefallen könne, wenn sie der Mode durchaus zuwider, und
dem, wozu wir in dieser einzelnen Gattung von Dingen gewöhnt sind, ungleich ist, und daß schwerlich eine noch so
häßliche Form uns mißfallen könne, wenn die herrschende
Mode sie in Schutz nimmt, und uns gewöhnt, sie in jedem
Individuum der Gattung zu sehn.

Anm. In der Kritik der praktischen Urtheilskraft ist gezeigt worden, daß der einzige Weg zu Ausgleichung
der beiden Geschmacksantinomieen, wovon die eine aussagt: das
Geschmacksurtheil gründe sich überall auf keinen Begriff, und
folglich lasse sich darüber nicht disputiren; die andre aber,
es gründe sich auf einen, so daß sich wenigstens darüber streiten lasse, der sey, daß man annehme: die Geschmacksurtheile
gründen sich allerdings auf einen Begriff, aber nicht auf einen
bestimmten, noch aus der Reihe der Erscheinungen bestimmba-
ren, sondern auf einen unbestimmten, der auf irgend ein über-
sinnliches Substrat der schönen Erscheinung hinweise.

Zweytes Kapitel.

Vom Einfluß der Mode und Gewohn= heit auf sittliche Gefühle.

Da unsre Gefühle über Schönheit jeglicher Art durch Mo= de und Gewohnheit so sehr gestimmt werden, so ist nicht zu erwarten, daß jene, die sich mit der Schönheit der Hand= lungen beschäftigen, durchaus vom Einfluß dieser Prinzipe frey seyn sollten. Ihr Einfluß scheint hier jedoch schwächer zu seyn, als irgend anderswo. Aeußre Gegenstände kön= nen vielleicht nie so abgeschmackt oder fantastisch aussehn, daß die Gewohnheit uns nicht mit ihnen aussöhnen, oder die Mode sie uns nicht angenehm machen könne. Aber mit dem Karakter eines Nero wird keine Gewohnheit uns aus= söhnen. Das Betragen eines Klaudius wird keine Mode uns angenehm machen. Jener wird immer ein Gegenstand des Schreckens und Hasses, dieser immer des Hohns und Gelächters bleiben. Die Prinzipe der Einbildungskraft, von welchen unser Schönheitsgefühl abhängt, sind äußerst fein und zart, und können durch Gewohnheit und Erziehung leicht abgeändert werden. Die Gefühle der sittlichen Billi= gung und Misbilligung aber gründen sich auf die stärksten und lebhaftesten Leidenschaften der menschlichen Natur, und wiewohl sie ein wenig gebogen werden können, so lassen sie sich doch nicht gänzlich verschrauben.

Wiewohl nun der Einfluß der Gewohnheit und Mode auf sittliche Gefühle nicht ganz so groß ist, so zeigt er sich in

Rückſicht derer doch grade ſo, wie in jeder andern. Wenn
Gewohnheit und Mode mit den natürlichen Prinzipen von
Recht und Unrecht zuſammentreffen, ſo erhöhn ſie die Zart
heit unſers Gefühls fürs Gute, und verſtärken unſern Abſ
ſcheu an allem, was ans Böſe ſtreift. Diejenigen, die in
wahrhaftig, nicht bloß ſo genannter guter Geſellſchaft erzo
gen ſind, die an denen, die ſie ſchätzen und liebten, nichts
als Gerechtigkeit, Beſcheidenheit, Menſchlichkeit und gute
Ordnung ſahen, ſtoßen ſich weit ſtärker an allem, was mit
den Grundſätzen dieſer Tugenden unverträglich ſcheint. Die
jenigen im Gegentheil, die das Unglück gehabt haben, im
Gedränge der Gewaltthätigkeit, Ausgelaſſenheit, Falſchheit
und Ungerechtigkeit aufzuwachſen, verlieren, wenn nicht
allen Sinn für die Unſchicklichkeit eines ſolchen Betragens,
doch alles Gefühl für ſeine Scheuslichkeit und Strafbarkeit.
Von Kindheit auf damit vertraut geworden, gewöhnen ſie
ſich endlich daran, und betrachten es als den ſo genannten
Lauf der Welt, als etwas, das man thun kann und muß,
um nicht ein Schlachtopfer ſeiner eignen Rechtſchaffenheit
zu werden.

Ton und Mode können bisweilen auch einen gewiſſen
Grad von Unordnung in Ruf bringen, und achtungswür
digen Eigenſchaften dagegen einen Anſtrich von Lächerlichkeit
geben. Unter Karls des Zweyten Regierung ward
ein Grad von Ausgelaſſenheit für den Unterſcheidungszug
einer beſſern Erziehung gehalten. Ausgelaſſenheit war nach
den Begriffen dieſer Zeit ein Beweis von Edelmuth, Aufr
richtigkeit, Großmuth, Biederſinn, ein Beweis, daß man
ein Kavalier und kein Kopfhänger ſey; ein ernſtes, ſittliches,
regelmäßiges Betragen hingegen war durchaus unmodiſch,

U 5

und zeugte, den Grillen dieses Zeitalters zufolge, von Ziererey, Arglist, Heucheley und Pöbelsinn. Oberflächigen
Seelen scheinen die Laster der Großen zu allen Zeiten angenehm. Sie denken sie nicht nur mit dem Schimmer des
Glücks, sondern auch mit mancherley überlegnen Tugenden
zusammen, die sie den Höhern zuschreiben, mit dem Geist
der Freyheit und Unabhängigkeit, mit Offenherzigkeit, Edelmuth, Menschlichkeit und Feinheit. Die Tugenden der
niedern Stände hingegen, ihre häusliche Sparsamkeit, ihr
mühseliger Fleiß, und ihre strenge Anhänglichkeit an der
Regel dünkt ihnen niedrig und unangenehm. Sie denken
sich beides mit der Niedrigkeit des Standes zusammen, dem
diese Eigenschaften gewöhnlich eigen sind, und mit manchen
großen Lastern, die diese ihrem Wahn nach gewöhnlich begleiten, mit Hang zur Niederträchtigkeit, Feigheit, Bösartigkeit, Lügenhaftigkeit und Dieberey.

Da die Gegenstände, mit denen die Menschen in ihren
verschiednen Gewerben und Ständen sich beschäftigen, so verschieden sind, und sie zu verschiednen Leidenschaften modeln,
so müssen daraus natürlicherweise verschiedne Arten von
Karakter und Manier entstehn. Wir erwarten in jedem
Stand und Gewerbe einen Grad von der Manier, die grade diesem Stande eigen ist, wie uns die Erfahrung lehrte.
Gleichwie wir aber in den verschiednen Gattungen der Dinge an einer gewissen mittlern Form am meisten Gefallen
finden, die in jedem Theile und Gliedmaase mit dem allgemeinen Maasstabe, den die Natur für Dinge dieser Art
festgesetzt zu haben scheint, am genauesten übereinstimmt, so
gefällt uns in jedem Stande, und, so zu sagen, jeder Art von
Menschen, auch grade das am besten, was weder zu viel

noch zu wenig von dem eigenthümlichen Gattungskarakter
an sich hat.   Ein Mensch, sagt man, muß seinen Karakter
und Gewerbe ankündigen, aber er muß kein Pedant seyn.
Aus dem Grunde hat man jedem verschiednen Lebensabschnitte
seinen eignen Ton und Klang zugeeignet.   An einem alten
Manne erwarten wir jenes ernste gesetzte Wesen zu finden,
das seine Schwächlichkeit, seine lange Erfahrung, und seine
abgenutzte Sittlichkeit an ihm natürlich und ehrwürdig ma=
chen; an einem jungen hingegen rechnen wir auf jene Fühl=
barkeit, Lebhaftigkeit und Munterkeit, die von seinem Alter
zu erwarten sind, auf dessen zarte und unverbrauchte Sinne
jeder interessante Gegenstand den feurigsten Eindruck macht.
Beide Alter können aber auch zu viel von ihrer Eigenheit
an sich haben.   Der flatterhafte Leichtsinn der Jugend, und
die unerschütterliche Fühllosigkeit des Alters ist gleich unan=
genehm.   Der Jüngling, sagt man, ist dann am angenehm=
sten, wenn er sich einiger Kühle des Alters befleißigt, und
der Greis dann, wenn er etwas von der Fröhlichkeit der Ju=
gend beybehält. Beyde können jedoch auch leichtlich zu viel
von der Eigenheit des andern annehmen.   Die Kälte und
die Umständlichkeit, die man dem Greise verzeiht, macht
den Jüngling lächerlich; der Leichtsinn, die Sorglosigkeit,
und die Eitelkeit, die der Jugend zu gute gehalten werden,
hingegen den Greis verächtlich.

 Der eigenthümliche Ton und Karakter, den uns die
Gewohnheit jedem Stande und Gewerbe zuzueignen leitet,
hat zuweilen vielleicht eine von der Gewohnheit unabhängige
Schicklichkeit, und würde um sein selbst willen unsre Bil=
ligung erhalten, wenn wir alle besondern Umstände einer
jeden besondern Lebensweise in Erwägung zögen.   Das

Schickliche in jemandes Betragen beruht nicht auf dessen Zustimmung zu einem einzelnen, sondern zu allen Umständen seiner Lage, von denen wir, wenn wir uns in seine Lage hineingedenken, fühlen, daß sie unsre Aufmerksamkeit natürlicherweise erregen müßten. Scheint er durch einen einzigen jener Umstände so sehr beschäftigt, daß er die übrigen durchaus vernachläßigt, so misbilligen wir sein Betragen, als etwas, das wir nicht durchaus nachempfinden können, weil es nicht zu allen Umständen seiner Lage stimmt; dennoch überschreitet die Gemüthsbewegung, die er für den ihn vorzüglich interessirenden Gegenstand äußert, das Maas vielleicht nicht, was wir bey jedem andern, dessen Aufmerksamkeit nicht durch bedeutendere Umstände in Anspruch genommen würde, nachempfinden und billigen würden. Im Privatleben könnte ein Vater beym Verlust seines einzigen Sohns ohne Tadel einen Grad von Schmerz und Zärtlichkeit äußern, der an einem Feldherrn an der Spitze des Heers, wo die Ehre und die öffentliche Sicherheit einen so großen Theil seiner Aufmerksamkeit erheischen, unverzeihlich wäre. Da Leute von verschiednen Lebensarten sich gemeiniglich mit verschiednen Gegenständen beschäftigen, so müssen ihnen natürlicherweise verschiedne Leidenschaften eigen werden; und wenn wir uns grade in dieser Rücksicht in ihre Lage hineindenken, so müssen wir fühlen, daß jedes Ereigniß sie natürlicherweise mehr oder weniger affiziren muß, je nachdem die dadurch erregte Gemüthsbewegung mit jener eignen und fixirten Stimmung ihres Geistes zusammenstimmt, oder nicht. Von einem Geistlichen können wir nicht die nehmliche Empfänglichkeit für die Lustbarkeiten und Zerstreuungen der Gesellschaft erwarten, die wir bey einem Offizier zu finden vermuthen. Er, dessen eigenthümliches Geschäft es ist, die Welt im An-

denken an jene schauervolle Zukunft, die ihr bevorsteht, zu
erhalten; dessen Pflicht es ist, ihr die verdrießlichen Folgen
jeder Abweichung vom rechten Wege anzukündigen, und der
selbst das Beyspiel der schärfsten Sittengleichförmigkeit geben
soll, Er scheint der Bote von Zeitungen zu seyn, die sich
schicklicherweise weder mit Leichtsinn, noch mit Gleichgültigkeit
ankündigen lassen. Seine Seele, sollte man denken, ist
unaufhörlich mit zu großen und feyerlichen Vorstellungen beschäftigt, um für die Eindrücke jener frivolen Dinge, die
die Aufmerksamkeit des Zerstreuten und Fröhlichen ausfüllen,
offen zu seyn. Wir schließen hieraus, daß es in den Sitten,
welche die Gewohnheit diesem Stande zugeeignet hat, eine
von der Mode unabhängige Schicklichkeit gebe, und daß
dem Karakter eines Geistlichen nichts angemessener seyn könne, als jenes ernste, feyerliche und gehaltne Wesen, das
wir gewöhnlich mit ihm zusammendenken. Diese Betrachtungen sind so einleuchtend, daß schwerlich jemand so gedankenlos seyn kann, daß er sie nicht zu Zeiten selbst angestellt, und
sich aus ihnen erklärt habe, warum er jenem Stande grade
diesen und keinen andern Karakter zueigne.

Nicht so einleuchtend ist der Grund des herkömmlichen
Karakters einiger andern Stände. Wir billigen ihn lediglich aus Gewohnheit, ohne daß das Nachdenken diese Gewohnheit rechtfertige und bestätige. Die Gewohnheit verleitet uns, zum Beyspiel, mit dem Soldatenstande den Karakter der Fröhlichkeit, des Leichtsinns, der Freymüthigkeit,
und sogar einer Art von gedankenloser Ausgelassenheit zu
verknüpfen, und bey genauerer Untersuchung des Tons und
der Stimmung, die seiner Lage am meisten zusagte, möchten
wir doch vielleicht grade dahin entscheiden, daß Leuten, die

beständig ungewöhnlicher Gefahr bloßgestellt sind, die sich folglich immer mit dem Gedanken des Todes und seiner Folgen beschäftigen sollten, eben die allerernsteste und gedankenvollste Gemüthsfassung am angemessensten wäre. Grade jener Umstand erklärt es indessen vielleicht, woher die entgegengesetzte Gemüthsstimmung unter Leuten dieses Standes so sehr vorherrsche. Es erfodert eine so gewaltige Anstrengung, die Furcht des Todes zu besiegen, wenn wir ihm mit Ernst und Aufmerksamkeit ins Auge sehn, daß die, welche ihm unaufhörlich bloßgestellt sind, es leichter finden, ihre Gedanken überall von ihm wegzuwenden, sich in sorglose Sicherheit und Gleichgültigkeit einzuhüllen, und zu dem Ende in jeder Art von Lustigkeit und Zerstreuung unterzutauchen. Ein Lager ist nicht das Element eines gedankenvollen und melankolischen Mannes. So gestimmte Personen vermögen nicht selten, vermittelst einer einzigen mächtigen Anstrengung, dem unvermeidlichen Tode mit unbeugsamer Entschlossenheit entgegen zu gehn. Aber unaufhörlicher, wiewohl weniger gegenwärtiger Gefahr bloßgestellt zu seyn, und lange Zeit hinter einander gleiche Anstrengung behaupten zu müssen, erschöpft und entkräftet den Geist, und macht ihn jedes Glücks und Genusses unfähig. Lustige und muntre Leute, die dieser Anstrengung überall nicht bedürfen, die sich ein- für allemal entschließen, nie vor sich hinzusehn, und unter beständigen Vergnügungen und Zeitvertreiben alle Aengstlichkeit ihrer Lage zu vergessen, ertragen dieselbe leichter. Sobald ein Offizier in Umstände geräth, darin er nicht fürchten darf, ungewöhnlicher Gefahr bloßgestellt zu werden, so pflegt er den Frohsinn und die zerstreute Gedankenlosigkeit seines Karakters gemeiniglich zu verlieren. Ein Stadtkommandant ist gewöhnlich ein eben so nüchternes, besonnenes, knauser-

ges Geschöpf, wie der große Haufe seiner Mitbürger. Aus
eben der Ursache ist ein langer Friede sehr dienlich, den Ab=
stand zwischen dem kriegerischen und bürgerlichen Karakter
zu mindern. Inzwischen macht die gewöhnliche Lage des
Soldaten einigen Grad von Munterkeit und Ausgelassenheit
so sehr zu seinem herrschenden Karakter, und unsre Fantasie
gewinnt durch die lange Gewohnheit eine solche Fertigkeit,
diesen Karakter mit jener Lebensart zusammenzudenken, daß
wir sehr geneigt sind, einen Soldaten zu verachten, dessen
eigenthümliche Lage oder Laune ihn hindert, sich jenen Ka=
rakter zu eigen zu machen. Wir lachen über die ehrbaren
und besonnenen Gesichter einer Stadtgarnison, die den Ge=
sichtern ihres Handwerks so wenig gleichen. Sie selbst schei=
nen oft die Regelwidrigkeit ihrer Sitten zu fühlen, und sich
ihrer zu schämen, und um nicht ganz den Ton ihres Hand=
werks zu verleugnen, erkünsteln sie gern einen Leichtsinn,
der ihnen nicht natürlich ist. Haben wir uns einmal ge=
wöhnt, an einer achtungswürdigen Menschenklasse eine ge=
wisse Art des Betragens zu sehn, so verknüpft unsre Ein=
bildungskraft jene Klasse und dies Betragen so genau, daß
wir überall, wo wir das eine sehn, auch das andre zu fin=
den erwarten, und wenn unsre Erwartung getäuscht wird,
einen uns beschwerlichen Mangel fühlen. Wir stutzen, ver=
wirren uns, und wissen nicht, wie wir uns gegen einen Ka=
rakter nehmen sollen, der uns ganz anders affizirt, als die
Menschengattung, unter die wir ihn klassifiziren zu müs=
sen glaubten.

Die verschiednen Lagen verschiedner Zeitalter und Län=
der pflegen auf gleiche Weise die in ihnen lebende Menschen=
gattung überhaupt verschiedentlich zu karakterisiren, und der

scheidende Punkt, wo jede Eigenschaft aufhört, lobenswürdig, und anfängt, tadelhaft zu seyn, ändert in jedem Lande und jedem Zeitalter nach Maasgabe des Grades dieser Eigenschaft, der in demselben eben vorherrscht. Derjenige Grad von Politur, der in Rußland höchlich geschätzt, vielleicht für weibische Schmeicheley gehalten werden würde, würde am französischen Hofe für Barbarey und Grobheit gelten. Der Grad von Ordnungsliebe und Häuslichkeit, der einem polnischen Edelmanne den Vorwurf übermäßiger Knickerey zuziehn würde, würde an einem Amsterdammer Bürger für Verschwendung angesehn werden. Jedes Zeitalter und jedes Land betrachtet den Grad jeder Eigenschaft, den es an den geschätzten Personen in seiner Mitte findet, als das goldne Mittel jeder einzelnen Kraft und Tugend. Und so wie dieser ändert, je nachdem verschiedne Umstände ihnen verschiedne Eigenschaften mehr oder weniger eigen machen, so ändern sich auch die Empfindungen über die bestimmte Schicklichkeit des Karakters und Betragens.

Unter gesitteten Völkern gelten die Tugenden der Menschlichkeit mehr, als jene der Selbstverleugnung und Ueberwindung der Leidenschaften. Unter rohen und barbarischen Nationen verhält es sich grade umgekehrt; bey ihnen stehen die Tugenden der Selbstverleugnung in weit höherm Ansehn, als jene der Menschlichkeit. Die allgemeine Sicherheit und der gewöhnliche Wohlstand, die in verfeinerten und gesitteten Zeitaltern herrschen, gewähren wenig Gelegenheit, sich in Verachtung der Gefahr, in Erduldung erschöpfender Arbeit, folternder Pein und tödtenden Hungers zu üben. Armuth ist leicht zu vermeiden, und die Verachtung derselben hört daher beynahe auf, eine Tugend zu seyn. Enthaltsamkeit

von Genüssen wird weniger nothwendig, und der Geist darf
seinen natürlichen Neigungen freyer und ungezwängter
nachhängen.

Unter Wilden und Barbaren verhält sich ganz anders. Jeder Wilde geht eine Art von spartanischer Zucht-
schule durch, und wird durch den Zwang seiner Lage zu
jeder Art von Beschwerden abgehärtet. Er lebt in beständiger Gefahr. Er hungert und durstet, und ist nie vor
dem traurigen Schicksal sicher, dereinst vor Mangel umkommen zu müssen. Seine Umstände gewöhnen ihn nicht
nur zu jeder Art von Drangsalen, sondern lehren ihn auch,
den Leidenschaften, die diese Drangsale in ihm wecken können, keinen Raum zu geben. Er kann von seinen Lands-
leuten keine Sympathie, kein Mitgefühl mit solcher Schwäche erwarten. Bevor wir viel für andre fühlen können,
müssen wir gewissermaßen selbst im Sichern seyn. So lang
unser eignes Elend uns zu heftig stachelt, haben wir keine
Muße, auf des Nächsten seins zu achten. Und alle Wilden sind zu sehr mit ihren eignen Bedürfnissen und Mängeln
beschäftigt, um auf andrer ihre viel Aufmerksamkeit wenden zu können. Einem Wilden begegne daher, was da
wolle; er verspricht sich kein Mitgefühl von seinen Gefährten, und verachtet es, durch einen entschlüpfenden Laut von
Schwäche sich bloßzugeben. Seine Leidenschaften, so wü-
tend und gewaltthätig sie auch seyn mögen, dürfen nie
die Heiterkeit seiner Miene trüben, noch die Gesetztheit
seines Betragens stören. Die nordamerikanischen Wilden,
erzählt man uns, äußern bey jeder Gelegenheit die größte
Gleichgültigkeit, und würden sich zu erniedrigen glauben,

X

wenn sie sich in irgend einer Rücksicht von Liebe, Schmerz
oder Zorn überwältigen ließen. Ihre Großmuth und Selbstbeherrschung übersteigt in dieser Hinsicht alle Vorstellung
der Europäer. In einem Lande, darin alle Menschen in
Ansehung des Rangs und der Glücksumstände einander
gleich sind, sollte man glauben, müßten alle Heirathen aus
Neigung stammen, und diese durch keine Art von fremder Rücksicht gezwängt werden. Allein grade dies ist das
Land, worin alle Heirathen ohne Ausnahme von den
Eltern geschlossen werden, und wo ein junger Mensch
sich auf immer beschimpft halten würde, wenn er die
geringste vorherrschende Neigung für irgend ein einzelnes Weib, und nicht vielmehr sowohl in Ansehung der
Zeit, als der Person, die er heirathen soll, die aller-
vollkommenste Gleichgültigkeit bezeugte. Die Schwachheit der Liebe, der man in allen verfeinerten Zeitaltern
sich so gern überläßt, gilt unter Wilden für unverzeih-
liche Verweichlichung. Auch nach der Heirath scheinen beide
Theile sich eines Standes zu schämen, der sich auf so ein
thierisches Bedürfniß gründet. Sie leben nicht zusammen.
Sie sehn einander nur verstohlnerweise. Sie fahren fort,
jedes im Hause seiner Eltern zu leben, und das öffentliche
Zusammenwohnen der beiden Geschlechter, das in allen andern Ländern ohne Tadel erlaubt ist, wird hier als die un-
schicklichste und unmännlichste Sinnlichkeit verabscheut.
Auch ist diese holde Leidenschaft nicht die einzige, worüber
sie eine so unumschränkte Selbstbeherrschung üben. Im Angesicht aller ihrer Landsleute ertragen sie oft Schmähworte,
Vorwürfe, und die bittersten Kränkungen mit gänzlicher Unempfindlichkeit, und ohne die mindste Rachgier zu verra-

then. Wenn ein Wilder zum Kriegsgefangnen gemacht
wird, und nun der Gewohnheit nach sein Todesurtheil empfängt, so hört ers; ohne die geringste Gemüthsbewegung
zu verrathen, duldet die allerfürchterlichsten Qualen, ohne
einen Laut von sich zu geben, und äußert kein andres Gefühl, als Verachtung seiner Feinde. Während er, an den
Schultern aufgehangen, über einem langsamen Feuer brät,
spottet er seiner Peiniger, und erzählt ihnen, mit wie viel
mehr Erfindsamkeit er ihre Landsleute einst gemartert
habe. Geschunden, geröstet, zerfleischt, an den zartesten
und empfindlichsten Theilen seines Leibes gequetscht, ver-
gönnt man ihm zuweilen zur Verlängerung seiner Qual
eine kurze Erholungsfrist, und nimmt ihn von dem Mar-
tergerüste herunter. Während dieser Zwischenzeit spricht er
von den gleichgültigsten Dingen, erkundigt sich nach den
Neuigkeiten des Landes, und scheint gegen nichts als seine
eigne Lage gleichgültig zu seyn. Die Zuschauer äußern die
nehmliche Unempfindlichkeit. Der Anblick eines so schau-
derhaften Gegenstandes macht keinen Eindruck auf sie.
Kaum sehn sie den Gefangnen an, außer dann, wann sie
selbst an seine Marter Hand anlegen. Die übrige Zeit
schmauchen sie, und beschäftigen sich mit den alltäglichsten
Gegenständen, als ob nichts ähnliches vorginge. Jeder
Wilde soll sich von seiner frühsten Jugend an zu diesem
fürchterlichen Ende bereiten. Er verfertigt zu dem Zweck
den so genannten Todesgesang, ein Lied, das er singt, wenn
er in seiner Feinde Hände fälle, und itzt unter ihren Martern den Geist aufgeben soll. Es besteht in Spöttereyen
über seine Peiniger, und athmet die allerhöchste Verachtung gegen Tod und Martern. Er singt dies Lied bey jeder

außerordentlichen Gelegenheit, wenn er zu Felde zieht,
wenn er seinen Feind im Felde trifft, oder auch dann, wenn
er nur zu zeigen Lust hat, daß seine Einbildungskraft mit
den schreckhaftesten Unfällen vertraut sey, und daß kein
menschliches Ereigniß seine Entschlossenheit erschüttern, oder
seinen Vorsatz ändern könne. Die nehmliche Verachtung
gegen Tod und Foltern herrscht unter allen andern wilden
Völkerschaften. Auf der afrikanischen Küste gibt es keinen
Neger, der nicht in dieser Hinsicht einen Grad von Geistesstärke besäße, welchen die Seele seines niederträchtigen
Eigners kaum zu begreifen vermag. Wie hat das Schicksal seine Herrschaft über den Menschen grausamer gemis-
braucht, als indem es diese Nationen von Helden dem Aus-
wurfe der europäischen Kerker unterwarf, Elenden, die die
Tugenden weder der Länder, von denen sie ausgespieen
wurden, noch jener, zu denen sie flüchteten, besitzen,
deren Leichtfertigkeit, Rohheit und Niederträchtigkeit sie
der Verachtung der Ueberwundnen mit so großem Rechte
bloßstellen.

Diese heroische und unbezwingliche Festigkeit, die die
Gewohnheit und Erziehung seines Landes von einem Wilden verlangt, wird nicht von denen gefodert, die in gesitteten Gesellschaften aufwuchsen. Wenn diese winseln, wenn
sie Schmerz empfinden, wenn sie jammern, wenn sie
in Noth sind, wenn sie sich von der Liebe überwältigen,
oder vom Zorn zerrütten lassen, so verzeiht man ihnen ohne
Mühe. Man besorgt nicht, daß ähnliche Schwächen den
wesentlichen Theil ihres Karakters beeinträchtigen können.
So lange sie sich nicht zu Dingen hinreißen lassen, die

der Gerechtigkeit und Menschlichkeit entgegen sind, verlieren sie wenig in der Meinung der Menschen, sollte die Heiterkeit ihres Geistes, und die Gesetztheit ihrer Reden und ihres Betragens auch einigermaßen getrübt und gestört werden. Ein verfeinertes und leutseliges Volk, das gegen fremde Leidenschaften mehr Fühlbarkeit hat, kann mit seelenvollen, leidenschaftlichen Handlungen leichter sympathisiren, und einiger Uebertreibung des Affekts leichter verzeihen. Der eigentlich Affizirte fühlt dies, und der Schonung seiner Richter gewiß, erlaubt er sich stärkere Ausdrücke von Leidenschaft, und fürchtet weniger, sich durch die Heftigkeit seiner Gemüthsbewegungen ihrer Verachtung bloßzugeben. In Gegenwart eines Freundes dürfen wir mehr Gemüthsbewegung äußern, als in eines Fremden Gegenwart, weil wir von jenem mehr Nachsicht erwarten dürfen, als von diesem. Grade so erlauben die Regeln des Wohlstandes unter gesitteten Völkern ein leidenschaftlicheres Betragen, als sich mit den Sitten der Barbaren verträgt. Jene gehn mit der Offenherzigkeit der Freunde mit einander um, diese so zurückhaltend, wie Fremde. Die Bewegbarkeit und Lebhaftigkeit, welche die Franzosen und Italiener, die beiden verfeinertsten Nationen des festen Landes, bey jeder im mindesten interessanten Gelegenheit äußern, befremdet alle Reisende, die, aus andern Ländern zu ihnen gekommen, und unter Völkern von stumpferer Fühlbarkeit erzogen, das leidenschaftliche Betragen, dergleichen sie in ihrem Vaterlande nie sahn, nicht begreifen können. Ein junger edler Franzose ist im Stande, im Angesicht des ganzen Hofs zu weinen, wenn ihm ein Regiment versagt wird. Ein Italiener, sagt der Abt Dubos, äußert mehr Gemüthsbewe-

X 3

gang, wenn er in eine Geldstrafe von zwanzig Schillingen
verdammt wird, als ein Engländer, wann er das Todesurtheil erhält. Cicero konnte zur Zeit der höchsten römischen Verfeinerung ohne Erniedrigung im Angesicht des
ganzen Raths und Volks aufs bitterlichste weinen, und
es ist augenscheinlich, daß er das am Ende von beynahe
allen seinen Reden gethan haben müsse. In Roms frühern
und röhern Zeitaltern hätte ein Redner dergleichen Weichlichkeit schwerlich äußern können, ohne den Sitten seiner
Zeit zu widersprechen. Unschicklich und unnatürlich würde
mans gefunden haben, wenn die Scipione, die Lällen,
oder der ältere Cato dem Blicke des Publikums so viel Zart-
gefühl bloßgestellt hätten. Diese alten Krieger konnten sich
mit Ordnung, Ernst und gesunder Urtheilskraft ausdrücken,
sollen aber jene höhere und leidenschaftlichere Beredtsamkeit
nicht verstanden haben, die wenig Jahre vor Cicero's Geburt von den beiden Gracchen, von Crassus und
Sulpitius in Rom eingeführt wurde. Diese seelen-
volle Beredtsamkeit, die seit langer Zeit mit und ohne Erfolg in Frankreich und Italien geübt wurde, beginnt eben
izt auch in England aufzublühen. So groß ist der Unterschied zwischen den Stufen der Selbstbeherrschung, die von
gesitteten und barbarischen Nationen gefordert werden,
und nach so verschiednen Maasstäben urtheilen sie über die
Schicklichkeit des Betragens.

Dieser Unterschied veranlaßt manche andre nicht minder wesentliche. Ein verfeinertes Volk, gewohnt, den Empfindungen der Natur gewissermaßen Raum zu geben, wird
freymüthig, offenherzig und aufrichtig. Barbaren im

Gegentheil, die den Schein jeder Leidenschaft verhüllen und verstecken müssen, müssen nothwendig in der Falsch; heit und Verstellung eine Fertigkeit erlangen. Es ist eine Bemerkung aller Reisenden, die mit wilden Völkern, es sey in Asien, Afrika oder Amerika, umgegangen sind, daß sie alle gleich undurchdringlich sind, und daß keine Mar; ter im Stande ist, die Wahrheit aus ihnen herauszu; bringen, wenn sie einmal beschlossen haben, sie zu verheh; len. Die allerverfänglichsten Fragen vermögen sie nicht zu fangen. Die Folter selbst ist zu ohnmächtig, um ihnen ein Geständniß abzupressen. Auch die Leidenschaften eines Wil; den, wiewohl durch keinen äußern Zug oder Laut sich ver; rathend, wiewohl tief in des Leidenden Brust verschlossen, steigen gleichwohl bis zum höchsten Grade von Raserey. Wiewohl er keine Spur von Zorn äußert, so ist seine Ra; che doch, sobald er ihr nachhängen darf, höchst blutig und schauderhaft. Der geringste Schimpf stürzt ihn in Ver; zweiflung. Seine Mienen, seine Reden bleiben gesetzt und nüchtern, und zeigen nichts als die vollkommenste Seelenruhe; aber seine Handlungen sind oft höchst wü; tend und gewaltthätig. Unter den Nordamerikanern ist es gar nichts ungewöhnliches, daß zarte Kinder, junge Mädchen sich bey dem geringsten Verweise ihrer Mütter in den Fluß stürzen, ohne einige Leidenschaft zu äußern, ohne etwas anders zu sagen, als: du sollst keine Toch; ter länger haben. Unter gesitteten Nationen sind die Lei; denschaften der Menschen gewöhnlich minder rasend und verzweifelt. Sie sind schwatzselig und geräuschvoll, aber selten zerstörend, und scheinen keine andre Genugthuung zu beziehen, als jene, den Zuschauer von der Rechtmäßigkeit

ihrer Empfindungen zu überzeugen, und sich sein Mitgefühl
und seine Billigung zu verschaffen.

Alle diese Wirkungen der Gewohnheit und Mode auf
die sittlichen Gefühle des Menschen sind jedoch unbeträcht-
lich, in Vergleich mit denen, die sie in manchen andern
Fällen veranlaffen; und nicht der allgemeine Styl des Karakters und Betragens, sondern besondre Gebräuche sind
es, über deren Schicklichkeit und Unschicklichkeit jene Prinzipe die Urtheilskraft am meisten verdrehen.

Die verschiednen Manieren, die uns die Gewohnheit
in den verschiednen Gewerben und Ständen des Lebens
billigen lehrt, betreffen keine Dinge von sonderlicher Wichtigkeit. Wir erwarten Wahrheit und Gerechtigkeit von
dem Greise sowohl, als von dem Jünglinge, von dem Geistlichen sowohl, als von dem Offizier, und nur in Dingen von
geringer Wichtigkeit rechnen wir auf die Unterscheidungs-
züge ihrer Karaktere. Auch in Ansehung dieser gibt es
öfters irgend einen unbemerkten Umstand, der mit in Anschlag gebracht, sogar in diesen unterscheidenden Zügen
eine von der Mode unabhängige Schicklichkeit zeigen würde. Wir können in diesem Falle also über keine sonderliche Verdrehung der natürlichen Gefühle klagen. Wiewohl die Sitten verschiedner Nationen verschiedne Grade
der nehmlichen Eigenschaft verlangen, um einen Karakter schätzen zu sollen, so ist das schlimmste, das sich darüber sagen läßt, doch nur dieses, daß die Pflichten der
einen Tugend zuweilen ein wenig zu weit auf Kosten anderer ausgedehnt werden. Die ländliche Gastfreyheit des

Polen mag wohl der Häuslichkeit und guten Ordnung
ein wenig Abbruch thun, und die Sparsamkeit des Hol-
länders dem Edelmuth und dem geselligen Vergnügen.
Die Härte des Wilden mindert seine Menschlichkeit, und
die zarte Fühlbarkeit gesitteter Nationen zerstört zuweilen die männliche Festigkeit des Karakters. Im Ganzen
mag jedoch der herrschende Sittenstyl einer Nation grade
derjenige seyn, der für ihre Lage der angemessenste ist.
Härte schickt sich für die Lage des Wilden, Fühlbarkeit,
für die gesitteten Völker am besten. Auch hier also kann
man sich nicht beschweren, daß Ton und Mode die sittlichen
Gefühle sonderlich verschoben hätten.

Nicht also im allgemeinen Styl des Betragens recht-
fertigt die Gewohnheit die weitsten Abweichungen von
der natürlichen Schicklichkeit der Handlungen. In Ansehung einzelner Gebräuche ist ihr Einfluß den guten Sitten oft weit verderblicher, ist sie fähig, Handlungen, die
jedes schlichte Prinzip des Rechts und Unrechts empören,
als gesetzlich und untadelhaft darzustellen.

Kann, zum Beyspiel, wohl etwas barbarischer seyn,
als einem Kinde etwas Leides zuzufügen? Seine Hülfs-
losigkeit, seine Liebenswürdigkeit, seine Unschuld heischt
Mitleid auch von einem Feinde, und dieses zarten Alters
nicht schonen, gilt für einen Beweis eines durchaus ent-
menschten und unnatürlichen Siegers. Was, meinen wir,
müßte denn das wohl für ein Vater seyn, der an seinem eignen Kinde der Schwäche nicht schont, die selbst
einem Feinde Ehrfurcht abnöthigt? Dennoch war das

X 5

Aussetzen, das ist, das Morden der Kinder, eine Ge=
wohnheit, die in ganz Griechenland und selbst unter den
gesittteten und verfeinerten Atheniensern herrschte. So oft
die Umstände der Eltern ihnen die Erhaltung des Kin=
des beschwerlich machten, durften sie es ohne Tadel oder
Vorwurf dem Hunger oder den wilden Thieren überlaß=
sen. Diese Gewohnheit hat vermuthlich den Zeiten der
wildesten Barbarey ihren Ursprung zu verdanken. Die
Einbildungskraft der Menschen muß zuerst in jener frühe=
sten Periode der Gesellschaft mit ihr vertraut geworden
seyn, und die ununterbrochne Fortsetzung derselben sie in
der Folge gehindert haben, ihre Abscheulichkeit zu fühlen.
Noch heutiges Tages finden wir diesen Gebrauch unter
allen wilden Völkern herrschen, und an dieser rohesten und
niedrigsten Stufe der Gesellschaft läßt er sich ohne Zwei=
fel noch am ehesten entschuldigen. Die Dürftigkeit eines
Wilden ist oft so groß, daß er sich selbst mit Mühe des
Hungertodes erwehren kann; nicht selten stirbt er aus
bloßem Mangel, und oft ist es ihm unmöglich, sein eignes
und seines Kindes Leben zugleich zu fristen. Wir dürfen
uns also nicht wundern, wenn er es in diesem Falle ver=
läßt. Jemand, der auf der Flucht vor seinem Feinde, dem
er nicht widerstehen könnte, sein Kind wegwürfe, weil
es ihm im Fliehen hinderlich wäre, würde gewiß zu ent=
schuldigen seyn, indem alle Versuche, es zu retten, ihm
bloß den traurigen Trost gewähren würden, mit ihm zu
sterben. Daß also in diesem Zustande der Gesellschaft
einem Vater zu beurtheilen erlaubt werde, ob er sein Kind
groß ziehn wolle, oder nicht, darf uns nicht sonderlich be=
fremden. Allein in Griechenlands spätern Zeitaltern

ward das nehmliche aus Gründen eines Vortheils und
einer Bequemlichkeit erlaubt, die viel zu entfernt waren,
um es entschuldigen zu können. Ununterbrochne Gewohnheit hatte um diese Zeit den Gebrauch so gänzlich gerecht-
fertigt, daß nicht nur die unsichern Grundsätze der Welt
dies barbarische Vorrecht genehmigten, sondern daß selbst
die Lehre der Weltweisen, die doch richtiger und genauer
hätte seyn sollen, weit entfernt, diesen scheuslichen Mis-
brauch zu tadeln, ihn vielmehr aus welthergehohlten Rücksichten öffentlicher Nutzbarkeit unterstützte. Aristoteles
redet davon als von einer Sache, die die Obrigkeit in
manchen Fällen aufmuntern solle. Der menschliche Plato ist eben der Meinung, und mit aller jener Liebe zu
seiner Gattung, die seine Schriften zu beseelen scheint,
gedenkt er dieses Gebrauchs nirgendwo mit Misbilligung. Wenn die Gewohnheit eine so fürchterliche Verletzung der Menschlichkeit gutsprechen kann, so kann man
sich leicht vorstellen, daß kaum irgend ein Gebrauch so
plump sey, den sie nicht rechtfertigen könne. Dergleis-
chen, sagen die Leute, geschieht alle Tage, und glauben
damit auch das ungerechteste und unvernünftigste Verfahren zu entschuldigen.

Warum die Gewohnheit unsre Gesinnungen über
den allgemeinen Styl und Karakter des Betragens nie
in dem Grade verdrehe, in dem sie unser Gefühl des
Schicklichen oder Unschicklichen eines besondern Gebrau-
ches verdrehen kann, ist sehr einleuchtend. Es kann
keine solche Gewohnheit geben. Keine Gesellschaft würde
einen Augenblick bestehn, in welcher der allgemeine Ton

des menschlichen Betragens mit oben erwähntem scheußlichen
Gebrauche aus Einem Stoffe wäre.

Anm. Vollkommen wahr und treffend; wie denn überhaupt dies ganze Kapitel von des Verfassers Scharfsinn, Urtheilskraft und Menschenkenntniß eins der bündigsten Zeugnisse
ablegt.

Sechster Theil.

Von Systemen der Moralphilosophie.

———————————————

Erster Abschnitt.

Was für Fragen in einer Theorie der sittlichen Gefühle beantwortet werden müssen.

Untersuchen wir die berühmtesten und merkwürdigsten von den verschiednen Theorien, die über die Natur und den Ursprung unsrer sittlichen Gefühle gegeben worden sind, so werden wir finden, daß sie beynahe alle mit einem oder andern Theile der, so eben von mir entwickelten zusammen treffen, und daß, alles vorherige wohl erwogen, es uns nicht schwer werden könne, die verschiedne Ansicht der Natur festzusetzen, die jeden einzelnen Schriftsteller in Bildung seines Systems leitete. Von einem oder andern der Prinzipe, die ich mich zu entwickeln bemüht habe, ist vielleicht jedes Moralsystem, das einigen Ruf in der Welt gehabt hat, ursprünglich abgeleitet worden. In so fern sie sich alle in dieser Rücksicht auf natürliche Prinzipe gründen, haben sie gewissermaßen alle Recht. Da ihrer manche aber auch aus einer einseitigen und unvollkommnen Naturansicht entspringen, so haben diese manchen in einigen Hinsichten auch Unrecht.

Zwo Fragen müssen bey Untersuchung der Moralprinzipe erwogen werden. Die erste: Worin besteht die Tugend? oder, welches ist die Seelenstimmung und die Handlungsweise, die den vortrefflichen und lobenswürdigen Karakter ausmacht, den Karakter, der der natürliche Gegenstand der Achtung, Ehre und Billigung ist? Die zwote: Durch welche Gemüthseigenschaft wird dieser Karakter, er sey nun, wer er wolle, uns empfohlen? oder mit andern Worten, wie und durch welche Mittel geschieht es, daß die Seele eine Handlungsweise der andern vorzieht; die eine recht, die andre unrecht nennt, die eine als Gegenstand der Billigung, Ehre und Belohnung, die andre als Gegenstand des Tadels und der Strafe betrachtet?

Die erste Frage untersuchen wir, wenn wir erwägen, ob die Tugend im Wohlwollen bestehe, wie Dr. Hutcheson behauptet; oder darin, daß man den verschiednen Verhältnissen, darin man sich befindet, angemessen handle, wie Dr. Klarke voraussetzt; oder darin, daß man seine wahre und gründliche Glückseligkeit mit Weisheit und Klugheit zu befördern suche, wie andre gemeint haben.

Die zwote Frage untersuchen wir, wenn wir erwägen, ob der tugendhafte Karakter, worin er auch bestehe, sich uns durch die Selbstliebe empfehle, die uns fühlbar macht, daß dieser Karakter sowohl in uns selbst als in andern am meisten zu Beförderung unsers Privatinteresses beytrage; oder durch die Vernunft, die uns den Unterschied zwischen dem einen und andern Karakter grade auf die Art angibt, wie jenen zwischen Wahrheit und Falschheit; oder durch ein besonderes Nachahmungsvermögen einen so genann-

en moralischen Sinn, den der tugendhafte Karakter be-
friedige und ergötze, der entgegengesetzte aber empöre und
zurückschrecke; oder endlich durch irgend ein ander Prinzip
der menschlichen Natur, eine Modifikation der Sympathie,
oder dergleichen.

Ich werde zuerst die Systeme untersuchen, die über
die erste dieser beiden Fragen erfunden worden sind, und
dann diejenigen, die die zweyte betreffen.

Zweyter Abschnitt.

Von den verschiednen Erklärungen, die von der Natur der Tugend gegeben sind.

Einleitung.

Die verschiednen Erklärungen, die von der Natur der Tugend, oder von der Gemüthsstimmung, die den vortrefflichen und liebenswürdigen Karakter ausmacht, gegeben werden, lassen sich auf drey Klassen zurückbringen. Nach einigen besteht die tugendhafte Gemüthsfassung nicht in Einer
Art von Affekten; sondern in der schicklichen Leitung und Lenkung aller unsrer Affekte, die nach Maasgabe der Gegenstände, die sie verfolgen, und des Grades von Heftigkeit,
womit sie sie verfolgen, tugendhaft oder lasterhaft seyn kön-

Y

nen.   Diesen Schriftstellern zufolge besteht die Tugend in
der Schicklichkeit.

Nach andern besteht die Tugend in der verständigen
Verfolgung unsers eignen Privatnutzens und Privatwohls,
oder in schicklicher Lenkung und Leitung jener selbstischen
Affekte, die lediglich diesen Endzweck bezielten.   Nach die-
ser Schriftsteller Meinung besteht die Tugend also in der
Klugheit.

Eine andre Klasse von Schriftstellern findet die Tugend bloß in den Affekten, die die Glückseligkeit andrer,
nicht in jenen, die unsre eigne bezwecken.   Ihnen zufolge
ist uneigennütziges Wohlwollen der einzige Beweggrund,
der eine Handlung zur tugendhaften stempeln kann.

Augenscheinlich muß der Karakter der Tugend entweder allen unsern Affekten ohne Unterschied, wenn sie schicklich regiert und gerichtet werden, zugeschrieben werden; oder
man muß ihn auf eine gewisse Klasse und Abtheilung derselben einschränken.   Der Haupteintheilung nach zerfallen die
Affekten in selbstische und wohlwollende.   Wenn der Karakter der Tugend also nicht allen unsern schicklich regierten und
geleiteten Affekten zukommen kann, so muß er entweder auf
diejenigen beschränkt werden, die gradezu unsre eigne Pri-
vatglückseligkeit, oder auf jene, die gradezu fremde Glückseligkeit bezielen.   Besteht die Tugend also nicht in der
Schicklichkeit, so muß sie entweder in der Klugheit oder im
Wohlwollen bestehn.   Außer diesen dreyen läßt sich kaum
eine andre Erklärung der Tugend denken.   Ich werde mich
in der Folge zu zeigen bemühn, wie alle andre Erklärungen,

die scheinbarlich von einer dieser drey abweichen, im Grunde mit einer oder andern von ihnen zusammentreffen.

> **Anm.** Der Verfasser irrt. Gesetzt z. B. ich wollte die Tu-
> gend durch Fertigkeit aus Pflicht zu handeln erklären, zu welcher
> der drey angeführten Definitionen will er diese hinüber zerren? Zur
> Schicklichkeit? Diese besteht, seiner eignen Erklärung zufolge,
> in der Fertigkeit, seine Affekten der Natur des Gegenstandes anzu-
> passen, und grade durch den Gegenstand darf die Pflicht sich nie
> bestimmen lassen. Zur Klugheit? Die beendzweckt Glückseligkeit;
> und wie oft muß Glückseligkeit der Pflicht aufgeopfert werden?
> Zum Wohlwollen? Die eiserne Pflicht nimmt selbst das Wohl-
> wollen nicht selten unter ihr Gebot gefangen, und verwirft alle
> Weichherzigkeit und alles unzeitige Verschonen als ihr widerspre-
> chende Schwäche.

Erstes Kapitel.
Von den Systemen, die Tugend durch Schicklichkeit erklären.

Plato, Aristoteles und Zeno zufolge besteht die
Tugend in der Schicklichkeit des Betragens, oder in der
Angemessenheit des Affekts, aus dem sie entspringt, zu dem
Gegenstande, der den Affekt erregt.

    I. In Platons System ist die Seele gleichsam ein klei-
ner Freystaat, der aus drey verschiednen Kräften oder Ständen besteht.

Die erste ist die Urtheilskraft, eine Kraft, die nicht bloß die schicklichen Mittel zu Erreichung eines Zwecks, sondern auch die Zwecke, die da verfolgt werden sollen, und den Grad von relativem Werth, welchen wir jedem beyzulegen haben, bestimmt. Plato nannte diese Kraft, und das mit Fug und Recht, Vernunft, und betrachtete sie, wie diejenige, die ein Recht habe, das herrschende Prinzip des Ganzen zu seyn. Offenbar begriff er unter dieser Benennung nicht nur das Vermögen, vermittelst dessen wir über Wahrheit und Falschheit, sondern auch jenes, vermittelst dessen wir über die Schicklichkeit oder Unschicklichkeit der Gelüste und Affekten urtheilen.

Die verschiednen Leidenschaften und Gelüste, die von Natur Unterthanen des herrschenden Prinzips, aber immer im Begriff sind, sich wider ihren Herrn aufzulehnen, ordnete Plato unter zwey Hauptklassen. Die erste begriff die Leidenschaften, die sich auf Stolz und Rachgier gründen, und die die Schule den erzürnbaren (irascibeln) Theil der Seele nennt; Ruhmsucht, Reizbarkeit, Liebe zur Ehre, Furcht vor Schande, Verlangen nach Sieg, Ueberlegenheit und Rache; kurz alle Leidenschaften, die man aus dem, was man mittelst eines metaphorischen Ausdrucks natürliches Feuer nennt, entweder herleitet, oder als Merkmale deß selben ansieht. Die zweyte bestand aus jenen Leidenschaften, die sich auf die Liebe zum Vergnügen gründen, auf das, was die Schule den lüsternden (concupiscibeln) Theil der Seele nennt. Sie begriff alle Gelüste des Leibes, die Liebe zur Ruhe und Sicherheit, und den Hang zu allen sinnlichen Genüssen.

Selten überschreiten wir den Verfahrungsplan, den das herrschende Prinzip vorschreibt, und den wir uns in allen

unsern kühlen Stunden als den befolgungswürdigsten selbst
vorgezeichnet hatten, ohne von einer oder andern dieser zwo
verschiednen Arten von Leidenschaften gereizt zu seyn, ent=
weder von unregiersamer Ehrsucht und Rachgier, oder von
den ungestümen Anforderungen gegenwärtigen Genusses und
Vergnügens. Allein so leicht diese beiden Klassen von Lei=
denschaften uns auch irre zu führen pflegen, so werden
sie doch als nothwendige Theile der menschlichen Natur
angesehn; indem die erste uns gegeben worden, um uns ge=
gen Beleidigungen zu vertheidigen, um unsern Rang und
unsre Würde in der Welt zu behaupten, um uns zu allem,
was edel und rühmlich ist, anzuspornen, und uns gegen
jene, die auf gleiche Weise handeln, Achtung einzuflößen;
die zwote, um uns mit dem Unterhalt und den Bedürfnissen
des Lebens zu versorgen.

Iñ der Stärke, Schärfe und Vollkommenheit des herr=
schenden Prinzips bestand die wesentliche Tugend der Klug=
heit. Plato erklärte sie als das richtige und deutliche auf
allgemeine wissenschaftliche Ideen gegründete Wahrnehmen
der Zwecke, deren Beabsichtigung schicklich, und der Mittel,
die zur Erreichung dieser Zwecke dienlich seyen.

Wenn die erste Klasse von Leidenschaften, jene, die zum
erzürnbaren Theil der Seele gehörten, den Grad von Stärke
und Fertigkeit hatten, der sie unter Leitung der Vernunft in
den Stand setzte, alle Gefahren in Verfolgung dessen, was
rühmlich und edel ist, zu verachten; so entstand die Tugend
der Tapferkeit und Großmuth. Diese Klasse von Leiden=
schaften war nach diesem System von edlerer Art, als die
andere. Man betrachtete sie in manchen Fällen als Hülfsvöl=

Y 3

ter der Vernunft, um die niedern thierischen Gelüste zu bän=
digen und zu zügeln. Oft, hieß es, ärgern wir uns über
uns selbst, werden Gegenstände unsers eignen Zorns und
Unwillens, wenn die Liebe zum Vergnügen uns zu Dingen
verleitet, die wir misbilligen; und so wird der erzürnbare
Theil unsrer Natur aufgefordert, um dem vernünftigen wi=
der den lüsternden beyzustehn.

Wenn diese verschiednen Theile unsers Selbst alle drey
in vollkommner Eintracht mit einander standen, wenn weder
die zürnenden noch lüsternden Leidenschaften einen Genuß
beabsichtigten, den die Vernunft misbilligte, noch die Ver=
nunft je etwas befahl, was diese nicht freywillig zu leisten
bereit waren, so entstand jene glückliche und vollendete See=
lenharmonie, die die Griechen durch ein Wort ausdrückten,
das wir gewöhnlich durch Mäßigkeit übersetzen, das aber
schicklicher durch richtiges Ebenmaas, Nüchternheit und Ge=
sundheit des Geistes übersetzt werden könnte.

Gerechtigkeit, die letzte und gröste der vier Kardinal=
tugenden, fand diesem System zufolge statt, wenn jede die=
ser drey Geisteskräfte sich auf ihr eignes Geschäft beschränkte,
ohne den andern im mindesten Abbruch thun zu wollen,
wenn die Vernunft gebot und die Leidenschaft gehorchte,
und wenn jede Leidenschaft ihre eigenthümliche Pflicht that,
jede ihren eigentlichen Gegenstand leicht und ohne Sträu=
ben, und mit dem Grade von Stärke und Energie umfing,
der dem Werthe des zu verfolgenden Dinges angemessen war.
Hierin bestand jene vollkommne Tugend, jene vollendete
Schicklichkeit des Betragens, die Plato, einigen der alten
Pythagorder zufolge, Gerechtigkeit nannte.

Zu merken ist, daß das Wort, das in der griechischen
Sprache Gerechtigkeit ausdrückt, mancherley verschiedne Sinne hat; und da das mit dem entsprechenden Worte
in allen andern Sprachen, so viel ich weiß, ebenfalls der
Fall ist, so muß zwischen jenen verschiednen Bedeutungen
einige natürliche Verwandtschaft seyn. In dem einen Sinn
des Worts sagt man, daß wir unserm Nachbar gerecht
werden, wenn wir uns enthalten, ihm gradezu etwas Leides zuzufügen, weder an seiner Person, noch an seinem Vermögen, noch an seinem guten Namen. Dies ist die Gerechtigkeit, von der ich oben handelte, die Beobachtung dessen,
was mit Gewalt erzwungen werden kann, und dessen Uebertretung der Strafe bloßstellt. In einem andern Sinn sagt
man, daß wir unserm Nachbar keine Gerechtigkeit wiederfahren lassen, wenn wir nicht die Liebe, Achtung und Ehrfurcht für ihn empfinden, die wir seines Karakters, seiner
Lage und seines Verhältnisses gegen uns halber billig gegen
ihn empfinden sollten, und wenn wir nicht diesen Empfindungen gemäß handeln. In diesem Sinn nennt man uns
ungerecht gegen einen verdienstvollen mit uns in Verbindung stehenden, wiewohl in keinerley Rücksicht von uns gekränkten Mann, wenn wir uns nicht beeifern, ihm zu dienen, und ihn in die Lage zu versetzen, darin der unpartheyliche Zuschauer ihn gern versetzt sehn möchte; der erste
Sinn des Worts trifft mit Aristoteles und der Schule so genannter kommutativer Gerechtigkeit zusammen, und
mit Grotius Justitia expletrix, die darin besteht, daß
man sich fremden Gutes enthält, und freywillig thut, wozu
man mit Schicklichkeit gezwungen werden könnte. Der
zweyte Sinn des Worts trifft mit dem zusammen, was einige die distributive Gerechtigkeit genannt haben, und

mit Grotius Justitia attributrix, die in schicklicher
Wohlthätigkeit besteht, im geziemenden Gebrauche unsers
Eignen, und Verwendung desselben zu solchen Zwecken, ent=
weder der Milde oder des Edelmuths, zu welcher es in un=
serer Lage am schicklichsten verwandt werden muß. In die=
sem Sinn begreift die Gerechtigkeit alle geselligen Tugenden.
Noch gibt es einen andern, den ersten an Umfang übertref=
fenden, dem letzten aber sehr nahe verwandten Sinn des
Worts Gerechtigkeit, der, so viel ich weiß, durch alle Spra=
chen fortläuft. In diesem letzten Sinn heißen wir unge=
recht, wenn wir irgend einen besondern Gegenstand nicht in
dem Grade zu schätzen, noch mit dem Grade von Wärme
zu verfolgen scheinen, in dem er dem unpartheylichen Zu=
schauer achtungs= und verfolgungswürdig scheint. So sagt
man, daß wir einem Gedicht oder Gemälde keine Gerech=
tigkeit wiederfahren lassen, wenn wir sie nicht genug, zu
viel hingegen, wenn wir sie zu viel bewundern. Eben so
nennt man uns ungerecht wider uns selbst, wenn wir irgend
einen besondern Gegenstand unsers Privatnutzens keiner
hinreichenden Aufmerksamkeit würdigen. In diesem letzten
Sinn ist Gerechtigkeit einerley mit der genauen und voll=
kommnen Schicklichkeit des Betragens, und begreift nicht
nur die Pflichten sowohl der kommutativen als distributiven
Gerechtigkeit, sondern auch jeder andern Tugend, der Klug=
heit, Tapferkeit und Mäßigkeit. In diesem letzten Sinn
nimmt Plato augenscheinlich das Wort Gerechtigkeit, das
ihm zufolge die Vollendung jeder Art von Tugend umfaßt.

Dies ist die Erklärung, die uns Plato von der Tugend
oder der Gemüthsfassung gibt, die allein Lobes und Bey=
falls werth ist. Ihm zufolge besteht sie in derjenigen See=

lenstimmung, worin jede Kraft sich innerhalb ihrer eig=
nen Sphäre, ohne Einbruch in einer fremden ihre, ein=
schränkt, und die ihr eignen Geschäfte mit dem gebühren=
den Grade von Achtung und Lebhaftigkeit vollzieht. Aus=
genscheinlich trifft seine Erklärung in jeder Rücksicht mit dem
zusammen, was wir oben über die Schicklichkeit des Betra=
gens gesagt haben.

Anm. Platons Sittenlehre, die da, wo sie am reinsten ist,
ganz den Geist seines Lehrers athmet, ist überall durch seine Dia=
logen verstreut; das meiste hieher gehörige findet man jedoch im
vierten Buche seiner Republik. Von seinen drey Ständen im
Gemeinwesen des Gemüths wohnt der oberste, das Urtheilsver=
mögen, im Kopfe, als in einem festen Kastell, dessen Besatzung
und Bedienten die Sinnen sind. Der erzürnbare Theil der Leiden=
schaften το Θυμοειδες wohnt in der Brust, und der lüsterne το
επιθομητικον im Unterleibe. Beide begriff das ορεκτικον. Sei=
nen Weisen malte Plato fast mit den nehmlichen Farben, mit
welchen ihn Zeno und Epikur malten. Der Weise, lebet er,
vergleiche anständig Leib mit Seele, Zeit mit Ewigkeit, Wollust
mit Tugend. So lerne er sein Afterselbst verachten, den Qualen
desselben trotzen, und seine Freuden verschmähn. Ohne diese ächte
Seelerhabenheit sey es nicht möglich, weder tugendhaft noch glück=
lich zu seyn; denn wer vom Leibe abhange, müsse den Tod als
ein Uebel betrachten, könne die Furcht des Todes nicht anders,
denn vermittelst irgend eines noch größern Uebels besiegen, und so
sey seine Tapferkeit selbst eine bloße erzwungene Frucht der Feig=
heit. (Republ. B. VI.) Eben so verhalt' es sich mit seiner Mäßig=
keit. Auch diese sey keinesweges rein noch unvermischt, sondern
entspringe bloß aus dem unreinen Quell der entgegengesetzten La=
ster, indem ein solcher sinnlicher Mensch bloß einigen Genüßen ent=
sage, um andre, ihm schätzbarere dadurch zu gewinnen, bloß ge=
ringern Unbequemlichkeiten sich unterziehe, um größern auszuwei=
chen. So vertausche er sein ganzes Leben hindurch eine Nichts=

Y 5

würdigkeit gegen die andre, und werde nie reich, weil er die einzig köstliche Waare, Weisheit, verschmäht.

II. Nach Aristoteles besteht die Tugend in der Fertigkeit, dem Zusagen einer gesunden Vernunft gemäß, die Mittelstraße zu treffen. Nach ihm liegt jede besondre Tugend in einer Art von Mitte zwischen zwey entgegengesetzten Lastern, deren eins dadurch entsteht, daß man zu stark, das andre dadurch, daß man zu schwach von einer besondern Art der Gegenstände gerührt wird. So liegt die Tugend der Tapferkeit in der Mitte zwischen den entgegengesetzten Lastern der Feigheit und Verwegenheit, deren jene dadurch beleidigt, daß sie zu viel, diese dadurch, daß sie zu wenig von den Gegenständen der Furcht erschüttert wird. So liegt auch die Tugend der Sparsamkeit in der Mitte zwischen Geiz und Verschwendung, deren jener in dem Uebermaas, diese im Mangel der schicklichen Aufmerksamkeit auf die Gegenstände des Eigennutzes sündigt. Auf eben die Weise liegt die Großmuth in Mitte zwischen übertriebenem Uebermuth und zwischen ermangelnder Kleinmüthigkeit, deren jene in ausschweifendem, diese in zu schwachem Gefühl unsers eignen Werths besteht. Unnöthig zu bemerken ist, daß diese Erklärung der Tugend mit dem, was oben über die Schicklichkeit oder Unschicklichkeit des Betragens gesagt worden, aufs genaueste zusammentrifft.

Nach Aristoteles bestand die Tugend freylich nicht so sehr in jenen gemäßigten und richtigen Affekten, als in der Fertigkeit dieser Mäßigung. Um dies zu verstehen, muß man bemerken, daß die Tugend entweder als Eigenschaft einer Handlung, oder als Eigenschaft einer Person betrach-

eet werden kann. Als Eigenschaft einer Handlung betrachtet, besteht sie, selbst nach Aristoteles, in vernünftiger Mäßigung des Affekts, aus dem die Handlung entspringt, die
Mäßigung selbst mag der Person Fertigkeit geworden seyn, oder
nicht. Als Eigenschaft einer Person betrachtet, besteht sie in der
Fertigkeit, sich nach den Vorschriften der Vernunft zu mäßigen, als herrschender Seelenstimmung. So ist eine Handlung, die aus einer gelegentlichen Anwandlung von Edelmuth entspringt, allerdings eine edelmüthige; aber wer sie
verrichtet, ist darum noch nicht nothwendig ein edler Mensch,
weil es die einzige Handlung der Art seyn kann, die er gethan hat. Die Triebfeder und die Stimmung des Herzens,
aus welcher diese Handlung entsprang, mag vollkommen
gut und gerecht gewesen seyn; da aber diese glückliche Stimmung eher die Wirkung einer zufälligen Laune als irgend
eines standhaften und bleibenden Karakterzuges gewesen seyn
kann, so kann sie dem Thäter eben nicht zu großer Ehre gereichen. Wenn wir einen Karakter edelmüthig, mildthätig
oder tugendhaft in jeder Rücksicht nennen, so wollen wir damit sagen, daß die Gesinnungen, welche diese Benennun-
gen bezeichnen, in ihm herrschend und vorwiegend seyen. Einzelne Handlungen aber, welcherley sie auch seyn, und so
schicklich und angemessen sie auch seyn mögen, taugen wenig, um das zu beweisen. Wenn eine einzelne Handlung
ihrem Thäter den Karakter irgend einer Tugend aufprägen
könnte, so könnten die unwürdigsten Menschen auf alle und
jede Tugenden Anspruch machen, indem kein Mensch ist,
der nicht in einzelnen Gelegenheiten mit Klugheit, Gerechtigkeit, Mäßigung und Tapferkeit gehandelt hätte. Allein,
wiewohl einzelne noch so lobenswürdige Handlungen auf
den, der sie verrichtet, wenig Lob zurückwerfen, so pflegt

doch eine einzelne lasterhafte Handlung, von jemandem, dessen Betragen gewöhnlich sehr regelgerecht ist, verrichtet, unsre Meinung von seiner Tugend sehr zu mindern und zuweilen gänzlich zu zerstören. Eine einzelne Handlung dieser Art beweist hinreichend, daß seine Fertigkeiten nicht vollkommen sind, und daß man sich weniger darauf verlassen kann, als man aus dem gewöhnlichen Inhalt seines Betragens hätte schließen sollen.

Wahrscheinlicherweise hat Aristoteles die Tugend durch praktische Fertigkeiten erklärt, im Gegensatze Plátons, der der Meinung scheint gewesen zu seyn, daß richtige Empfindungen und vernünftige Urtheile über das, was mit Schicklichkeit gethan oder gemieden werden könnte, allein hinreichend seyen, den vollkommensten Karakter zu gründen. Nach Plato konnte die Tugend als eine Art von Wissenschaft betrachtet werden. Kein Mensch, glaubte er, könne deutlich und überzeugend einsehn, was recht und was unrecht sey, ohne dem gemäß zu handeln. Die Leidenschaften könnten uns verleiten, schwankenden und ungewissen Meinungen entgegen zu handeln, aber nie deutlichen und sichern Einsichten. Aristoteles im Gegentheil war der Meinung, daß keine Ueberzeugung des Verstandes fähig sey, eingewurzelte Fertigkeiten zu überwältigen, und daß moralische Trefflichkeit aus Thätigkeit entspränge, und nicht aus Einsicht.

Anm. Die peripatetische Philosophie suchte zwischen dem abstrakten Tiefsinn der platonischen, und der heroischen Schwärmerey der Stoa eine Art von Mittelweg zu halten. Gleich Sokrates und Plato lehrte auch Aristoteles, daß das höchste Gut des Menschen nicht in der Annehmlichkeit seiner körperlichen Gefühle, sondern in der schicklichen Uebung seiner intellektuellen und sittli

chen Kräfte bestehe. Diese Uebung, durch den Einfluß der herri-
schen Vernunft zur Fertigkeit geworden, sey die höchste Vortrefflichkeit des Menschen. Da derselbe jedoch ein aus Geist und Materie zusammengesetztes Wesen sey, so müsse sein Wohlbefinden
nothwendig gewissermaßen von der Beschaffenheit seines Körpers,
und von den Mitteln, diesen niedern Theil seiner Natur in seiner
möglichsten Vollkommenheit zu erhalten, abhangen. Gesundheit
und Tauglichkeit der Organe seyen nicht nur um ihrer selbst willen
wünschenswürdig, sondern versorgten uns auch mit Gelegenheit
und Mitteln, jene geistigen Kräfte, von denen unsre ächte Glückseligkeit entspränge, zu üben. Auf gleiche Weise seyen auch die Güter des Glücks, Reichthum, Freunde, und andre äußre Vortheile
nicht nur in so weit wünschenswürdig, als sie zu Abhelfung unsrer
Körperbedürfnisse dienten, sondern auch als Werkzeuge, durch die
ein weiser Mann in Stand gesetzt würde, seine Tugenden zu üben,
und den Wirkungskreis derselben zu erweitern.

Gemeine Unfälle, meinte Aristoteles, dürften die Ruhe des
Weisen zwar nicht erschüttern, wohl aber große und ungewöhnliche. Die Schwäche der Menschen entschuldige dergleichen Weichheit nicht nur, sondern erfobre sie sogar, und auch der festeste der
Menschen müsse durch Unglücksfälle, wie einst Priamus sie
erlitt, aus seinem Gleichgewicht herausgerückt werden. Dennoch
seyen wir hauptsächlich selbst die Baumeister unsers Glücks. Von
den Gedanken und Betrachtungen, die uns gewöhnlich und innig
gegenwärtig wären, und von der Stimmung unsers Geistes, die
gewissermaßen in unsrer eignen Gewalt sey, hänge unsre Zufriedenheit weit mehr ab, als von äußern Umständen, die theils das
Werk des Zufalls, theils nicht in unsrer Gewalt seyen. Im Dunkel der fürchterlichsten Trübsale leuchte die Vortrefflichkeit des Weisen daher am allerhellsten. Glücklich könne er in solcher Lage zwar
nicht genannt werden, aber elend noch viel weniger, indem er sich
nie zu etwas verhaßtem oder niederträchtigem herablasse, sondern
mit Vernachläßigung jener unregiersamen äußern Umstände seine
Aufmerksamkeit auf sein inneres eigentliches Selbst hefte.

Um aber diesen wichtigen Unterschied zwischen seinem wahren und uneigentlichen Selbst nicht aus dem Gesichte zu verlieren, müsse er die Kräfte kennen lernen, mit denen er begabt sey. Einige derselben hab' er mit den Thieren gemein, το αισθητικον, andre sogar mit leblosen Geschöpfen, το θρεπτικον. Deren Anbau könne unmöglich das Hauptgeschäft des Menschen seyn, sondern vielmehr solcher, die seine Eigenheit ausmachten und seine Menschheit auszeichneten und adelten. Diese karakteristischen Vortrefflichkeiten unsrer Gattung bezögen sich entweder auf den Verstand oder auf den Willen. Hieraus entsprängen zwo Klassen von Tugenden, die intellektuellen, und die sittlichen. Jene bestünden in der schicklichen Stimmung des intellektuellen Theils des Gemüths; diese in gehöriger Unterordnung der Leidenschaften unter das herrschende Prinzip der Vernunft. Jene hingen hauptsächlich von der Erziehung und Uebung ab; diese ganz und gar von der Gewohnung; daher ihr Name, ηθικος, von ηθος.

Die Tugend erklärte er völlig so, wie unser Verfasser sie angegeben hat. Mit Recht unterschied er zwischen der Tugend als Handlung, und der Tugend als Fertigkeit.

Die sittlichen Tugenden, lehrt' er, könnten nicht ohne einige Mischung der intellektuellen bestehn; aber die letztern bestünden allein und unabhängig; und auf ihre Beschäftigung mit Gegenständen abgezogner Betrachtung gränze sich des Menschen vollendetstes und reinstes Glück. Die Uebung der sittlichen Tugenden hange beständig von Gelegenheit, von Zeit und Umständen ab; nur der Genuß der betrachtenden Weisheit sey rein, einfach und selbstständig, wie die intellektuelle Quelle, aus der sie flösse. Keinen fernen Absichten, keinen zufälligen Zwecken dienend, sey sie angenehm unmittelbar um ihrer selbst willen, und auf allen Seiten rund, vollständig, und in sich selbst vollendet. Wenn die schickliche Uebung jedes Gliedmaßes und jeder Körperkraft schon das Gefühl unsers Daseyns belebe, und uns sehr süßen Freudengenuß gewähre, wie ohne Vergleich viel köstlicher müsse uns die Uebung des Verstandes seyn, der uns das göttliche Prinzip in uns empfinden lasse.

Der Natur gemäß leben, heiße nichts anders, als dem edelsten Theil unsers Selbst gemäß leben, welcher ohne Zweifel das Gemüth sey. So leben sey das Leben der Immerseligen. Wiewohl Menschen, dürfen wir darum nicht immer Menschliches sinnen; wiewohl Sterbliche, uns nicht immer mit sterblichen Dingen beschäftigen. Nach dem Unsterblichen müßten wir trachten, wenn wir selbst in der richtigen Verfassung, und den Göttern angenehm seyn wollten. Ethik. Nikom. Buch X.

Wer sieht nicht, daß dieser große Denker dem reinen Erkenntnißgrunde des Sittengesetzes näher gekommen, als die meisten andern, die sich mit ähnlichen Untersuchungen beschäftigten, in mehr denn zwanzig Jahrhunderten nach ihm!

III. Nach Zeno, dem Stifter der stoischen Schule, war jedes beseelte Geschöpf von der Natur seiner eignen Sorgfalt empfohlen, war mit dem Grundtriebe der Selbstliebe begabt, um vermöge dessen nicht nur sein Daseyn, sondern auch die verschiednen Theile der Natur in dem besten und vollkommensten Zustande, dessen es nur fähig sey, zu erhalten.

Die Selbstliebe des Menschen umfaßte, so zu sagen, seinen Körper und dessen verschiedne Gliedmaßen, seinen Geist und dessen verschiedne Kräfte und Fähigkeiten, und beabsichtigte ihrer aller Beharren und Verbleiben in ihrem besten und vollkommensten Zustande. Alles, was zu Erhaltung dieser Art des Daseyns diente, war ihm also durch die Natur als erwählungswürdig angedeutet; alles, was zu deren Zerstörung diente, als verwerfungswürdig. So waren Gesundheit, Stärke, Behendigkeit und Wohlleben des Körpers sowohl als die äußerlichen Bequemlichkeiten, die diese beförderten, Reichthum und Macht, Ehre, Achtung und Werthschätzung unsrer Nebenmenschen, lauter Dinge, die uns die Natur als erwählungswürdig, und den Besitz derselben, als ihren Nichtbesitz vorzüglich, auszeichnete; Kränklichkeit, Schwäche, Plumpheit, körperlicher Schmerz hingegen, wie auch die äußern Unbequemlichkeiten, welche diese zu veranlassen pflegen, Armuth, Mangel an Ansehn, Verachtung oder Haß unsrer Nebenmenschen, waren Dinge, die uns als verwerflich und vermeidungswürdig ausgezeichnet wurden. In jeder dieser beiden verschiednen Klassen von Gegenständen waren einige, die mehr Gegenstände der Wahl oder der Verwerfung zu seyn schienen, denn andre der nehmlichen Klasse. So schien in der ersten Klasse augenscheinlich Gesundheit vorzüglicher als Stärke; Stärke, als Behendigkeit; guter Name, als Gewalt; Gewalt, als Reichthum. Und so war in der zweyten Klasse Kränklichkeit vermeidungswürdiger als Plumpheit; Unwissenheit, als Armuth; und Armuth, als Mangel an Ansehn. Tugend und Schicklichkeit des Betragens bestand in Erwählung und Verwerfung aller verschiednen Gegenstände und Umstände, nach dem Maaße sie uns von der Natur als Gegenstände der Wahl oder Verwerfung ausgezeichnet wurden; in Auswahl des Erwählungswürdigsten unter mehrern Gegenständen der Wahl, die sich uns darboten, und nicht alle zugleich erhalten werden konnten; und in Vermeidung des Vermeidungswürdigsten unter mehrern Gegenständen der Verwerfung, die sich uns darboten, und nicht alle zugleich vermieden werden konnten. Durch so ein besonnenes und vernünftiges Wählen und Verwerfen, durch das Heften unsrer Aufmerksamkeit auf einen jeden Gegenstand in dem Grade, darin er es verdiente, und nach dem Platz, den er in dieser natürlichen Stufenleiter der Dinge behauptete, bestand, des

Stoikern zufolge; jene vollkommne Richtigkeit des Betragens, die das Wesen der Tugend ausmachte. Dies nannten sie, einstimmig mit sich selber leben, der Natur gemäß
leben; und den Anweisungen und Gesetzen gehorchen, die
die Natur oder der Urheber der Natur unserm Betragen
vorgezeichnet hatte.

So weit ist der stoische Begriff der Schicklichkeit und Tugend von dem des Aristoteles und der alten Peripatetiker
nicht sehr verschieden. Was beide Systeme hauptsächlich
unterschied, waren die verschiednen Stufen von Selbstbeherrschung, die sie verlangten. Die Peripatetiker erlaubten einige Gemüthsbewegung, als der Schwäche der menschlichen Natur angemessen, und einem so unvollkommnen Geschöpfe, als der Mensch ist, sogar zuträglich. Wenn seine
eignen Unfälle keinen leidenschaftlichen Schmerz, wenn selbst-
erlittne Kränkungen nicht seinen Unwillen erregten, so,
glaubten sie, würde die bloße Vernunft, die bloße Rücksicht
auf die allgemeinen Regeln, die da bestimmten, was recht
und schicklich sey, gemeiniglich zu schwach seyn, um ihn zu
Vermeidung von jenen; und zu Abwehr von diesen zu
reizen. Die Stoiker hingegen verlangten die vollkommenste
Leidenschaftlosigkeit, und betrachteten jede Gemüthsbewegung, die die Ruhe des Geistes nur im mindesten stören
konnte, als Wirkung des Leichtsinns und der Thorheit. Die
Peripatetiker scheinen geglaubt zu haben, daß keine Leidenschaft die Grenzen der Schicklichkeit überschreite, so lange der Zuschauer durch äußerste Anstrengung seiner Menschlichkeit mit ihr sympathisiren könne. Die Stoiker hingegen
scheinen jede Leidenschaft als unschicklich angesehn zu haben,
die die Sympathie des Zuschauers im geringsten in Anspruch

3

nähme, die im geringsten von ihm verlangte, aus seiner na=
türlichen und gewöhnlichen Gemüthsstellung herauszurücken,
um mit der Heftigkeit ihrer Bewegungen Takt zu halten.
Ein Mann von Tugend, scheinen sie geglaubt zu haben,
muß von dem Edelmuth seiner Mitgeschöpfe weder Verzei=
hung noch Billigung erbetteln.

Den Stoikern zufolge mußte dem Weisen jedes Ereig=
niß gleichgültig seyn, es mußte ihm um sein selbst willen ein
Gegenstand weder des Verlangens noch des Abscheues, we=
der der Freude noch des Kummers dünken. Wenn er irgend
ein Ereigniß dem andern vorzog, wenn irgend eine Lage Ge=
genstand seiner Wahl, und eine andre Gegenstand seiner
Verwerfung ward, so geschah es nicht aus der Meinung,
daß die eine an sich selbst besser denn die andre wäre, oder
daß seine eigne Glückseligkeit in der so genannten beglückten
Lage größer seyn würde, als in der gemeiniglich so genann=
ten unglücklichen, sondern es geschah, weil die Schicklich=
keit des Handelns, die Regel, welche die Götter ihm zur Lei=
tung seines Betragens gegeben hatten, ein solches Wählen
und Verwerfen von ihm foderte. Unter den hauptsächlich=
sten Gegenständen der menschlichen Neigung, unter den
Dingen, welche die Natur uns ursprünglich als erwählens=
würdig ausgezeichnet hatte, befindet sich der Wohlstand
unsrer Familie, unsrer Verwandten, unsrer Freunde, unsers
Vaterlandes, der Menschen, und des Alls überhaupt. Schon
die Natur, sagten sie, lehre uns, daß die Glückseligkeit
zweener dem Glücke eines Einzigen vorzuziehen sey, wie
vielmehr die Glückseligkeit vieler oder gar des Ganzen; wir
seyen nur eins, und so oft also unsre Wohlfahrt mit dem
Wohl entweder des Ganzen oder irgend eines beträchtlichen

Theils des Ganzen unverträglich sey, müßten wir, sogar
aus eigner Wahl, dem, was so unendlich vorzüglich sey,
weichen. Da alle Ereignisse der Welt von der Vorsehung
eines weisen, mächtigen und guten Gottes geleitet werden,
so könnten wir versichert seyn, daß alles, was sich ereigne,
zum Wohl und zur Vervollkommnung des Ganzen gereiche.
Wären wir daher selbst arm, kränklich, oder auf andre Weise
elend, so müßten wir uns vor allen Dingen aufs äußerste,
und so weit Gerechtigkeit und Pflicht gegen andre es gestat-
teten, beeifern, unsrer unangenehmen Lage los zu werden.
Fänden wir es aber, nachdem wir alles mögliche gethan hätten, unmöglich, so müßten wir uns überzeugt halten, daß
die Ordnung und Vollkommenheit des Ganzen verlange, daß
wir in dieser Lage mittlerweile verbleiben sollten. Und da
das Wohl des Ganzen uns in unsern eignen Augen weit
wichtiger seyn müsse, als das Wohl eines so unbedeutenden
Theils desselben, als wir seyen, so müßte unsre Lage, welcherley sie auch sey, von diesem Augenblick an Gegenstand
unsrer Wahl und sogar unsrer Wünsche werden, wenn wir
jene vollendete Schicklichkeit und Richtigkeit der Empfindung
und des Betragens, darin die Vollkommenheit unsrer Natur besteht, behaupten wollten. Thäte sich eine Gelegenheit
hervor, uns herauszuwickeln, so wär es freylich unsre Pflicht,
sie zu ergreifen. Die Ordnung des Alls verlange dann augenscheinlich unser Beharren in dieser Lage nicht länger, und
der große Regierer des Ganzen fodre uns deutlich auf, aus
ihr herauszugehn, indem er uns den Weg, den wir betre-
ten sollten, so klar bezeichnete. Eben so verhalt' es sich mit
den Widerwärtigkeiten unsrer Verwandten, unsrer Freunde
und unsers Vaterlandes. Wär' es ohne Verletzung irgend
einer heiligen Obliegenheit in unsrer Gewalt, ihr Elend zu

verhüten oder zu endigen, so wär' es allerdings unsre Pflicht,
es zu thun; die Schicklichkeit der Handlung, die Regel, die
uns Jupiter zu Einrichtung unsers Betragens gegeben habe,
verlangten das augenscheinlich von uns. Wär' es aber durchaus außer unsrer Gewalt, so müßten wir diesen Zufall als
den glücklichsten, der uns hätte begegnen können, betrachten;
weil wir versichert seyn könnten, daß er zur Wohlfahrt und
zur Ordnung des Ganzen gereiche, die wir selbst, wenn wir
weise und billig wären, unter allen am meisten begehren
müßten. In welchem Sinn, sagt Epiktet, sagt man, daß
einige Dinge unsrer Natur angemessen, andre aber ihr entgegen sind? In demjenigen, worin wir uns als getrennt und
abgesondert von allen andern Dingen betrachten. Denn so
kann man sagen, daß es der Natur des Fußes gemäß sey,
immer rein zu seyn. Betrachtest du ihn aber als Fuß, und
nicht als etwas vom Rest des Körpers getrenntes, so muß
es ihm zuweilen dienlich seyn, im Koth zu waten, und zuweilen auf Dornen zu treten, und zuweilen gar abgeschnitten zu werden, um des ganzen Körpers willen, und wegert
er sich dessen, so ist er nicht länger Fuß. Eben so müssen
wir in Ansehung unsrer selbst denken. Wer bist du? Ein
Mensch. Betrachtest du dich als etwas abgesondertes und
getrenntes, so ist es deiner Natur gemäß, alt zu werden,
reich und gesund zu seyn. Betrachtest du dich aber als einen
Menschen, und als einen Theil des Ganzen, so wird es
um dieses Ganzen willen dir zuweilen dienlich seyn, krank
zu werden, zuweilen die Unbequemlichkeiten einer Seereise
zu übernehmen, zuweilen Mangel zu leiden, und am Ende
vielleicht vor der Zeit zu sterben. Warum wehklagst du denn?
Weißt du nicht, daß du durch Wehklagen aufhörst, Mensch zu

seyn, grabe wie jener Fuß durch Weigerung, dem Ganzen
zu dienen, aufhörte, Fuß zu seyn?

Diese Unterwürfigkeit unter die Ordnung des Weltall,
diese gänzliche Gleichgültigkeit in Ansehung aller eignen An=
gelegenheiten aus Hinsicht auf das Wohl des Ganzen konnte
ihre Schicklichkeit augenscheinlich aus keinem andern Prinzip
herleiten, als dem, woraus wir die Schicklichkeit der Ge=
rechtigkeit herzuleiten gesucht haben. So lange wir unser
Interesse mit unsern eignen Augen ansehn, ist kaum mög=
lich, daß wir es mit Bereitwilligkeit dem Interesse des Gan=
zen aufgeopfert sehn sollten. Nur dann, wenn wir diese
entgegengesetzten Interessen mit fremden Augen betrachten,
können unsre eignen Angelegenheiten uns in der Vergleichung
so verächtlich erscheinen, daß wir sie ohne Sträuben aufge=
ben. Jedem, den eigentlich Betroffnen ausgenommen, kann
nichts vernunftmäßiger und schicklicher scheinen, als daß der
Theil dem Ganzen weichen müsse. Was aber der Vernunft
aller andern Menschen gemäß ist, muß der seinigen nicht ent=
gegen scheinen. Er selbst muß daher dies Opfer billigen, und
seine Vernunftmäßigkeit anerkennen. Den Stoikern zufol=
ge sind die Affekten eines Weisen aber immer vollkommen
vernunft= und anstandmäßig, und treffen freywillig mit den
Vorschriften jenes herrschenden Prinzips zusammen. Ein
weiser Mann kann also nie den geringsten Widerwillen füh=
len, sich diese Einrichtung der Dinge gefallen zu lassen.

Anm. Der Urheber der stoischen Philosophie wußte seinem
in gewisser Hinsicht so überschwänglichen und dem irdischen Kraft=
maaß unsrer Natur so wenig angemessenen Systeme dennoch ein
hohes Ansehn von Leichtigkeit und Natürlichkeit zu geben, indem
er es auf den ursprünglichen Trieb des Menschen zu möglichster

Vervollkommnung seines Zustandes, auf die Abhängigkeit seiner Privatvervollkommnung von der Vervollkommnung des Ganzen, und auf die Einheit dieses großen Ganzen gründete, in welche jedes Individuum um sein selbst willen möglichst genau und bereitwillig eingreifen müsse.

Die Grundsätze dieser, in ihren Sittenlehren so heroischen, in Hinsicht auf ihre Versprechungen aber sehr finstern und traurigen Philosophie, (denn Zeno läugnete die Unsterblichkeit der Seele so gut, wie Epikur, mußte sie auch vermöge seiner materialistischen Prinzipe leugnen) findet man in Cicero's Schrift *de Finibus*, und in den Werken Epiktets, Arrians, Simplicius, Antonies und Seneka's. Vortreffliche Bemerkungen über diese sowohl, als die übrigen griechischen Philosophien, findet man in Reinholds inhaltreichen Briefen über die Kantische Philosophie.

IV. Außer diesen ältern gibt es noch einige neuere Systeme, nach denen die Tugend in der Schicklichkeit besteht, oder in der Angemessenheit des Affekts, aus dem wir handeln, zu der Ursache oder dem Gegenstande, der den Affekt erregt. Clarks System, der die Tugend darin setzt, daß man den Verhältnissen der Dinge gemäs handle, daß man sein Betragen modifizire, je nachdem es schicklich oder unschicklich sey, gewisse Gegenstände auf gewisse Dinge oder gewisse Beziehungen anzuwenden; Woolstons System, der sie darin setzt, daß man der Wahrheit der Dinge, ihrer eigentlichen Natur und wesentlichen Beschaffenheit gemäs handle, oder sie nach dem behandle, was sie wirklich sind, nicht nach dem, was sie nicht sind. Mylord Shaftesbury's System, der sie darin setzt, daß man die Leidenschaften in gehörigem Gleichgewicht halte, und keine über ihren Wirkungskreis schreiten lasse; alle diese sind mehr oder weniger ungenaue Umschreibungen des nehmlichen Grundbegriffs.

Die Beschreibung der Tugend, die in einem jeden dieser Systeme gegeben oder wenigstens gemeint und angedeutet wird, denn einige der neuern Schriftsteller sind in
ihrer Art, sich auszudrücken, nicht sehr glücklich, ist ohne
Zweifel ganz richtig, so weit sie geht. Es gibt keine Tugend ohne Schicklichkeit, und überall, wo Schicklichkeit ist,
gebührt sich ein Grad von Billigung. Aber dennoch ist diese
Beschreibung unvollkommen. Denn wiewohl Schicklichkeit
ein wesentlicher Bestandtheil jeder tugendhaften Handlung
ist, so ist sie doch nicht immer der einzige. Wohlthätige
Handlungen haben noch eine andre Eigenschaft, vermöge deren sie nicht nur Billigung, sondern auch Belohnung verdienen. Keins dieser Systeme erklärt mit Leichtigkeit und
Hinlänglichkeit jenen hohen Grad von Achtung, der solchen
Handlungen zu gebühren scheint, oder jene Verschiedenheit
der Empfindung, die sie gewöhnlich erregen. Eben so wenig vollständig ist die Beschreibung des Lasters. Denn so
wie dorten ist auch hier die Unschicklichkeit zwar ein wesentlicher, aber nicht immer der einzige Bestandtheil jeder lasterhaften Handlung, und oft ist eine Handlung äußerst ungereimt und unschicklich, und doch ganz unbedeutend und
harmlos. Ueberlegte Handlungen, auf den Schaden unsrer
Nebenmenschen berechnet, haben außer ihrer Unschicklichkeit
noch eine besondre ihnen eigne Eigenschaft, durch welche sie
nicht nur Misbilligung, sondern auch Bestrafung zu verdienen, Gegenstände nicht nur des Misfallens, sondern auch
des Grolls und der Rachgier zu werden scheinen, und keins
dieser Systeme erklärt mit Leichtigkeit und Hinlänglichkeit
jenen hohen Grad von Abscheu, den wir für Handlungen
dieser Art empfinden.

Anm. Zu den Systemen, die der Verfasser in diesem Kapitel aufgezählt hat, gehört auch das System der Wolfischen Philosophie, die die Sittlichkeit durch Vollkommenheit, und nach einer langen und verflochtnen Sorite die Vollkommenheit — wieder durch Sittlichkeit erklärt.

Zweytes Kapitel.
Von den Systemen, die die Tugend durch Klugheit erklären.

Das älteste von den Systemen, die die Tugend durch Klugheit erklären, und wovon sich beträchtliche Ueberbleibsel bis auf uns erhalten haben, ist das System des Epikur, der jedoch die Hauptprinzipe seiner Philosophie von einigen seiner Vorgänger, vorzüglich von Aristippus geborgt haben soll; wiewohl es, der Behauptungen seiner Feinde ungeachtet, dennoch wahrscheinlich ist, daß wenigstens die Art, jene Grundsätze anzuwenden, durchaus sein eigen gewesen.

Nach Epikur waren körperlicher Schmerz und körperliches Vergnügen die einzigen endzwecklichen Gegenstände natürlichen Gelustes und Abscheues. Daß sie immer die natürlichen Gegenstände jener Leidenschaften seyen, glaubt er, bedürfe keines Beweises. Freylich scheint es zuweilen, als wenn man das Vergnügen meide, allein man meid' es nicht, weil es Vergnügen wäre, sondern weil wir durch seinen Genuß irgend ein größeres Vergnügen verwirken, oder uns irgend

einem Schmerz bloßstellen würden, der mehr zu meiden,
als jenes Vergnügen zu begehren sey. Auf gleiche
Weise schein' es zuweilen, als ob wir den Schmerz vorzögen;
allein nicht, weil er Schmerz wäre, sondern weil wir durch
seine Erduldung einem noch größern Schmerz auswichen, oder
ein ungleich wichtigeres Vergnügen gewännen. Daß also
körperlicher Schmerz und körperliches Vergnügen immer die
natürlichen Gegenstände des Gelüstes und Abscheues seyen,
glaubt er, sey hinreichend und einleuchtend. Eben so einleuchtend war es seiner Meinung nach, daß sie die einzigen
beendzweckten Gegenstände dieser Leidenschaften seyen. Alles,
was man sonst begehrt oder vermiede, begehre und vermei-
de man lediglich wegen seiner Tendenz, eine oder andre
dieser Empfindungen hervorzubringen. Die Tendenz, Vergnügen zu verschaffen, machen Macht und Reichthümer begehrenswürdig, so wie die entgegengesetzte Tendenz, Schmerz
hervorzubringen, Armuth und Unbedeutsamkeit zu Gegenständen des Abscheues mache. Ehre und Ruhm werden geschätzt, weil die Achtung und Liebe unsrer Mitmenschen von
äußerster Wichtigkeit sey, um uns Vergnügen zu verschaffen
und vor Schmerz zu sichern. Schande und übler Ruf hingegen seyen zu meiden, weil der Haß, die Verachtung und
der Unwille derer, mit denen wir lebten, alle Sicherheit
zerstöre, und uns nothwendig allen körperlichen Uebeln
bloßstelle.

Alle Freuden und Leiden des Geistes rührten nach Epikur am Ende aus körperlichem Schmerz und körperlichem
Vergnügen her. Die Seele sey glücklich, meinte er, wenn
sie an die vergangnen Genüsse des Körpers gedächte, und
auf andre künftige hoffe; elend sey sie, wenn sie an die

Z 5

Schmerzen gedächte, die der Körper vorhin gelitten habe, und ähnliche oder größere für die Zukunft fürchte.

Allein die Freuden und Leiden des Geistes, wiewohl ursprünglich aus dem Körper abgeleitet, seyen dennoch ohne Vergleich viel größer, als diejenigen, aus denen sie entsprängen. Der Leib empfinde nur das Gefühl des gegenwärtigen Augenblicks, dagegen der Geist auch das Vergangne und Zukünftige empfände, jenes durch Erinnerung, dieses durch Vorhersehung, und folglich weit stärker beides empfinde und genieße. Auch in den größten körperlichen Leiden würden wir, wenn wir nur darauf Acht geben, immer finden, daß nicht das Leiden des gegenwärtigen Augenblicks es sey, das uns hauptsächlich quäle, sondern entweder die peinigende Erinnerung des Vergangnen, oder die noch ängstendere Furcht der Zukunft. Der Schmerz jedes Augenblicks, an sich selbst betrachtet, und von allem, was vor ihm herginge, und allem, was folgen würde, abgeschnitten, sey eine verächtliche Kleinigkeit. Dennoch sey dies alles, was der Körper eigentlich leide. Auf gleiche Weise werde der aufmerksame Beobachter im Genuß auch der größten Freude immer finden, daß die körperliche Empfindung, die Empfindung des gegenwärtigen Augenblicks, nur einen kleinen Theil seines Glücks ausmache, daß unser Genuß hauptsächlich entweder aus der angenehmen Erinnerung des Vergangnen oder dem noch angenehmern Vorgenuß des Zukünftigen entspringe, und daß der Geist immer bey weitem den größten Theil zu unserm Vergnügen beytrage.

Da also unser Wohl und Weh hauptsächlich vom Geist abhinge, so dürfte nur dieser Theil unsers Selbst in gehöri-

ßer Verfassung, unsre Gedanken und Meinungen dürften
nur so beschaffen seyn, wie sie seyn müßten, und es würde
von geringer Erheblichkeit seyn, auf was Weise unser Kör=
per afficirt wäre. Auch unter der Folter des ärgsten körper=
lichen Schmerzes könnten wir immer eine beträchtliche Sum=
me von Glückseligkeit genießen, wenn unsre Vernunft nur
ihre Ueberlegenheit behauptete. Wir könnten uns mit der
Erinnerung vergangner und mit der Hoffnung zukünfti=
ger Freuden unterhalten, wir könnten die Heftigkeit unsrer
Schmerzen durch die Betrachtung lindern, was es eigent=
lich sey, das wir auch in dieser Lage nothwendig leiden müß=
ten; daß es bloß die körperliche Empfindung, der Schmerz
des gegenwärtigen Augenblicks sey, der an sich selbst nie
groß seyn könne; daß alle Qual, die uns die Furcht ihrer
Fortdauer errege, die Wirkung einer Meinung sey, die durch
richtige Begriffe berichtigt werden kann; durch die Betrach=
tung, daß, wenn unser Schmerz sehr heftig wäre, er wahr=
scheinlich von kurzer Dauer seyn werde, und wenn er von
Dauer wäre, er wahrscheinlich gemäßigt sey, und ruhigere
Zwischenräume verstatte, und daß auf alle Fälle der Tod
abzureichen sey, der, da er jeder peinlichen sowohl als lästi=
gen Empfindung ein Ende mache, nicht als ein Uebel ange=
sehn werden müsse. Sind wir, sagt er, so ist der Tod
nicht; und ist der Tod, so sind wir nicht; der Tod muß
uns also gar Nichts seyn.

Wenn nun die wirkliche Empfindung positiven Schmer=
zes so wenig zu fürchten wäre, so sey das Gefühl des Ver=
gnügens noch weniger zu begehren. Von Natur sey Ver=
gnügen ein viel weniger stachelndes Gefühl, als Schmerz.
Könnte dieser also der Glückseligkeit eines wohlgestimmten

Geistes so wenig Abbruch thun, so könne jenes ihr unmöglich größern Zuwachs gewähren. Wenn der Leib von Schmerz
und die Seele von Bangigkeit frey sey, so könne das hinzukommende Gefühl körperlichen Vergnügens unmöglich viel zu
bedeuten haben; es könne die Glückseligkeit der Lage wohl
vermannichfaltigen, aber nicht eigentlich vermehren.

In körperlichem Wohlbefinden, und in Sicherheit und
Ruhe des Geistes bestand also nach Epikur die möglichste
Vervollkommnung der menschlichen Natur, die vollendetste
Glückseligkeit, deren ein Mensch nur fähig sey. Diesen
großen Endzweck aller menschlichen Gelüste zu erlangen, war
seiner Meinung nach der einzige Gegenstand aller Tugenden,
die keineswegs um ihrer selbst willen verlangenswürdig
wären, sondern bloß wegen ihrer Tendenz, uns in jene Lage
zu versetzen.

Klugheit, behauptete er, wiewohl die Quelle und das
Grundprinzip aller Tugenden, sey nicht um ihrer selbst willen
begehrenswürdig. Jene ängstliche mühselige Besonnenheit,
womit der Geist auf die fernsten Folgen der Handlungen
lauern und lauschen solle, könne unmöglich um ihrer selbst
willen gefallen und angenehm seyn, sondern bloß wegen ihrer
Tendenz, uns die größten Güter zu verschaffen, und die
größten Uebel von uns abzuwehren.

Mäßigkeit, die Fertigkeit, Freuden zu entsagen und
natürliche Gelüste zu bezwingen, könne nimmermehr um
ihrer selbst willen geübt werden. Der ganze Werth dieser
Tugend bestehe in ihrer Tauglichkeit, uns durch Aufgebung
gegenwärtigen Genusses ein künftiges größeres Gut zu ver-

fchaffen, oder vor künftigen größern Schmerzen, die aus
ihm entspringen würden, zu sichern. Kurz, Mäßigkeit sey
nichts anders, als Klugheit im Gebrauch des Vergnügens.

Arbeiten übernehmen, Schmerzen erdulden, Gefahren
und dem Tode sich bloßgeben, Lagen, worin die Tapferkeit
uns oft verwickeln würde, sey sicher noch weniger Gegenstand
natürlicher Gelüste. Man wähl' es bloß, um größern Uebeln,
auszuweichen. Arbeit übernahmen wir, um den größern
Unbehaglichkeiten der Armuth auszuweichen, den Gefahren
und dem Tode stellten wir uns bloß, um unsre Freyheit und
unser Eigenthum, die Mittel und Werkzeuge des Vergnügens und Genusses, zu vertheidigen, oder auch um unser Va-
terland zu beschützen, mit dessen Sicherheit die unsrige innigst verbunden wäre. Dies alles gern und willig thun —
in der That das Beste, was wir in einer solchen Lage thun
könnten — lehre uns die Tapferkeit, die im Grunde nichts
anders wäre, als Klugheit, gute Beurtheilung und Geistes-
gegenwart, vermöge welcher wir Schmerz, Arbeit und Gefahr schicklich würdigten, und immer das geringere wählten,
um dem größern auszuweichen.

Eben so verhalt' es sich mit der Gerechtigkeit. Sich
fremden Guts enthalten, sey nicht um sein selbst begehrenswürdig, und es könne unmöglich für mich besser seyn, daß du
besäßest, was dein ist, als wenn ichs besäße. Dennoch müss'
ich des Deinigen mich enthalten, um nicht deinen und aller-
Welt Haß und Unwillen wider mich aufzuregen. Thät' ich
das Gegentheil, so zerstört' ich alle Ruhe meines Geistes;
Furcht und Bangigkeit würden mir bey dem Gedanken anwandeln, daß die Menschen jeden Augenblick mich zu züch-

tigen bereit seyen, und daß keine Macht, keine Kunst, kein Verbergen fähig sey, mich vor ihnen zu schützen. Jede andre Art von Gerechtigkeit, die darin besteht, daß man andern Leuten nach Maasgabe des Verhältnisses, worin sie gegen uns stehn, als Nachbarn, Verwandten, Freunden, Wohlthätern, Vorgesetzten, Untergeordneten, oder unsers Gleichen, Gefälligkeiten erweise, empfehle sich uns aus gleichem Grunde. In allen diesen Verhältnissen schicklich zu handeln, verschaffe uns die Achtung und Liebe unsrer Nebenmenschen, das Gegentheil ihren Haß und ihre Verachtung. Durch jenes sichern wir, durch dieses gefährden wir unsre eigne Ruhe, den großen beendzweckten Gegenstand aller unsrer Wünsche. Die ganze Tugend der Gerechtigkeit, die wichtigste von allen, bestehe also in nichts anderm als besonnenem und vorsichtigem Betragen in Ansehung unsers Nächsten.

Anm. So verschieden, ja entgegengesetzt auch die Prämissen der Stoischen und Epikurischen Philosophie sind, indem jene behauptet, der Schmerz sey überall kein Uebel, diese, Vergnügen sey das einzige Gut; jene, die Tugend sey um ihrer selbst willen zu wählen, diese, sie sey es bloß um des Vergnügens willen; so sind die Resultate von beiden doch ganz und gar die nehmlichen. Beide empfehlen die allersorgfältigste Schätzung des größern oder geringern Gutes, des stärkern oder schwächern Uebels; beide räumen den Freuden und Leiden des Geistes ein unendliches Uebergewicht über die körperlichen ein; beide bringen auf gänzliche Leidenschaftslosigkeit, und versprechen, die Seele zu einer Ruhe und Sicherheit zu erheben, die unerschütterlich und unzerstörbar sey, wie die Ruhe der unsterblichen Götter selber.

Man findet die Hauptsätze der Epikurischen Philosophie in einem Briefe dieses Weltweisen an den Menöceus, den uns Diog-

net von Laerte aufbehalten hat. Bey Gelegenheit dieses
Briefs bemerkt der Compilator auch den Punkt, in welchem Ari-
stipp und Epikur sich schieden. Dieser setzte nehmlich das höchste Gut in gänzliche Schmerzlosigkeit, jener in positiven Genuß.
Dieser behauptete, daß die Schmerzen des Geistes ungleich stärker seyen, als die des Leibes. Jener das Umgekehrte. Diog.
Laert. B. IX.

So lautete Epikurs Lehre über die Natur der Tugend.
Seltsam scheint es, daß dieser Weltweise, der als ein Mann
von den liebenswürdigsten Sitten beschrieben wird, nie bemerkt haben solle, daß die Empfindungen, welche jene Tugenden oder die ihnen entgegengesetzten Laster in andern erregen, ohne einige Rücksicht auf deren Einfluß auf unsre körperliche Ruhe und Sicherheit, die Gegenstände eines weit leif-
denschaftlichern Verlangens und Abscheues seyen, als alle ihre
andern Folgen; daß liebenswürdig seyn, hochachtungswür-
dig seyn, schicklicher Gegenstand der Werthschätzung seyn
jeder wohlgestimmten Seele schätzbarer sey, als alle Ruhe
und Sicherheit, welche Liebe, Achtung und Ehrerbietung
uns gewähren können; daß im Gegentheil hassenswürdig
seyn, verachtungswürdig seyn, schicklicher Gegenstand des
Unwillens seyn furchtbarer sey, als alle Unbequemlichkeiten,
welche Haß, Verachtung und Unwillen unserm Leibe zuziehn
können; und daß folglich unsre Vorliebe für jenen, und unsre
Abneigung für diesen Karakter aus keiner Hinsicht auf die
Wirkungen, welche beide vermuthlich in unserm Körper hervorbringen, entspringen könne.

Dies System ist mit dem, welches ich zu gründen gesucht habe, ohne Zweifel durchaus unverträglich. Es ist
jedoch nicht schwer, die Phase, wenn ich so sagen darf, die

Seite und Ansicht der Natur zu entdecken, von welcher diese
Erklärung ihre Wahrscheinlichkeit herleitet. Durch weise
Einrichtung des Urhebers der Natur ist die Tugend bey allen
gewöhnlichen Gelegenheiten schon in Ansehung dieses Lebens
wahre Weisheit und das sicherste und kürzeste Mittel, beides Sicherheit und Vortheile zu gewinnen. Der gute oder
schlechte Erfolg unsrer Unternehmungen muß gar sehr von
der guten oder schlechten Meinung abhängen, die man gewöhnlich von uns hegt, und von der allgemeinen Neigung
unsrer Nebenmenschen, uns beyzustehn oder sich uns zu widersetzen. Nun ist aber der beste, sicherste, leichteste und
kürzeste Weg, die vortheilhafte Meinung andrer zu gewinnen, und ihren nachtheiligen Urtheilen auszuweichen, derjenige, daß wir wirklich schickliche Gegenstände von jener,
nicht aber von diesen werden. Wünschest du dir, sagt Sokrates, den Ruf eines guten Musikers? Der sicherste Weg,
ihn zu gewinnen, ist, daß du ein guter Musiker werdest?
Wünschest du, daß man dich fähig halte, deinem Vaterlande als Feldherr oder als Staatsmann zu dienen? Der beste
Weg dazu ist, daß du dir wirklich Kriegskunst und Regie-
rungsweisheit erwerbest, und wirklich fähig werdest, Feldherr oder Staatsmann zu seyn. Und so in allen andern
Fällen. Willst du für nüchtern, mäßig, gerecht und billig
gehalten werden? Werde in der That nüchtern, mäßig, gerecht und billig. Mache dich erst wirklich liebens- und achtungswerth, und sorge nicht, daß die Liebe und Achtung
deiner Mitbürger dir entstehn werde! — Da also die
Ausübung der Tugend im Allgemeinen so vortheilhaft, und
die Sklaverey des Lasters so nachtheilig ist, so gewährt die
Betrachtung dieser entgegengesetzten Wirkungen allerdings
der einen einen Zuwachs von Schönheit und Schicklichkeit,

dem andern einen Zuwachs von Häßlichkeit und Unschicklichs
keit. Mäßigkeit, Großmuth, Gerechtigkeit und Wohlthä
tigkeit werden nun gebilligt, nicht bloß als solche, sondern auch
als die höchste Weisheit und ächteste Klugheit. Unmäßigkeit,
Kleinmuth, Ungerechtigkeit, Bösartigkeit und niedriger Ei
gennuß werden gemisbilligt, nicht bloß als solche, sondern
auch als die kurzsichtigste Thorheit und unweiseste Schwäche.
Epikur scheint bey jeder Tugend nur auf diese Art von Schick
lichkeit Rücksicht genommen zu haben. Sie ist diejenige,
die allen, welche andre zum regelgerechten Betragen bere
den wollen, zuerst in die Augen fällt. Wenn Leute durch ihre
Handlungen und vielleicht auch durch ihre Grundsäße offen
bar beweisen, daß die natürliche Schönheit der Tugend kei
nen sonderlichen Einfluß auf sie haben werde, wodurch soll
man sie wohl sonst erschüttern, als durch Vorstellung der
Thorheit ihres Betragens, und wie sehr sie am Ende ver
muthlich selbst dadurch leiden werden.

Daß Epikur alle und jede Tugenden zu dieser einen Art
von Schicklichkeit zurückführte, darin befriedigte er einem
Hang, der allen Menschen natürlich ist, dem der Philosoph
aber vorzüglich gern nachhängt, den Hang, alle Erscheinun
gen aus so wenigen Prinzipen als möglich zu erklären. Noch
weiter befolgte er diesen Hang darin, daß er alle ursprüng
lichen Gegenstände des natürlichen Verlangens und Abscheus
auf die Freuden und Schmerzen des Leibes bezog. Der
große Vertheidiger der Atomenphilosophie, der so viel Ver
gnügen daran fand, alle Kräfte und Eigenschaften der Kör
per aus den auffallendsten und bekanntesten, der Figur,
Bewegung und Aneinanderreihung der kleinen Theilchen der
Materie, herzuleiten, fühlte ohne Zweifel die nehmliche Zu

Aa

friedenheit, wenn er auf gleiche Weise alle Empfindungen
und Leidenschaften des Geistes aus den alltäglichsten und be=
kanntesten erklärte.

Epikurs System stimmte mit Plato's, Aristoteles und
Zeno's seinen darin überein, daß er die Tugend in das=
jenige Verfahren setzte, das am tauglichsten sey, die ur=
sprünglichen Gegenstände des natürlichen Verlangens zu er=
reichen. Ab wich es von ihnen allen in zwey Stücken, erst=
lich in der Erklärung, die er von diesen ursprünglichen Ge=
genständen der Begierden gab; und zweytens in der Art, wie
er die Vortrefflichkeit der Tugend oder den Grad ihrer Ach=
tungswürdigkeit erklärte.

Die ursprünglichen Gegenstände der natürlichen Be=
gierden bestanden nach Epikur in körperlichem Vergnügen
und Schmerz, und in nichts anderm; dagegen es nach den
drey andern Weltweisen manche andre Gegenstände gab,
z. B. Einsicht, Wohlfahrt unsrer Verwandten, unsrer Freun=
de, unsers Lebens, die ursprünglich um ihrer selbst willen ver=
langenswürdig seyen.

Nach Epikur verdiente die Tugend um ihrer selbst willen
nicht, errungen zu werden, auch war sie keiner der ursprüng=
lichen Gegenstände der natürlichen Gelüste, sondern ihre Er=
wählungswürdigkeit entsprang bloß aus ihrer Tendenz,
Schmerzen zu verhüten, und Vergnügen und Ruhe zu beför=
dern. Nach der Meinung der drey andern hingegen war
sie wünschenswürdig, nicht bloß als Mittel, uns die andern
ursprünglichen Gegenstände des natürlichen Verlangens zu
verschaffen, sondern auch als etwas, das an sich selbst schätz=

barer sey, denn sie alle. Der Mensch, glaubten sie, der zur Thätigkeit geboren sey, könne sein Glück nicht bloß in der Annehmlichkeit seiner leidenden sinnlichen Gefühle, sondern auch in der Schicklichkeit seiner thätigen Bestrebungen finden.

Drittes Kapitel.
Von den Systemen, die die Tugend durch Wohlwollen erklären.

Nicht ganz so alt, wie die eben untersuchten Systeme, ist jenes, das die Tugend durch Wohlwollen erklärt. Doch ist es auch keins der jüngsten. Es scheint die Lehre des größern Theils jener Weltweisen gewesen zu seyn, die um und nach dem Zeitalter des Augustus sich Eklektiker nannten, die hauptsächlich Plato's und Pythagoras Fahne zu folgen behaupteten, und daher unter dem Namen der Neu-Platoniker bekannt sind.

Diesen Schriftstellern zufolge war Wohlwollen oder Liebe das einzige Handlungsprinzip der Gottheit und die Triebfeder, die allen ihren übrigen Eigenschaften die Richtung gab. Die Weisheit Gottes beschäftigte sich mit Ausfindung der nöthigen Mittel, um die Zwecke zu erreichen, die seine Güte ihm eingab, so wie seine Allmacht sich mit Ausführung jener Mittel beschäftigte. Wohlwollen war jedoch immer das höchste und herrschende Prinzip, dem alle

andern dienten, und von welchen die ganze Vortrefflichkeit,
und, wenn ich mich ſo ausdrücken darf, die ganze Moralität
der göttlichen Handlungen am Ende abhing. Alle Vollkommenheit und Tugend des menſchlichen Geiſtes beſtand in be-
ſtändigem Annähern und Emporklimmen zu jenem Gipfel
der göttlichen Vollkommenheiten, und folglich in der Durch-
drungenheit deſſelben von eben dem Prinzip des Wohlwollens,
das alle Handlungen der Gottheit leitete. Nur die Handlungen des Menſchen, die aus dieſer Triebfeder entſpran-
gen, waren allein wahrhaftig ruhmwürdig, oder konnten
ihm in den Augen der Gottheit einiges Verdienſt geben. Nur
durch Handlungen der Gutthätigkeit und der Menſchenliebe
konnten wir das Betragen Gottes gebührend nachahmen,
konnten wir unſre demüthige und andächtige Bewundrung
ſeiner unendlichen Vollkommenheiten ausdrücken, konnten
wir, vermittelſt Nährung des nehmlichen göttlichen Prinzips in unſerm Gemüthe, unſre Affekten zu größerer Aehnlichkeit mit ſeinen heiligen Eigenſchaften erheben, und ſo
ſchicklichere Gegenſtände ſeiner Liebe und Achtung werden,
bis wir endlich zum unmittelbaren Umgange mit ihm gelang-
ten, zu welchem uns empor zu heben, der große Gegenſtand
dieſer Philoſophie war.

Schon bey einigen alten Vätern der Kirche ſtand dies
Syſtem in großer Achtung. Nach der Reformation aber
ward es von verſchiednen Gottesgelehrten von ausnehmen-
der Frömmigkeit und Gelehrſamkeit und von den lobenswür-
digſten Sitten angenommen, vornehmlich von Cudworth,
More und Joh. Smith von Cambridge. Von allen
Vertheidigern dieſes Syſtems, ältern und neuern, aber war
der ſel. Hutcheſon ohne Zweifel bey weitem der ſcharfſin-

nigste, bestimmteste, philosophischeste, und, was mehr denn
das alles gilt, der nüchternste und an Urtheilskraft
gesündeste.

Daß Tugend im Wohlwollen bestehe, ist ein Begriff,
der durch mancherley Erscheinungen in der menschlichen Natur begünstigt wird. Es ist bereits bemerkt worden, daß
schickliches Wohlwollen der angenehmste aller Affekten ist, daß
er sich uns durch doppelte Sympathie empfiehlt, daß er vermöge seiner wohlthätigen Tendenz schicklicher Gegenstand
der Dankbarkeit und Belohnung ist, und daß er in allen diesen Rücksichten unserm natürlichen Gefühl ein jedem andern überlegnes Verdienst zu besitzen scheint. Auch ist bemerkt worden, daß selbst die Schwächen des Wohlwollens
uns nicht sehr unangenehm sind, dagegen die Schwächen
jeder andern Leidenschaft uns immer äußerst empören. Wer
verabscheut nicht übermäßige Bosheit, übermäßige Eigenliebe und übermäßige Rachgier? Dagegen ist die übermäßigste
Nachsicht partheylicher Freundschaft keinesweges so anstößig.
Nur die wohlwollenden Leidenschaften können sich ohne Rücksicht oder Achtsamkeit aufs Schickliche äußern, und doch etwas
Einnehmendes an sich behalten. Es ist etwas Gefälliges
sogar im bloßen instinktartigen Wohlwollen, das seinem
Nächsten dient, ohne nachzudenken, ob es damit Tadel oder
Lob erwerbe. Nicht so ist es mit den andern Leidenschaften.
Den Augenblick, wo sie aufhören, schicklich zu seyn, hören
sie auch auf, zu gefallen.

So wie das Wohlwollen den Handlungen, die aus ihm
entspringen, eine allen andern überlegne Schönheit ertheilt,
so ertheilt der Mangel desselben, und noch mehr die entge-

Aa 3

gengesetzte Neigung allem, was diese Entgegengesetztheit
verräth, eine eigne Häßlichkeit. Schädliche Handlungen
sind oft aus keiner andern Ursache strafbar, als weil sie einen
Mangel an hinlänglicher Aufmerksamkeit auf das Glück des
Nächsten verrathen.

Ueber dies alles bemerkte Dr. Hutcheson, daß so oft in
einer Handlung, die wir wohlwollenden Affekten zugeschrieben
hatten, irgend eine andre Triebfeder entdeckt würde, unser Gefühl des Verdienstlichen derselben grade um so viel sinke, als
wir dieser andern Triebfeder Einfluß zuzuschreiben Ursach
hätten. Fänden wir, daß eine Handlung, die wir aus Dankbarkeit hergeleitet hätten, aus Erwartung einer neuen Wohlthat entsprungen wäre; daß etwas, das wir jemandes Gemeingeist zugeschrieben, ursprünglich aus Hoffnung einer
Geldbelohnung entquollen wäre, so würde diese Entdeckung
allen Begriff von Verdienstlichkeit oder Preiswürdigkeit der
Handlung gänzlich zerstören. Da also die Einmischung
jedes selbstischen Beweggrundes, gleich eines geringhaltigern
Metalls, das Verdienst, das einer Handlung sonst zuge-
kommen wäre, vermindre oder durchaus vertilge, so sey es
augenscheinlich, meinte er, daß die Tugend allein in reinem
und uneigennützigem Wohlwollen bestehe.

Fände man im Gegentheil, daß Handlungen, die man
gewöhnlich aus eigennützigen Absichten herleitet, aus einer
wohlwollenden Triebfeder entsprängen, so erhöhe dies unser
Gefühl ihres Werths gar sehr. Glaubten wir von jemandem,
daß er sich die Verbesserung seines Zustandes aus keiner andern Absicht angelegen seyn lasse, als um seinem Nächsten
zu dienen, und seinen Wohlthätern ihre Guttaten vergelten

zu können, so würden wir ihn um desto mehr lieben und schätzen. Und diese Bemerkung scheine der Schlußfolge noch mehr Bündigkeit zu geben, daß das Wohlwollen allein eine Handlung zur tugendhaften stempeln könne.

Endlich, bemerkt er, sey es ein augenscheinlicher Beweis der Richtigkeit seiner Erklärung, daß in allen streitigen Fällen der Casuisten über Recht und Unrecht das allgemeine Beste immer der Maasstab sey, auf den sie sich bezögen; hierdurch geständen sie offenbar, daß alles, was zu Beförderung der Glückseligkeit der Menschen diene, recht, löblich und tugendhaft, das Gegentheil unrecht, tadelnswürdig und lasterhaft sey. In den neuern Streitigkeiten über leidenden Gehorsam und das Recht des Widerstandes sey unter verständigen Männern der wahre Streitpunkt der gewesen, ob unbedungne Unterwürfigkeit wahrscheinlicherweise mit größern Uebeln verknüpft seyn würde, als zeitige Insurrektion nach verletzten Vorrechten. Ob dasjenige, was im Ganzen am meisten zum Glück der Menschen gereiche, nicht auch moralisch gut sey, darüber, sagt er, sey nie die Frage gewesen.

Da also das Wohlwollen die einzige Triebfeder sey, die einer Handlung den Karakter der Tugend aufprägen könne, so müsse, je größer Wohlwollen sich in einer Handlung offenbart, desto größer auch das Lob seyn, das ihr gebührt.

Handlungen, die die Wohlfahrt einer großen Gesellschaft bezwecken, bewiesen ein ausgebreiteteres Wohlwollen, als jene, die nur das Beste eines kleinen Ganzen bezielten, wären also verhältnißmäßig um so tugendhafter. Der tugendhafteste aller Affekten sey also der, der die Glückseligkeit aller denkenden Weſen als Gegenſtand umfaßt; der am wenigſten tugendhafte hingegen der, welcher nichts weiter als das Wohl eines Individuums, eines Sohns, Bruders, Freundes, beabſichtigt.

Berechne man alle ſeine Handlungen auf Beförderung des möglichſt größten Guts; unterwerfe man alle andern Affekten dem Verlangen nach der allgemeinen Glückſeligkeit des Menſchengeſchlechts; betrachte man ſein eignes Selbſt nur als eins der vielen, deren Wohlfahrt nur in ſo fern zu verfolgen iſt, als es ſich mit dem Wohl des Ganzen verträgt, ſo habe man den Gipfel menſchlicher Tugend erreicht.

Selbſtliebe ſey ein Prinzip, das nie, in keinerley Grade und keinerley Richtung tugendhaft ſeyn könne. Es ſey laſterhaft, wenn es ſich dem allgemeinen Beſten entgegenſtellt. Wirke ſie ſonſt nichts, als daß ſie das Individuum beſorgter für ſeine eigne Wohlfahrt mache, ſo ſey ſie bloß unſchuldig, und verdiene ſo wenig Lob als Tadel. Wohlwolle de Handlungen, die trotz eines ſtarken Widerſtandes der Eigenliebe durchgeſetzt wurden, ſeyen um ſo tugendhafter. Sie bewieſen die Stärke und die Lebhaftigkeit des wohlwollenden Prinzips.

Hutcheſon war ſo weit entfernt, der Selbſtliebe die geringſte Fähigkeit, tugendhafte Handlungen zu erzeugen, zuzugeſtehn, daß ſeiner Meinung nach ſogar die Rückſicht auf das Vergnügen der Selbſtbilligung, auf den belohnenden Beyfall unſers eignen Gewiſſens, das Verdienſt einer wohlwollenden Handlung vermindre. Es ſey eine ſelbſtiſche Triebfeder, meinte er, die, in ſo fern ſie zu einer Handlung mit-

wirke, die Schwäche jenes reinen und ungemischten Wohlwollens beweise, welches das Betragen eines Mannes allein als
tugendhaft stempeln könne. Der gewöhnlichen Vorstellungs-
weise der Menschen zufolge wird jedoch diese Rücksicht auf
den Beyfall unsers Herzens so wenig als Verminderung
des Werths der Handlung betrachtet, daß man sie vielmehr
als die einzige Triebfeder ansieht, die den Namen der tugendhaften verdient.

Dies ist die Erklärung, die von der Natur der Tugend
in diesem lobenswürdigen System gegeben wird, einem System, das vorzüglich dazu dient, den edelsten und angenehmsten aller Affekten in menschlichen Herzen zu wecken und zu
nähren, und nicht nur die Ungerechtigkeit der Selbstliebe zu
zügeln, sondern gewissermaßen dies Princip durchaus zu
dämpfen, als ein solches, das dem, der sich durch selbiges
leiten läßt, nie zur Ehre gereichen kann.

So wie einige der andern Systemen, von denen ich schon
Rechenschaft abgelegt habe, nicht hinreichend erklären, woher die eigenthümliche Vortrefflichkeit der höchsten Tugend,
Wohlwollen, entspringe, so scheint dieses System im Gegentheil nicht befriedigend zu erklären, woher unsre Billigung
der untergeordneten Tugenden, Klugheit, Vorsicht, Besonnenheit, Mäßigung, Standhaftigkeit, Bedachtsamkeit, entspringe. Die Absicht und der Zweck unsrer Affekten, ihre
wohlthätige oder übelthätige Strebsamkeit sind die einzigen
Eigenschaften, die es in Anschlag bringt. Ihre Schicklichkeit oder Unschicklichkeit, ihre Angemessenheit oder Unangemessenheit zur veranlassenden Ursache vernachläßigt es
ganz und gar.

Aa 5

Rücksicht auf unser Privatwohl scheint bey manchen Gelegenheiten ein sehr lobenswürdiges Handlungsprinzip. Die Fertigkeiten der Häuslichkeit, Betriebsamkeit, Besonnenheit, Aufmerksamkeit und Bedachtsamkeit werden gemeiniglich aus selbstischen Triebfedern abgeleitet, und doch als löbliche Eigenschaften betrachtet, die jedermanns Achtung und Beyfall verdienen. Die Einmischung eines selbstischen Beweggrundes scheint freylich oft die Schönheit der Handlungen zu verunreinigen, die aus wohlwollendem Affekt entspringen sollten. Das rührt jedoch nicht daher, daß die Selbstliebe nie die Triebfeder einer tugendhaften Handlung seyn könne, sondern daß das wohlwollende Prinzip in diesem einzelnen Fall seines gehörigen Grades von Stärke ermangelt, und seinem Gegenstande durchaus unangemessen gewesen zu seyn scheint. Der Karakter erscheint dadurch offenbar unvollkommen, und im Ganzen mehr tadelns- als ruhmwürdig. Die Einmischung einer wohlwollenden Triebfeder in eine Handlung, zu welcher die Selbstliebe allein uns zu bewegen hingereicht hätte, pflegt freylich unser Gefühl ihrer Schicklichkeit und der Tugend des Handelnden nicht in dem Grade zu schwächen. Wir trauen aber niemandem zu, daß es ihm an Selbstliebe mangele. Es ist dies keinesweges die schwache Seite der menschlichen Natur, oder diejenige, deren Mängel wir gern zu vermuthen pflegen. Könnten wir jedoch wirklich von einem Manne glauben, daß, thät' ers nicht aus Achtung für seine Familie und Freunde, er für seine Gesundheit, sein Leben und seine Wohlfahrt nicht jene schickliche Sorge tragen würde, zu welcher die Pflicht der Selbsterhaltung ihn zu reizen hätte genügen sollen, so würde das ohne Zweifel ein Fehler seyn, wiewohl einer jener liebenswürdigen Fehler, der jemanden mehr zum Gegenstande des Mitleidens als des

Haffes oder der Verachtung machte. Dennoch würd' es im-
mer der Ehrwürde seines Karakters einigen Abbruch thun.
Sorglosigkeit und Mangel an guter Wirthschaft werden allge-
mein gemisbilligt, nicht jedoch, als ob sie aus Mangel an
Wohlwollen entsprängen, sondern als Mangel der schicklichen
Aufmerksamkeit auf die Gegenstände des Eigennutzes.

Wiewohl der Maasstab, nach welchem Casuisten gemeiniglich bestimmen, was im menschlichen Betragen recht
oder unrecht sey, dessen Einfluß auf das Wohl oder Weh der
Gesellschaft ist, so folgt doch daraus nicht, daß Rücksicht auf
das Wohl der Gesellschaft die einzige tugendhafte Triebfeder
der Handlung sey, sondern nur dies, daß sie in Collisions-
fällen alle andern Triebfedern überwiegen müsse.

In der Gottheit mag Wohlwollen vielleicht das einzige
Handlungsprinzip seyn. Es gibt allerley nicht unwahr-
scheinliche Gründe, die uns das vermuthen lassen. Man
sieht nicht ab, aus welcher andern Triebfeder ein unabhän-
giges und allvollkommnes Wesen, das keines äußerlichen
Dinges bedarf, und dessen Glückseligkeit in ihm selbst vollkommen ist, handeln könne. Was aber auch der Fall bey
der Gottheit seyn möge, so muß doch ein so unvollkommnes
Geschöpf, als der Mensch ist, ein Geschöpf, das zur Erhaltung seines Daseyns so mancher äußerlichen Dinge bedarf,
oft aus mancherley andern Bewegungsgründen handeln.
Hart wäre der Zustand der menschlichen Natur, wenn Affekten,
die vermöge unsrer wesentlichen Einrichtung unser Betragen
so oft bestimmen müssen, nie auf Tugendhaftigkeit Anspruch
machen, nie jemandes Achtung und Empfehlung verdienen
dürften.

Anm. Mit Recht bemerkt der Verfasser, daß das Wohlwollen den Begriff der Tugend nicht erschöpfe. — Wäre Wohlwollen und Tugend synonym, so würde so manche schöne That der Gerechtigkeit, die einen höchst seltnen Grad von Anstrengung und Selbstverleugnung erforderte, mehr Bedauren als Bewundrung, mehr Abscheu als Nachahmung verdienen; so wäre jener starke Römer, der seinen heldenmüthigen Sohn einen Sieg, den er wider Befehl des Feldherrn über einen hohnsprechenden Gegner erkämpft hatte, mit dem Tode büßen ließ, ein Unmensch; so wäre selbst Regulus, da er dem Zureden seiner Freunde, dem Flehen seiner Familie, dem Vernünfteln der Kasuisten, und den Ansprüchen seines Vaterlandes nichts als die Heiligkeit der Gelöbnisse entgegenstellte, ihren sträubenden Armen sich entwand, hinging, und starb, nichts mehr und nichts minder, denn ein Schwärmer.

Was soll, könnte man die Vertheidiger dieses Systems fragen, jenes Wohlwollen, das ihr zum Prinzip der Sittlichkeit erhebet, für einen Gegenstand haben? — Die Individuen? So beeinträchtigt ihr die Gesellschaft! — Die Gesellschaft, in der ihr lebt? So geräth der Weltbürger ins Gedränge! Oder soll euer Wohlwollen die Gattung umfassen, soll es weltbürgerlicher Allgemeingeist seyn? Dieser wird nur dann mehr als klingende aber inhaltleere Formel werden, wenn ihr ihn durch die Fertigkeit erklärt, nach Maximen zu handeln, die sich zu allgemeiner Gesetzgebung in einem Reiche vernünftiger Wesen qualifiziren.

Dies sind nun die drey Systeme, die die hauptsächlichsten Begriffe von der Natur der Tugend abgeben; jenes, welches die Tugend durch Schicklichkeit, jenes, das sie durch Klugheit, und das dritte, daß sie durch Wohlwollen erklärt. Auf eins oder andres derselben lassen alle andre Beschreibungen der Tugend, so verschieden sie auch von einander seyn mögen, sich ohne Mühe zurückführen.

Das System, das die Tugend durch Gehorsam gegen den Willen Gottes erklärt, kann entweder zu denen gerech-

net werden, die sie durch Klugheit, oder zu denen, die sie
durch Schicklichkeit erklären. Fragt man, warum wir dem
Willen Gottes gehorchen müssen — eine Frage, die gottlos
seyn würde, wenn sie aus wirklichem Zweifel an der Nothwendigkeit dieses Gehorsams herrührte — so lassen sich das
auf nur zwey Antworten geben. Entweder man muß sagen,
wir müssen dem Willen Gottes gehorchen, weil er ein Wesen von unendlicher Kraft ist, ein Wesen, das es uns ewig
belohnen wird, wenn wir ihm gehorchen, und uns ewig bestrafen wird, wenn wir es nicht thun; oder man muß sagen, auch unabhängig von aller Rücksicht auf unsre eigne
Glückseligkeit zieme und schicke es sich, das ein Geschöpf seinem Schöpfer gehorche, daß ein begrenztes und unvollkommnes Wesen sich einem andern von unendlicher und unbegreif-
licher Vollkommenheit unterwerfe. Außer diesen beiden
Antworten läßt sich kaum eine dritte denken. Wählt man
die erste, so besteht die Tugend in Klugheit, oder in schicklicher Verfolgung unsers eigenen endzwecklichen Wohls und
Vortheils, indem dies die Ursache ist, um derentwillen wir
dem Willen der Gottheit gehorchen sollen. Wählt man die
zweyte, so muß die Tugend in der Schicklichkeit bestehn, indem der Grund unsrer Verpflichtung, ihm zu gehorchen, darin liegen soll, daß es anpassend und angemessen sey, einem
überlegnen Wesen gegenüber Demuth und Unterwürfigkeit
zu empfinden.

Anm. Der berühmteste Vertheidiger des hier vom Verfasser
angefochtnen Systems unter den Unsrigen war Crusius. Man
findet seinen Begriff von Tugend nebst der Deduktion desselben in
seiner Anweisung, vernünftig zu leben, und eine weit-
läuftige Widerlegung desselben in Kiesewetters erstem Grundsatz
der Moralphilosophie, Th. I.

Das System, das die Tugend durch Nutzbarkeit erklärt, trifft mit dem zusammen, das sie in der Schicklichkeit findet. Diesem System zufolge werden alle Eigenschaften des Geistes, die entweder dem Eigner oder andern
angenehm und vortheilhaft sind, als tugendhaft gebilligt,
die entgegengesetzten aber als lasterhaft gemisbilligt. Es hängt
aber die Annehmlichkeit oder Nutzbarkeit eines jeden Affekts
von dem Grade ab, den man ihm zugesteht. Jeder Affekt ist nutzbar, der innerhalb den Schranken der Mäßigung bleibt; und jeder Affekt ist nachtheilig, der die schicklichen Schranken überschreitet. Diesem System zufolge besteht die Tugend also nicht in einem einzelnen Affekt, sondern im schicklichen Grade aller Affekten. Der einzige Unterschied zwischen ihm und dem, das ich mich aufzuführen
bemüht habe, besteht darin, das jenes die Nutzbarkeit, und
nicht die Sympathie oder den zustimmenden Affekt des Zuschauers, zum natürlichen und ursprünglichen Maasstabe
dieses schicklichen Grades macht.

Viertes Kapitel.

Von Systemen der Ungebundenheit.

Alle Systeme, die ich bisher durchgegangen bin, setzen zum
voraus, daß ein wesentlicher Unterschied zwischen Tugend
und Laster sey, worin auch diese Eigenschaften bestehn mö=
gen. Es ist ein wirklicher und wesentlicher Unterschied zwi=
schen der Schicklichkeit und Unschicklichkeit eines jeden Affekts,
zwischen Wohlwollen und jedem andern Handlungsprinzip,
zwischen wirklicher Klugheit und kurzsichtiger Thorheit oder
voreiliger Raschheit. Auch darin stimmen alle überein, daß
sie die lobenswürdige Gemüthsanlage aufmuntern, von der
tadelnswürdigen aber abmahnen und abschrecken.

Einige derselben mögen freylich wohl das Gleichgewicht
der Affekten gewissermaßen stören, und dem Geiste einen
vorherrschenden Hang zu gewissen Handlungsprinzipen zu ge=
ben suchen, der das ihm gebührende Verhältniß überschreitet.
Jene alten Systeme, die die Tugend durch Schicklichkeit
erklärten, scheinen vornehmlich die großen, feyerlichen, ehr=
würdigen Tugenden zu empfehlen, die Tugenden der Selbst
verleugnung und Selbstbeherrschung, Tapferkeit, Groß=
muth, Unabhängigkeit vom Glück, Verachtung aller äußer=
lichen Zufälle, des Schmerzes, der Armuth, des Elends,
und des Todes. In diesen großen Anstrengungen entfaltet
sich die reinste Schicklichkeit des Betragens. Die sanften,
holden, liebenswürdigen Tugenden, die Tugenden milder
Menschlichkeit werden vergleichungsweise mit jenen vernach=
läßigt, und von den Stoikern insonderheit nur zu oft als

bloße Schwächen betrachtet, die kein weiser Mann in seiner Brust beherbergen müsse.

Das wohlwollende System hingegen, das alle jene mildern Tugenden aufs sorgsamste nährt und aufmuntert, scheint die erhabnern und ehrfurchtswürdigern Eigenschaften des Geistes gänzlich zu vernachläßigen. Es verwegert ihnen sogar die Benennung der Tugend. Es nennt sie sittliche Fertigkeiten, und behandelt sie als Eigenschaften, die nicht die nehmliche Art von Achtung und Billigung verdienen, die der eigentlich so genannten Tugend gebührt. Alle jene Handlungsprinzipe, die bloß unser eignes Interesse bezielen, behandelt es, wo möglich, noch schlimmer. Ferne, einiges ihnen eigne Verdienst zu haben, mindern sie, seiner Meynung nach, das Verdienst des Wohlwollens, wenn sie zu ihm mitwirken, und Klugheit, bloß zu Beförderung unsers Privatvortheils verwandt, kann nach ihm nie als Tugend gedacht werden.

Jenes System hingegen, das die Tugend allein in Klugheit setzt, gewährt zwar den Fertigkeiten der Vorsicht, Wachsamkeit, Nüchternheit und kluger Mäßigung die höchsten Aufmunterungen, scheint aber beides die holden und die hehren Tugenden herabzuwürdigen, und jene aller ihrer Schönheit, diese aller ihrer Würde zu entkleiden.

Allein ungeachtet dieser Mängel beeifert doch jedes dieser drey Systeme sich, die besten und lobenswürdigsten Eigenschaften des menschlichen Geistes zu ermuntern, und es wäre ein Glück für die Gesellschaft, wenn entweder die Menschen überhaupt, oder auch nur die wenigen, die einer phi-

losophischen Regel gemäs zu leben vorgeben, ihr Betragen
nach den Vorschriften irgend einer von ihnen einrichteten.
Wir können von jedem etwas lernen, was beides schätzbar
und eigenthümlich ist. Wär' es möglich, dem Geiste durch
Vorschrift und Aufmunterung Tapferkeit und Großmuth eins
zuflößen, so möchten die alten Systeme der Schicklichkeit
wohl dies zu leisten taugen. Oder wär' es möglich, durch
gleiche Mittel den Geist zu schmelzen, zu erweichen, und die
Affekten der Güte und allgemeinen Liebe gegen die Nebenmenschen in ihm zu erwecken, so möchten einige der Schilderungen, die uns das wohlwollende System darstellt, wohl
fähig seyn, solche Wirkungen hervorzubringen. Epikurs System, wiewohl das schlechteste von allen dreyen, kann uns
lehren, wie sehr die Uebung beides der liebens- und ehrwürdigen Tugenden unserm eignen Interesse, unsrer Ruhe und
Sicherheit sogar in diesem Leben vortheile. Da Epikur die
Glückseligkeit in Erreichung dieses Wohlbefindens und dieser
Sicherheit setzte, so beeiserte er sich vorzüglich, zu zeigen,
daß Tugend nicht nur das beste und sicherste, sondern auch
das einzige Mittel sey, diese unschätzbaren Besitzthümer zu
erwerben. Den wohlthätigen Einfluß der Tugend auf unsre
innere Ruhe und unsern Seelenfrieden haben andre Weltweisen vornehmlich gepriesen. Epikur, ohne diesen Gemein-
platz zu vernachläßigen, bestand besonders auf dem Einfluß
dieser edlen Seelenstimmung auf unsre eigne Glückseligkeit
und Sicherheit. In dieser Hinsicht eben wurden seine Schriften so sehr durch Männer von allen philosophischen Sekten in
der alten Welt studirt. Von ihm entlehnte Cicero, der große
Feind des Epikurischen Systems, seine angenehmsten Beweise, daß die Tugend allein hinreiche, unser Glück zu sichern.
Seneka, wiewohl ein Stoiker, folglich einer der erklärte-

ſten Gegner Epikurs, führt dieſen Weltweiſen dennoch häufiger an, als jeden andern.

Es gibt jedoch einige andre Syſteme, die allen Unterſchied zwiſchen Tugend und Laſter aufzuheben ſcheinen, und
deren Wirkungen folglich nicht anders denn ſchädlich ſeyn
können; ich meine die Syſteme des Duc de la Rochefoucault und des D. Mandeville. Wiewohl die Begriffe
dieſer beiden Schriftſteller beynah in jeder Rückſicht irrig
ſind, ſo gibt es in der menſchlichen Natur doch einige Er-
ſcheinungen, die, in einem gewiſſen Geſichtspunkt betrachtet,
ſie beym erſten Anblick zu begünſtigen ſcheinen. Dieſe, zuerſt mit Rochefoucaults Eleganz und gedrungner Kürze nur
flüchtig angedeutet, und hernach mit Mandevilles lebhafter
und launigter, wiewohl roher und bäuriſcher Beredtſamkeit
vollſtändig ausgeführt, haben ihrer Lehre eine Miene von
Wahrheit und Wahrſcheinlichkeit gegeben, die ſehr geſchickt
iſt, die Unerfahrnen zu täuſchen.

Mandeville, der methodiſcheſte der beiden Schriftſteller,
betrachtet alles, was aus einem Gefühl des Schicklichen,
aus Rückſicht auf das, was empfehlungswürdig und löblich
iſt, geſchieht, als bloße Wirkung der Ruhmbegierde, oder,
wie er es nennt, der Eitelkeit. Der Menſch, bemerkt er,
iſt von Natur weit mehr für ſeine eigne als andrer Glückſeligkeit eingenommen, und es iſt unmöglich, daß er des andern Wohlfahrt ſeiner eignen aufrichtig vorziehen könne.
Scheint er es zu thun, ſo können wir ſicher glauben, daß er
uns betrügt, und daß er dann ſo gut aus ſelbſtiſchen Beweggründen handle, wie immer. Unter andern ſelbſtiſchen Eigenſchaften iſt die Eitelkeit eine der ſtärkſten, und nichts

schmeichelt und entzückt ihn mehr, als der laute Beyfall sei=
ner Nebenmenschen. Wenn er sein eignes Interesse sei=
ner Gefährten ihrem aufzuopfern scheint, so weiß er, daß
sein Betragen ihrer Selbstliebe äußerst angenehm seyn, und
daß sie nicht ermangeln werden, ihre Zufriedenheit dadurch
auszudrücken, daß sie ihm die übertriebensten Lobeserhebun=
gen ertheilen. Das Vergnügen, das er hiervon erwartet,
überwiegt in seinem Gefühl den Vortheil, mit dessen Hinge=
bung er es erkauft. Sein Betragen ist also in diesem Fall
in der That grade so selbstisch, und entspringt aus einer eben
so kleinlichen Triebfeder, wie in jedem andern. Man schmei=
chelt ihm jedoch und er selbst schmeichelt sich mit dem Wah=
ne, daß es durchaus uneigennützig sey, indem es ohne die=
sen Wahn weder ihm noch andern einiges Lobes würdig schei=
nen würde. Aller Gemeingeist, folglich alle Aufopferung
eignen Nutzens zu Gunsten des gemeinen Bestens ist ihm
zufolge eitel Trug und Dunst, und jene so sehr gepriesene,
mit so viel Nacheiferung unter den Menschen errungene Tu=
gend ist eine bloße Mißgeburt der Schmeichelen und des
Stolzes.

Ob die edelmüthigsten und patriotischesten Handlungen
nicht in gewissem Sinne als Wirkungen der Selbstliebe an=
gesehn werden können, will ich izt nicht untersuchen. Die
Entscheidung dieser Frage ist meinem Vermuthen nach für
die Gründung der Wirklichkeit der Tugend von gar keiner
Erheblichkeit, sintemalen Selbstliebe oft ein tugendhaftes
Handlungsprinzip seyn kann. Ich werde bloß zu zeigen
suchen, daß das Verlangen, zu thun, was edel und was löb=
lich ist, das Verlangen, sich zum schicklichen Gegenstande der
Achtung und Billigung zu erheben, mit Grunde nicht Ei=

telkeit genannt werden könne. Selbst das Verlangen nach
wohlgegründetem Ruhm und Rufe, der Wunsch, die Achtung der Achtungswürdigen zu erlangen, verdient diesen
Namen nicht. Jenes erstere ist die Liebe zur Tugend, die
edelste und beste Leidenschaft im menschlichen Herzen. Dieses letztere ist die Liebe zu wahrer Ehre; eine Leidenschaft,
die ersterer freylich nachsteht, an Würde ihr jedoch die nächste zu seyn scheint. Eitel ist derjenige, der um Eigenschaften
gepriesen seyn will, die entweder überall kein Lob oder es doch
nicht in dem Grade verdienen, in welchem er es verlangt;
der in den armseligen Zierrathen der Kleidung oder der Equipage eine Ehre sucht, der in die eben so armseligen Vollkommenheiten des alltäglichen Betragens seinen Werth setzt.
Eitel ist derjenige, der um etwas gelobt seyn will, was freylich lobenswürdig ist, was aber seinem eignen Gefühl nach
ihm keinesweges zukömmt. Eitel ist der inhaltleere Thor,
der sich eine Miene von Wichtigkeit gibt, die ihm gar nicht
gebührt; der lügnerische Windbeutel, der sich aus Abenteuern, die er nie bestanden hat, ein Verdienst macht; der
lächerliche Plagiar, der sich geborgter Gedanken und Wen-
dungen als seiner eignen rühmt. Auch der wird der Eitelkeit beschuldigt, der, nicht zufrieden mit den schweigenden
Gefühlen der Achtung und Billigung, mehr um den lauten,
lärmenden Beyfall wirbt, als um die Empfindungen selber;
der nie vergnügt ist, wenn die Lobpreisungen seines lieben
Selbst ihm nicht in die Ohren tönen, der mit der ängstlichsten Zudringlichkeit nach äußerlichen Ehrenbezeugungen ringt,
nach Titeln hascht, nach Komplimenten schnappt, immer
besucht, immer sich aufgewartet, immer an öffentlichen Or-
ten mit Unterscheidung und Aufmerksamkeit begegnet seyn
will. Diese alberne Leidenschaft ist von den beiden vorigen

gar sehr verschieden, und ist die Leidenschaft der niedrigsten
und letzten unter den Menschen, wie jene den edelsten
und besten eigen sind.

Allein ungeachtet des weiten Unterschiedes zwischen diesen drey Leidenschaften, zwischen dem Verlangen, wirklich
schätzbar und achtungswerth zu werden, dem Verlangen-
durch wirklich verdienstvolle Eigenschaften Achtung und Ehre
zu erwerben, und dem thörichten Verlangen, Lob zu erha-
schen, es sey auf welche Art es wolle; ungeachtet die beiden erstern immer gebilligt werden, und die letzte sicherlich
immer verachtet wird: so ist doch eine gewisse ferne Verwandtschaft zwischen ihnen, die, durch die launigte und unter-
haltende Beredtsamkeit dieses lebhaften Schriftstellers vergrößert, ihn in den Stand setzt, seine Leser zu täuschen. Es
ist Verwandtschaft zwischen Eitelkeit und Liebe zu wahrem
Ruhm, in so fern diese beiden Leidenschaften nach Achtung
und Billigung trachten. Aber das ist der Unterschied zwischen beiden, daß die eine gerecht, vernünftig und billig, die
andre ungerecht, abgeschmackt und lächerlich ist. Wer für
etwas wirklich Achtungswürdiges Achtung begehrt, begehrt nichts anders, als wozu er ein Recht hat, und was
man ihm nicht ohne einige Ungerechtigkeit versagen kann.
Wer im Gegentheil für etwas anders Lob verlangt, verlangt
etwas, wozu er kein Recht hat. Jener ist leicht befriedigt,
entbrennt nicht gleich in Eifersucht und Argwohn, daß wir
ihn nicht sattsam schätzen, wenn wir es etwa einst an einem
äußern Merkmal unsrer Achtung fehlen lassen. Dieser hingegen ist nie zufrieden, und argwohnt beständig, daß wir ihn
nicht so sehr schätzen, als er verlangt, weil er sichs heimlich
bewußt ist, daß er mehr verlange, als er verdient. Die ge-

ringste Nachläßigkeit im Ceremoniel betrachtet er als tödli=
chen Schimpf, und als Ausdruck der entschlossensten Vers
achtung. Rastlos und ungeduldig, immer besorgt, daß wir
allen Respekt für ihn verloren haben, quält er sich unaufs
hörlich um neue Merkmale der Hochachtung, und kann nicht
anders als durch beständige Aufwartungen und Schmeichel
leyen bey Laune erhalten werden.

Auch zwischen dem Verlangen, schätzbar und achtungs
würdig zu werden, und dem Verlangen nach Achtung und
Ehre, zwischen der Liebe zur Tugend und der Liebe zum Ruhm
gibt es einige Verwandtschaft. Sie gleichen einander nicht
allein in der Rücksicht, daß beide darnach trachten, wirklich
achtungswürdig und schätzbar zu werden, sondern auch in dem
jenigen, darin die Liebe des wahren Ruhms der eigentlich
so genannten Eitelkeit gleicht, in der Hinsicht auf die Em=
pfindungen anderer. Der großmüthigste Mann, der die Tu=
gend um ihrer selbst willen verlangt, und über die wirklichen
Meinungen der Leute von ihm äußerst gleichgültig ist, wei
det sich dennoch an dem Gedanken dessen, was sie seyn soll=
ten, an dem Bewußtseyn, daß er schicklicher Gegenstand des
Beyfalls und der Ehre sey, sollten Ehre und Beyfall ihm
auch in der That nie zu Theil werden; daß die Menschen
nicht ermangeln würden, ihn zu bewundern und zu ehren,
wenn sie kühl, aufrichtig, einstimmig mit sich selbst, und von
den Triebfedern und Umständen seines Betragens sattsam un=
terrichtet wären. Wiewohl er die Meinungen verachtet, die
man wirklich von ihm hegt, so hat er doch die größte Ach=
tung für die, die man von ihm hegen sollte. Daß er selbst
sich dieser ehrenvollen Meinungen würdig schätzen möge, daß
er, so oft er sich in der Leute Lage hineindenkt und erwägt,

nicht, was sie wirklich von ihm denken, sondern was sie von ihm denken sollten, immer den höchsten Begriff von sich selbst gewinnen möge, sollten andre desselben auch nie theilhaftig werden, ist die große und erhabne Triebfeder seines Betragens. Da also auch in der Liebe zur Tugend immer eine gewisse Rücksicht, wenn gleich nicht auf die wirklichen Meinungen der Leute, doch auf das, was billig ihre Meinung seyn sollte, statt findet, so ist auch in diesem Betracht einige Verwandtschaft zwischen ihr und der Liebe zum wahren Ruhm. Zu gleicher Zeit ist aber auch ein großer Unterschied zwischen beiden. Wer bloß aus Rücksicht auf das handelt, was recht und schicklich ist, aus Rücksicht auf das, was schicklicher Gegenstand der Achtung und Billigung ist, gesetzt auch, daß diese Empfindungen ihm nie gewähret würden, handelt aus der erhabensten und göttlichsten Triebfeder, deren die menschliche Natur nur fähig ist. Wer im Gegentheil, während er die Billigung der Menschen zu verdienen wünscht, zugleich nach dieser Billigung ängstlich hascht, handelt in der Hauptsache zwar allerdings löblich, in seine Triebfedern mischt sich jedoch ein starker Zusatz menschlicher Schwäche. Er läuft Gefahr, durch die Unwissenheit und Ungerechtigkeit der Menschen gekränkt zu werden, und seine Glückseligkeit liegt dem Neide seiner Nebenbuhler und der Thorheit des Publikums bloß und offen.

Glückseligkeit hingegen ist durchaus sicher und unabhängig vom Glück und vom Eigensinn seiner Nebenmenschen. Möge die Unwissenheit der Menschen ihn verachten und hassen! er betrachtet es, als ob es nicht ihm widerfahre, und kränket sich darüber nicht im mindesten. Die Menschen hassen und verachten ihn aus Unkunde seines Karakters und

Betragens. Kennten sie ihn besser, so würden sie ihn achten und lieben. Eigentlich ist nicht er derjenige, den sie verachten und hassen, es ist ein ganz andrer, für den sie ihn irrigerweise ihn ansehn. Gesetzt, wir träfen unsern Freund auf einer Redoute unter der Maske unsers Feindes, und wie äußerten unsern Unwillen wider ihn, würde es ihn nicht mehr belustigen, als kränken? So denkt auch der wahrhaftig großmüthige Mann, der falschen Tadel duldet. Selten erreicht die menschliche Natur jedoch diesen Grad von Festigkeit. Wiewohl nun die schwächsten und unwürdigsten unter den Menschen sich an unverdientem Ruhm mächtig freuen können, so ist durch eine seltsame Folgewidrigkeit doch unverdiente Schande nicht selten fähig, auch die Entschlossensten und Festesten unter ihnen zu kränken.

D. Mandeville begnügt sich nicht damit, daß er die kleinliche Triebfeder der Eitelkeit als die Quelle aller Handlungen darstellt, die gemeiniglich für tugendhaft gehalten werden. Er bemüht sich, die Unvollkommenheit der menschlichen Tugend in mancher andern Rücksicht zu zeigen. In jedem Falle, behauptet er, langt sie nicht an jene vollkommne Selbstverleugnung, auf die sie Anspruch macht, und statt einer Besiegung der Leidenschaften ist sie gewöhnlich nur eine versteckte Befriedigung derselben. So oft unsre Enthaltsamkeit von Vergnügungen nicht die einsiedlerischeste Strenge erreicht, behandelt er sie als grobe Schwelgerey und Sinnlichkeit. Ihm zufolge ist alles Schwelgerey, was zur Erhaltung des Menschen nicht unumgänglich nothwendig ist, so daß sogar im Gebrauch eines reinen Hembdes oder einer bequemen Wohnung etwas tadelhaftes sey. Die Befriedigung des Geschlechtstriebes, auch in der gesetzmäßigsten Vereinigung,

betrachtet er als eben so grobe Sinnlichkeit, als die anstößige
ste Befriedigung dieser Leidenschaft, und spottet jener Mäßigkeit und Keuschheit, die so wohlfeilen Preises errungen werden könne. Das sinnreiche Sophism seiner Vernünfteleyen
liegt hier, wie bey manchen andern Gelegenheiten, unter
dem Doppelsinn der Sprache verborgen. Es gibt Leidenschaften, die keine andern Namen haben, als die, welche
den unangenehmen und anstößigen Grad derselben bezeichnen. Sie pflegen dem Zuschauer in diesem Grade mehr
aufzufallen, als in jedem andern. Empören sie sein Gefühl,
erwecken sie in ihm einigen Widerwillen und einige Unbehaglichkeit; so muß er nothwendig Notiz von ihnen nehmen, und gibt ihnen natürlicherweise dem gemäß ihren Namen. Treffen sie mit seiner gewöhnlichen eignen Seelenstimmung zusammen, so übersieht er sie entweder gänzlich
und gibt ihnen gar keinen Namen; oder wenn er ihnen
einen gibt, so ists ein solcher, der mehr die Unterjochung
und Bezähmung der Leidenschaft bezeichnet, als den Grad,
den man den Unterjochten und Bezähmten als erlaubt zugesteht. So bezeichnen die gewöhnlichen Namen der Liebe
zum Vergnügen und der Geschlechtsliebe einen lasterhaften
und anstößigen Grad dieser Leidenschaften. Die Wörter,
Mäßigkeit und Keuschheit, hingegen scheinen mehr die Einschränkung und Unterwürfigkeit zu bezeichnen, worin man
sie hält, als jenen erlaubten Grad, welchen man ihnen zugesteht. Kaum hat er nun bewiesen, daß sie noch immer in
einigem Grade statt haben, so glaubt er, die Wirklichkeit
der Tugenden, Mäßigkeit und Keuschheit, gänzlich zerstört
und gezeigt zu haben, daß sie bloße Mährchen seyen, die
man der Unachtsamkeit und Einfalt der Menschen aufhefte.
Allein diese Tugenden verlangen keinesweges gänzliche Zähl-

losigkeit gegen die Leidenschaften, die sie nur beherrschen
wollen. Sie wollen die Heftigkeit derselben bloß dergestalt
einschränken, daß sie die Individuen nicht beschädigen, und
die Gesellschaft weder beleidigen noch zerrütten.

Der große Trugschluß in Mandevillens Buch ist der,
daß er jede Leidenschaft, die in einem gewissen Grade und
in gewisser Richtung lasterhaft wird, als durchweg lasterhaft
darstellt. Diesem Grundsatz zufolge behandelt er alles als
Eitelkeit, was sich im geringsten auf die Meinung bezieht,
die andre entweder von uns haben, oder billig von uns haben sollten, und vermittelst dieses Sophisms gründet er seinen
Lieblingssatz, daß die Laster des Privatmanns Wohlthaten
für die Gesellschaft seyen. Wenn die Liebe zur Pracht, wenn
Geschmack an den schönen Künsten und Verfeinerungen der
menschlichen Freude, an jeder Annehmlichkeit im Putz, Haus-
geräth und Equipage, an Baukunst, Bildhauerey, Ma-
lerey und Musik als Schwelgerey, Pralerey und Sinnlichkeit betrachtet werden muß, sogar bey Leuten, denen ihre
Lage erlaubt, diesen Geschmack ohne alle Unbequemlichkeit
zu befriedigen, so sind Schwelgerey, Sinnlichkeit und
Prunkbegierde allerdings Wohlthaten für den Staat, angesehen ohne jene Leidenschaften, die Mandeville mit so
schimpflichen Namen brandmarkt, die schönen Künste keine
Ermunterung finden, und aus Mangel an Beschäftigung
verschmachten müßten. Einige zu strenge Sittenlehren, die
kurz vor seiner Zeit im Schwange gingen, und die Tugend
durch gänzliche Vertilgung und Vernichtung der Leidenschaften erklärten, waren der eigentliche Grund dieses ungebund-
nen Lehrgebäudes. Es war Mandevillen ein Leichtes, zu
zeigen, erstlich, daß eine solche gänzliche Bezwingung nie

unter Menschen statt haben könne, und zweytens, daß,
wenn sie allgemein statt fände, sie der menschlichen Gesellschaft schädlich seyn, und aller Betriebsamkeit, allem Gewerbe, ja gewissermaßen allem Verkehr der Menschen ein
Ende machen würde. Durch den ersten dieser Sätze schien
er zu beweisen, daß überall keine wirkliche Tugend vorhanden, und daß das, was dafür ausgegeben wird, bloßer
Trug und Dunst sey; durch den andern, daß Privatlaster
öffentliche Wohlthaten seyen, weil ohne sie kein Staat ge-
deihen und blühen könne.

Dies ist Dr. Mandevillens System, das einst viel
Geräusch in der Welt machte, und freylich wohl eben nicht
mehrere Laster veranlaßt haben mag, als ohne ihn gewesen
wären, jenen Lastern aber, die aus andern Quellen entspringen, Muth machte, sich mit größerer Unverschämheit zu
zeigen und die Verderbtheit ihrer Triebfedern mit ruchlose-
rer Keckheit einzugestehn, als zuvor erhört worden war.

Allein so zerstörend dies System auch scheinen mag,
so hätt' es doch unmöglich eine so große Anzahl von Personen täuschen, noch unter den Freunden besserer Grundsätze
eine so allgemeine Unruhe verbreiten können, wenn es nicht
in gewissen Rücksichten an die Wahrheit gegrenzt hätte.
Ein Lehrgebäude der Naturweisheit mag sehr beyfallswürdig scheinen, und eine Zeitlang allgemein in der Welt aufgenommen werden, ohne einigen Grund in der Natur, oder
einige Aehnlichkeit mit der Wahrheit zu haben. Cartesius
Wirbel wurden von einer sehr sinnreichen Nation beynah
ein ganzes Jahrhundert hindurch als sehr befriedigende Erklärung der Umwälzungen der himmlischen Körper angenom-

men. Dennoch ist zu aller Menschen Ueberzeugung izt erwiesen, daß dergleichen Wirbel nicht nur nicht da seyen, sondern auch überall nicht da seyn können, und wenn sie da wären, doch jene Wirkungen nicht hervorbringen könnten, die ihnen zugeschrieben wurden. Nicht so verhält sichs mit Moralsystemen. Ein Schriftsteller, der den Ursprung unsrer sittlichen Gefühle erklären will, kann uns nicht so gröblich betrügen, noch alle Aehnlichkeit mit der Wahrheit so ganz vernachläßigen. Wenn ein Reisender von einem sehr fernen Lande erzählt, so kann er unsrer Leichtgläubigkeit die grundlosesten und abgeschmacktesten Mährchen so gut aufheften, als die allergewissesten Thatsachen. Wenn aber jemand uns von Dingen unterrichten will, die in unsrer Nachbarschaft, die in unserm Kirchspiel vorgehn, so kann er uns freylich auch hier in manchen Stücken betrügen, wenn wir sorglos genug sind, uns nicht eines Nähern zu erkundigen; aber die größten Falschheiten, die er uns aufbürdet, müssen doch mit der Wahrheit einige Aehnlichkeit, und sogar einen beträchtlichen Theil Wahrheit selbst in ihrer Mischung enthalten. Ein physikalischer Schriftsteller, der sich herausnimmt, uns die großen Erscheinungen des Weltalls zu erklären, übernimmt einen Bericht von Dingen aus einer sehr fernen Gegend; er kann uns davon erzählen, so viel ihm beliebt, und so lange seine Erzählung nur in den Grenzen scheinbarer Möglichkeit bleibt, braucht er an unsrer Leichtgläubigkeit nicht zu verzweifeln. Verspricht er aber, den Ursprung unsrer Begierden und Affekten, unsrer Billigungs- und Mißbilligungsgefühle zu erklären, so verspricht er einen Bericht nicht nur von Dingen, die in unserm Kirchspiel vorgehn, sondern von unsern eignen häuslichen Angelegenheiten. Wiewohl wir

nun auch hier, gleich Hausvätern, die sich auf betrüge=
rische Haushofmeister verlassen, noch immer betrogen wer=
den können, so können wir doch unmöglich Dinge zugeben,
die nicht den geringsten Schein von Wahrheit haben.
Einiges muß wenigstens richtig seyn, und auch das aller=
überladenste muß noch immer einigen Grund haben, sonst
würde der Betrug auch durch jene sorglose Uebersicht, zu
der wir noch etwa Neigung haben möchten, entdeckt wer=
den. Der Schriftsteller, der als Ursach eines natürlichen
Gefühls ein Prinzip angäbe, das gar nicht mit ihm in
Verbindung steht, auch nicht in ein ander Prinzip ein=
greift, von welchem dergleichen Verbindung sich ebenfalls
zeigen ließe, würde auch dem urtheilslosesten und unerfah=
rensten Leser abgeschmackt und lächerlich vorkommen.

Anm. Zu den Systemen, die allen wesentlichen Unterschied
zwischen Tugend und Laster aufheben, gehört noch unter den ältern
das des Pyrrho, und unter den neuern das des Montaigne.

Jener blieb seinem Grundsatz Παντα εχει τι auch in der Mo=
ral getreu, behauptete, daß Tugend und Laster eben so relative Be=
griffe seyen, als Wahr und Falsch, Schön und Häßlich, Sauer und
Süß, Weiß und Schwarz. Und diese Entdeckung, versichert er,
oder versichert uns wenigstens Sextus Empirikus in seiner
Rede, gewähre ihm die nehmliche Ataraxie, oder unerschütter=
liche Gemüthsruhe, die dem Stoiker seine Apathie, und dem
Epikurer seine Aochlesie gewähre:

Montaigne behauptet im zweyten Buche seiner Essais: Es
gäbe überall keine feste Regel des Rechts. Gäb' es deren, so müsse
sie in der Natur der Menschen gegründet, und dann müsse Wahr=
heit unter jedem Himmelsstriche Wahrheit, Laster überall und zu
allen Zeiten Laster seyn. Dies finde man aber keineswegs. Viel=

mehr dürfe man nur über ein Gebirge reisen, nur über einen Strom
setzen, um ganz andre Begriffe von Moralität zu finden, als man
bis dahin gewohnt gewesen. Kein Laster sey so abscheulich, das
nicht bey irgend einem Volk erlaubt, ja wohl gar gesetzlich und
gottesdienstlich gewesen; und wiederum sey keine Tugend so ehr=
würdig, die nicht bey gewissen Völkern oder Ständen lächerlich
sey Dies belegte er dann mit Daten aus der Menschheitsgeschichte,
und schloß daraus, daß es überall keine natürlichen Sittengesetze
gebe; oder, wenn es deren je gegeben, daß sie verloren gegangen,
und gegenwärtig bloß die Erziehung die Sittlichkeit modle.

Von beiden, dem Montaigneschen sowohl als Mandevilleschen
System, welches unser Verfasser weder vollständig dargelegt, noch
mit sonderlichem Glücke bestritten hat, findet man eine ausführ=
liche Erörterung und Widerlegung in Herrn Kiesewetters schon
oben angeführter Schrift über den ersten Grundsatz der Moral.

Dritter Abschnitt.

Von den verschiednen Systemen, die in Ansehung des Billigungsprinzips erfunden sind.

Einleitung.

Nach der Untersuchung über die Natur der Tugend ist in der Moralphilosophie keine Frage wichtiger, als die, welche das Prinzip der Billigung oder derjenigen Geisteskraft betrifft, die es eigentlich macht, daß gewisse Karaktere uns angenehm, andre unangenehm sind, daß wir eine Verfahrungsweise der andern vorziehn, die eine recht, die andre unrecht nennen, die eine als Gegenstand der Billigung, Verehrung und Belohnung, die andre als Gegenstand des Tadels, der Verweise und der Strafe betrachten.

Drey verschiedne Erklärungen sind von diesem Billigungsprinzip gegeben worden. Nach einigen billigen und misbilligen wir beides eigne und fremde Handlungen aus bloßer Selbstliebe oder aus Hinsicht auf ihren Einfluß auf unsern Vortheil oder Nachtheil; nach andern ist es die Vernunft, die nehmliche Geisteskraft, durch die wir Wahres und Falsches unterscheiden, die uns auch zwischen dem Schicklichen und Unschicklichen in Handlungen und Affekten unterscheiden lehrt; nach andern ist diese Unterscheidung ganz und gar die Wirkung unmittelbaren Gefühls, und entspringt aus der Zufriedenheit oder dem Misfallen, welches uns der An-

blick gewisser Handlungen und Affekten einflößt. Selbstliebe,
Vernunft und Empfindung sind also die drey verschiednen
Quellen, die als das Prinzip der Billigung angegeben wor-
den sind.

Bevor ich von diesen drey verschiednen Systemen ge-
nauern Bericht abstatte, muß ich bemerken, daß die Entscheidung dieser Frage zwar für die Spekulazion sehr wichtig, desto unerheblicher aber für die Praxis sey. Die Frage über die Natur der Tugend muß nothwendig auf unsern
Begriff von Recht und Unrecht in manchen einzelnen Fällen
Einfluß haben. Die über die Natur des Billigungsprinzips hat dergleichen schwerlich. Die Untersuchung, aus welcher Einrichtung und welchem innern Mechanism jene verschiednen Begriffe und Gefühle entspringen, ist ein bloßer
Gegenstand philosophischer Neuglerde.

Erstes Kapitel.

Von Systemen, die das Billigungsprin-
zip aus der Selbstliebe herleiten.

Diejenigen, die das Billigungsprinzip aus der Selbstliebe
erklären, erklären es nicht alle auf gleiche Weise, und im
Grunde herrscht nicht wenig Verwirrung und Unbestimmtheit in ihren verschiednen Systemen. Herrn Hobbes und
verschiednen, seiner Nachfolger zufolge wird der Mensch in

gefellfchaftliche Verbindungen hineingezwungen, nicht durch
irgend eine natürliche Liebe zur Gefellfchaft, fondern durch
das Gefühl, daß er ohne den Beyftand der Gefellfchaft unmöglich mit Ruhe und Sicherheit leben könne. Nur in
diefer Rückficht wird die Gefellfchaft ihm nothwendig. Nur
in diefer Rückficht betrachtet er alles, was deren Erhaltung und Wohlfahrt bezielt, als etwas, das Einfluß auf
feinen eignen Vortheil hat, und im Gegentheil alles,
was jene zerrüttet oder zerftört, als gewiffermaßen ihm fel-
ber nachtheilig und verderblich. Tugend ift die Hauptftütze,
Lafter der Hauptftörer der Gefellfchaft. Jene ift daher jedem
angenehm, diefes jedem verhaßt, fintemal ihm jene das Ge-
deihen, diefes aber die Zerrüttung und den Untergang einer
Einrichtung weißagt, die zur Sicherheit und Erleichterung
feines Dafeyns fo unentbehrlich ift.

Das die Tendenz der Tugend, das Wohl, und diejenige des Lafters, den Untergang der Gefellfchaft zu befördern,
wenn wir es mit philofophifcher Leutfeligkeit betrachten, jener
eine fehr hohe Schönheit, diefem aber eine fehr große Häßlichkeit gewähre, leidet, wie fchon oben bemerkt worden, gar
keinen Zweifel. Die menfchliche Gefellfchaft, in abgezoge-
nem philofophifchen Lichte betrachtet, erfcheint uns gleich
einer großen, unermeßlichen Mafchine, deren regelmäßige
und harmonifche Bewegungen taufend angenehme Wirkungen hervorbringen. Gleichwie nun in jeder andern edlen
und fchönen Mafchine, die ein Produkt der Kunft ift, das,
was den behenden und gleichförmigen Gang derfelben befördert, von diefer Wirkung einen Grad von Schönheit gewinnt, jenes hingegen, das fie zu hemmen dient, eben darum mißfällt; fo muß auch die Tugend, diefe feinfte Politur

C c

der Räder der Gesellschaft, nothwendig wohlgefallen, das
Laster hingegen, jener widrige Rost, der ihnen eine schwer-
fälligere, reibendere Bewegung gibt, jedermanns Gefühl
empören. In so fern dies System also den Ursprung des
Billigungs- und Misbilligungsgefühls aus einer Rücksicht
auf die Ordnung der Gesellschaft herleitet, in so fern trifft
es mit jenem zusammen, das der Nützbarkeit die Schönheit
zuerkennt, und das ich bey einer frühern Veranlassung erörtert habe; und eben dies ist es, was diesem System seinen
Anstrich von Wahrscheinlichkeit ertheilt. Wenn jene Schriftsteller die unnennbaren Vorzüge des gesitteten und gesellschaftlichen Lebens vor dem wilden und einsamen Leben her-
zählen, wenn sie sich über die Nothwendigkeit der Tugend
und guter Ordnung zu Erhaltung von jenem verbreiten,
wenn sie zeigen, wie unfehlbar das Uebergewicht des Lasters
und der Ungehorsam gegen die Gesetze das lezte wieder
zurückbringen würde, so freut der Leser sich über die Neuheit und Größe der Ansichten, die sie ihm öffnen; er erblickt
eine Schönheit in der Tugend und eine Scheuslichkeit im
Laster, die er nie vorher bemerkt hät, und geräth über diese
Entdeckung so in Wärme, daß er sich selten Zeit nimmt, zu
bemerken, daß ihm diese politische Ansicht in seinem ganzen
vorigen Leben nicht aufgefallen sey, und also auch unmöglich
der Grund jener Billigung und Misbilligung seyn könne,
mit welcher er diese verschiednen Eigenschaften doch von je het
angesehn hatte.

Wenn jene Schriftsteller auf der andern Seite das Interesse, das wir an der Wohlfahrt der Gesellschaft nehmen,
und die Achtung, die wir eben deswegen für die Tugend fühlen, von der Selbstliebe herleiten, so wollen sie damit nich

sagen, daß, wenn wir in unserm Zeitalter Catons Tugend preisen und Catilina's Schändlichkeit verabscheuen, unsre Gefühle von dem Begriff einiges Vortheils, den uns jene, oder einiges Schadens, den uns diese zufüge, bestimmt würden. Nicht, als ob die Wohlfahrt oder der Umsturz der Gesellschaft in jenen fernen Zeiten und Völkern uns einigen Einfluß auf unser Wohl oder Weh in gegenwärtigen Zeiten zu haben scheine, schätzen wir, jenen Philosophen zufolge, den tugendsamen, und hassen den verschrobnen Karakter. Nicht aus einigem Vortheil oder Nachtheil, der aus dem Betragen jener längst verstorbnen Männer unsrer Meinung nach uns wirklich zufließe, leiteten sie unsre Gefühle her, sondern aus demjenigen, der uns noch immer zuwachsen würde, wenn wir in unsern Zeiten mit ähnlichen Karaktern zusammenträfen. Kurz, der Begriff, um welchen diese Autoren sich drehten, den sie aber nie bestimmt entwickeln konnten, war jene mittelbare Sympathie, die wir mit der Dankbarkeit oder dem Unwillen derer fühlen, die den Vortheil oder Nachtheil, der aus solchen entgegengesetzten Karaktern entspringt, wirklich erfahren haben; eben diese Sympathie war es, auf die sie dunkel hindeuteten, wenn sie sagten, daß nicht der Gedanke an wirklichen Gewinnst oder Verlust unsre Billigung oder unsern Unwillen reize, sondern die Vorstellung dessen, was wir gewinnen oder leiden würden, wenn wir in der Gesellschaft mit solchen Leuten zu thun hätten.

Allein die Sympathie kann nie als ein selbstisches Prinzip betrachtet werden. Wenn ich mit deinem Schmerz oder deinem Unwillen sympathisire, so kann man freylich sagen, daß meine Empfindung auf Selbstliebe sich gründe, weil sie eigentlich daher entspringe, daß ich deinen Fall mir zueigne,

mich in deine Lage versetze, und so mir vorstellig mache,
was ich in ähnlichen Umständen fühlen würde. Nun kann
man freylich sehr schicklich sagen, daß die Sympathie aus
einer eingebildeten Vertauschung der Lage mit dem eigentlich Leidenden entspringe; allein dieser eingebildete Tausch widerfährt mir doch nicht in meiner eignen Person und meinem eignen Karakter, sondern in der Person dessen, mit dem
ich sympathisire. Wenn ich mit dir über den Tod eines einzigen Sohnes traure, so erwäg' ich, um deinen Schmerz
im Ernst theilen zu können, keinesweges, was ich, ein
Mann von solchem Karakter und solchem Gewerbe, leiden würde, wenn ich einen Sohn hätte, und diesen Sohn durch den
Tod verlöre; sondern ich erwäge, was ich leiden würde,
wenn ich wirklich Du wäre, und ich wechsele nicht bloß äußre
Umstände, sondern auch Person und Karakter mit dir. Ich
traure folglich bloß um deinet-, durchaus nicht um mein selbst
willen; meine Trauer ist also auch im geringsten nicht selbstisch.
Wie kann das als eine selbstische Leidenschaft betrachtet werden,
was nicht einmal von der Vorstellung eines Dings entspringt,
das mich in meiner eignen Person und Karakter angeht,
sondern was sich einzig mit dem beschäftigt, was dich angeht. Ein Mann mag wohl mit einer Kindbetterin sympathisiren, und doch ist's unmöglich, daß er sich vorstellen könne,
als leid' er in seiner eignen Person und Karakter, was sie
leidet. Inzwischen scheint jenes ganze Lehrgebäude, das
alle Gefühle und Affekten aus der Selbstliebe erklärt, das
so viel Geräusch in der Welt gemacht hat, und doch, soviel
ich weiß, nie vollständig und deutlich entwickelt worden ist,
nur aus einem verworrenen Misbegriff des Systems der
Sympathie entsprungen zu seyn.

Anm. Ohngeachtet der sophistischen Wendung, durch die der Verfasser dem Einwurf zu entschlüpfen gedenkt, daß sein Prinzip der Sympathie im Grunde mit dem der Selbstliebe zusammenfalle, läßt es sich dennoch ohne Mühe darthun, daß letztres der allgemeine Titel sey, unter welchen nicht nur des Verfassers Prinzip, sondern alle und jede materielle Prinzipe überhaupt am Ende subsumirt werden müssen.

Denn was sind materielle Prinzipe? Es sind diejenigen, die den Willen durch eine Materie, ein Objekt, das hier ein zu erreichender Zweck ist, zu bestimmen suchen. Dieser Zweck kann aber den Willen nur in so weit bestimmen, als die Erreichung desselben mit einer Annehmlichkeit verknüpft ist, die das untere Begehrungsvermögen afficirt. Nun ist das Bewußtseyn des Besitzes einer gewissen Summe von Annehmlichkeiten und Genüssen die Glückseligkeit. Folglich ist diese der Zweck, den alle materiellen Prinzipe beabsichtigen, und der letzte Bestimmungsgrund aller ihrer Vorschriften; mithin sind alle mit einander dem Prinzip der Selbstliebe untergeordnet.

Wiewohl es nun der endlichen Natur des Menschen Bedürfniß ist, nach Glückseligkeit zu verlangen und zu trachten; wiewohl dergleichen Bestreben nicht allein verzeihlich, sondern auch gewissermaßen Pflicht ist, indem der Besitz einer gewissen Summe von was immer für Glücksgütern ihn nicht allein in den Stand setzen kann, seine Pflichten in größerm Umfange zu erfüllen, sondern auch einer Menge von Versuchungen zu widerstehen; wiewohl ferner jenes Wohlwollen einen Gegenstand, mithin auch eine Materie haben muß, nur daß diese nicht der Bestimmungsgrund, noch die Bedingung der Maxime selbst werden darf: so taugt dennoch das Prinzip der Selbstliebe am allerwenigsten zum obersten praktischen Gesetz, sondern kränkelt vielmehr an allen Erbübeln eines falschen Sittengrundsatzes. Denn erstlich ist der Begriff der Glückseligkeit so äußerst schwankend und unbestimmt, daß nicht nur jede philosophische Schule eine abweichende Erklärung davon gegeben, sondern daß auch jedes Individuum sein eignes Ideal von Glückseligkeit

mit sich herumträgt, und aus der unübersehlichen Mannichfaltigkeit von Annehmlichkeiten und Genüssen sich sein eignes Aggregat
vindizirt. Zum andern mag ich den Begriff der Glückseligkeit noch
so sehr verfeinern, ich mag ihn immerhin auf die so genannten fei-
nern Genüsse, auf die Wollust des Wohlthuns, auf die Wegräu-
mung der Schranken, auf Gemeinnützigkeit und Gemeinthätigkeit
einschränken; sollen diese Rücksichten den Willen nicht durch ihre
Pflichtmäßigkeit, sondern durch die mit ihnen verbundne Annehmlichkeit bestimmen, so fällt der Bestimmungsgrund der Willkühr
doch immer dem Gefühl und den Sinnen anheim, und unterordnet die Sittlichkeit der Naturnothwendigkeit. Drittens fehlt diesem Prinzip der Karakter der Allgemeinheit, indem es nicht für
alle vernünftige Wesen, sondern nur für pathologisch bestimmbare
paßt. Viertens fehlt ihm die Nothwendigkeit, da der Bestimmungsgrund, den es aufstellt, bloß durch Erfahrung möglich ist, folglich
wohl generelle, im Durchschnitt zutreffende Regeln gründen kann,
nie aber universelle, dergleichen doch die ächten Moralprinzipe seyn
müssen. Endlich mangelt es ihm auch an der gehörigen Anwend-
barkeit, angesehen die Berechnung des Einflusses der Handlungen
auf unser Wohl oder Weh eine Schärfe und Weitsichtigkeit des
Blicks erfodert, die dem Sterblichen nicht gegeben ward — zu
geschweigen, daß es ganz unnöthig ist, eine Rücksicht zu gebieten,
zu welcher schon unsre Natur uns unerlaßlich drängt; und daß auch
die bestmöglichste Befolgung der Klugheitsregeln uns gar nicht selten uns den Erfolg betrügt, der uns von ihr vorgespiegelt wurde.

Ausführlicher sind hierüber nachzulesen Kant in der Kritik
der praktischen Vernunft, S. 41. u. f. 61. u. f. Kiesewetter
im Ersten Grundsatz der Moralphilosophie, Th. I. Betr. IV. und
Snells Menon im zwepten Gespräch.

Zweytes Kapitel.

Von den Systemen, die die Vernunft zum Prinzip der Billigung machen.

Man kennt Hobbesens Lehrsatz, daß der Stand der Natur ein Stand des Kriegs sey, und daß ohne bürgerliche Verfassung keine sichre oder friedliche Gesellschaft unter den Menschen statt finde. Die Gesellschaft erhalten heißt ihm also eben so viel, als die bürgerliche Verfassung aufrecht halten; und die bürgerliche Verfassung zerstören so viel, als alle Gesellschaft aufheben. Nun hängt das Daseyn der bürgerlichen Verfassung aber vom Gehorsam ab, den man der höchsten Obrigkeit leistet. Den Augenblick, da diese ihr Ansehn verliert, hat alle Verfassung ein Ende. Da der Mensch nun, vermöge des Triebes der Selbsterhaltung, alles billigt, was das Wohl der Gesellschaft fördert, und alles tadelt, was selbige zerrüttet, so wird er, wenn er einstimmig mit sich selbst reden und handeln will, vermöge eben dieses Triebes, auch bey jeder Gelegenheit dem Gehorsam gegen bürgerliche Obrigkeit seinen Beyfall geben, und allen Ungehorsam und alle Empörung misbilligen. Das Lobenswürdige und Tadelhafte wird mit Gehorsam und Ungehorsam einerley seyn. Die Gesetze der bürgerlichen Obrigkeit müssen als der einzige, lezte Maasstab alles Rechts und Unrechts angesehn werden.

Unleugbar und eingestanden war Hobbesens Absicht, durch Verbreitung dieser Ideen die Gewissen der Menschen unmittelbar der bürgerlichen, und nicht der kirchlichen Ge-

walt zu unterwerfen, in deren stürmischem und ehrsüchtigem
Karakter das Beyspiel seiner Zeiten ihm die Quelle aller
gesellschaftlichen Unordnungen gezeigt hatte. Seine Lehre
war den Gottesgelehrten daher auch hauptsächlich anstößig,
die nicht ermangelten, mit grosser Heftigkeit und Bitterkeit
ihren Unwillen wider ihn auszutoben. Eben so anstößig
war es auch allen gesunden Sittenlehrern, indem es voraus
setzte, daß gar kein natürlicher Unterschied zwischen Recht
und Unrecht sey, daß diese Begriffe wandelbar und verän-
derlich seyen, und bloß von der Willkühr der Obrigkeit abhängen. Diese Erklärung ward daher aus allen Richtungen und mit allerley Waffen, mit nüchterner Vernunst so
wohl, als mit wütiger Rednerey bestritten.

Zu Widerlegung einer so verhaßten Lehre mußte bewiesen werden, daß vorläufig vor allem Gesetz und aller positiven Verfassung die Seele von Natur mit einem Vermögen begabt sey, in gewissen Handlungen die Eigenschaften,
recht, löblich, tugendhaft, und in andern die entgegengesetzten Eigenschaften, unrecht, tadelnswürdig, und lasterhaft,
wahrzunehmen.

Das Gesetz, wie D. Cudworth mit Recht bemerkte,
konnte nicht die ursprüngliche Quelle dieser Wahrnehmungen
seyn; denn gesetzt, es gäb' ein solches Gesetz, so müßt' es entweder recht seyn, ihm zu gehorchen, und unrecht, ihm nicht
zu gehorchen, oder es müßte gleichgültig seyn, ob wir ihm
gehorchten, oder nicht. Ein Gesetz, von dem das lezte gilt,
von dem es gleichgültig war, ob wir ihm gehorchten, oder
nicht, konnte offenbar die Quelle jener Wahrnehmungen
nicht seyn; eben so wenig konnt' es dasjenige, dem zu gehor-

chen recht, und nicht zu gehorchen unrecht war, indem grade
dieses schon die Idee des Rechts und Unrechts, ingleichen
die Uebereinstimmung des Gehorsams gegen das Gesetz mit
der Idee des Rechts, und des Ungehorsams mit der Idee
des Unrechts voraussetzte.

Da die Seele also einen allen Gesetzen vorangehen=
den Begriff von diesen Wahrnehmungen haben mußte, so
schien nothwendig zu folgen, daß sie diesen Begriff von der
Vernunft herleite, die ihr den Unterschied zwischen Recht
und Unrecht auf eben die Weise angebe, wie sie ihr jenen
zwischen Wahrheit und Falschheit angibt; und dieser in ei=
niger Rücksicht zwar richtige, in andern aber zu rasche
Schluß ward allgemein zu einer Zeit angenommen, wo die
abstrakte Wissenschaft von der menschlichen Natur noch in
ihrer Kindheit war, und wo man die unterschiednen Ge=
schäfte und Fähigkeiten der verschiednen Seelenvermögen
noch nicht sorgfältig untersucht und von einander abgeson=
dert hatte. Als dieser Streit mit Herrn Hobbes am hef=
tigsten und hitzigsten geführt ward, war noch an keine
andre Geisteskraft gedacht worden, aus der man ähnliche
Ideen hätte herleiten können. Es ward daher itzt herr=
schende Lehre, daß das Wesen der Tugend und des Lasters
nicht in der Uebereinstimmung oder Nichtübereinstimmung
menschlicher Handlungen mit dem Gesetz eines Obern be=
stehe, sondern in ihrer Einstimmigkeit oder Nichteinstim=
migkeit mit der Vernunft, die also als die ursprüngliche
Quelle und als das Prinzip der Billigung oder Misbilli=
gung betrachtet wurde.

Daß Tugend in der Vernunftmäßigkeit bestehe, ist in
einigen Rücksichten wahr, und dies Vermögen kann in ge=

wissem Sinn mit Recht als Quell und Prinzip der Billigung und Misbilligung und aller gründlichen Urtheile über Recht und Unrecht betrachtet werden. Durch die Vernunft entdeckten wir jene allgemeinen Regeln der Gerechtigkeit, nach welchen wir unsre Handlungen einrichten müssen, und durch die Vernunft bilden wir jene schwankendern und unbestimmtern Begriffe von dem, was klug, was anständig, was edel ist, die wir immer mit uns herumtragen, und nach welchen wir, so viel möglich, die Art unsers Betragens zu modeln suchen. Die allgemeinen Grundsätze der Sittlichkeit werden, gleich allen andern allgemeinen Maximen, aus der Erfahrung und Induktion abgezogen. In einer Menge und Mannichfaltigkeit einzelner Fälle bemerken wir, was unsern sittlichen Kräften gefällt oder misfällt, und durch Induktion aus diesen Erfahrungen erfinden wir jene allgemeinen Regeln. Induktion ist aber immer als eine der Verrichtungen der Vernunft betrachtet worden. Vernunft kann daher mit aller Schicklichkeit als Quelle jener allgemeinen Maximen und Ideen angegeben werden. Nun sind aber nur diese es, nach welchen wir unsre meisten sittlichen Urtheile verfassen, die alle äußerst schwankend und erbettelt seyn würden, wenn sie einzig und allein von einem so mancherley Abänderungen unterworfnen, von Laune und Körperbefinden jedesmal anders gestimmten Dinge, als das unmittelbare Gefühl ist, abhingen. Da also unsre gründlichsten Urtheile über Recht und Unrecht durch Grundsätze und Ideen geleitet werden, die vermöge der Induktion aus der Vernunft abgeleitet wurden, so kann man allerdings sehr schicklich sagen, daß die Tugend eigentlich in Vernunftmäßigkeit bestehe, und in so fern kann dies Vermögen als Quelle und Prinzip der Billigung und Misbilligung angesehen werden.

Allein, wiewohl die Vernunft ohne Zweifel die Quelle
der allgemeinen Regeln der Sittlichkeit und aller sittlichen
Urtheile ist, die wir vermittelst ihrer fällen, so ist es doch
durchaus ungereimt und unverständig, zu behaupten, daß
die ersten Wahrnehmungen des Rechts und Unrechts, sogar
in jenen einzelnen Fällen, aus deren Erfahrung die allgemeinen Regeln abgezogen werden, aus der Vernunft entspringen. Diese ersten Wahrnehmungen sowohl, als alle
andern Erfahrungen, auf die man allgemeine Regeln gründet, können nicht der Gegenstand der Vernunft seyn, sondern nur unmittelbaren Gefühls. Dadurch, daß wir in äusserst mannichfaltigen Fällen finden, daß eine Verfahrungsweise beständig der Welt auf eine gewisse Art gefalle, und
eine andre ihr eben so beständig misfalle, gelangen wir zu
den allgemeinen Regeln der Sittlichkeit. Aber nie kann
die Vernunft irgend einen einzelnen Gegenstand der Seele
um sein selbst willen entweder angenehm oder unangenehm
machen. Die Vernunft kann zeigen, daß dieser Gegenstand ein Mittel sey, einen andern, der von Natur entweder gefällt oder misfällt, zu erlangen, und kann ihn so um
dieses andern willen selbst angenehm oder unangenehm
machen. Aber um sein selbst willen kann nichts angenehm
oder unangenehm seyn, als vermöge unmittelbaren Gefühls.
Wenn die Tugend also in jedem einzelnen Falle nothwendig
um ihrer selbst willen wohlgefällt, und wenn das Laster
der Seele eben so misfällt, so kann nicht Vernunft, so kann
nur unmittelbares Gefühl es seyn, das die eine uns so rei-
zend macht, und von dem andern uns entfremdet.

Vergnügen und Schmerz sind die grossen Gegenstände
des Verlangens und Verabscheuens, aber sie werden nicht

durch Vernunft wahrgenommen, sondern durch unmittelbares Gefühl. Ist die Tugend also um ihrer selbst willen
wünschenswürdig, und das Laster um sein selbst willen ab-
scheuswürdig, so kann nicht die Vernunft es seyn, die diese
verschiednen Eigenschaften ursprünglich unterscheidet, sondern nur unmittelbares Gefühl.

Da die Vernunft jedoch in gewissem Sinn mit Recht
als Prinzip der Billigung und Misbilligung betrachtet
werden kann, so wurden diese Empfindungen aus Unachtsamkeit lange Zeit als solche angesehn, die ursprünglich aus
Verrichtungen jener Kraft entsprängen. D. Hutcheson hat
das Verdienst, zuerst mit einigem Grade von Bestimmtheit
unterschieden zu haben, in welchem Sinne alle sittlichen
Wahrnehmungen aus der Vernunft abgeleitet werden können, und in welchem sie sich auf unmittelbares Gefühl
gründen. In seinen Erläuterungen über den moralischen
Sinn hat er dies so vollständig erörtert, und meiner Meinung nach so unbeantwortlich bewiesen, daß ich alle noch
übrige Irrungen über diesen Gegenstand keiner andern Ursache zuschreiben kann, als entweder der Unaufmerksamkeit
auf dieses rechtschaffnen Mannes Schriften, oder einer aber-
gläubischen Anhänglichkeit an gewisse Ausdrucksformen, eine Schwäche, die unter Gelehrten nicht ganz ungewöhnlich
ist, hauptsächlich in so interessanten Materien, als die gegenwärtige, worin ein tugendhafter Mann sich scheut, auch
das allergeringste aufzugeben, und wär' es auch nur eine
ihm eigne Phrase, zu der er sich einmal gewöhnt hat.

Anm. Zu den Lehrgebäuden, denen der Verfasser in diesem
Kapitel auf seine Weise das Urtheil spricht, gehören alle die, welche nicht die Selbstliebe unmittelbar, nach den so genannten mo-

ralischen Sinn, sondern die Vernunft die Frage entscheiden lassen,
was recht und unrecht, erlaubt und unerlaubt, Tugend und Laster
sey. Dahin gehören unter den ältern Sekten die Cyniker und
Stoiker, unter den neuern die Wolfianer und unsre heutigen antikritischen Moralisten. Diese Philosophen haben das Verdienst, daß sie die Entscheidung der berühmten Frage vor der Sinnlichkeit ab-, und vor den Gerichtshof der reinen Vernunft gezogen
haben, wohin er einzig gehören kann. Indem sie aber die Vernunft die Frage nun nicht aus ihrer eignen Natur und oberherrli-
chen Vollgewalt entscheiden, sondern sie lediglich unter der Menge
begehrenswürdiger Objekte eine Summe von Gütern, die ihr für
den Menschen die paßlichsten und brauchbarsten scheinen, auswäh-
len, und durch ihren lockenden Reiz die Willkühr bestimmen lassen,
so wird die Vernunft auch von ihnen von dem Range der Gesetzgeberin zu dem der Auslegerin des Gesetzes herabgewürdigt, die
Sittlichkeit bleibt nach wie vor von den Gesetzen der Sinnenwelt
abhängig, und das Sostem derselben ein bloßes feingesponnenes Gewebe von Rathgebungen selbstischer Klugheit.

Drittes Kapitel.

Von Systemen, die das Gefühl zum Billigungsprinzip machen.

Die Systeme, die das Gefühl zum Billigungsprinzip
machen, lassen sich in zweyerley Klassen eintheilen.

I. Nach einigen gründet sich das Billigungsprinzip auf
ein Gefühl von einer besondern Natur, auf ein eignes
Wahrnehmungsvermögen, das die Seele beym Anblick

gewisser Handlungen oder Affekten äussert, deren einige dies
Vermögen auf eine angenehme Art affiziren, und daher
als recht, lobenswürdig und tugendhaft anerkannt werden,
andre es auf eine unangenehme Art affiziren, und daher
als unrecht, tadelhaft und lasterhaft erscheinen. Diesem
Gefühl, das seiner Natur nach von jedem andern verschieden,
und die Wirkung eines besondern Wahrnehmungsvermögens seyn soll, geben sie einen eignen Namen, und nennen
es den moralischen Sinn.

II. Nach andern bedarf es zu Erklärung des Billigungsprinzips eines solchen neu angenommenen und vorher
unerhörten Wahrnehmungsvermögens gar nicht. Die Natur, glauben sie, handelt hier, wie in allen andern Fällen,
nach dem Gesetze der Sparsamkeit, und erzeugt eine Menge Wirkungen aus Einer und derselben Quelle, und die
Sympathie, ein längst bemerktes und der Seele offenbar
zukommendes Vermögen, ist ihrer Meinung nach hinreichend, um alle jenem besondern Vermögen zugeschriebnen
Wirkungen hervorzubringen.

I. Hutcheson hat sich viele Mühe gegeben, zu beweisen, daß das Billigungsprinzip sich nicht auf Selbstliebe
gründe. Er hat auch gezeigt, daß keine Verstandesopera-
zion die Quelle desselben seyn könne. Nichts blieb also seiner Meinung nach übrig, als es für ein Vermögen besondrer Art zu nehmen, womit die Natur den Menschengeist
ausgerüstet habe, um diese Eine besondre und wichtige
Wirkung zu beschaffen. Ihm fiel nicht ein, daß es ausser
Selbstliebe und Vernunft noch eine andre allgemein bekannte Seelenkraft gäbe, die zu diesem Zwecke in jeder
Hinsicht hinreiche.

Er nahnte dies neue Wahrnehmungsvermögen einen
moralischen Sinn, und hielt es für etwas analoges mit
den äussern Sinnen. Wie die Körper um uns her durch
die Art und Weise, wie sie diese affiziren, die verschiednen
Eigenschaften des Schalls, des Geschmacks, des Geruchs,
der Farbe gewinnen, so gewinnen die mancherley Affekten
des menschlichen Geistes durch die Art und Weise, wie sie
dies besondre Vermögen affiziren, die verschiednen Eigenschaften von Recht und Unrecht, Liebenswürdigkeit und Ge-
hässigkeit, Tugendhaftigkeit und Lasterhaftigkeit.

Die verschiednen Sinne oder Wahrnehmungsvermögen, aus welchen der menschliche Geist seine einfachen Ideen
herleite, waren seinem System zufolge von zweyerley Art,
die einen nannte er direkte oder unmittelbare, die andern
reflektirte oder mittelbare Sinne; die direkten waren diejenigen Vermögen, durch welche die Seele solche Arten
von Dingen wahrnahm, die keine vorläufige Wahrnehmung von andern voraussetzen. Farben und Schälle, zum
Beyspiel, waren Gegenstände der direkten Sinne. Das
Hören eines Schalls, das Sehen einer Farbe setzt nicht die
vorläufige Wahrnehmung einer andern Eigenschaft oder
eines andern Objekts voraus. Die reflektirten oder mittelbaren Sinne hingegen waren diejenigen Vermögen, durch
welche die Seele solche Arten von Dingen wahrnimmt,
die die vorläufige Wahrnehmung irgend eines andern voraussetzen. So waren Harmonie und Schönheit Gegenstände der reflektirten Sinne. Um die Harmonie eines
Schalles, oder die Schönheit einer Farbe wahrzunehmen,
müssen wir erst den Schall oder die Farbe wahrnehmen.
Den moralischen Sinn betrachtete er als ein Vermögen

dieser Art. Jenes, welches Locke Reflexion nennt, und
von welchem er die einfachen Ideen der verschiednen Leidenschaften und Gemüthsbewegungen der Seele ableitet, war
nach Hutcheson ein direkter innerlicher Sinn. Jenes im
Gegentheil, dadurch wir die Schönheit oder Häßlichkeit,
die Tugend oder Lasterhaftigkeit jener Leidenschaften und
Gemüthsbewegungen erkennen, war ein innerer reflektir-
ter Sinn.

Noch ferner suchte er seine Lehre durch die Bemerkung zu bestätigen, daß sie der Natur analog, und daß die
Seele mit mancherley andern, dem moralischen Sinn vollkommen ähnlichen, reflektirten Sinnen begabt sey, mit
einem Sinn für Schönheit und Häßlichkeit äußrer Gegenstände, mit einem öffentlichen Sinn, vermöge dessen wir
mit dem Wohl und Weh unsrer Nebenmenschen sympathisiren, mit einem Sinn für Schande und Ehre, und mit
einem Sinn fürs Lächerliche.

Allein so viele Mühe dieser sinnreiche Philosoph sich
auch gegeben hat, zu zeigen, daß das Billigungsprinzipe in
eignes Wahrnehmungsvermögen und etwas den äußern
Sinnen analoges sey, so gesteht er doch selbst einige Folgen
seines Lehrgebäudes ein, die vielleicht bey manchen für völlige Widerlegung seiner Hypothese gelten möchten. Die
Eigenschaften, gibt er zu, die den Gegenständen eines
Sinnes zukommen, können ohne die äußerste Unbequemlichkeit dem Sinne selbst nicht zugeschrieben werden. Wer
ließ sichs je einfallen, von einem Sinn des Schwarz- oder
Weißsehens, oder von einem Sinn des Laut- oder Leisehö-
rens, oder von einem Sinn des Süß- oder Bitterschmeckens

zu reden. Eben so ungereimt ist es seiner Meinung nach,
unsre moralischen Fähigkeiten tugendhaft oder lasterhaft,
sittlich gut oder böse zu nennen. Diese Eigenschaften kom=
men den Gegenständen jener Fähigkeiten zu, nicht den
Fähigkeiten selber. Wenn jemand auch so widersinnig ge=
baut wäre, daß er Grausamkeit und Ungerechtigkeit als die
höchsten Tugenden billigte, Gerechtigkeit und Menschlich=
keit aber als die bejammernswürdigsten Laster misbilligte,
so könnte eine solche Seelengestalt wohl als verderblich für
das Individuum und für die Gesellschaft, wie auch als selt=
sam, befremdend, und an sich selbst unnatürlich angesehn
werden. Aber man könnte sie ohne die äusserste Ungereimt=
heit nicht lasterhaft oder sittlich böse nennen.

Gesetzt jedoch, wir sähen einen Menschen, der einer
grausamen und unverdienten Hinrichtung, dem Werk irgend
eines übermüthigen Tyrannen, lauten Beyfall und freudige
Bewundrung zujauchzte, würden wir uns da wohl grosser
Unschicklichkeit schuldig halten, wenn wir dies Betragen im
höchsten Grade lasterhaft und sittlich böse nennten, wie=
wohl es nichts denn verderbte moralische Fähigkeiten ver=
riethe, oder eine widersinnige Billigung einer scheuslichen
That, als einer grossen, edlen, erhabnen. Unser Herz,
dünkt mich, würde für eine Weile seiner Sympathie mit
dem Leidenden vergessen, und nichts denn Unwillen und
Abscheu gegen einen so verwünschenswürdigen Elenden füh=
len. Wir würden ihn sogar mehr verabscheuen, als den
Tyrannen selber, der vielleicht durch den Ungestüm seiner
Leidenschaft, durch Argwohn, Furcht und Zorn zu seiner
Grausamkeit verleitet worden, und in dieser Hinsicht mehr
zu entschuldigen wäre. Allein für das Gefühl des Zuschau=

ers ließe sich durchaus kein Beweggrund denken, der die vollendete Abscheulichkeit desselben einigermaßen milderte. Es gibt keine Verdorbenheit des Gefühls, mit welcher unser Herz weniger sympathisiren, oder die es mit grösserm Unwillen von sich stossen würde, als eine solche, und weit entfernt, daß wir eine ähnliche Seelengestalt bloß als etwas Seltsames und Unschickliches, und nicht vielmehr als etwas in jeder Rücksicht Lasterhaftes und moralisch Böses betrachten sollten, würden wir sie vielmehr für die letzte und fürchterlichste Stufe moralischer Verdorbenheit ansehn.

Richtige moralische Gefühle hingegen scheinen uns von Natur in gewissem Grade lobenswürdig und sittlich gut. Derjenige, dessen Tadel und Beyfall bey aller Gelegenheit dem Werth oder Unwerth des Gegenstandes aufs genaueste angemessen ist, scheint einen Grad sogar von sittlicher Billigung zu verdienen. Wir bewundern die Zartheit und Bestimmtheit seiner moralischen Gefühle; sie leiten unsre eignen Urtheile, und erregen ihrer ungewöhnlichen und überraschenden Richtigkeit halber sogar unsern Beyfall und unsre Bewundrung. Wir können uns zwar nicht immer darauf verlassen, daß das Betragen eines solchen Menschen der Bestimmtheit und Genauigkeit seiner Urtheile über das Betragen anderer vollkommen entsprechen werde. Die Tugend erfodert Fertigkeit und Entschlossenheit des Geistes sowohl als Zartheit des Gefühls, und unglücklicherweise mangeln jene Eigenschaften gewöhnlich da, wo die letztern einen hohen Grad von Vollkommenheit erreicht haben. Indessen ist diese Seelengestalt, wiewohl sie bisweilen mit Unvollkommenheiten begleitet seyn mag, mit jedem groben Verbrechen unverträglich und die glücklichste Grundlage,

um den Bau einer vollkommnen Tugend drauf aufzuführen.
Manche Menschen meinen es recht gut, und bestreben sich
ernstlich, das zu thun, was sie für ihre Pflicht halten, ha=
ben aber ein so grobes sittliches Gefühl, daß es ihnen durch=
aus nicht gelingt, sich angenehm zu machen.

Man möchte sagen, wiewohl das Billigungsprinzip
sich nicht auf eine Vorstellungskraft gründe, die den äussern
Sinnen gewissermaßen analog sey, so könne es sich doch
wohl auf ein besondres Gefühl gründen, das nur diesem
und keinem andern Zweck zusage. Billigung und Misbil=
ligung, könnte man behaupten, seyen gewisse Gefühle oder
Gemüthsbewegungen, die beym Anblick verschiedner Karak=
ter und Handlungen in der Seele entstünden, und so wie
Unwille ein Sinn für erlittnes Unrecht, oder Dankbarkeit
ein Sinn für Wohlthaten heissen könnte, so könnten jene
Gefühle ganz schicklich den Namen eines Sinnes für Recht
und Unrecht, oder eines moralischen Sinnes erhalten.

Allein diese Erklärung, wiewohl den Einwürfen der
erstern nicht blosgestellt, wird dennoch von andern nicht
weniger unbeantwortlich bestritten.

Zuvörderst mag irgend eine besondre Gemüthsbewe=
gung so viel Veränderungen leiden, als sie wolle, so behaup=
tet sie doch immer die allgemeinen Züge, die sie als eine
Gemüthsbewegung von solcher Art auszeichnen, und diese
allgemeinen Züge sind immer auffallender und wahrnehm=
barer, als jede Veränderung, die sie in besondern Fällen
leiden möchte. So ist der Zorn eine Gemüthsbewegung
von besondrer Art und hat dem zufolge seine allgemeinen

Züge, die immer wahrnehmbarer ſind, als alle Veränderungen, die er in beſondern Fällen leidet. Zorn gegen einen Mann iſt ohne Zweifel einigermaßen anders, als Zorn
gegen ein Weib, und dieſer wieder einigermaßen anders,
als Zorn gegen ein Kind. In jedem dieſer drey Fälle wird
die Leidenſchaft des Zorns durch den beſondern Karakter ihres Gegenſtandes anders modifizirt, wie der Aufmerkſame
ohne Mühe bemerken wird. Allein die allgemeinen Züge
der Leidenſchaft werden durch jede Modifikation durchſchei-
nen. Dieſe zu unterſcheiden, bedarf keiner genauen Beobachtung; dagegen bedarf es der feinſten Aufmerkſamkeit,
ihre Abänderungen zu entdecken; jedermann bemerkt
die erſtern, kaum irgend jemand die letztern. Wenn Billigung und Mißbilligung daher, gleich Dankbarkeit und
Unwillen, Gemüthsbewegungen von beſondrer, von jeder
andern verſchiedner Art wären, ſo dürften wir erwarten,
daß auch ſie in allen Veränderungen, die ſie etwa leiden ſollten, die allgemeinen Züge beybehielten, die ſie als Gemüthsbewegung von dieſer beſondern Art deutlich, richtig und
vollſtändig bezeichneten. Aber in der Erfahrung finden wir
ganz das Gegentheil. Wenn wir auf die Natur unſers
Gefühls in den verſchiednen Veranlaſſungen der Billigung
und Mißbilligung Acht geben, ſo werden wir finden, daß
unſre Gemüthsbewegung in einem Fall oft ganz verſchieden
von derjenigen in einem andern iſt, und daß ſich keine ge-
meinſchaftlichen Züge zwiſchen ihnen wahrnehmen laſſen.
So iſt die Billigung, die wir beym Anblick eines zarten,
feinen menſchlichen Gefühls empfinden, ganz anders, als
diejenige, die uns beym Anblick einer groſſen, kühnen und
erhabnen Gemüthsart durchſchüttert. Die Billigung, die
wir beiden angedeihen laſſen, mag bey beiderley Gelegenheiten

ganz vollkommen seyn; aber während die eine uns rührt,
erschüttert uns die andre, und es ist überall keine Aehnlich=
keit zwischen den Gemüthsbewegungen, die sie in uns auf=
regen. Nach dem System aber, das ich zu gründen ge=
sucht habe, muß dies nothwendig der Fall seyn; denn da die
Gemüthsbewegungen der von uns gebilligten Person in bei=
den Fällen einander grade entgegenstehn, und da unsre
Billigung aus Sympathie mit jenen entgegengesetzten Bewe=
gungen entspringt, so kann unser Gefühl in einem Fall
mit dem, was wir im andern fühlen, keine Aehnlichkeit ha=
ben. Dies könnte aber nicht seyn, wenn die Billigung in
einer besondern Gemüthsbewegung bestünde, die mit den
gebilligten Empfindungen nichts gemein hätte, sondern beym
Anblick jener Empfindungen, gleich jeder andern Leidenschaft
beym Anblick ihres schicklichen Gegenstandes, entstünde.
Das nehmliche gilt in Ansehung der Misbilligung. Unser
Abscheu an Grausamkeit hat nicht die mindeste Aehnlichkeit
mit unsrer Verachtung für Kleingeistigkeit. Es ist eine
ganz verschiedne Art von Mishelligkeit, die wir beym An=
blick dieser beiden verschiednen Laster empfinden, zwischen
unsern eignen Gemüthern und den Gemüthern, deren
Empfindungen und Betragen wir betrachten.

Zum andern hab' ich schon bemerkt, daß nicht nur die
verschiednen Leidenschaften oder Affekten der menschlichen
Seele, die da gebilligt oder gemisbilligt werden, uns als
moralisch gut oder böse darstellen, sondern daß die schickliche
oder unschickliche Billigung selber unserm natürlichen Ge=
fühl mit dem nehmlichen Karakter gestempelt scheine. Wie
geht es denn zu, wird' ich fragen, daß wir nach diesem
System eines dritten schickliche oder unschickliche Billigung

Db 3

billigen oder mißbilligen? Auf diese Frage, dünkt mich, läßt
sich nur Eine vernünftige Antwort geben. Diese nehmlich,
daß, wenn die Billigung, womit unser Nächster das Betragen eines dritten betrachtet, mit unsrer eignen zusammentrifft, wir seine Billigung hinwiederum billigen, und sie als
etwas gewissermaßen sittlich Gutes ansehn, und daß im Gegentheil, wenn sie mit unsern eignen Empfindungen nicht zusammentrifft, wir sie mißbilligen, und als etwas gewissermaßen sittlich Böses betrachten. Man muß daher zugeben,
daß, wenigstens in diesem Einen Falle, das Zusammentreffen
oder Abweichen der Empfindungen zwischen dem Beobach-
teten und dem Beobachter die sittliche Billigung oder Mißbilligung ausmacht. Und thut es das in Einem Falle,
würd' ich fragen, warum nicht auch in jedem andern? Wozu ein neues Wahrnehmungsvermögen annehmen, um jene Empfindungen zu erklären?

Gegen jede Erklärung des Billigungsprinzips aus
einem besondern von jedem andern verschiednen Gefühl
würd' ich einwenden: es sey doch seltsam, daß dies Gefühl,
das die Vorsehung unstreitig zum herrschenden Prinzip in
der menschlichen Natur bestimmt hat, bis hieher so wenig
in Anschlag gebracht worden sey, daß es in keiner Sprache
einmal einen Namen bekommen. Das Wort, moralischer
Sinn, ist von sehr später Bildung, und kann nicht einmal
als ein ächtes vaterländisches Wort angesehn werden. Das
Wort, Billigung, ist erst auf Gegenstände sittlicher Art seit
einigen Jahren ausgedehnt worden. Dem eigentlichen
Sprachgebrauch zufolge billigen wir alles, was unserm Geschmack gefällt, die Form eines Gebäudes, die Einrichtung
einer Maschine, den Geschmack eines Essens. Das Wort,

Gewiſſen, bezeichnet nicht unmittelbar irgend ein moraliſches
Vermögen zu billigen oder zu misbilligen. Das Gewiſſen
ſetzt freylich das Daſeyn eines ſolchen Vermögens voraus,
und bezeichnet eigentlich unſer Bewußtſeyn, ſeiner Leitung ge=
mäß oder entgegen gehandelt zu haben. Wenn Liebe, Haß,
Freude, Kummer, Dankbarkeit, Unwille und ſo manche
andre Leidenſchaften, die man doch als dieſem Prinzip un=
tergeordnet betrachtet, ſich wichtig genug gemacht haben,
um einen eignen Unterſcheidungsnamen zu erlangen, iſt es
dann nicht erſtaunlich, daß das oberſte Prinzip von dieſen
allen bisher ſo wenig in Anſchlag gekommen, daß, we=
nige Philoſophen ausgenommen, kein Menſch es der Mü=
he werth geachtet hat, ihm einen eignen Namen zu geben.

Meinem Syſtem zufolge entſpringt das Billigungsge=
fühl aus vier Quellen, die in gewiſſer Hinſicht von einan=
der verſchieden ſind: Zuerſt ſympathiſiren wir mit den
Triebfedern des Handelnden, zum andern theilen wir die
Dankbarkeit derer, die die Folgen ſeiner Wohlthätigkeit ge=
nieſſen, zum dritten bemerken wir, daß ſein Betragen den
allgemeinen Regeln gemäß ſey, nach welchen dieſe beiden
Sympathien gewöhnlich handeln, und endlich gewährt die
Betrachtung, daß ſolche Handlungen Theile eines ſittlichen
Syſtems ausmachen, das zu Beförderung der Glückſeligkeit
ſowohl des Individuums als der Geſellſchaft dient, ihnen
eine Schönheit, die derjenigen, welche wir einer wohleinge=
richteten Maſchine beylegen, nicht ungleich iſt. Man ziehe
in jedem einzelnen Falle alles ab, was man als Wirkung
des einen oder andern dieſer vier Prinzipe anerkennen muß,
man zeige mir dann, was übrig bleibt, man beſtimme ge=
nau, was dies Uebrigbleibende ſey, und ich will freymüthig

Dd 4

zugestehn, daß dies Uebrigbleibende irgend einem besondern
moralischen Sinn, oder einem andern besondern Vermögen
zuzuschreiben sey. Man dürfte vielleicht erwarten, daß, wenn
es ein solches eigenthümliches Prinzip gäbe, als dieser moralische Sinn seyn soll, wir es in einigen besondern Fällen
von jedem andern getrennt und abgesondert fühlen würden,
wie wir Freude, Kummer, Hoffnung und Furcht oft ganz
rein und von jeder andern Gemüthsbewegung ungemischt
empfinden. Dies, deucht mich, aber könne nie behauptet
werden. Nie hab' ich einen Fall anführen hören, in dem
dies Prinzip sich ganz allein und ungemischt geäußert hätte,
ungemischt mit Sympathie oder Antipathie, mit Dankbarkeit oder Zorn, mit Wahrnehmung der Uebereinstimmung
oder Nichtübereinstimmung einer Handlung mit einer festgesetzten Regel, oder endlich mit dem allgemeinen Geschmack an Schönheit und Ordnung, der durch leblose sowohl als lebendige Gegenstände erregt wird.

II. Es gibt noch ein andres, von meinem verschiednes
System, das unsre sittlichen Gefühle aus der Sympathie
erklärt. Es ist das, welches die Tugend in Nutzbarkeit
setzt, und das Vergnügen, das der Zuschauer bey Ueber-
schauung der Nutzbarkeit einer Eigenschaft empfindet, aus
seinem Mitgefühl mit der Glückseligkeit derer, die Gegenstände dieser Sympathie werden, erklärt. Diese Sympathie ist sowohl von derjenigen unterschieden, durch die wir
die Triebfedern des Handelnden billigen, als auch von derjenigen, durch die wir mit der Dankbarkeit verpflichteter
Personen sympathisiren. Sie ist das nehmliche Prinzip,
vermöge dessen wir eine wohlersonnene Maschine billigen.
Es kann aber eine Maschine der Gegenstand von irgend

einer der beiden letzterwähnten Sympathien seyn. Ich habe schon im vierten Theil meiner Untersuchung von diesem System einige Nachricht ertheilt.

Anm. Indem das moralische Gesetz in seinem festen Ernst und seiner feyerlichen Strenge der Sinnlichkeit gänzlichen Abbruch thut, und all Triebfedern der Neigung unerweichlich verschmäht, so erregt es in dem Gemüthe, das seinen dermaligen Werth an ihm abmißt, ein sehr kränkendes und niederschlagendes Gefühl der Demüthigung. Indem es dasselbe aber andrerseits von seiner Unabhängigkeit von den Gesetzen der Sinnenwelt, von dem unschätzbaren Vorzuge, sich selbst durch sich selbst zu bestimmen, und von der Würde, sein eigner Gesetzgeber zu seyn, vergewissert, erhebt es es zu einem Gefühle der Achtung für jenes ehrwürdige Gesetz, und zugleich einer Schätzung seines eignen Selbst, seiner unabhängigen Persönlichkeit und absoluten Größe, welches, gestärkt, genährt, und geübt, die einzige ächte Triebfeder der Tugend, ja vielmehr die Tugend selber ist. Dies Gefühl der Achtung fürs Gesetz und der Schätzung seiner eignen vernünftigen Natur ist das einzige wahre moralische Gefühl, das aber keinesweges, wie jenes sinnliche, instinktartige des Hutcheson, vor dem moralischen Gesetz hergeht, noch die Bedingung von dessen Möglichkeit enthält, sondern allein durch dasselbe entspringt, und ohne dasselbe ein Wort ohne Sinn und Inhalt seyn würde.

Ausführlicher sind über diesen für die Menschheit so wichtigen und herzerhebenden Gegenstand nachzulesen Kants Kritik der praktischen Vernunft, S. 126-158. Snells Menon im vierten Gespräch, und Abichts Abhandlung über den Stolz im ersten Stück des neuen philosophischen Magazins.

Ich kann mich nicht enthalten, aus dieser letzten, mit eben so vielem Scharfsinn als Gefühl und Wärme abgefaßten Schrift eine Stelle auszuzeichnen, die hier am rechten Orte steht.

„Glückſeligkeit iſt der große Endzweck der Triebe und
„der Moral. Beide ſuchen ihn dadurch zu erreichen, daß ſie den
„Menſchen zum Anſchaun ſeiner größtmöglichen Vor-
„treflichkeit verhelfen. Wäre dieſe bis zur Vortreflichkeit
„eines Gottes erhoben, wäre ſie in Werken des Willens zum An-
„ſchaun vorgelegt, wie die unendliche Größe des Schöpfers in ſei-
„nen Werken der Allmacht und Weisheit, der Menſch würde die
„Seligkeit jenes Unnennbaren genießen. Seine Hofnung geht da-
„hin, ſo hoch erhebt ſie die Vernunft, wenn ſie die Rechte der
„Geiſtesnatur in ihrer glänzenden Erhöhung und Ausbildung vor-
„ſtellt. Man muß demnach annehmen, daß Glückſeligkeit, auf wel-
„che die Hofnung der Geiſtesnatur hinwekſt, nichts anders iſt,
„als das unausſprechliche Gefühl der höchſten Geiſtesgröße, ihrer
„möglichſten Erhabenheit und Ausdehnung. Die Moral ſoll dieſe
„Geiſtesgröße, dieſe Vortreflichkeit und Würde der innern Natur
„lehren, zeigen, wie man durch Uebung darnach ſtrebt, und wie
„man ſie in Werken und Thaten dem Geiſte zum Anſchaun vor-
„legt und genießen läßt. Je öfter, je mehr er dieſes Gefühl des
„Edeln und Würdigen in Vorſtellungen möglicher
„Aeuſſerungen, oder in Vorſätzen, in beabſichtigten Handlun-
„gen in dieſen Lagen und in jenen Verhältniſſen, alſo als Ge-
„fühl der Hofnung genießt, deſto mehr Triebfeder hat die
„Tugend, oder, welches einerley iſt, deſto mehr Beweggrund iſt
„für das Beſtreben nach dieſer Größe und Würde da (denn
„eine jede Triebfeder iſt ein Gefühl der Hofnung), deſto ſchneller
„ſteigt der Geiſt von Größe zu Größe, und iſt ſchon auf dieſem
„Fluge nach dem Tempel der Glückſeligkeit nach Maasgabe ſei-
„ner Faſſung glücklich; glücklich im Halbgenuſſe der Hofnung
„bey beabſichtigten edeln Thaten, und noch glücklicher im
„Beſitz des ſchon durch Tugend errungenen reinen
„Gewinnſtes der Würde und Größe des Geiſtes. Es
„leuchtet alſo von neuem ein: das Gefühl der Würde, des
„edeln Stolzes, iſt die ächte, die mächtigſte Triebfe-
„der der Tugend, die einzige Hauptſtütze der Mora-
„lität, und zugleich ihr wahrer Preis; denn dieſes
„Gefühl iſt in ſeinem möglichſt erhabnen Ausdeh-

„nung der einzige Zweck der Tugend, nehmlich re-
„ne Glückseligkeit."

Auf diese Weise sucht Herr Abicht den kategorischen Imperativ, der vielleicht manchem in seiner ursprünglichen Aufstellung
zu rauh, streng und abschreckend gedeucht haben mochte, gleichsam
zu vermenschlichen und zu verlieblichen, wobey man
jedoch, um nicht wieder in die alten Verwirrungen zurückzufallen,
nie vergessen muß, daß dies Gefühl unsrer absoluten Größe, dies
Ideal der reinen Glückseligkeit keinesweges der Quell der Sittlichkeit sey, sondern daß jenes sich vielmehr dann erst äussern könne,
nachdem die praktische Vernunft des Menschen sich einigermaßen
entwickelt hat. Da es dann zugleich mit dieser wächst, und Lohn,
Preis und Triebfeder der immer steigenden Moralität wird.

Viertes Kapitel.

Das formale Prinzip.

Ein ergänzender Zusatz des Uebersetzers.

Vermöge seiner aus Sinnlichkeit und Vernunft gemischten
Natur fiel dem Menschen auch ein gedoppeltes Begehrungsvermögen zum Loose; ein unteres pathologisch bestimmbares,
und ein oberes durch Vernunft bestimmbares. Jenes wird
durch Gegenstände affizirt, die ein sinnliches Gefühl von
Lust oder Unlust in ihm wecken; dieses durch die reine Vorstellung von Gesetzen. Jenes ist der sinnliche Wille; dieses
der reine Wille, oder die reine praktische Vernunft.

So wie die Vernunft überhaupt nach Einheit in dem
Mannichfaltigen der Vorstellungen strebt, so strebt die reine

praktische Vernunft nach Einheit in dem Mannichfaltigen
des Begehrungsvermögens. Diese Einheit in einer Formel
ausgedrückt ist eine praktische Regel oder Vorschrift.
Mehrere praktische Regeln, in einem allgemeinen Satz vereinigt, geben praktische Grundsätze.

Die praktischen Grundsätze bestimmen entweder nur
eine besondre Art von wollenden Wesen nach Maasgabe ihrer subjektiven Beschaffenheit, oder sie gelten für den Willen aller vernünftigen Wesen überhaupt. Jene sind folglich
nur bedingt nothwendig und gelten blos subjektiv; diese hingegen gelten objektiv, und sind absolut nothwendig. Jene
sind Maximen, diese praktische Gesetze.

Wird die praktische Regel auf ein Wesen bezogen, dessen Wille nicht ganz allein durch Vernunft bestimmt wird,
so ist sie ein Imperativ, und die in ihr ausgedrückte
Nothwendigkeit ein Sollen. Diese Nothwendigkeit ist
entweder unbedingt, d. i. lediglich von der Vernunft selbst
abhängig, und objektiv, d. i. für jedes vernünftige und wollen-
de Wesen gültig; oder sie ist nur subjektiv bedingt durch etwas ausser der Vernunft befindliches. Im erstern Fall entsteht ein kategorischer, im letztern ein hypothetischer
Imperativ. Alle hypothetische Imperative gründen sich
auf Maximen, die kategorischen aber auf praktische Gesetze.

———————

Ein praktischer Grundsatz, der allgemein gültig, absolut
nothwendig und von keinem andern abgeleitet wäre, gäbe ein
oberstes Moralprinzip, ein höchstes praktisches Gesetz. Laßt
uns sehen, ob wir einen solchen finden können!

An dem Willen ist zu unterscheiden die M a t e r i e und die F o r m. Die Materie ist der Gegenstand, der gewollt wird, und der den Willen bestimmt. Die Form ist das, was nach Absonderung aller Gegenstände übrig bleibt, das Wollen und Begehren selber — beym reinen Willen das vernünftige Wollen — beym praktischen Gesetze der Karakter der Allgemeinheit.

Diesem specifischen Unterschiede zufolge zerfallen die praktischen Grundsätze in zweyerley Klassen, in m a t e r i a l e und f o r m a l e. Bestimmt ein praktischer Grundsatz uns durch die Materie, d. i. durch einen Gegenstand, den er uns als Zweck unsrer Handlung aufstellt, so ist er material. Bestimmt er uns durch die Form, so daß er nichts weiter als sich selbst und sein Vermögen, die praktische Vernunft, als Bedingung voraussetzt, so ist er formal.

In Ansehung ihres Ursprungs setzen die praktischen Grundsätze entweder bestimmte Erfahrungen voraus, oder sind von aller Erfahrung unabhängig, und liegen derselben vielmehr zum Grunde. Im erstern Fall sind s i e e m p y r i s c h, im letztern r e i n a p r i o r i.

Kein empyrischer Grundsatz kann ein praktisches Gesetz werden, weil ihm die unerlaßlichen Erfordernisse eines praktischen Gesetzes, absolute Allgemeinheit und Nothwendigkeit, mangeln. Alles, was er hervorbringt, sind hypothetische Imperative.

Kein materialer Grundsatz kann ein praktisches Princip werden. Denn als material bestimmt er den Willen durch die Materie, d. i. durch einen Gegenstand, den die Erfahrung aufstellt, und durch Erweckung einer Lust zu dem selben, ist also von empyrischen Bedingungen abhängig, folglich selbst empyrisch, und unfähig, andre, als hypothetische Imperative hervorzubringen.

Hier sind alle Imperative, welche vom Beginn aller Untersuchung über das Sittengesetz, bis auf Entdeckung des einzig möglichen kategorischen Imperativs, für höchste praktische Gesetze ausgegeben worden sind.

Imperativ des Sokrates.

Weide dich am Anschaun der höchsten Schönheit.

Imperativ des Plato.

Versenke dich ins Beschauen spekulativer Wahrheit.

Imperativ des Aristipp.

Trachte nach der möglichstgrößten Summe physisch angenehmer Genüsse.

Imperativ des Epikur.

Trachte nach einem Zustande gänzlicher Schmerzenlosigkeit.

Imperativ des Antisthenes.

Suche dich so frey und unabhängig (der Natureinfalt so nahe) zu halten, als möglich.

Imperativ der Stoa.

Betrachte nur das Wohl des Ganzen als dein eigen Wohl.

Imperativ des Aristoteles.

Verschaffe deinen intellektuellen Kräften den möglichsthöchsten Grad von Vollkommenheit.

Imperativ des Polemon.

Trachte nach der möglichstgrößten Summe sowohl körperlicher als geistiger Genüsse.

Imperativ der Mystiker.

Erschwinge dich zum Umgange mit der subsstanzialisirten Wahrheit.

Imperativ des Hobbes.

Handle so, daß deine Handlungen mit der Gesetzgebung deines Landes übereinstimmen.

Imperativ des Mandeville.

Handle den Konventionen der Menschen gemäß.

Imperativ des Montaigne.

Handle so, daß du die Gunst der Staatssmacht und ihrer Mitglieder gewinnest.

Imperativ des Hutcheson.

Handle dem Zusagen deines moralischen Sinnes gemäß.

Imperativ des Smith.

Handle so, daß die Menschen mit den Triebfedern und der Tendenz deiner Handlungen sympathisiren können.

Imperativ des Wolf.

Trachte nach Vollkommenheit.

Imperativ des Crusius.

Trachte bloß nach Gunst und Beyfall des höchsten Wesens.

Imperativ der neuern Eklektiker.

Verstärke deine Kräfte, bringe sie unter
einander in die größtmöglichste Harmonie,
und lasse sie alle zu Einem Zwecke wirken.

Alle diese Imperative lassen auf den Einen der Glückseligkeit oder der Selbstliebe sich reduziren:

Suche dir die extensiv, intensiv und pro-
tensiv größtmöglichste Summe von Vergnügen zu verschaffen.

Da diese größtmöglichste Summe von Vergnügen nun
bloß rhapsodisch aus der Erfahrung aufgesucht werden kann,
so erhellt, daß alle obige Imperative empyrisch sind. Da
sie alle die Materie, den von auffen gegebnen Zweck des
Wollens in ihre Vorschriften mit hineinbringen, so erhellt,
daß alle material sind, mithin zwar wohl zu hypothetischen Im-
perativen taugen, keinesweges aber zu praktischen Gesetzen.

Da also die Materie des Wollens uns keinen kategorischen Imperativ zu liefern vermag, so laßt uns sehen, ob die
Form desselben dies vermöge.

So wie die Materie des Wollens im Grunde nur einen einzigen materiellen Grundsatz zu liefern vermochte,
welcher freylich aus mancherley verschiednen Gesichtspunkten
gefaßt und ausgedrückt ward, so vermag auch die Form der
praktischen Vernunft nur einen einzigen formalen Grundsatz
zu liefern. Dieser entsteht, wenn man die Form selbst, d. i.
den Karakter der Allgemeinheit, als einzige Bedingung seiner Möglichkeit in das praktische Gesetz hineinträgt, und
demselben folgende Formel gibt:

Handle nur nach derjenigen Maxime,
durch die du zugleich wollen kannst, daß sie
ein allgemeines Gesetz werde.

Und da die Allgemeinheit des Gesetzes, wonach Wirkungen geschehn, dasjenige ausmacht, was eigentlich Natur
im allgemeinsten Verstande (der Form nach) heißt, d. i. das
Daseyn der Dinge, so fern es nach allgemeinen Gesetzen
bestimmt ist, so läßt dieser Imperativ sich auch durch folgende Formel ausdrücken:

Handle so, als ob die Maxime deiner Handlung durch deinen Willen zum allgemeinen
Naturgesetz werden sollte.

Dieser Imperativ hat alle Eigenschaften des einzig
möglichen kategorischen Imperativs und des obersten praktischen Gesetzes, denn er ist durch die Vernunft, nicht aus der
Erfahrung, sondern aus ihrer eignen Natur geschöpft, folglich ist er rein a priori, und durch die Vernunft selbst gegeben, mithin der erste. Er ist allgemein, und für alle vernünftige Wesen gültig, weil die Vernunft aller vernünftigen
Wesen dieselbe ist. Er ist aber auch absolut nothwendig,
eben darum, weil er aus dem Wesen der Vernunft geschöpft
ist, und die Vernunft sich nicht selbst zerstören kann.

Jede Maxime hat einen Zweck.

Die Maxime, die zur allgemeinen Gesetzgebung taugen soll, darf nur einen solchen Zweck haben, der für alle
vernünftige Wesen gilt.

Ein solcher Zweck darf also nicht subjektiv, nicht mate-
riell, nicht relativ, er muß objektiv und absolut seyn.

Nun gibt es aber nur Ein Etwas, dessen Daseyn an sich selbst einen absoluten Werth hat, was, als Zweck an sich selbst, ein Grund bestimmter Gesetze seyn könnte — und dieses Eine ist der Mensch und überhaupt jedes vernünftige Wesen. Er allein existirt als Zweck an sich selbst, nicht bloß als Mittel zum beliebigen Gebrauche für diesen oder jenen Willen, sondern muß in allen seinen, sowohl auf sich selbst, als auch auf andre vernünftige Wesen gerichteten Handlungen jederzeit zugleich als Zweck betrachtet werden. Betrachtet man den kategorischen Imperativ also in Hinsicht auf den Zweck, so gewinnt er folgende Formel:

Handle so, daß du die Menschheit sowohl in deiner Person, als in der Person eines andern, jederzeit zugleich als Zweck, niemals bloß als Mittel brauchst.

Dies Prinzip der Menschheit und jeder vernünftigen Natur überhaupt, als Zweck an sich selbst (die oberste beschränkende Bedingung der Freyheit der Handlungen eines jeden Menschen) ist nicht aus der Erfahrung entlehnt; erstlich, wegen seiner Allgemeinheit, da es auf alle vernünftige Wesen überhaupt geht, worüber sich aus der Erfahrung nichts bestimmen läßt; zweytens, weil darin die Menschheit nicht als Zweck der Menschen, subjektiv, d. i. als Gegenstand, den man sich von selbst wirklich zum Zwecke macht, sondern als objektiver Zweck, der, wir mögen Zwecke haben, welche wir wollen, als Gesetz die oberste einschränkende Bedingung aller subjektiven Zwecke ausmachen soll, vorgestellt wird, mithin aus reiner Vernunft entspringen muß.

In so fern die Vernunft bey allen ihren Vorschriften sich selbst als Zweck anzusehen hat, in so fern ist sie ihre eigne

Gesetzgeberin, und bloß ihren eignen Gesetzen unterworfen.
In so fern ihre Maximen aber auch zur allgemeinen Gesetzgebung taugen sollen, in so fern muß sie sich auch als Gesetzgeberin für alle vernünftige Wesen betrachten.   Hieraus entsteht die erhabne Idee des Willens jedes vernünftigen Wesens als eines allgemein gesetzgebenden Willens,
und die dritte Formel des kategorischen Imperativs, welche
derselbe in Hinsicht auf die vollständige Bestimmung aller
Maximen erhält:

> Handle nur nach solchen Maximen, die du
> als eigner und allgemeiner Gesetzgeber für
> ein Reich vernünftiger Wesen geben kannst.

Diese Tauglichkeit der praktischen Vernunft zu ihrer
eignen und zu allgemeiner Gesetzgebung ist die Autonomie
des menschlichen Willens.

Moralität ist das Verhältniß der Handlungen zu
dieser Autonomie.

Die Handlung, die mit der Autonomie des Willens
bestehen kann, ist erlaubt; die es nicht kann, unerlaubt.

Der Wille, dessen Maximen nothwendig mit den Gesetzen der Autonomie zusammenstimmen, ist ein heiliger,
schlechthin guter Wille.

Die Abhängigkeit eines nicht schlechthin guten Willens
vom Prinzip der Autonomie ist Verbindlichkeit. -

Die objektive Nothwendigkeit einer Handlung aus
Verbindlichkeit ist Pflicht.

Die wachsende Fertigkeit, aus Pflicht zu handeln, ist
Tugend.

Autonomie des Willens ist das oberste
Prinzip der Sittlichkeit.

Vierter Abschnitt.

Auf was Weise verschiedne Schrift-steller von den praktischen Regeln der Sittlichkeit gehandelt haben.

Im dritten Theil meiner Untersuchungen ist bemerkt worden, daß die Regeln der Gerechtigkeit die einzigen genauen
und bestimmten Regeln der Moral seyen; daß aller andern
Tugenden ihre schwankend, unsicher und unbestimmt seyen;
daß erstere sich mit den Regeln der Grammatik vergleichen
lassen, letztere aber mit denen, die die Kritiker zu Erreichung des Zierlichen und Erhabnen in der Schreibart vorschreiben, und die uns mehr ein allgemeines Ideal von Vollkommenheit vor Augen bringen, als uns sichre und unfehlbare Anweisungen geben, wie dasselbe erreicht werden könne.

Da nun die verschiednen Regeln der Sittlichkeit so
verschiednen Graden von Genauigkeit unterworfen sind, so
haben die Schriftsteller sie auf zweyerley Art in Systeme
zu ordnen gesucht. Einige haben durchweg jene schwankende Methode befolgt, zu welchen die Betrachtung der einen
Art von Tugenden sie nothwendig leiten mußte; andre haben sich allen ihren Vorschriften die Genauigkeit zu geben
bemüht, deren nur einige derselben fähig waren. Erstere
haben als Kritiker, letztere als Grammatiker geschrieben.

I. Die erstern, zu denen wir alle ältern Moralisten
zählen müssen, begnügen sich mit allgemeinen Beschreibungen der verschiednen Tugenden und Laster, und mit Auf-
deckung sowohl der Scheuslichkeit und des Elends von diesen, als auch der Schicklichkeit und Glückseligkeit von jenen.

Bestimmte Regeln, die in jedem einzelnen Fall ohne Ausnahme Stich hielten, festzusetzen, haben sie sich nicht heraus-
genommen. Ihr einziges Bestreben war, so weit die Sprache
es ihnen erlaubte, zu bestimmen, erstlich, worin die Her-
zensgesinnung bestehe, aus welcher jede besondre Tugend
entspringe, welche Art des innern Gefühls es sey, die das
Wesen der Freundschaft, der Leutseligkeit, des Edelmuths,
der Gerechtigkeit, der Großmuth und aller andern Tugenden, wie auch der ihnen entgegenstehenden Laster ausmache;
zweytens, welches die allgemeine Handlungsweise, der gewöhnliche Gang und Inhalt des Betragens sey, zu welchem
jede dieser Empfindungen uns hinleite, oder auf was Art
und Weise ein freundschaftliches, edelmüthiges, tapfres, gerechtes und menschliches Gemüth bey gewöhnlichen Gelegenheiten handle.

Die Herzensempfindung, auf die sich jede besondre
Tugend gründet, darzustellen, erfodert freylich einen feinen
und genauen Pinsel, läßt sich jedoch mit erträglicher Bestimmtheit thun. Unmöglich ist es zwar, alle Abänderungen auszudrücken, die jede Empfindung nach Maasgäbe jeder möglichen Veränderung der Umstände erfahren muß,
oder wirklich erfährt. Sie sind unzählig, und es fehlt der
Sprache an Namen, um sie zu bezeichnen. Das Freundschaftsgefühl, zum Beyspiel, das wir für einen alten Mann
empfinden, ist verschieden von dem, das wir für einen jungen
fühlen; das, was wir für einen ernsten Mann empfinden, verschieden von dem, was wir für einen sanftern und leutseligern
hegen; und dies wieder von dem, was ein munterer, lebhafter Geist uns einflößt. Anders ist das Freundschaftsgefühl
für eine Mannsperson, anders das für ein Frauenzimmer,
gesetzt auch, daß keine gröbere Leidenschaft sich hineinmische.
Welcher Schriftsteller könnte wohl diese und alle andre uns

zählicke Schattirungen ausdrücken, deren dies Gefühl fähig
ist. Die allgemeine Empfindung der Freundschaft aber, die
vertrauliche Anhänglichkeit, die allen gemein ist, läßt sich mit
hinreichender Genauigkeit angeben. Das Gemälde, das
wir von ihr entwerfen, wird immer in gewissen Hinsichten
unvollständig seyn; es wird jedoch immer Aehnlichkeit genug
an sich haben, um das Urbild, falls wir es antreffen, zu
erkennen, und sogar, um es von andern, ihm sehr ähnlichen
Gefühlen von Wohlwollen, Ehrerbietung, Achtung, Be=
wunderung zu unterscheiden.

Die gewöhnliche Handlungsweise, zu welcher jede Tu=
gend uns leiten muß, im Allgemeinen zu beschreiben, ist noch
leichter. Freylich die innere Empfindung und Gemüthsbe=
wegung, daraus jene entspringt, läßt sich mit bloßen Worten
schwerlich ausdrücken. Die unsichtbaren Züge jeder verschied=
nen Modifikation von Leidenschaft lassen sich mit der Spra=
che nicht darstellen. Es gibt zu ihrer Bezeichnung und Un=
terscheidung kein ander Mittel, als daß man die Wirkungen
beschreibe, die sie außer sich hervorbringen, die Veränderun=
gen, die sie in Miene, Geberde und äusserm Benehmen
veranlassen, die Entschliessungen, die sie erzeugen, die Hand=
lungen, welche sie bewirken. Auf diese Weise bemüht sich
Cicero in seinem ersten Buche von den Pflichten, uns die
Uebungsart der vier Kardinaltugenden zu bezeichnen; und
auf eben die Weise bezeichnet Aristoteles im praktischen
Theil seiner Ethik uns die verschiednen Fertigkeiten, vermö=
ge deren wir unser Betragen leiten sollen, Freygebigkeit,
Edelmuth, Großmuth, und sogar Spaßhaftigkeit und gute
Laune, Eigenschaften, die dieser nachsichtsvolle Weise eines
Platzes im Register der Tugenden würdig geachtet hat, wie=
wohl die geringfügige Billigung, die wir ihnen natürlicher=

weise angedeihen lassen, sie zu einem so ehrwürdigen Nas
men nicht zu berechtigen scheint.

Werke, wie diese, liefern uns sehr angenehme und les
benvolle Sittenschilderungen. Durch das Feuer ihrer Bes
schreibungen entflammen sie unser natürliches Tugendges
fühl, und verstärken unsern Abscheu vorm Laster; durch die
Richtigkeit sowohl als durch die Feinheit ihrer Bemerkungen
helfen sie uns nicht selten unsre natürlichen Gefühle über
die Schicklichkeit des Betragens berichtigen und sichern, und
durch Leitung unsrer Aufmerksamkeit auf manche versteckere
Seite der Handlungen gewöhnen sie uns zu einer besonnes
nen und vorwurfslosern Betragensweise, als wir ohne der:
gleichen Winke uns hätten zu eigen machen können. In
dieser Behandlung der Regeln der Sittlichkeit besteht eigents
lich eine so genannte Ethik, die zwar so wenig, wie die Kritik,
die genaueste Bestimmtheit gestattet, doch aber beides sehr
angenehm und sehr nützlich ist. Unter allen andern ist sie
der Verschönerungen der Beredtsamkeit am empfänglichsten,
und vermöge deren am fähigsten, auch der kleinsten Pflichts
vorschrift ein neues Gewicht zu geben. Ihre so eingeklei:
deten und herausgeschmückten Lehren vermögen auf das
biegsame Herz der Jugend den edelsten und dauerhaftesten
Eindruck zu machen. Sie vermögen die natürlich grosmüs
thige Gesinnung dieses schönen Lebensalters wenigstens auf
eine Zeitlang zu den heldenmüthigsten Entschlüssen emporzu:
flügeln, und dienen also, die edelsten und nützlichsten Fertigs
keiten, deren die menschliche Seele fähig ist, zu gründen
und zu stärken. Alles, was Lehre und Ermahnung thun
können, um uns zu Uebung der Tugend aufzumuntern, leis
stet diese Wissenschaft, wenn sie auf obbeschriebne Weise bes
handelt wird.

II. Die Sittenlehrer der andern Klasse, unter die wir alle Kasuisten des mittlern und spätern Alters der christlichen Kirche zählen können, wie auch alle, die in diesem und dem vorigen Jahrhundert von der so genannten natürlichen Rechtsgelehrtheit gehandelt haben, begnügen sich nicht mit so allgemeinen Schilderungen der Betragensweise, die sie uns annehmlich machen wollen, sondern bemühn sich, genaue und bestimmte Regeln anzugeben, die unserm Betragen in jeder Lage und in allen Umständen die gehörige Richtung geben mögen. Da nun die Gerechtigkeit die einzige Tugend ist, in Ansehung welcher so genaue Regeln mit Schicklichkeit gegeben werden können, so ist sie auch diejenige, die von jenen beiden verschiednen Arten von Schriftstellern am meisten ist in Betracht gezogen worden. Sie handeln jedoch von ihr auf verschiedne Weise.

Die enigen, die über die Prinzipe der Rechtsgelehrtheit schreiben, betrachten vornehmlich die Verpflichtungen, die man von dem andern mit Gewalt zu erzwingen sich berechtigt glaubt, deren Erzwingung jeder unpartheyliche Zuschauer billigt, und zu deren Leistung jeder Richter, dem der Fall anheimgestellt würde, und der nach Recht und Gerechtigkeit sprechen wollte, den andern nöthigen würde. Die Kasuisten hingegen untersuchen nicht so sehr die Verpflichtungen, die mit Gewalt erzwungen werden können, als vielmehr jene, zu deren Leistung wir uns durch die gewissenhafteste Rücksicht auf die allgemeinen Regeln der Gerechtigkeit, und aus der zartesten Besorgniß, entweder den Nächsten zu beleidigen, oder die Rechtschaffenheit unsers Karakters zu beeinträchtigen, verpflichtet achten müssen. Der Zweck der Rechtsgelehrtheit ist, den Entscheidungen der Richter, der Zweck der Kasuistik, dem Betragen eines rechtschaffnen Mannes Regeln vorzuschreiben. Durch Beobachtung der Regeln der Ge-

rechtigkeit, sie seyen so streng wie sie wollen, verdienen wir
nichts als Strafiosigkeit. Durch Beobachtung der Regeln der
Kasuistik, vorausgesetzt, sie seyen so, wie sie seyn müssen, gewinnen wir Anspruch auf Lob und Achtung.

Es kann sich also zutragen, daß ein rechtschaffner
Mann aus geheiligter und gewissenhafter Rücksicht auf die
allgemeinen Regeln der Gerechtigkeit sich verbunden achtet,
manches zu thun, zu dessen Leistung kein Mensch und kein
Richter ihn ohne die äusserste Ungerechtigkeit zwingen könnte.
Wir wollen dies durch ein bekanntes Beyspiel erläutern.
Gesetzt, ein Straßenräuber zwingt einen Reisenden durch
Furcht des Todes, ihm eine gewisse Geldsumme zu verspre-
chen. Ist ein solches, mit ungerechter Gewalt erzwungnes
Versprechen als verbindlich anzusehen, oder nicht? Eine
Frage, über die nicht wenig ist gestritten worden!

Betrachten wir sie als eine blosse juristische Frage, so
leidet die Entscheidung keinen Zweifel. Ungereimt wär es,
zu behaupten, daß der Straßenräuber berechtigt sey, den
andern mit Gewalt zu Vollziehung seines Versprechens an-
zuhalten. Die Erzwingung des Versprechens war ein äußerst
sträfliches Verbrechen, und die Erzwingung der Vollziehung
würde ein neues, nicht minder sträfliches seyn. Wer bloß
von einem Menschen ist betrogen worden, der ihn mit dem
größten Recht von der Welt auf der Stelle hätte umbringen
können, kann nicht klagen, daß ihm Unrecht geschehe. Zu
behaupten, daß ein Richter auf die Verbindlichkeit des Versprechens anerkennen, oder die Obrigkeit dem Räuber eine
ordentliche Klage gestatten müsse, wäre die abgeschmackteste
aller Abgeschmacktheiten. In juristischem Lichte betrachtet,
kann die Entscheidung der Frage also keine Schwierigkeit
haben.

Ein anders ist es, wenn wir sie als Frage der Kasus istik betrachten. Ob ein rechtschaffner Mann sich nicht aus gewissenhafter Rücksicht auf die heiligsten Regeln der Gerechtigkeit, die die Erfüllung jedes ernsthaften Versprechens gebeut, sich nicht zu Leistung des Versprochnen verbunden achten würde, läßt sich wenigstens bezweifeln. Daß auf die Hintergehung des Bösewichts, der ihn in diese Lage gebracht hat, keine Rücksicht zu nehmen sey, daß dem Räuber kein Unrecht geschehe, und daß also nichts mit Gewalt für ihn erzwungen werden könne, leidet keinen Zweifel. Ob aber der Würde und Ehre seines eignen Karakters in diesem Falle keine Achtung gebühre, ob die Ehrerbietung, die er dem Gesetz der Treue und dem Abscheu, den er allem, was an Falschheit und Treulosigkeit streift, schuldig ist, ihn nicht zu etwas anderm bestimmen müsse, ist eine schwierigere Frage. Die Meinungen der Kasuisten sind darüber getheilt. Einige, unter die wir Cicero unter den alten, Puffendorf und seinen Erläuterer, Barbeyrac, und vornehmlich den jüngstverstorbnen D. Hutcheson unter den neuern zählen können, entscheiden ohne Bedenken, daß einem solchen Versprechen überall keine Achtung gebühre, und daß die entgegengesetzte Meinung Schwäche und Aberglaube sey. Andre, zu denen einige Väter der Kirche sowohl, als einige sehr ansehnliche neuere Kasuisten gehören, sind andrer Meinung gewesen, und haben alle Versprechen dieser Art für verbindlich erklärt.

Betrachten wir die Frage nach den gewöhnlichen Gesinnungen der Menschen, so werden wir finden, daß diese einem solchen Versprechen allerdings einen Grad von Achtung zusprechen, daß aber keine allgemeine, auf jeden Fall ohne alle Ausnahme anwendbare Regel bestimme, wie viel derselben ihm eigentlich gebühre. Denjenigen, der ganz

willig und freymüthig ein solches Versprechen geleistet hat,
und es mit eben so wenig Umständen wieder bricht, werden
wir schwerlich zu unserm Freund und Gesellschafter wählen.
Ein Kavalier, der einem Strassenräuber fünf Pfund ver-
spräche, und sie ihm nicht abtrüge, würde sich Vorwürfe zuziehn. Wäre die versprochne Summe sehr groß, so liesse
sich freylich darüber streiten, was am schicklichsten zu thun
sey. Wär sie, zum Beyspiel, so groß, daß ihre Bezahlung
die Familie des Versprechers zu Grunde richten würde, wäre sie so groß, daß sie hinreichte, die nützlichsten Entwürfe
durch sie auszuführen, so würd es gewissermaßen strafbar,
wenigstens äusserst unschicklich aussehn, um eines blossen
Ehrgefühls willen eine solche Summe an einen Unwürdigen
wegzuwerfen. Wer betteln ginge, oder hunderttausend
Pfund wegwürfe, gesetzt auch, daß er sie ohne Unbequemlichkeit missen könnte, um einem Diebe sein Wort zu halten, würde dem gemeinen Menschenverstande im höchsten
Grade abgeschmackt und ungereimt vorkommen. Eine solche Verschwendung würde mit seinen Pflichten, die er
sich und andern schuldig ist, unverträglich seyn, und durch
Rücksicht auf ein erzwungnes Versprechen nicht gerechtfer-
tigt werden können. Genau festzusetzen, welcher Grad von
Achtung ihm gebühre, und welches die größte Summe sey,
zu der man dadurch verbunden werden könne, ist jedoch unmöglich. Der Karakter der Personen, ihre Vermögensum-
stände, die Feyerlichkeit des Versprechens, selbst die beglei-
tenden Ereignisse des Vorfalls würden die Lage der Sache
ändern, und wenn der Angegriffne von dem Angreifer mit
jener Feinheit und Galanterie behandelt wäre, die man zuweilen bey Leuten von so verworfner Lebensart findet, so
würde jener diesem mehr Verbindlichkeit zu haben scheinen,
als im entgegengesetzten Falle. Ueberhaupt kann man

sagen, genaue Schicklichkeit erfobre die Leiftung aller dieser
Versprechen, so oft sie nicht mit andern geheiligtern Pflichten unverträglich sey, mit der Achtung fürs gemeine Beste,
für alle diejenigen, für die wir durch natürliche Zuneigung,
durch Dankbarkeit, oder durch die Gesetze schicklicher Wohlthätigkeit zu sorgen verpflichtet sind. Was für äussere
Handlungen aber aus der Rücksicht auf solche Triebfedern
entspringen müssen, und wann folglich der Fall eintrete, daß
jene Tugenden mit der Erfüllung ähnlicher Versprechen nicht
bestehen können, das durch genaue Regeln festzusetzen, ist,
wie schon vorhin bemerkt worden, unmöglich.

Merkwürdig ist jedoch, daß Wortbrüche dieser Art,
gesetzt auch, sie geschähen aus unumgänglicher Nothwendigkeit, dem Wortbrüchigen dennoch immer einige Schmach zuziehn. Wir können einsehn, daß es unschicklich sey, das ge-
gebne Wort zu halten. Allein wir verlangen, daß er es nie
hätte geben sollen. Es dünkt uns, daß er sich wenigstens
von den feinsten und edelsten Grundsätzen der Großmuth
entfernt habe. Ein rechtschaffner Mann, dünkt uns, müsse
eher sterben, als ein Versprechen geben, daß er ohne Thorheit nicht erfüllen, und ohne Schmach nicht unerfüllt lassen
kann. Denn einige Schmach klebt einer Lüge dieser Art
beständig an. Wortbruch und Treulosigkeit sind so gefährlich, so furchtbar, und zugleich so leicht und bey manchen
Gelegenheiten so sicher zu begehende Laster, daß wir in Ansehung ihrer strenger sind, als in Ansehung der meisten andern. Unsre Einbildungskraft heftet daher einen Begriff
von Schändlichkeit an jede Art des Treubruchs, er geschehe
in welcher Lage und in welchen Umständen er wolle. Die
Verletzung der Treue gleicht in diesem Stücke einer Verletzung der Keuschheit bey dem schwächern Geschlecht, einer
Tugend, auf die wir aus ähnlichen Gründen nicht minder

eiferfüchtig, und in Anfehung welcher unfre Gefühle eben fo
zart und pünktlich find, als in Anfehung jener. Verletzung
der Keufchheit entehrt unerfetzlich. Keine Umftände, keine
Zudringlichkeit entfchuldigen fie. Kein Gram, keine Reue
büßt fie ab. Wir find fo unerbittlich in diefem Punkte, daß
fogar Nothzucht entehrt, und daß die Unfchuld des Geiftes
die Befleckung des Körpers in unfern Augen nicht abwa-
fchen kann. Grade fo ifts mit Verletzung feyerlich zuge-
fagter Treue, wann fie auch dem unwürdigften Menfchen
zugefichert worden. Die Treue ift eine fo nothwendige Tugend, daß wir fie fogar gegen diejenigen verlangen, denen
man nichts anders fchuldig ift, ja die man ungeftraft hätte
umbringen und zerftören können. Umfonft bringt der
Wortbrüchige darauf, daß er fein Wort gegeben habe, um
fein Leben zu retten, und es gebrochen, um keine höhern
Pflichten zu verletzen. Diefe Umftände können feine Schmach
wohl mindern, aber nicht gänzlich abwifchen. Immer
fcheint er in den Augen der Menfchen einer Handlung fchuldig zu feyn, welcher ein unzertrennlicher Fleck anklebt. Er
hat ein Verfprechen gebrochen, zu deffen Erfüllung er fich
feyerlich anheifchig machte, und fein Karakter erfcheint, wenn
nicht unauslöfchlich befleckt und befudelt, doch wenigftens in
einem lächerlichen Lichte, das er fchwerlich wird vertilgen können, und niemand, glaub' ich, dem ein ähnliches Abenteuer
zugeftoßen wäre, würde gern davon fprechen.

Anm. So wie die Anerkennung des kategorifchen Imperativs überhaupt alle Kafuiftik entbehrlich macht, fo entfcheidet der-
felbe auch im gegenwärtigen, von dem Verfaffer fo weitläuftig
behandelten Falle gradezu dahin, daß auch dem Räuber Wort zu
halten fey. Nur in einer folchen Gefellfchaft vernünftiger Wefen
kann ich mit meinem Willen feyn, welche die Allgemeingültigkeit
unverbrüchlicher Worttreue anerkennt; und auch in der Perfon

des Räubers hab' ich die Menschheit nicht lediglich als Mittel, sondern auch als Zweck zu betrachten.

Wollte jemand seiner Privatmaxime, daß nehmlich dem Räuber (so wie dort in Kostniz dem Ketzer) kein Glaube gebühre, Allgemeingültigkeit und gesetzgebende Kraft verschaffen, so würd' er den dadurch beabsichtigten Zweck selbst vernichten. Der Räuber, dieser Maxime kundig, würde seinem Versprechen nicht trauen, und sich unmittelbar an seine Person, die er durch dieses trügliche Versprechen zu retten glaubte, halten.

Jener Räuber, der den Wanderer, welchen er in seiner Macht hatte, um eines Versprechens willen freyläßt; dieser Wanderer, der zu Nichthaltung seines Versprechens sich befugt glaubt, gleichwohl aber, nach des Verfassers richtiger Bemerkung, von diesem Abenteuer nicht gern reden hört; das Publikum, welches den Wortbrüchigen wegen seines Wortbruchs, wiewohl nur gegen einen Räuber, minder achtet, sind insgesammt lebendige Beweise jenes wundernswürdigen Faktums, daß auch durch die feinsten Spitzfindigkeiten der Kasuistik, und durch die stürmischsten Anfoderungen des Egoismus die innere strafende Stimme der Gesetzgeberin, praktische Vernunft, sich durchaus nicht ganz beschwichtigen lasse.

Dieses Beyspiel mag zeigen, worin der Unterschied zwischen Kasuistik und Jurisprudenz bestehe, auch dann, wann beide die Verbindlichkeit der allgemeinen Regeln der Gerechtigkeit anerkennen.

Allein ungeachtet dieses wirklichen und wesentlichen Unterschieds dieser beiden Wissenschaften, ungeachtet der ganz verschiednen Zwecke, die sie beabsichtigen, hat die Einerleyheit des Stoffs sie doch so sehr einander genähert, daß die meisten Schriftsteller, die eigentlich nur die Jurisprudenz abhandeln wollten, doch die verschiednen Fragen, die ihrer Untersuchung anheimfielen, bald nach den Regeln dieser Wissenschaft, bald nach jenen der Kasuistik entscheiden, ohne den Unterschied zu bezeichnen, ja vielleicht ohn' ihn einmal selbst wahrzunehmen.

Die Lehre der Kasuisten beschränkt sich indessen keinesweges auf Betrachtung dessen, was eine gewisse Rücksicht
auf die allgemeinen Regeln der Gerechtigkeit von uns fodern
würde. Sie umfaßt manche andre Theile der christlichen
und sittlichen Pflichten. Das Studium dieser Wissenschaft
scheint vornehmlich in den Zeiten der Barbarey und Unwissenheit emporgekommen zu seyn, wo der römischkatho-
lische Aberglaube die Ohrenbeichte einführte. Vermöge dieser Einrichtung mußten auch die geheimsten Handlungen,
auch die leisesten Gedanken, die nur der geringsten Abweichung von den Regeln der christlichen Reinigkeit verdächtig
waren, dem Beichtiger offenbart werden. Dieser unterrich-
tete seine Beichtkinder dann, ob und in welcher Rücksicht sie
ihre Pflicht verletzt hätten, und welche Buße sie thun mußten,
bevor er sie im Namen der beleidigten Gottheit lossprechen
könnte.

Das Bewußtseyn, ja auch die Vermuthung, Unrecht
gethan zu haben, belastet die Seele, und ängstigt und be-
klemmt jedes Herz, das durch lange Vertrautheit mit dem
Laster noch nicht abgehärtet ist. In dieser, wie in jeder
andern Enge eilen die Menschen, durch Ausschüttung ihrer
Qualen in den Busen eines verschwiegnen und zuverlässi-
gen Menschen sich Luft zu schaffen. Die Beschämung, die
sie bey diesem Geständniß empfinden, wird durch die Erleichterung, die das Mitgefühl ihres Vertrauten ihnen verursacht, entschädigt. Es tröstet sie, zu finden, daß sie nicht
aller Aufmerksamkeit unwürdig seyen, und daß, so strafbar
ihr voriges Betragen auch gewesen seyn mag, doch ihre
itzige Gesinnung gebilligt werde, und vielleicht hinreiche, für
jene genugzuthun, wenigstens ihnen einige Werthschätzung
von ihrem Freunde zu erhalten. Die zahlreiche und ver-
schlagne Klerisey jener Zeiten des Aberglaubens schlich sich

in das Vertrauen beynahe jeder Privatfamilie ein. Diese
Leute besassen alle die geringfügige Gelehrsamkeit und die
ganze halbrohe Geschliffenheit ihres Zeitalters. Man betrachtete sie daher nicht nur als Religionslehrer, sondern
auch als Schiedsrichter über alle sittliche Pflichten. Ihr
Umgang gereichte dem, der sich seiner rühmen konnte, zur
Ehre, und ihre Misbilligung stempelte auf jeden, der so unglücklich war, sich selbige zuzuziehn, eine tiefe und dauernde
Schande. Da man sie als die grossen Schiedsrichter über
Recht und Unrecht ansah, so wurden sie natürlicherweise
über alle vorkommende Gewissensfälle zu Rath gezogen, und
nichts war rühmlicher, als in dem Ruf zu stehn, daß man
diese heiligen Männer zu Vertrauten aller seiner Geheim-
nisse mache, und keinen wichtigen oder mißlichen Schritt ohne ihren Rath und ihr Gutheissen thue. Es konnte der
Geistlichkeit also gar nicht schwer fallen, es zum allgemein
gültigen Gesetz zu machen, daß man ihnen anvertrauen
müsse, was man ihnen bereits aus Mode und Herkommen
anzuvertrauen pflegte, und was man ihnen in den meisten
Fällen anvertraut hätte, wenn auch kein ähnliches Gesetz
eingeführt worden wäre. Sich zu Beichtvätern zu beeigenschaften, ward also hinfort ein eigner und nothwendiger
Zweig der Studien der Gottesgelehrten. Man fing an,
alle so genannte Gewissensfälle zu sammeln, mißliche und
heikle Lagen, in denen der eigentliche Punkt der Schicklichkeit
schwer auszufinden war. Werke, wie diese, glaubten sie,
könnten beides den Gewissensräthen und den mit Gewissens-
zweifeln behäfteten Personen nützen, und so entstanden die
Bücher der Kasuistik.

Die sittlichen Pflichten, die der Untersuchung des Kasuisten anheimfielen, waren hauptsächlich diejenigen, die
sich, gewissermaßen wenigstens, auf allgemeine Regeln zurück-

führen laſſen, und deren Uebertretung einigen Grad von
Reue, und Furcht vor Strafe zur natürlichen Folge hat.
Die Einrichtung, welche ihre Schriften veranlaßte, hatte die
Abſicht, Gewiſſen zu beſchwichtigen, die durch Verletzung
dieſer Pflichten beunruhigt waren.   Aber nicht jede Tugend
rächt ihre Vernachläſſigung durch ſtrenge Gewiſſenbiſſe,
und niemand wendet ſich um Losſprechung an ſeinen Beicht-
vater, weil er nicht die edelſte, die menſchenfreundlichſte, die
großmüthigſte Handlung that, die er in ſeinen Umſtänden
hätte thun können.   Ueber Mängel dieſer Art iſt die verletzte
Regel gemeiniglich nicht ſehr beſtimmt.   Sie iſt gemeiniglich ſo beſchaffen, daß ſie den Beobachter zwar wohl zu Ehren und Belohnungen berechtigt, den Uebertreter aber keinem
wirklichen Tadel und keiner poſitiven Züchtigung bloßſtellt.
Die Kaſuiſten ſcheinen die Uebung ſolcher Tugenden als etwas überverdienſtliches betrachtet zu haben, das nicht als
Schuldigkeit geſodert werden könne, und das ihre Unterſu-
chungen alſo nicht angehe.

Die Verletzungen ſittlicher Pflichten, die dem Gerichts-
hofe des Beichtvaters, und folglich auch der Erkenntniß des
Kaſuiſten anheimfielen, waren alſo hauptſächlich von dreyerley Art.

Erſtlich und vornehmlich: Verletzungen der Regeln der
Gerechtigkeit.   Hier ſind die Regeln alle ausdrücklich und
beſtimmt, und Bewußtſeyn eigner Sträflichkeit, und Furcht,
von Gott und Menſchen geſtraft zu werden, ſind die natürlichen Folgen ihrer Uebertretung.

Zweytens: Verletzungen der Regeln der Keuſchheit.
Dieſe ſind in Fällen gröberer Art wirkliche Verletzungen

Ff

der Gerechtigkeitsregeln, und niemand kann sich ihrer schuldig machen, ohne einem andern das unverzeihlichste Unrecht
zuzufügen.   In unbedeutendern Fällen, wenn sie bloß Verletzungen jenes strengen Wohlstandes sind, der im Umgang
zwischen den beiden Geschlechtern beobachtet werden muß,
können sie freylich nicht eigentlich als Verletzung der Gerechtigkeitsregeln betrachtet werden.   Im Durchschnitt genommen, sind sie jedoch gewöhnlich Uebertretungen einer
ganz klaren Regel, und wenigstens für den einen der Mit-
schuldigen beständig mit Schauder, und, wenn sein Herz
noch nicht abgehärtet ist, auch mit Schaam und innerlichen
Vorwürfen begleitet.

Drittens: Verletzungen der Regeln der Wahrhaftigkeit.. Die Verletzung der Wahrheit ist zwar öfter, jedoch
nicht immer Uebertretung der Gerechtigkeit, kann also auch
nicht immer einer äußerlichen Züchtigung bloßstellen.   Das
Laster gemeiner Lügnerey und Windbeuteley, wiewohl eins
der armseligsten und niedrigsten, kann oft ganz unschädlich
seyn, und berechtigt in diesem Fall den, der sich etwas hat
aufbinden lassen, zu keiner Rache oder Genugthuung.   Allein, wiewohl die Verletzung der Wahrheit nicht immer Uebertretung der Gerechtigkeit ist, so ist sie doch immer Uebertretung einer sehr klaren Regel, und sehr fähig, denjenigen, der
sich ihrer schuldig macht, mit Schmach zu decken.   Das
größte Vergnügen des Umgangs und der Geselligkeit selber
entspringt aus einer gewissen Uebereinstimmung der Gesinnungen und Meinungen, aus einer gewissen Harmonie der
Gemüther, die, gleich so vielen musikalischen Instrumenten,
mit einander zusammenstimmen und Takt halten.   Allein
diese entzückende Harmonie kann ohne freymüthige Auswech-

ſtlung der Empfindungen und Geſinnungen nicht erreicht
werden. Wir wünſchen daher alle zu wiſſen, wie jeder uns
dre geſtimmt ſey, in jedes andern Buſen einzudringen, und
die Geſinnungen und Gefühle wahrzunehmen, die wir wirk-
barin hauſen. Wer dieſer unſrer natürlichen Zuneigung
Raum gibt, wer uns in ſein Herz einladet, wer uns gleichſam
die Thore ſeiner Bruſt entriegelt, ſcheint eine Art von Gaſt-
freundlichkeit auszuüben, die gefallender iſt, als jede andre.
Ein auch nur halbwege rechtſchaffner Mann kann misfallen,
wenn er den Muth hat, ſeine wirklichen Empfindungen zu
äuſſern, wie er ſie fühlt, und weil er ſie fühlt. Eben dieſe
rückhaltloſe Aufrichtigkeit macht ſelbſt das Geſchwätz eines
Kindes angenehm. So ſchwach und einſeitig auch die An-
ſichten des Offenherzigen ſeyn mögen, ſo finden wir doch ein
Vergnügen daran, uns in ſie hineinzudenken, und bemühn
uns, ſoviel wir können, unſern eignen Verſtand zu ſeinen
Fähigkeiten herabzuſtimmen, und jeden Stoff in dem Lichte
zu betrachten, darin er ihn betrachtet zu haben ſcheint. Dieſer Hang, andrer wahre Geſinnungen zu entdecken, iſt von
Natur ſo ſtark, daß er oft in läſtige und unbeſcheidne Neugier ausartet, in einen kleinlichen Vorwitz, auch diejenigen
Geheimniſſe unſers Nächſten auszukundſchaften, die er uns
mit gutem Fuge verborgen hält, ſo daß es oft wahrer Klugheit und eines ſtarken Sinns fürs Schickliche bedarf, um
dieſe, wie alle andre Leidenſchaften der menſchlichen Natur
zu regieren, und ſie auf den Punkt herabzuſtimmen, in dem
der unpartheyliche Zuſchauer mit ihr ſympathiſiren kann.
Bleibt ſie innerhalb der Grenzen der Schicklichkeit, begehrt
ſie nichts zu wiſſen, als was wir ohne einige Gefahr entdecken können, ſo iſt es eben ſo unangenehm, wenn man ſie
nicht befriedigt. Wer unſern unſchuldigſten Fragen aus-

weicht, wer auch die arglosesten Erkundigungen vereitelt, wer sich mit Fleis in undurchdringliches Dunkel hüllt, scheint gleichsam Wall und Mauern um seine Brust zu ziehn. Wir rennen mit allem Eifer harmloser Neugier drauf los, und fühlen uns mit grobem und beleidigendem Ungestüm zurück gestoßen. Ist ein solches ängstliches Verstecken unange= nehm, so ist der Versuch, uns zu betrügen, gesetzt auch, daß das Gelingen des Betrugs uns nicht den geringsten Scha= den zufügte, noch viel unangenehmer. Sehn wir, daß un= ser Gesellschafter uns etwas aufbinden will, sehn wir augen= scheinlich, daß die Gesinnungen und Meinungen, die er äuß= sert, nicht seine eignen sind, so mögen sie so schön seyn, wie sie wollen, sie werden uns keine Art von Unterhaltung ge= währen. Und wenn nicht dann und wann durch alle Hüllen der Falschheit und Verstellung etwas Menschliches hindurch dünstete, so würde eine hölzerne Puppe uns ein eben so ange= nehmer Gesellschafter seyn, als ein Mensch, der nie spricht, wie's ihm ums Herz ist. Kein Mensch betrügt den andern, wär' es auch in den unbedeutendsten Dingen, der sich nicht bewußt ist, daß er diesem andern eine Art von Unrecht zufü= ge, und der beym Gedanken, auf seinem Betrug ertappt zu werden, nicht innerlich erröthet und zittert. Da also Ueber= tretungen der Wahrhaftigkeit allezeit mit einigem Grade von Gewissensbissen und Selbstverdammniß begleitet sind, so fallen sie natürlicherweise der Erkenntniß der Kasuisten anheim.

Die Hauptgegenstände der Werke der Kasuisten waren also die gewissenhafte Achtung, die den Regeln der Gerech= tigkeit gebührt; die Achtung für das Leben und das Eigen= thum unsers Nachbarn; die Pflicht der Wiederersetzung; die

Gesetze der Keuschheit und Sittsamkeit; die Regeln der
Wahrhaftigkeit, und die Verbindlichkeit der Eide, Versprechungen und aller Arten von Verträgen.

Ueberhaupt kann man von den Büchern der Kasuisten
sagen, daß sie sich die vergebliche Mühe machen, durch genaue Regeln etwas zu bestimmen, worüber allein das Gefühl entscheiden kann: Wie ists möglich, durch Regeln genau
den Punkt zu bestimmen, wo in jedem Falle ein zartes Ge-
rechtigkeitgefühl in lächerliche und schwachsinnige Aengstlichkeit übergeht? wo Heimlichkeit und Zurückhaltung an Verstellung streift? wie weit eine angenehme Ironie getrieben
werden darf, und wo sie in verabscheuungswürdige Falschheit ausartet? welches die äusserste Grenzlinie schicklicher
und anständiger Freymüthigkeit sey, und wo sie Vernach-
lässigung und gedankenlose Ausgelassenheit werde? In Ansehung aller dieser Materien wird das, was in einem Falle
gilt, schwerlich in einem andern zutreffen. Was in diesem
Fall schicklich und anständig ist, dürfte im andern das Gegentheil seyn. Die Bücher der Kasuistik sind daher im
Durchschnitt gewöhnlich eben so unnütz, als sie gemeiniglich
langweilig sind. Gesetzt auch, daß ihre Entscheidungen
richtig wären, so würden sie doch dem, der sie gelegentlich
zu Rath ziehn wollte, wenig nützen; denn der Fälle, die
in ihnen gesammelt werden, möchten noch so viele seyn, so
wären der mancherley möglichen Umstände doch immer unendlich mehrere, und so wär' es blosses Ohngefähr, wenn
jemand unter dieser Menge von Fällen einmal einen fände,
der dem seinigen in allen Stücken zusagte. Derjenige, dem
es wirklicher Ernst ist, seine Pflicht gewissenhaft zu thun,
müßte sehr schwach seyn, wenn er eines solchen Buchs oft

zu bedürfen glaubte, und wer in jener wichtigsten seiner Angelegenheiten, nachlässig ist, dürfte durch den gewöhnlichen
Stil dieser Schriften schwerlich zu grösserer Aufmerksamkeit
gereizt werden.   Ihrer keine vermag uns zu dem zu beseelen,
was edel und großmüthig ist.   Ihrer keine vermag uns in
Gefühle zu schmelzen, die menschlich und gütig sind. Manche können uns im Gegentheil verleiten, mit unserm eignen
Gewissen zu haberechten, können durch ihre eitlen Spitzfindigkeiten uns unzählige feinere Ausflüchte an die Hand
geben, um den wesentlichsten Artikeln unsrer Pflicht uns zu
entwinden.   Jene kleinliche Genauigkeit, die sie in Gegenständen, die dergleichen nicht vertrugen, einführen wollten,
mußte sie nothwendig zu ähnlichen Irren verleiten, und zugleich ihre Werke so trocken und unangenehm machen, so
reich an abgezognen und metaphysischen Unterscheidungen,
und so unfähig, im Herzen irgend eine jener Erschütterungen
hervorzubringen, deren Hervorbringung der Hauptzweck der
Sittenlehre ist.

Die beiden nützlichsten Theile der Moralphilosophie
sind daher die Ethik und die Rechtsgelehrtheit; die Kasuistik
muß durchaus verworfen werden.   Die alten Sittenlehrer
haben sie auch wirklich nicht gekannt.   Sie beflissen sich in
Bestimmung der Pflichten keiner so ängstlichen Genauigkeit,
sondern begnügten sich mit allgemeinen Beschreibungen der
Gesinnungen, auf welche Gerechtigkeit, Bescheidenheit und
Wahrheitsliebe sich gründen, und der allgemeinen Verfahrungsweise, zu welcher diese Tugenden gewöhnlich zu leiten
pflegen.

Etwas der Lehre der Kasuisten nicht unähnliches scheint
jedoch von einigen Philosophen versucht worden zu seyn.

Man findet einiges dieser Art in Cicero's drittem Buche von
den Pflichten, wo er sich mit der Aengstlichkeit eines Kasuisten bemüht, in mancherley mißlichen Fällen den wahren
Schicklichkeitspunkt auszufinden, und unser Betragen durch
bestimmte Regeln zu leiten. Es erhellt auch aus einigen
Stellen des nehmlichen Buchs, daß verschiedne alte Weltweisen vor ihm etwas ähnliches versucht haben. Weder er,
noch sie scheinen jedoch den Gedanken gehabt zu haben, ein
vollständiges System dieser Art zu liefern. Ihre ganze
Absicht scheint gewesen zu seyn, zu zeigen, daß es Fälle geben könne, darin es zweifelhaft sey, ob die wahre Schicklichkeit des Betragens in Befriedigung oder in Zurücksetzung
der Pflichtgesetze, die in gewöhnlichen Fällen statt haben,
bestehe.

Jedes System eines positiven Gesetzes kann als ein
mehr oder weniger unvollkommner Versuch, ein System der
natürlichen Jurisprudenz zu liefern, oder die besondern Regeln der Gerechtigkeit aufzuzählen, betrachtet werden. Da
die Verletzung der Gerechtigkeit etwas ist, das kein Mensch
von dem andern gutwillig leiden wird, so ist die Obrigkeit
genöthigt, ihre Macht dazu anzuwenden, daß die Uebung
jener Tugend erzwungen werde. Ohne diese Vorsicht würde
die bürgerliche Gesellschaft ein Schauplatz der Unordnung
und des Blutvergiessens werden, jedermann würde sich mit
eigner Hand rächen, sobald er sich beleidigt wähnte. Um
der Verwirrung vorzubeugen, die daraus entstehn würde,
wenn jedermann sich selbst Recht verschaffte, übernimmt die
Obrigkeit in jeder einigermaßen zur Festigkeit gediehenen
Verfassung das Geschäft, allen Gerechtigkeit zu gewähren,
alle Klagen anzuhören, und allem Unrecht abzuhelfen. In

jedem wohlorganisirten Staate sind nicht nur Richter be-
stellt, um die Streitigkeiten der Individuen zu schlichten,
sondern auch Regeln vorgeschrieben, um die Entscheidungen
der Richter zu leiten, und diese Regeln sollten der Absicht
der Gesetzgeber nach im Allgemeinen mit den Regeln der
natürlichen Gerechtigkeit zusammentreffen. Sie thun das
jedoch nicht in jedem Falle. Zuweilen hindert die Verfassung des Staats, oder vielmehr das Interesse der Regierung,
zuweilen das Interesse besondrer Stände, die den Staat
tyrannisiren, daß die positiven Gesetze des Landes mit den
Vorschriften der natürlichen Gerechtigkeit nicht immer gleichen Schritt halten. In einigen Ländern ist die Rohigkeit
und Barbarey des Volks Schuld daran, daß die natürlichen
Gefühle der Gerechtigkeit nicht jene Bestimmtheit und Genauigkeit erreichen, die sie wohl bey gesitteten Nationen zu
erreichen pflegen. Ihre Gesetze sind, wie ihre Sitten, grob
und roh und verworren. In andern Ländern sind die Ge-
richtshöfe so unglücklich organisirt, daß nie ein regelmässiges
System der Rechtsgelehrtheit unter ihnen emporkommen
kann, sollten die Sitten des Volks gleich so verfeinert seyn,
daß sie die höchste Vollendung derselben vertrügen. In keinem Lande treffen die Entscheidungen der positiven Gesetze
mit den Entscheidungen des natürlichen Gerechtigkeitsgefühls
genau und überall zusammen. So ehrwürdig daher die
Gesetzbücher der Nationen, als Beyträge zur Geschichte der
Menschengefühle, in allen Zeiten und Völkern auch seyn mögen, so kann doch keins derselben als ein genaues System
der Regeln der bürgerlichen Gerechtigkeit betrachtet werden.

Man hätte erwarten dürfen, daß die Erörterungen der
Rechtsgelehrten über die Mängel und Vorzüge der Gesetze

verschiedner Völker die Untersuchung veranlaßt haben würs
den, warum die natürlichen Regeln der Gerechtigkeit von
aller positiven Verfassung unabhängig seyen. Man hätte
erwarten dürfen, daß diese Erörterungen sie auf den Ges
danken würden geleitet haben, ein System der natürlichen
Rechtsgelehrtheit, wie man es nennen könnte, oder eine
Theorie der allgemeinen Prinzipe zu entwerfen, die durch
die Gesetze aller Völker durchscheinen, und den eigentlichen
Grund derselben ausmachen müßten. Allein, wiewohl die
Erörterungen der Rechtsgelehrten etwas ähnliches enthiels
ten, und wiewohl niemand von den Gesetzen eines besondern
Landes systematisch gehandelt hat, ohne manche dahin gehös
rige Bemerkungen einzumischen, so ist es doch noch gar so
lange nicht, seit man zuerst auf die Idee eines solchen alls
gemeinen Systems verfiel, seit man die Philosophie der
Gesetze für sich selbst und ohne Rücksicht auf die besondern
Verfassungen einer Nation behandelt. In keinem der als
ten Moralisten finden wir einen Versuch, die Regeln der
Gerechtigkeit vollständig aufzuzählen. Cicero in den Pflichs
ten und Aristoteles in der Ethik handeln von der Gerechtigs
keit auf eben so allgemeine Weise, als sie von allen andern
Tugenden handeln. In ihren Büchern von den Gesetzen,
sollte man denken, würden Plato und Cicero versucht haben,
jene Regeln der natürlichen Billigkeit aufzuzählen, die durch
die positiven Gesetze jedes Landes zu Zwangspflichten erhos
ben werden mußten. Allein man findet nichts dergleichen
davon. Ihre Gesetze sind Polizey-, nicht Justizgesetze.
Grotius scheint der erste gewesen zu seyn, der den Ges
danken hegte, der Welt etwas Systemähnliches über die
Prinzipe zu liefern, die die Base aller Gesetzgebung seyn
müßten. Sein Werk über das Recht des Kriegs und Fries

Ff 5

dens ist mit allen seinen Unvollkommenheiten bis auf den
heutigen Tag das vollständigste, was wir über diesen Gegenstand besitzen. Ich meines Theils werde mich hier in
keine nähere Erörterung der Geschichte der Rechtsgelehrtheit
einlassen. Ich spare dies Geschäft bis zu einer andern
Gelegenheit, wo ich die allgemeinen Grundsätze der Gesetze
und Regierung, und die verschiednen Revolutionen, die sie
in den verschiednen Zeitaltern der Gesellschaft erlitten haben,
und das nicht nur in Ansehung der Gerechtigkeitspflege,
sondern auch der Polizey, der Staatseinkünfte, des Kriegs-
wesens und jedes andern Gegenstandes der Gesetzgebung
auseinanderzusetzen suchen werde.

Anm. Grotius Absicht bey seinem bekannten Werke de
Iure Belli et Pacis war, wie sowohl aus der ganzen Ausführung,
als auch aus mehrern einzelnen Stellen sichtbar ist, nichts weniger, als ein vollständiges System des Naturrechts zu schreiben. Einen Theil des allgemeinen Völkerrechts, das Recht des Kriegs, er-
örterte er umständlich, und bey der Gelegenheit dann allerdings
auch viele andre wichtige Materien des Völkerrechts und selbst des
eigentlichen Naturrechts, theils beyläufig, theils als Gründe
und Vorerkenntnisse, übertraf auch hierin unleugbar seine wenigen
Vorgänger um vieles. Was für ein weites Feld aber mußte, wenn
man aus diesem eben angegebenen Gesichtspunkte sein Werk betrachtet, nach ihm nicht noch übrig bleiben? Hiezu kömmt sein oft
sehr unbestimmtes Raisonnement, sein häufiges Berufen auf Facta
statt Gründe, sein nicht selten schlecht angebrachtes Hinweisen auf
Stellen der Bibel oder des Römisch-Justinianeischen Gesetzbuchs,
sein vieles überflüßiges Citiren aus Griechen und Römern, so wie
die oft durchblickende Anhänglichkeit an aristotelisch-scholastische
Philosophie — alles Flecken, die ihn schwerlich bis auf die neuesten
Zeiten in so großem Ansehn erhalten hätten, wenn eben dies Ansehen sich nicht mehr traditionsweise fortgepflanzt, als durch eigne
Lektüre des Grotius bey jedem Einzelnen erst erzeugt hätte. Was

Grotius übrigens für das Völkerrecht, das war in mancher Rücksicht sein Zeitgenosse, Hobbes, für das allgemeine Staatsrecht. Auch
ihm war das eigentliche Naturrecht nichts weniger als Hauptsache,
wenn er gleich einzelne Gegenstände desselben zur Gründung seiner allgemeinen staatsrechtlichen Grundsätze nothwendig mitnehmen
mußte; auch hatten auf sein ganzes System bekanntlich die damaligen stürmischen Zeiten in England zu großen Einfluß, als
daß die Wissenschaft selbst so vielen Gewinn von ihm hätte erhalten können, als sie sich von seinem seltnen Scharfsinne sonst wohl
versprechen durfte.

Samuel Puffendorf ist also eigentlich der, dem das Naturrecht seine erste vollständige wissenschaftliche Bearbeitung zu danken hat, hauptsächlich durch sein Werk de Iure
Naturae et Gentium in acht Büchern. Durch die für ihn ausdrücklich zuerst ganz neu zu Heidelberg errichtete Professur des Naturrechts mußte, zumal bey dem gewöhnlichen Gange der Wissenschaften in Deutschland, das Studium des Naturrechts vieles gewinnen, fast noch mehr aber, wenigstens an allgemeinerer Ausbreitung,
durch seine Schrift de officio hominis et civis, eine Art von Auszug aus jenem vorhin angeführten größern und eben daher weniger
gelesenern Werke. Dieser Auszug war lange das gewöhnliche Kom-
pendium, worüber nun auch auf andern Akademien Vorlesungen
über das Naturrecht gehalten wurden, wurde selbst in mehrere lebende Sprachen übersetzt, und bewirkte somit, daß die nun erst
recht von Ethik und Politik abgesonderte Wissenschaft in mehrern
Umlauf kam. Puffendorfs Grundprinzip, das Prinzip der Geselligkeit, seine Behauptung, daß das allgemeine Völkerrecht schon
ganz im eigentlichen Naturrecht liege, und mehrere von den gewöhnlichen Vorstellungsarten abweichende Meinungen zogen ihm
manche Gegner, als Rachel, Dürr u. s. w. zu, allein durch
diese ward die Wissenschaft selbst nicht merklich weiter gebracht.

Wichtiger aber für selbige war Christian Thomasius,
zwar nicht sowohl durch seine Institutiones jurisprudentiae divinae
und die Anmerkungen darüber, als vielmehr durch seine für die

damaligen Zeiten äußerst freymüthige Behandlung einzelner Ge=
genstände des Naturrechts, und zuletzt auch durch seine Wider=
legung des Puffendorfschen Socialsystems, von dem er Anfangs
eifriger Anhänger war. Auch dadurch mußte unter ihm die Wis=
senschaft Fortschritte machen, daß er weit weniger als seine Vor=
gänger das Naturrecht nach dem positiven, besonders römischen
Rechte modelte, sondern vielmehr, wie es auch seyn sollte, das
positive Recht nach den Grundsätzen des Naturrechts prüfte, und
dadurch den Nutzen des Naturrechts für den Juristen besto ein=
leuchtender machte.

Bisher waren zwar Zwangsrechte unter mancherley Benen=
nungen immer der Hauptgegenstand des Naturrechts gewesen, al=
lein sie waren es doch nicht ausschließlich, so nahm z. B. Thomasius
neben den principiis Justi auch die des Decori et Honesti mit, wenn
gleich erstre genau von den letztern unterschieden wurden. Es
fehlte also bis jetzt an einer genauen Grenzbestimmung der Wis=
senschaft, einer Scheidewand zwischen Moral und Naturrecht —
ein Verdienst, das erst Gundling im ersten Viertel dieses Jahr=
hunderts sich erwarb, und hatte gleich Ephraim Gerhard
zwey Jahre vor Gundling schon in seiner delineatio Juris natura=
lis diese Scheidung festgesetzt, so hatte doch Gundling sie lange
vorher öffentlich gelehrt, und dadurch eben Gerhard auf diese, für
die Wissenschaft höchst vortheilhafte Idee gebracht. So wichtig
indessen diese genaue Grenzbestimmung hauptsächlich für den ei=
gentlichen Juristen auch war, so blieb sie doch bis auf die neuesten
Zeiten bestritten, und wurde nichts weniger als allgemein ange=
nommen, wenn gleich das Uebergewicht wohl allerdings auf der
Seite derer, die diese Scheidung annehmen, seyn möchte.

Selbst Wolf beobachtete diese Grenze nicht, dagegen schien
in andrer Rücksicht die Wissenschaft beträchtlich durch ihn zu
gewinnen. Statt bloß die Natur des Menschen zum Grunde
zu legen, nahm er die Natur aller wirklichen und idealischen Ob=
jekte zur Quelle des Naturrechts an, und dehnte so das Natur=
recht fast über alle Gegenstände des positiven Rechts aus. — Al=

fein Ries schien nur Gewinn zu seyn, im Grunde war diese Methode für das Natur- und positive Recht gleich nachtheilig, und
mit Nettelbladt in Halle, Wolfs eifrigem Schüler, stirbt wahrscheinlich diese ganze Manier, das Naturrecht zu bearbeiten, gänzlich aus. Auch die Bemühungen des von Cocceji, vorzüglich in
dem sonst schätzbaren Kommentar über Grotius, hatten ebenfalls
für die Wissenschaft den Fehler, daß zu große Rücksicht auf das
positive Recht an mehrern Stellen durchblickte.

Merkwürdig, wenn gleich eben nicht epochemachend für die
Wissenschaft, war Joh. Christ. Claproths und vorzüglich J.
J. Schmaus Naturrechtssystem durch die Begründung desselben
auf Triebe, dahingegen Köhler, Wolf, Treuer ꝛc. auf
Vernunftgründe baueten, und hierin auch fast alle Neuere,
Darjes, Grunner, Meier, Glafey, Achenwall ꝛc. zu
Nachfolgern hatten, so wie überhaupt der Einfluß der Leibnitz-
Wolffschen Philosophie auf die Systeme der letztgenannten unverkennbar ist. Sehr vortheilhaft aber für die Wissenschaft war
es offenbar, daß, besonders seit Wolf, nicht mehr bloß Juristen das
Naturrecht lehrten, wie vorher, die frühern Zeiten etwa ausgenommen, wo auch wohl Theologen es vor ihr Forum zogen, fast
allgemein der Gebrauch war, sondern nun auch eigentlich so genannte Philosophen sich des Naturrechts, als eines Theils der
praktischen Philosophie, annahmen; eine natürliche Folge davon war
dann freylich, daß das Naturrecht nun auch gleiche Schicksale mit
den übrigen Theilen der Philosophie hatte. Man modelte an dem
Zuschnitte des äußern Gewandes, bearbeitete gelegentlich einzelne
Fragen ausführlich, und einzelne Theile des allgemeinen Staats-
und Völkerrechts gewannen auch sichtbar hiebey; allein im Ganzen schienen für die Wissenschaft keine weitre Fortschritte zu machen zu seyn, und doch war man selbst über den ersten Grund des
Gebäudes nicht einmal einig.

Die schon ehedem so häufig bestrittne Frage über den ersten
Grundsatz des Naturrechts und den Grund des Unterschieds zwischen Zwangs- und andern Rechten wurde nach und nach das

hauptsächlichste Unterscheidungszeichen der verschiednen Systeme; fast jeder Schriftsteller des Naturrechts setzte auch eigne Grunds sätze hierüber fest, und die Beantwortung dieser Fragen beschäftigte selbst unsre scharfsinnigsten Köpfe, z. B. Sulzer, Hißmann, Selle, Garve, Mendelssohn, Eberhard ꝛc. ohne daß die Beendigung des Streits beträchtlich näher gebracht schien.

In dieser Lage traf die kritische Philosophie das Naturrecht, und sie war also auch für diese Wissenschaft desto nöthiger, wenn sie anders, wie allerdings zu hoffen ist, diesen Streit endlich beylegen und das Naturrecht auf durchaus feste Prinzipien bauen wird. Gelingt dies, so muß dann mit diesem Einfluß der kritischen Philosophie auf das Naturrecht nothwendig eine neue Periode in der Geschichte dieser Wissenschaft angefangen werden, zumal, da sich in eben diesem Zeitpunkte so vieles vereinigt, was theils das Bedürfniß eines festgegründeten Naturrechts immer sichtbarer macht, theils auch Anlaß gibt, daß sich die scharfsinnigsten Köpfe ganzer Nationen mit demselben beschäftigen. Frankreichs Staatsrevolution muß auch von dieser Seite einen höchst schätzbaren Einfluß auf die Menschheit haben, und die in Deutschland immer lautbarer werdenden Stimmen gegen alle unbefugte Einschränkungen der bürgerlichen Freyheit, die immer größer werdende Aufmerksamkeit auf die, auch selbst im Staate unveräußerlichen Rechte des Menschen — dies alles kann nicht anders als wohlthätig für das Emporkommen des Naturrechts seyn.

Von den kritischen Grundsätzen ist freylich bis jetzt unter den neuesten Schriftstellern des Naturrechts nur noch wenig Gebrauch gemacht worden, so haben z. B. Madihn (Grundsätze des Naturrechts, I. Theil, 1790) und Fredersdorf (System des Rechts der Natur, 1790) beide gar keine Rücksicht darauf genommen, so wie sich überhaupt das Naturrecht an und für sich von beiden Schriften wohl eben keine neue Aufklärung versprechen darf, so schätzbar übrigens in andrer Rücksicht die Fredersdorffsche Schrift ist. Tillings Versuche hierin sind bekanntlich sehr verunglückt, und Klein (Freyheit und Eigenthum, abge=

handelt in acht Gesprächen über die Beschlüsse
der französischen Nationalversammlung von 1790)
spielt fast nur entfernt hie und da auf den formalen Grundsatz
der reinen praktischen Vernunft an, ohne eigentlich vollständigen
Gebrauch von ihm zu machen. So bleibt dem Hufeland bisher fast allein das Verdienst, das Naturrecht als eigentlich kriti-
scher Philosoph bearbeitet zu haben, so daß ebendaher dessen
Lehrsätze des Naturrechts und der damit verwandten
Wissenschaften, 1790. künftig den Anfang in der Reihe der
Schriften dieser neuen Periode machen müssen.

Leipzig.

Gedruckt bey Christian Friedrich Solbrig.

Ver-

Verzeichniß
einiger in der
Gräffschen Buchhandlung
in Leipzig
herausgekommenen Bücher.

Clarissa. Neuverdeutscht und Ihro Maj. der Königin von Großbritannien zugeeignet von L. T. Kosegarten. 1ster und 2ter Band. 8. 1790. Schreibpapier.
2 Rthlr. 12 gr.

Dieselbe. 3ter Band. 8. 1790. Schreibp. 1 Rthlr. 8 gr.

Dieselbe. 4ter Band. 8. 1791. Schreibp. 1 Rthlr. 8 gr.

Engelbrechts, J. A. Materialien zum nützlichen Gebrauch für denkende Kaufleute. 2 Bände. 8. 1788. 3 Rthlr.

Freudenzögling, der, aus dem Engl. des Herrn Pratt, übersetzt von L. T. Kosegarten. 8. 1790. 1 Rthlr.

Gedichte von Selmar. 2 Bände. 8. 1789. Schreibpapier.
2 Rthlr. 6 gr.

Gräters, F. D. nordische Blumen. 8. 1789. 1 Rthlr.

Hainings Briefe an Emma. Herausgegeben von L. T. Kosegarten. 2 Bände. Mit Kupfern von Penzel. 8. 1791. Schreibpapier. 2 Rthl. 8 gr.

Kosegartens, L. T. Gedichte. 2 Bände. 8. Schreibpapier. 1788. 2 Rthlr.

Desselben Psyche, ein Mährchen des Alterthums. Zweyte umgearbeitete Ausgabe. 8. 1789. 9 gr.

Desselben Rhapsodieen. gr. 8. 1790. 18 gr.

Desselben, des Herrn Abendmahl. An Serena. Aus den Rhapsodieen besonders abgedruckt. 8. 1790. 4 gr.

Lottchens Lieder. 8. 1790. 16 gr.

Magazin, litterarisches, der deutschen und nordischen Vorzeit. Herausgegeben von Böckh und Gräter. 1ster Band. 8. 1791. Schreibpapier.

---

www.ingramcontent.com/pod-product-compliance
Lightning Source LLC
Chambersburg PA
CBHW031347290326
41932CB00044B/357